U0907093

安徽

调查年鉴

ANHUI SURVEY YEARBOOK

2018

国家统计局安徽调查总队 编

全国百佳图书出版单位
时代出版传媒股份有限公司
安徽人民出版社

图书在版编目(CIP)数据

安徽调查年鉴2018/国家统计局安徽调查总队编.—合肥:安徽人民出版社,2018.11

ISBN 978-7-212-10276-0

Ⅰ.①安… Ⅱ.①国… Ⅲ.①统计资料—安徽—2018—年鉴 Ⅳ.①C832.54-54

中国版本图书馆CIP数据核字(2018)第240638号

安徽调查年鉴2018

国家统计局安徽调查总队 编

出 版 人:徐 敏　　　　责任编辑:胡小薇

装帧设计:宋文岚　　　　责任印制:董 亮

出版发行:时代出版传媒股份有限公司 http://www.press-mart.com

安徽人民出版社 http://www.ahpeople.com

合肥市政务文化新区翡翠路1118号出版传媒广场八楼

邮编:230071

营销部电话:0551-63533258 0551-63533292(传真)

制 版:安徽时代华印出版服务有限责任公司

印 制:安徽联众印刷有限公司

(如发现印装质量问题,影响阅读,请与印刷厂商联系调换)

开本:880×1230 1/16 印张:18.75 插页:88面 字数:1000千

版次:2018年11月第1版 2018年11月第1次印刷

标准书号:ISBN 978-7-212-10276-0 定价:320.00元

编　辑　委　员　会

Editorial Board

编 辑 说 明

一、《安徽调查年鉴2018》由国家统计局安徽调查总队独立编辑出版，是一部全面反映安徽省农村社会经济、城市社会经济、企业发展情况的资料性年刊。本书收录了全省和市、县（区）2017年经济和社会发展各有关方面的调查统计数据，以及全国和各省（市、区）重要历史年份主要统计调查数据。

二、本年鉴统计调查数据分为五个篇章，即：1.综合；2.农业调查；3.人民生活；4.价格调查；5.专项。为方便读者理解和使用有关数据，各篇章前设有《简要说明》，对本篇章的主要内容、资料来源、统计范围、统计方法以及历史变动情况予以简要概述，篇末附有《主要统计指标解读》，介绍了统计指标的含义、统计范围和统计方法。

三、资料中所使用的度量衡单位均采用国际统一标准计量单位。

四、本年鉴部分数据合计数或相对数，由于单位取舍不同产生的计算误差未作机械调整。

五、本书凡带有续表的资料，有关注解均列在最后一张续表的下方。

六、本书符号使用说明：“…”表示该数据不足本表最小计量单位数；“空格”表示该项无统计数据；“#”表示其中的主要项；“*”或“①”表示本表下有注解。

Editor’s Notes

Ⅰ. *Anhui Survey Yearbook 2018* is an annual statistical publication, which reflects comprehensively the rural and urban economic and social development of Anhui. It covers data for 2017 and key statistical and survey datat in recent years and some historically important years at provincial, city and county level and the local levels of province, atutonomous region and municipality directly under the Central Government.

Ⅱ. The yearbook contains five chapters: 1. General Survey; 2. Agricultural Survey; 3. People’s Living Conditions; 4. Price Survey; 5. Special Survey. To facilitate readers, the Brief Introduction at the beginning of each chapter provides a summary of the main contents of the chapter, data sources, statistical scope, statistical methods and historical changes. At the end of each chapter, Explanatory Notes on Main Statistical Indicators are included.

Ⅲ. The units of measurement used in this yearbook are internationally standard measurement units.

Ⅳ. Statistical discrepancies on totals and relative figures due to rounding are not adjusted in this yearbook.

Ⅴ. All tables with continued ones, the footnotes are at the bottom of the last continued table.

Ⅵ. Notations used in the yearbook: “…” indicates that the figure is not large enough to be measured with the smallest unit in the table; “blank space” indicates that data are unknown, or are not available; “#” indicates a major breakdown of the total; and “*” or “①” indicates footnotes at the end of the table.

构建新时代现代化统计调查体系 谱写安徽调查事业新篇章

——在2018年安徽调查工作会议上的讲话

（2018年2月8日）

国家统计局安徽调查总队党组书记、总队长　夏荣坡

同志们：

这次安徽调查工作会议的主要任务是：以习近平新时代中国特色社会主义思想和党的十九大精神为指引，深入贯彻落实全国统计工作会议精神，总结和部署全系统调查工作。下面，我代表总队党组和领导班子讲三点意见。

一、2017年工作回顾

过去一年，安徽调查队系统在国家统计局党组和总队党组的领导下，胸怀全局，坚定信心，强化担当，全面贯彻落实中央领导同志对统计工作的重要指示批示精神和党中央国务院关于深化统计改革的重大决策部署，紧紧围绕全国统计工作会议精神、国家调查队成立十周年会议精神以及安徽调查工作会议精神，深入推进全面从严治党、从严治队，扎实推进"两学一做"学习教育常态化制度化，深入落实党风廉政建设"两个责任"，不断深化统计调查改革，坚持依法统计、依规治数，不断夯实基层基础工作，努力提高统计调查数据质量和服务水平，各项工作取得新进步、新成绩。主要抓了"四件大事"，推进了"五个方面工作"。

（一）强化政治站位，凝心聚力抓了"四件大事"

1.扎实推进全系统全面从严治党。认清全面从严治党的新形势，担负起全面从严治党的政治责任，牢固树立"四个意识"，切实加强党建工作的领导，进一步夯实党建工作责任。深入推进"两学一做"学习教育常态化制度化，及时召开了全系统动员会，印发了《实施方案》，作出了全面部署安排。制定了《关于推进安徽调查总队机关基层党组织标准化建设实施方案》，认真动员部署抓落实，推进总队机关基层党组织标准化建设全覆盖全达标。督促全系统各级党支部严格执行“三会一课”等党内生活制度，按照“规定动作”开展党建工作。举办了总队机关党员培训班，进行了“恪守忠诚干净担当、做合格共产党员”巡回宣讲，开展“走基层访一线服务五大发展行动”的大调研，举行丰富多样的党日活动。进行了机关党委换届，选举产生了新一届机关委员会和首届机关纪律检查委员会。认真贯彻党风廉政建设各项部署，紧紧围绕统计调查中心工作，抓好“两个责任”的落实，强化监督检查，严肃执纪问责。全年共函询问题线索 17 次，处分 5 人，处理 6 人，对问题处理通报 3 次。编印了《落实党风廉政建设责任工作手册》，对党风廉政建设全程纪实记录，细化了各级责任，明确了监督执纪流程规范，促进了全面从严治党向纵深发展。

2. 深入学习贯彻党的十九大精神。全系统党员干部牢固树立“四个意识”，始终在思想上政治上行动上同以习近平同志为核心的党中央保持高度一致，形成学习贯彻党的十九大精神良好氛围。总队召开了党组中心组学习会，深入学习习近平总书记在中国共产党第十九次全国代表大会上的报告、新修订的《中国共产党章程》和《中共中央关于认真学习宣传贯彻党的十九大精神的决定》，并就如何贯彻落实党的十九大精神展开了交流讨论。总队领导分赴市县队和总队机关各党支部宣讲党的十九大精神，紧紧围绕十九大报告，对中国特色社会主义进入新时代和习近平新时代中国特色社会主义思想的精髓要义进行了深入解读。及时下发了《关于学习宣传贯彻党的十九大精神的落实意见》，制定时间表，明确各项任务和责任单位。举办了全系统学习宣传贯彻党的十九大精神党务干部培训班。全系统党员干部紧密联系统计调查工作实际，通过“三会一课”、主题党日、党课、集中学习研讨、撰写心得体会、辅导报告、学习测试、征文等多种形式，把党的十九大精神转化为贯彻落实“完善统计体制”的重大部署，坚决完成党中央国务院关于统计改革发展各项任务。

3. 狠抓中办国办《意见》贯彻落实。总队党组高度重视中办国办《意见》的贯彻落实，切实做到把方向、严要求、常督促。对全系统贯彻落实《意见》提出了明确思路，确保贯彻落实工作有条不紊地推进。成立了落实《意见》精神领导小组，强化组织领导和督促检查。总队党组多次学习《意见》精神和国家统计局编印的《辅导材料》，将中央关于深化统计管理体制改革的十大举措搞清弄明。同时，原原本本地向市县队和总队机关处室主要负责人进行传达，引导大家统一思想认识，凝聚改革发展力量。制定了《安徽调查队系统统计数据质量管理责任规定》，进一步强化数据质量管理监督。总队领导带队对市县队贯彻落实《意见》情况进行督促检查。全系统牢固树立起抓改革、求创新、促落实的意识，把改革创新贯穿于调查工作全过程，不断激发推动安徽调查事业改革创新的内生动力。省政府印发了专题会议纪要，对贯彻落实《意见》精神、提高统计调查数据真实性、提高抽样调查科学性，支持调查方法制度改革创新、优化统计调查服务等，提出明确要求。总队党组高度重视，明确责任，狠抓落实，按时完成了各项议定任务，并建立了长效机制。各市县队在贯彻落实《意见》精神上，因地制宜、紧扣实际、亮点纷呈。

4. 力行住户样本轮换和新技术应用。扎实推进住户大样本轮换工作，制定了全省样本轮换方案和实施细则，建立健全样本轮换质量控制机制，落实岗位责任制。商请省政府下发了文件，对样本

轮换工作进行部署和要求。广泛开展宣传，创作了宣传住户调查及样本轮换的歌曲，拍摄了微电影《国记民生》，印发了国家统计局宁吉喆局长《致全国住户调查户的一封信》，营造了支持配合样本轮换的良好氛围。全省 14000 多新调查户如期启用，住户类调查进入了新的五年周期。为加快现代信息技术在住户调查中的应用，有的市队开展了电子记账试点。完成了全系统三级信息主干网建设，建成了云视频会议系统，市县队的视频分系统运行良好。顺利通过农业统计遥感生产管理与决策平台项目建设验收，为农作物调查任务管理、生产管理、成果数据管理和统计分析与决策提供平台。运用北信源景云防病毒系统、安全客户端管理系统对全系统所有入网设备进行有效安全管理。开展了移动采集终端管理系统建设部署工作，与国家统计局移动采集终端主系统进行了联网。购置了 600 台 PDA 设备用于劳动力调查改善工作条件，更新了市场价格调查手持设备及通信服务。

（二）奋发努力作为，扎实推进“五个方面工作”

1. 强化依法依规治理，净化统计调查环境。印发了《关于进一步加强系统统计法治工作的通知》，全系统开展统计执法现场检查 350 余家企业，其中“双随机”检查 70 余家，立案 3 件。扩大《统计法律事务告知书》的发送范围，向采购经理调查全部样本企业和新增加的具备独立法人资质的农产品生产者价格调查样本单位送达《告知书》。印发了《关于进一步加强和规范地方统计调查项目管理的通知》，审批市县队申报的地方委托调查项目 33 项。组织人员参加全国统计执法证资格考试，联合省统计局组织开展全省统计执法资格培训考试，112 人获得统计执法证。严格执行统计调查证颁发和管理，明确了各单位的职责和分工。开展了以市队为召集单位的统计法治培训。强化统计法治宣传，开展学习宣传《条例》系列活动，积极营造风清气正、源洁流清的良好环境。

2. 不忘本来履行职责，圆满完成各项任务。坚持以数据质量为中心，扎实开展各项统计调查。精心组织实施农业和畜牧业、住户收支、生产和消费价格、规下工业、商业、服务业、建筑业、小微企业跟踪等抽样调查，认真组织实施采购经理人指数、退耕还林、农村贫困、农民工市民化、劳动力调查等统计监测调查，高质量完成全国文明城市、党风廉政建设和国企反腐倡廉、行政审批事项时间、居民阅读状况、城镇规划管理第三方评估等专项调查任务。实施农作物对地调查与“三农普”农作物面积遥感测量网点新旧样本的数据衔接，如期完成样本整合工作，落实国家统计局关于农作物面积遥感测量和农作物对地调查并行开展工作机制，发挥市队在农业调查工作中的积极作用。启动 ICP 调查，成立调查工作领导机构，ICP 消价调查全面启动，高质量完成了月度、季度和半年度调查任务，完成 ICP 项目机械设备和建筑品目录核查。开展了采购经理调查季度调整因子测算工作，为提高安徽 PMI 指数准确性和编制分行业指数打下良好基础。首次对县统计局住户调查工作开展考评，激发县统计局的工作积极性。全力推进固定资产投资价格统计方法改革，继续优化二手住宅价格调查中介机构的布局，加大网签数据在二手住宅价格统计中的应用程度。劳动力调查以直报率为抓手，加强规范化建设和数据质量评估，得到国家统计局主管司的充分肯定，并在全国会议上作经验介绍。不少市县队落实国家统计局和安徽调查总队的部署要求，创新自选动作，细化操作流程，数据质量进一步提升。

3. 围绕中心资政服务，分析研判能力提升。为有效提升分析研究能力，服务社会经济发展，总队以服务“供给侧改革”为中心，从创新工作思路入手，提升调查服务整体质量和水平。与省政府开通了“安徽调查快报直通车”，以一对一专用通道直接将信息分析及时报送给省主要领导，提高了决策咨询服务的效率。全年编发“安徽调查直通车”10 期，并向有关部门提供相关数据材料累计 100 余篇次。编印《砥砺奋进辉煌五年——党的十八大以来改革成果》，展示党的十八大以来安徽经济社会发展成果，受到各级党委、政府的重视。积极资政，全年参与省政府召开的促进城乡居民增收会议 9 次。继续重视信息工作，全年工作信息被国家统计局网站采用 155 篇次，约稿信息被国家统计局每日调查采编 15 篇次，转报中办国办 14 篇次，被中办国办采用 14 篇次；被党和国家领导人批示 11 篇次，被国家统计局领导批示 13 篇次，被省委省政府领导批示 16 篇次，决策“智库”作用进一步彰显。加强与《中国信息报》等主流媒体的联系沟通，《创新模式布局产业精准施策》获年度《中国信息报》好新闻三等奖。组织开展第八届“中国统计开放日”“随手拍”、统计知识问答等活动。将调查年鉴搬上微信平台。“安徽调查”在全国统计系统 267 个微信公众号排位中居调查总队第 6 位。市队积极开通微信公众号，扩大了系统微信矩阵群的影响力。一年来，市县队积极服务地方经济社会发展，认真开展各类以民生为主的专项调查，为安徽调查品牌建设增光添彩。

4. 深化基层基础建设，确保数据真实可信。细化数据质量控制办法，修订了《安徽省统计调查基础工作规范化管理办法》《数据质量控制与评估办法》和《调查业务规范化操作规程》，完善了全程、全员、全域统计调查数据质量控制体系。加大基础工作检查力度，做到专业检查与执法检查相结合、自查与抽查相结合、机表对应检查相结合、现场座谈与实地调研相结合、现场纠错与系统通报相结合。全系统通过综合运用业务整改通知书、数据联审、上门指导、数据质量通报、执行访户访企记录制度、建立访户访企照片记录、强化电话回访和结果存档、痕迹记录、开展院校合作等方式，强化了质量控制。修订了加强和改进调查研究工作的规定，制定了全年调研计划。总队领导带头深入基层调研，摸情况、找问题、查不足，先后开展了居民收支调查进展情况调研、禽流感对禽蛋养殖生产影响调研、小微企业固定资产投资情况调研、房地产采购经理调查样本企业调研等。

5. 加强思想理论武装，紧扣问题严实整改。认真落实全面从严治队要求，将思想政治建设摆在首位，深入践行社会主义核心价值观。牢牢把握全系统思想意识形态工作领导权，通过开展“道德讲堂”和向先进典型学习活动，进一步强化思想道德建设。牢牢把握思想政治工作主导权，出台了《安徽调查队系统党员和干部职工思想动态分析制度》，要求各队各党支部每半年对党员和干部职工的思想状况进行一次全面梳理，认真分析存在问题，及时提出对策建议，进一步增强思想政治工作的针对性和实效性。

认真贯彻落实国家统计局巡视“回头看”整改要求，研究制定了《总队党组落实巡视“回头看”反馈意见整改工作方案》《总队党组落实巡视“回头看”反馈意见整改安排》，提出了 88 项整改措施，建立整改台账，编制整改周报，及时进行督查，如期完成全部整改任务。充分发挥巡察利剑作用，印发了《巡察工作办法》《巡察人员库管理办法》，明确了全年巡察工作思路，开展了 3 轮巡察，

巡察了7个市县队。

重视系统干部队伍建设，始终坚持正确用人导向，按照党管干部的原则和《干部选拔任用条例》规定，严格执行党组动议、民主推荐、考察测评、讨论决定、任前公示、任职谈话等程序，切实做好干部选拔工作。一年来，选拔了总队机关8名科级干部、市队8名处级干部、县队37名科级干部，领导干部的年龄结构和知识结构得到改善。同时，拓宽年轻干部培养渠道，在市县队选派干部到总队挂职，在市队选派年轻干部到县队担任副队长。通过开展年度考评“一报告两评议”、建立《干部选拔任用工作全程纪实档案》等，强化了干部监督管理。全年选派了69名干部参加国家统计局和省委党校、省行政学院的培训，对新录用工作人员开展初任培训，开展干部网络在线学习，有的队还通过调查课堂、业务竞赛等方式，进一步提升干部职工工作能力。在国家统计局大力支持下，新建了萧县、繁昌、东至、广德等4个县队。同时，根据国家统计局的统一部署，进一步充实了基层调查力量，调减了总队及市队的编制数，增加了县队的编制数。

一年来，全系统扶贫济困任务十分繁重。各队重视脱贫攻坚政策解读，加强与各级扶贫办交流沟通，积极参与脱贫攻坚复查、督查、排查工作。总队参与全国脱贫攻坚省际交叉考核，积极提供脱贫攻坚信息服务，为我省脱贫攻坚工作提供了大量决策信息。一是制定脱贫攻坚作战图。落实“双包”工作责任制，选派工作队驻村扶贫，将“干部包户”落实到人。总队领导和各处室负责人结对帮扶贫困户33户、135人，年均走访慰问4次以上。二是牵头组织干部职工扶贫捐款献爱心，全部用于帮扶贫困户。总队挤出50多万元资金，支持结对帮扶的裕安区栗树村、马河村修路架桥，改善贫困群众生产生活条件。三是组织开展与贫困村党支部结对共建活动。邀请栗树村、马河村“两委”来总队开展党支部结对共建交流。四是组织总队青年党团员赴贫困村调研。开展了“走基层访一线服务五大发展行动”调研实践活动，走访慰问贫困户和留守儿童，撰写的调研报告《脱贫攻坚成效大短板问题需弥补》获得省直机关优秀奖。五是给帮扶村留守贫困儿童送温暖。总队退休老同志“老有所为”，深入贫困村为留守儿童送温暖，开展心理健康辅导活动。六是为贫困村开展义诊活动。组织医疗专家赴马河村开展扶贫义诊。七是重视扶贫宣传。在全国性报刊发稿3篇，在新媒体发稿8篇。《大别山下旌旗动脱贫攻坚战犹酣》《安徽调查总队出实招助力脱贫攻坚》被《中国信息报》采用；《安徽调查总队与贫困村党支部结对共建助力脱贫攻坚》被新华网采用。

一年来，在总队党组的正确领导下，全系统上下凝心聚力，真抓实做、奋力拼搏，调查数据真实可靠，服务水平稳步提高，财务管理、机要保密、文书档案、政务公开、后勤服务、老干部工作、群团工作、调查文化建设等有序开展。政务管理、综合统计、贸易外经统计、人口和就业统计、服务业统计、纪检监察、网络信息报送等7项工作分获国家统计局考核优秀，统计法治、设计管理、新闻宣传、工业统计、农业统计、城市统计、信息化建设、教育培训等8项工作获得良好等次。总队被评为第十一届安徽省文明单位、省直机关文明单位、效能建设先进单位，不少市县队也获得文明单位荣誉称号。

上述成绩取得，是国家统计局正确领导的结果，是各级党委政府和社会各界关心支持的结果，更是全系统干部职工求真务实、改革创新的结果。在此，我代表总队党组，向你们并通过你们，向辛勤工作在统计调查战线上的同志们，表示诚挚的问候！向关心支持统计调查事业发展的各级领导和同志们，表示衷心的感谢！

回顾一年来的工作，虽然取得了可喜成绩，但与国家统计局和各级党委政府的要求比，仍有一定的差距。一是制约创新发展的思想和精神束缚尚未挣脱；二是激励创新创优的机制和手段尚未取得新突破；三是系统建设和管理的薄弱环节有待进一步完善；四是服务决策和经济社会发展的优质产品还不多，难以满足各级党政领导的资政服务需求以及社会公众对经济社会发展的知晓。这些都迫切需要我们在新的一年中切实加以改变和进一步优化。

二、2018 年工作任务

当前，统计调查工作正站在一个新的历史起点上，既面临着许多新机遇，又面临着许多新挑战；既面临着许多新希望，又面临着许多新矛盾；既面临着许多新条件，又面临着许多新制约，必须从全局的高度准确把握安徽调查事业面临的新形势。

——习近平新时代中国特色社会主义思想指明了前进方向。党的十九大将习近平新时代中国特色社会主义思想确立为党必须长期坚持的指导思想载入党章。习近平总书记关于坚持实事求是思想路线、树立正确政绩观发展观速度观、防范和惩治统计弄虚作假、做好新经济新动能统计、深化国民经济核算、做好社情民意统计调查、深化统计管理体制改革、搞好调查研究、强化统计部门责任和提高统计人员职业素养等重要论述，科学回答了新的时代背景下统计调查工作如何适应新时代、反映新时代、服务新时代的重大理论和实践问题，为我们加快构建新时代现代化统计调查体系、推进统计调查事业新发展，提供了强大的思想动能。

——加快构建新时代现代化统计调查体系擘画了新的蓝图。在全国统计工作会议上，宁吉喆局长指出：我们处在一个大发展大变革大繁荣的时代，社会主义中国强势崛起，新一轮科技革命和产业变革蓄势待发，统计调查的广度深度难度前所未有，统计工作进入攻坚克难期和转型变革期。这些都要求我们立足于新的起点，聚焦于改革创新，致力于真抓实干，加快构建体系完整、富有效率、特色鲜明的新时代现代化统计调查体系。构建新时代现代化统计调查体系，具体来说包括统计制度现代化、统计指标现代化、统计方法现代化、统计手段现代化和统计产品现代化。这是根据中国特色社会主义现代化建设的战略部署，对“现代统计调查体系”的拓展延伸。全系统干部职工要统一思想，深刻理解新时代现代化统计调查体系的思想基础、战略布局和丰富内涵，充分认识其重要性、必要性和紧迫性，按照国家统计局的部署，加强领导，同频共振，有序推进。

——建设现代化五大发展美好安徽为资政廓清了服务需求。党的十九大提出在全面建成小康社会基础上，分两步走全面建设社会主义现代化国家新目标。省委深入贯彻落实党的十九大精神，确立了建设新时代现代化五大发展美好安徽的发展目标和举措。全系统要在围绕历史新方位、服务历史新方位上发挥职能作用，树立以人民为中心的发展思想，以提高保障和完善民生为出发点和落脚点，努力提供更加真实准确的城乡居民收支数据，扎实做好劳动力调查和贫困监测，更加真实反映安徽

扶贫攻坚“战况”，做好“三农”调查，服务乡村振兴战略大局。通过利月指数平滑、时间序列分析等方法，捕捉发展体现在数据上的轨迹，利用计量经济分析模型等现代化分析工具，预判“量”“质”转化的“阈值”区间，用统计画笔描绘宏伟蓝图变成美好现实的历史进程。

——全面从严治党和依法治统为求实调查压实了各级责任。

全面从严治党是以习近平同志为核心的党中央抓党建鲜明主题，也是新的历史条件下我们党应对世情国情党情变化的必然选择。特别是党的十九大，为从严管党治党确立了崭新坐标，党风廉政建设进入了标本兼治、以治本为主的新阶段。全面从严治党将向纵深推进，反腐倡廉、作风建设永远在路上。去年，中办、国办印发了《统计违纪违法责任人处分处理建议办法》，国务院发布了《统计法实施条例》，国家统计局修订了统计执法监督检查、部门统计调查项目管理等部门规章，颁发了多个规范性文件。国家统计局成立了统计执法监督局，组织全国统计执法人员进行培训和考试，向考试合格人员颁发统计执法证，直接查处多起重大统计违法案件，依法治统、从严治统在党的领导下深入推进，防范和惩治统计造假、弄虚作假高压态势正在形成。我们务必坚持遵循党的纪律和规矩，坚守统计法律法规，将知晓纪律、遵守规矩、懂法护法作为自觉行动，将不出假数、真实调查作为责任和生命，切实担负起职责范围内的管党治数责任使命。

正确分析安徽调查事业面临的新形势，是构建新时代现代化统计调查体系的前提。2018 年安徽调查队系统工作总体思路是：深入学习贯彻党的十九大精神，以习近平新时代中国特色社会主义思想为指引，紧紧围绕构建新时代现代化统计调查体系，深化全面从严治党、全面从严治队、依法依规治数，坚持稳中求进的工作总基调，全面贯彻落实国家统计局改革创新发展总部署和各项要求，加快完善统计调查体制机制，进一步提高统计调查数据质量，切实加强统计调查服务和数据分析解读，为促进经济社会发展、决胜全面建成小康社会提供更加优质的统计调查服务。

（一）继续深入学习贯彻落实好党的十九大精神

深入学习贯彻落实好党的十九大精神，是全系统当前和今后一个时期的头等大事、首要安排和压倒一切的政治任务，要切实抓紧抓实抓出成效。

1. 全面强化组织领导。各级党组织主要负责人是本单位和本支部学习宣传贯彻党的十九大精神的第一责任人，要亲自谋划、亲自动员、亲自部署、亲自抓落实。领导班子成员要落实“一岗双责”，对分管单位的学习宣传贯彻工作加强指导。各级党员领导干部要率先垂范，充分发挥示范引领作用。各级党组织要及时总结出好经验、好做法，推动学习宣传贯彻党的十九大精神向广度和深度拓展，努力使学习宣传贯彻的各项部署落实到位。

2. 全面创新贯彻方式。全系统各级党组织，要把学习宣传贯彻党的十九大精神作为党组中心组学习、党支部学习重点内容，作为“两学一做”学习教育常态化制度化重点内容，精心抓实施。要通过“三会一课”、主题党日活动、微党课、集中学习研讨、撰写心得体会、学习辅导报告、学习测试等多种形式，组织党员干部深入学习领会党的十九大精神，尽快实现党员学习全覆盖；举办学习党的十九大精神培训班，实现干部职工学习的全覆盖。要充分发挥网络、微博、微信等新传媒的作用，交流分享学习心得体会，积极营造浓厚的学做氛围。

3. 全面强化督促检查。全系统各级党组织要按照总队党组和地方党委的安排部署，结合实际抓好落实，做到有计划安排、有组织实施、有学习内容、有学习记录、有心得体会，确保取得实实在在效果。总队将开展督促检查，及时发现解决问题，有效传导压力。对学习宣传贯彻不重视、不落实、搞形式、走过场的，将责令整改并予以通报批评。同时，把学习宣传贯彻党的十九大精神作为党建工作考核重要内容，确保学习宣传贯彻党的十九大精神有行动、有力度、有成效。

（二）扎实开展“不忘初心，牢记使命”主题教育

习近平总书记在党的十九大报告中指出“在全党开展‘不忘初心、牢记使命’主题教育”，并指明开展主题教育的总体要求，为开展主题教育提供了根本遵循。

首先要做好“两学一做”学习教育常态化制度化总结。总队机关要认真总结学习教育活动的成功经验、有效做法和各项成果，继续查找工作中存在的问题和不足。要认真做好总队机关的各项工作，确保活动取得实实在在效果，并建立长效机制，为市县队做出表率。

其次要认真谋划好“不忘初心，牢记使命”主题教育。要把“两学一做”学习教育常态化制度化的总结和“不忘初心，牢记使命”主题教育的前期筹备工作有机结合起来，将“两学一做”的成功经验用到“不忘初心，牢记使命”主题教育中。各市县队要高度重视，市队党组、县队队委会、总队机关党支部要对本单位本部门的主题教育负责，做到一把手亲自抓。要按照党建工作条块结合要求，认真组织好本单位落实工作，切实做到深入学习，密切联系实际，广泛听取意见，扎实做好各个环节的规定动作，精心选择好自选动作，体现统计调查特色，确保活动扎实有序、特点鲜明、成效显著，使主题教育成果成为调查事业发展进步的强劲推动力。

（三）认真落实局队业务分工调整重大决策部署

这次局队部分业务分工调整涉及劳动力调查和7项“四下”企业调查，改革意义十分重大，必须积极稳妥地做好对接。

1. 稳步组织实施。将局队分工调整作为一把手工程，切实抓好落实，及时解决问题。按照《调整方案》和《关于印发全国月度劳动力调查局队业务分工调整优化等6个实施方案的通知》，除规下服务业一季度调查由调查队负责、统计局参与外，其余的“四下”企业调查，均从今年一季度开始由统计局负责，调查队全程参与指导和协助配合。劳动力调查自今年7月起全面接手。过渡期结束后，按照“资料跟着职能走”的原则，在6月30日前，完成工作职能和全部历史数据、工作文件的交接工作。

2. 积极沟通配合。做好局队分工调整优化是检验大局意识和执行能力的重要标尺。各队各单位务必按照宁吉喆局长在局队分工调整动员视频会议上讲话精神和《方案》以及分专业的实施细则要求加强沟通配合。总队和市队分别按照职责主动加强协作，在方案制定、机构人员调整、业务培训指导、工作和资料移交、业务经费切割等方面密切协作，确保局队间的工作交接顺利进行，确保数据的历史衔接和地区间匹配。

3. 认真督导检查。总队将派出督导组对局队部分业务分工调整优化工作进行检查指导，并将其列入巡察内容，对落实不力、工作拖拉、工作衔接和数据质量出现明显问题的，要追责问责。要明确每一项改革任务完成的时间表、路线图、责任人，确保各项改革任务在本地区、本系统、本单位扎实稳妥推进，确保改革任务落地有声、取得实效。各市队要建立专项报告、月度报告、季度报告制度，于6月底前报送分工调整工作完成情况报告。

（四）积极探索改革创新推进常规统计调查工作

时代呼唤改革，实践推动创新。为做好新时代现代化统计调查工作，必须做到“四个聚焦”。

1. 聚焦于做精各个专业。住户、价格、农业、畜牧业调查是调查队传统优势专业，劳动力调查数据是反映劳动力市场变化、经济走势、财政金融政策取向的宏观调控指标。法定数据发布后，必将成为社会各界关注的焦点。要顺势而为，把各专业做成精品，进一步发挥调查队在民生监测方面的重要职能作用，不断提升在全国同行业的地位。要严肃对待粮食安全省长责任制考核，维护农业调查法定数据权威。要以养殖大县为重点，适应养殖规模化大势，做好禽畜产品产量调查。要强化居民收支调查新样本管理，强化新户的记账辅导，提高数据质量。要完善手持数据采集系统应用工作，做好居民消费价格类调查，完成ICP调查年度任务。要深化对包括房地产价格、工业生产者价格、固定资产投资价格数据周期性变化的研究，通过率先“发声”，牢牢掌握主动权。要进一步规范新增小微企业跟踪调查，提高调查科学性和代表性。要精心实施农村贫困、农民工监测，确保数据真实可靠，为决胜全面建成小康社会贡献“调查力量”。要挖掘PMI数据“金矿”，进一步发挥预警预测风向标作用。

2. 聚焦于做强专项调查。随着局队分工调整优化，从数量上看，涉及企业的微观活动单位情况调查不是调查服务的主渠道，民生调查是愈加壮大的优势项目，要巩固已有的调查阵地，周密组织党风廉政建设、国企反腐倡廉、文明城市、城镇规划管理等重大专项调查工作。要不断拓展为经济社会发展服务的新领域，积极开展为地方经济社会发展服务的委托调查，提高工作质量和服务水平，巩固和提升调查队服务经济社会发展的良好形象。

3. 聚焦于做好组织实施。严格执行新修订完善的《基层基础工作规范化管理办法》《数据质量控制与评估办法》和各专业《规范化操作规程》，实现全部业务流程的标准化。要建设和维护好数据库资源，严格按照规程采集数据，切实加强源头数据质量控制，充分利用现代信息技术手段审核数据，加强对调查数据的科学评估。坚持实事求是，排除各种干扰，保证统计调查工作的规范统一。

4. 聚焦于做活方法创新。统计改革方兴未艾，统计创新纷至沓来。与时俱进、改革发展是统计调查工作的主旋律。各专业都要积极关注国家统计局对有关方法制度的改革动向，认真总结实践经验，努力探索适合基层工作情况的调查方法和组织模式。在严格执行国家制度方案的前提下，改进和完善实施细则，提高抽样代表性和数据准确性，提高抽样调查效率。农业调查要结合全省作物种植分布及物候，打造以无人机数据为主要数据源，结合高分辨率影像的覆盖全省的苗情分级作物估产模式。利用遥感测量开展主要粮食作物苗情监测和估产的研究，为科学估产开拓新思路，探索新方法。

（五）进一步强化依法统计调查提高数据真实性

推进依法统计调查，必须进一步抓好《统计法》《统计法实施条例》和《办法》的贯彻落实，将调查工作的各个方面都置于法治框架下。

1. 在贯彻《办法》上狠下功夫。狠抓《办法》的贯彻落实，加大统计执法力度，制定统计执法工作计划，积极主动开展现场统计执法检查，全力推动依法治统向基层延伸，坚决防范统计造假、弄虚作假。依法依纪严肃查处各类统计违法行为，依法依纪严肃追究法律责任。要开展“七五”普法中期督导检查，促进全系统依法开展统计调查活动。强化地方统计调查项目管理，对部分市县调查队进行地方统计调查项目监督检查。

2. 在法治宣传上狠下功夫。要建立依法调查知识学习培训的长效机制。通过专题讲座、任前培训、定向培训等方式，切实增强调查人员特别是领导干部依法行政意识。加强统计法律知识培训和新法律法规专题培训，努力提高培训的针对性和实效性。及时向社会公众宣传《统计法实施条例》。要继续拓展统计法治宣传阵地，充分运用网站、政务微博微信新闻媒体等多种载体，全方位开展法治宣传教育。继续以“12·4”法治宣传日、“12·8”《统计法》颁布纪念日和统计开放日等为重点，搞好大型宣传，丰富普法宣传载体，编印统计法律法规宣传手册、编写统计法治宣传资料等，努力营造良好的法治环境。

3. 在创新机制上狠下功夫。要进一步理顺各级调查队间的联合联动机制，充实和优化专业执法队伍，加大总队及市队统计执法检查力度，发挥总队到县队三级贯通的体系优势。选择若干市县队，以点带面建设基层基础工作示范点，推进全系统“双基”建设。用好案件移送等有关规定，加强与统计局、纪检监察机关的联系，加强工作支持配合，形成法治建设合力。

（六）做好推进经济社会高质量发展的资政服务

1. 培植服务基础。要在举办专题研讨会、经济形势分析会、联合调研等基础上，继续创新人才培养模式，提升分析研究能力和水平。继续编辑好《安徽调查》《调查信息专报》《季度调查资料》和《优秀分析报告汇编》等资料，不断开发新的统计调查产品，创优各类资料特色，提高领导决策的参与率和批示率。

2. 打造服务亮点。在做好数据生产者的同时，更要做好数据的分析者、研究者、解读者。要围绕政府与群众关心的热点数据，加大解读频率和解读力度，为社会公众提供优质调查服务。要紧紧围绕党的十九大提出的新思想、新论断、新目标、新举措和新任务，重点围绕供给侧结构性改革、“三新”经济发展等，深入开展调查研究。充分发挥农业统计遥感生产管理与决策平台等新技术优势，做好农作物调查任务管理、生产管理、成果数据管理和统计分析工作，做好“三农普”数据核定和历史数据修订。要在做好调查数据发布的同时，做好分析研究成果的发布展示，组织第九届统计开放日重大宣传活动，提升安徽调查形象。

3. 拓展服务方式。要继续做好课题与建模研究工作，提供含金量高的研究成果。要积极参与国家统计局的课题研究招标，开发运用历史数据资源，加强对经济社会发展全局或重点行业的中长期研究，增强课题研究的前瞻性、理论性和实用性，不仅要开出“化验单”，更要拿出“诊断书”，

为地方政府和社会各界提供精品研究成果。同时，要加强全系统建模研究与队伍培养，力争在今年全国建模大赛中取得好成绩。

（七）着力提升统计调查工作信息化现代化水平

1. 创新调查生产管理方式。加快推广电子记账，积极推进住户调查应月系统的广泛使用。部署移动采集终端管理平台系统，集中管理调查队系统联网直报和移动采集终端设备管理任务。要认真贯彻落实国家统计局关于“大力推进遥感技术应用”要求，积极探索“天、空、地”一体的农业调查。适应现场调查电子化采集新方式，加快配备手持设备，加强人员培训，完善电子化采集流程控制规程。推广应用视频会议系统使用范围，指导市县队建设规范化视频会议室。

2. 创新总队 OA 平台建设。加快推进总队机关办公自动化建设，做好 OA 系统公文流转、请示报告、信息交流、政务公开、督查督办、资产管理等事项的模块化设计，高规格地实现电脑、手机、平板电脑“三平台”的移动办公模式，预留市县队接口。做好 OA 办公平台的测试、培训、管理和维护，实现机关政务活动的电子化，提升协同办公能力，提高工作效率。配套实施内外网站升级改版工作，统一内外网采编平台，做好与 OA 系统的衔接。

3. 创新大数据研究和应用。要树立大数据思维，深入研究大数据技术与现行统计调查制度方法的深度融合，不断积累经验，取得一定突破，并逐步推进。要将“大数据 +CPI”作为创新引擎，扩展统一采价、集中采价，积极利用行政记录和扫描数据，建立图片库和电子档案。优化全系统安全网络，做好主干网网络架构及安全管理的重新规划和调整优化部署，推动有条件的市队开展网控中心（机房）建设。通过切实加强基础设施建设，为大数据应用铺垫基础。强化保密工作和网络安全管理，增加基层队电脑，配备防火墙、交换机等信息化安全设备，提高安全防护能力，使安徽调查网络成为信息安全的“保护区”。

三、打造忠诚担当敬业奉献的统计调查队伍

构建新时代现代化统计调查体系，必须有一支忠诚干净担当的统计调查队伍。要按照党的十九大关于新时代党的建设总要求，深入推进全面从严治党，全面加强全系统党的领导和党的建设，坚守政治纪律和政治规矩，切实转变作风，提供坚强有力的政治保证。

（一）突出从严治党，强化责任担当。

新的形势任务要求我们担当起新时代全面从严治党的历史责任，坚持不松劲、不停步、再出发，着力打造安徽调查队系统风清气正的良好政治生态。要坚持强化党的政治建设，坚决拥护以习近平同志为核心的党中央权威和集中统一领导，严格遵守政治纪律和政治规矩，尊崇党章，严格执行《新形势下党内政治生活若干准则》，严格落实和督促党员领导干部参加双重组织生活，落实好民主集中制，开好党员领导干部民主生活会和党支部组织生活会，规范推进党务公开和政务公开。强化对开展基层党组织标准化建设的领导，确保第二批总队机关党支部顺利达标。要坚持组织建设不放松，强化基层党组织建设，落实“三会一课”制度，完善党员党性分析和民主评议，开展党建述职评议考核，加强考核结果的运用，创新活动方式，探索互联网＋党建工作的新模式新方法。要认真做好党员发展工作，优化结构，提高质量。

（二）突出政治领导，加强班子建设。

构建新时代现代化统计调查体系，需要一支政治过硬、作风优良、业务精通的队伍。一要抓好思想建设。教育全系统党员牢记党的宗旨，树立马克思主义世界观、人生观、价值观，用党的创新理论武装头脑，坚信和践行新时代中国特色社会主义，确保全系统各级党组织和广大党员干部始终坚持正确的政治方向。二要加强班子建设。要秉持“德才兼备、以德为先、群众公认”原则，把好干部标准落实到选对人、用好人上来，强化党组织在干部选拔中领导和把关作用。要根据市县队领导班子建设需要，认真谋划好干部的选拔配备，着力改善各队领导班子结构，提升领导班子履职能力。严格执行业务考核和综合考核办法，并进一步健全和完善，激发干部职工改革创新的热情。强化干部监督力度，落实好个人有关事项报告制度，继续做好新任职干部向宪法宣誓工作。三要强化队伍建设。加大干部轮岗交流力度，鼓励干部在不同岗位上展示风采，输送干部到基层一线、艰苦环境锻炼提高。多层次、多渠道、多形式开展干部教育培训，着力造就一支能够担当重任、具有创新思维、奋发开拓进取的高素质干部队伍。要根据年轻干部的思想动态，开展有针对性的教育引导，提升政治敏锐性和政治鉴别力，注重政治素养和品德修养的锤炼，努力建设好调查事业的“后备军”。

（三）突出纪律约束，严实“两个责任”。

一要抓好“两个责任”落实。按照主体责任和监督责任，严格执行好党风廉政建设落实制度、报告制度和考核制度。加强对党风廉政建设履责纪实情况的督促检查，并将督查结果作为党风廉政建设责任制考核的重要依据。二要抓好“四种形态”落实。要立足于早，百里见秋毫；要立足于严，处处扫纤尘。切实运用好监督执纪“四种形态”，对批评教育、谈话函询仍不能改正的，要从严执纪，对违纪问题“零放过”。要强化廉政教育，发挥先进典型示范引领和反面典型警示教育的作用，让全系统党员干部知敬畏、存戒惧、守底线，习惯在监督和约束的现实环境中工作。三要抓好“巡察整改”落实。以政治建设为统领，深化巡察工作，传导从严治党、从严治队的压力。要制定好巡察工作目标和方案，统筹安排常规巡察，探索机动式巡察，做好巡察意见反馈、整改情况的公开，综合运用巡察成果，完善总队巡察与国家统计局巡视上下联动的监督检查机制。

（四）突出作风表率，厚植调查文化。

一要深入贯彻落实好习近平总书记关于进一步纠正“四风”、加强作风建设、大兴调查研究之风的重要批示精神。认真查找“四风”突出问题。根据上级关于从严执行八项规定的最新精神，完善总队及各市县队的实施意见。二要领导干部带头转作风。坚持身体力行、以上率下，形成“头雁效应”。要进一步转变作风，改进调查研究，领导干部要深入基层一线开展调查研究，健全联系服务群众的制度规范。要关注“四风”问题新表现新动向，在反对形式主义、官僚主义上下更大功夫，对表态多调门高、行动少落实差的问题严肃问责。三要加强自我完善和修炼。党员领导干部要增强群众感情，严格约束自己，严格家教家风。要强化统计职业道德教育，自觉践行统计核心价值观，努力打造“作风正派扎实、工作稳健踏实、业务创新求实、做人忠诚老实”的新风尚。

（五）突出制度规范，提升执行能力。

要织牢制度的笼子，坚持按制度办事，用制度管人管事。一要坚持制度引领。要结合统计调查工作实际，从深入贯彻落实好党的十九大精神和习近平新时代中国特色社会主义思想的高度，正确认识加强制度建设的重要性，切实从思想上树立高度的组织纪律观念，自觉以党的建设、党风廉政建设、政务管理、人事管理、业务管理等工作制度，来规范言行，做遵纪守法和依章办事的模范。二要坚持制度落实。坚持制度建设与制度落实“两手抓”，做到知行合一、学用一致。要将遵章守纪、依规管理作为领导工作的总抓手，认真履职尽责，切实抓好各项制度规定的深入落实，特别是财务管理制度的落实。要继续推进系统财务管理规范化，进一步提高财务管理工作水平。加强国库支付监督，规范政府采购管理，强化内部审计工作，把审计整改列为党风廉政监督的重要内容，确保审计意见落实到位，确保全系统清正廉洁、保障有力。

同志们！新思想引领新征程，新作为展现新气象。让我们更加紧密地团结在以习近平同志为核心的党中央周围，认真贯彻落实好国家统计局党组的决策部署和要求，深入推进统计调查改革创新发展，切实担当起构建新时代现代化统计调查体系历史重任，为安徽调查工作再上新台阶做出更大贡献！

2017年1月，安徽总队党组召开党员领导干部民主生活会

2017年2月，安徽总队召开全省调查工作会议

2017 年 1 月，安徽总队举办迎新春联欢会

2017 年 2 月，安徽总队开展系统公务员招录面试工作

2017年3月，总队机关开展庆“三八”健身走活动

2017年4月，安徽总队参加第八届“省直机关读书月”游园活动

2017 年 4 月，安徽总队机关举办“迎五一”健身走比赛（图 1）

2017 年 4 月，安徽总队机关举办“迎五一”健身走比赛（图 2）

2017 年 5 月，安徽调查总队领导到定点帮扶贫困村调研

2017 年 5 月，国家统计局宁吉喆局长来皖调研指导工作（图 1）

2017年5月，国家统计局宁吉喆局长来皖调研指导工作（图2）

2017年6月，安徽总队机关慰问农村贫困户留守儿童

2017 年 6 月，安徽总队隆重纪念建党 96 周年

2017 年 7 月，安徽总队举办全省调查队系统统计执法骨干培训班

2017年7月，安徽总队召开上半年经济形势分析会

2017年7月，国家统计局下派干部到安徽挂职锻炼

2017 年 8 月，安徽总队举办党员培训班（图 1）

2017 年 8 月，安徽总队举办党员培训班（图 2）

2017 年 8 月，安徽总队召开上挂干部座谈会

2017 年 8 月，安徽调查总队与帮扶村党支部结对共建助力脱贫攻坚

2017 年 9 月，安徽总队成功举办“农普杯”庆国庆迎十九大乒乓球、羽毛球比赛

2017 年 9 月，安徽总队开展统计开放日宣传活动（图 1）

2017 年 9 月，安徽总队开展统计开放日宣传活动（图 2）

2017 年 10 月，安徽调查队系统新招录人员初任培训班顺利开班

2017 年 11 月，安徽调查代表队获 2017 年统计系统足球友谊赛亚军

2017 年 11 月，安徽调查总队举办学习宣传贯彻党的十九大精神党务干部培训班

2017 年 11 月，安徽总队开展扶贫义诊到乡村活动

2017 年 11 月，安徽总队与安徽财经大学开展“产学研”共建

2017 年 12 月，安徽总队举办新任干部宪法宣誓

2017 年 12 月，安徽总队开展《习近平的七年知青岁月》读书沙龙活动

2017年12月，安徽总队举办统计法治宣传活动（图1）

2017年12月，安徽总队举办统计法治宣传活动（图2）

2017 年 1 月，合肥调查队春节前开展访户慰问

2017 年 9 月，合肥调查队拓展训练增强团队凝聚力

2017 年 6 月，淮北调查队开展农作物实割实测

2017 年 9 月，淮北调查队深入社区宣传住户调查样本轮换工作

2017 年 7 月，亳州调查队党员重温入党誓词

2017 年 8 月，亳州调查队慰问价格采集点

2017 年 6 月，宿州调查队开展实割实测工作

2017 年 10 月，宿州调查队赴扶贫点慰问贫困户

2017 年 10 月，蚌埠调查队到贫困户家中调研

2017 年 10 月，蚌埠调查队督导秋粮实割实测

2017 年 5 月，阜阳调查队观摩无人机技术应用

2017 年 7 月，阜阳调查队到辖区企业开展统计现场执法检查

2017 年 6 月，淮南调查队全体党员参观廉政教育基地

2017 年 12 月，淮南调查队开展统计法制现场宣传活动

2017 年 7 月，滁州调查队组织党员干部开展纪念活动

2017 年 9 月，滁州调查队检查住户基础工作

2017 年 8 月，六安调查队赴结对社区开展志愿者活动

2017 年 12 月，六安调查队联合市统计局开展法治宣传

2017 年 3 月，马鞍山调查队走访记账户

2017 年 6 月，马鞍山调查队到马钢公司开展优秀调查员表彰送奖上门

2017 年 9 月，芜湖调查队在苏宁电器开展 ICP 调查

2017 年 12 月，芜湖调查队荣获全国统计系统先进集体

2017年4月，宣城调查队到企业开展调研

2017年5月，宣城调查队开展"激扬青春·奋发有为"演讲比赛

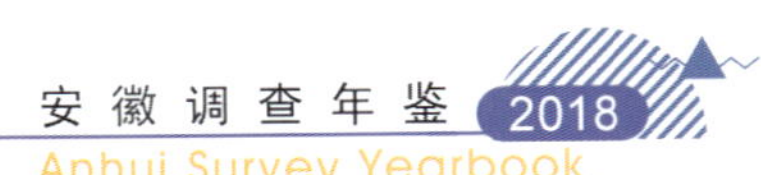

2017 年 10 月，铜陵调查队开展实割实测工作督导

2017 年 12 月，铜陵调查队开展居民收支调查访户工作

2017 年 6 月，池州调查队开展基础数据核查

2017 年 7 月，池州调查队参观宾山革命纪念馆

2017 年 7 月，安庆调查队开展“党建带群建，合力抓创建”活动

2017 年 8 月，安庆调查队走访定点帮扶贫困户

2017 年 5 月，黄山调查队开展农作物面积遥感测量

2017 年 8 月，黄山调查队开展乡村旅游扶贫调研

2017 年 9 月，濉溪调查队开展“统计开放日”宣传活动

2017 年 10 月，濉溪调查队组织全体职工观看十九大开幕式

2017 年 4 月，蒙城调查队表彰先进辅助调查员

2017 年 7 月，蒙城调查队调研玉米苗情

2017 年 7 月，利辛调查队开展“送法进企业”统计法治宣传

2017 年 12 月，利辛调查队在大李集镇对新记账户开展记账培训工作

2017 年 5 月，灵璧调查队走访包保贫困户

2017 年 6 月，灵璧调查队进行夏粮实割实测调查

2017 年 3 月，临泉调查队到高塘镇冯楼村检查住户记账工作

2017 年 10 月，临泉调查队参加县政府主办的工间操比赛，喜获二等奖

2017 年 5 月，凤台调查队深入大兴村收割夏粮样本

2017 年 12 月，凤台调查队开展统计法宣传

2017 年 3 月，寿县调查队开展月度劳动力调查

2017 年 4 月，寿县调查队调研小麦苗情

2017 年 7 月，定远调查队开展夏播面积调查

2017 年 12 月，定远调查队开展统计法宣传

2017年7月，凤阳调查队到小岗村开展党建活动

2017年8月，凤阳调查队开展畜禽工作检查

2017年2月，全椒调查队在民俗活动“正月十六走太平”期间开展统计宣传

2017年10月，全椒调查队干部职工收看党的十九大开幕式

2017 年 4 月，舒城调查队开展扶贫慰问

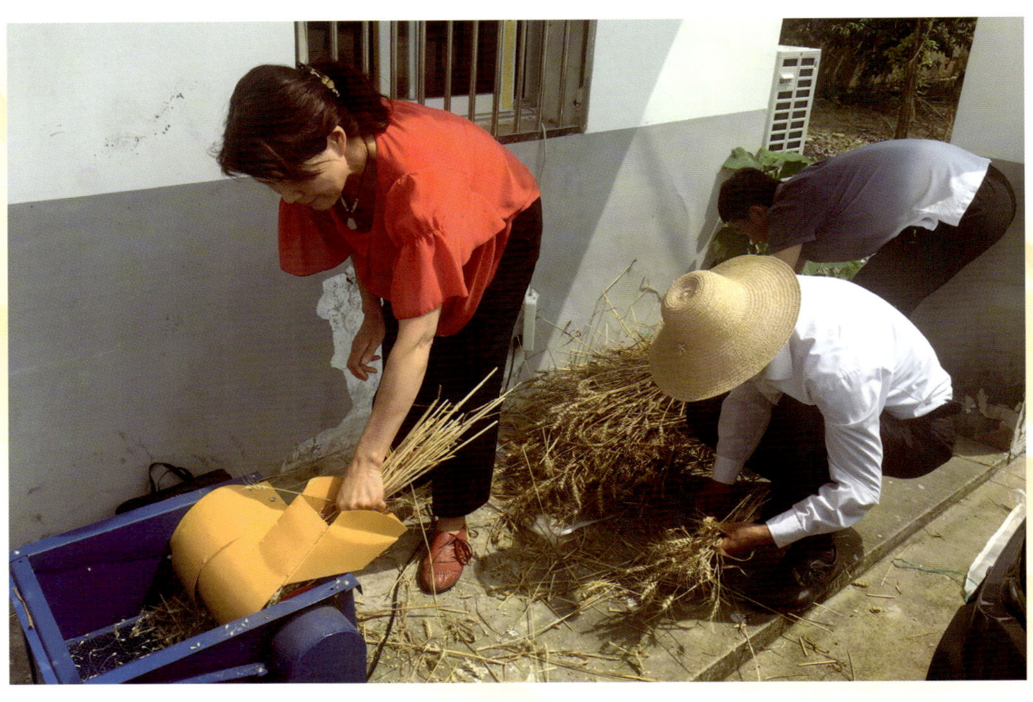

2017 年 5 月，舒城调查队开展小麦实割实测

2017 年 5 月，当涂调查队在乡村调研

2017 年 6 月，当涂调查队开展农作物实割实测

2017 年 8 月，无为调查队参观芜湖机器人产业园

2017 年 9 月，无为调查队开展统计宣传活动

2017 年 5 月，青阳调查队开展农业调查

2017 年 7 月，青阳调查队进行农产量调查

2017 年 6 月，枞阳调查队入户进行劳动力调查

2017 年 7 月，总队督导枞阳调查队无人机飞行

2017 年 5 月，宿松调查队到记账户家中调研

2017 年 8 月，宿松调查队开展劳动力调查

2017 年 5 月，祁门调查队开展农业遥感测量工作

2017 年 6 月，祁门调查队全体党员到结对共建村开展活动

2017年大事记

一 月

1月9日，总队党组召开会议，研究巡视“回头看”整改工作。会议决定成立巡视“回头看”整改工作领导小组，召开全系统会议部署落实整改。

1月21日，总队召开全系统巡视“回头看”整改工作动员会议。总队领导，各市级调查队队长、纪检组长，各县级调查队队长，总队各处室主要负责人参加会议。

二 月

2月5日，总队圆满完成2016年新注册小微企业固定资产投资调查。

2月7日，总队召开党组中心组学习会，传达学习中共中央办公厅、国务院办公厅关于深化统计管理体制改革提高统计数据真实性的文件和国家统计局关于贯彻执行中办国办文件的通知精神。

2月8日，总队召开全省调查工作会议，传达贯彻全国统计工作会议和国家调查队成立十周年座谈会精神，总结回顾2016年工作，部署2017年重点任务。党组书记、总队长骆飞作了题为《继往开来 砥砺前行 奋力谱写安徽调查事业发展新篇章》的讲话。

2月13日，总队召开全省规下企业工作会议，布置开展创新调查工作。

2月23日，总队印发《国家统计局安徽调查队系统党员和干部职工思想动态分析制度》《中共国家统计局安徽调查总队党组关于进一步加强安徽调查队系统党的建设实施意见》《国家统计局安徽调查总队党建工作领导小组工作制度》。

三 月

3月3日，总队召开全省城镇规划建设管理第三方评估调查培训会，布置开展2016年全省城镇规划建设第三方评估调查工作。

3月20日，国家统计局任命夏荣坡同志为中共国家统计局安徽调查总队党组书记、总队长；免去骆飞同志中共国家统计局安徽调查总队党组书记、总队长职务；免去张鹏同志中共国家统计局安徽调查总队党组成员、副总队长职务，另有任用。

3月23日，总队召开全省商业服务业调查工作会议，传达全国商业和服务业工作会议精神，布置2017年限额以下商业、规模以下服务业、新设立小微企业和个体经营户跟踪调查工作。

3月29日，总队召开党组中心组理论学习会，传达贯彻全国“两会”精神、国务院第五次廉政工作会议精神、省政府第五次廉政工作会议精神、省直机关 2017 年党的工作会议精神。

四 月

4 月 12 日，总队印发《安徽调查队系统市队党组纪检组长、县队纪检监察员工作职责（试行）》，对市队党组纪检组长和县队纪检监察员的工作职责分别作出明确规定。

4 月 12 日，总队成立以主要负责人为组长的国际比较项目（ICP）工作领导小组，组建现场调查队伍，开展业务培训，建立沟通平台，全面启动 ICP 居民消费价格调查。

4 月 13 日，总队召开全系统党风廉政建设工作会议，传达中央纪委十八届七次全会、国务院第五次廉政工作会议和全国统计系统党风廉政建设共走会议精神，总结 2016 年全系统党风廉政建设工作，部署 2017 年反腐倡廉工作任务。

4 月 17 日，安徽省人民政府办公厅印发《关于做好住户调查样本轮换工作的通知》（皖政办秘〔2017〕83 号），支持安徽调查队系统开展住户样本轮换工作。

4 月 20 日，总队印发《关于推进总队机关基层党组织标准化建设实施方案》。

五 月

5月2日，总队召开全系统统计法治工作会议，学习贯彻关于深化统计管理体制改革提高统计数据真实性文件精神，传达落实全国统计法治工作会议精神，总结近年来统计法治工作，部署 2017 年统计法治重点任务。

5 月 4 日，总队召开全省党风廉政建设民意调查和国有企业党风廉政建设民意调查工作培训会，对调查方案和步骤作出部署，进行 PDA 和调查程序培训。

5 月 11 日，总队召开全省综合统计调查暨新闻宣传工作会议，贯彻落实 2017 年全国统计新闻宣传工作会议精神和宁吉喆局长的重要批示要求。

5 月 25 日，总队召开全系统办公室工作会议，传达全国统计系统办公室工作会议精神，总结 2016 年全系统办公室工作，部署 2017 年重点任务。

5 月 26 日，总队召开推进“两学一做”学习教育常态化制度化动员部署会，传达贯彻习近平总书记关于推进“两学一做”学习教育常态化制度化重要指示和党中央推进“两学一做”学习教育常态化制度化工作座谈会精神，落实国家统计局推进“两学一做”学习教育常态化制度化视频会精神，对安徽调查队系统推进“两学一做”学习教育常态化制度化进行全面安排部署。

5 月 26 日，安徽省政府李国英省长听取了安徽调查总队党组书记、总队长夏荣坡关于安徽调查工作情况的汇报，充分肯定总队工作，对当前统计调查工作作出指示。

六 月

6月2日，国家统计局任命章勤同志为国家统计局安徽调查总队副总队长，免去其国家统计局安徽调查总队总统计师职务。

6月22日，总队举办全省劳动力调查业务培训班，传达贯彻全国劳动力调查工作会议精神，进行劳动力调查业务培训，讲解劳动力调查数据处理及分析方法。

6月29日，总队召开全体党员大会，纪念建党96周年。会议表彰了机关先进党支部和优秀共产党员，组织新党员入党宣誓。党组书记、总队长夏荣坡作题为《对推进“两学一做”学习教育常态化制度化的认识》的党课报告。

七 月

7月3日，总队举办全系统统计执法骨干培训班，传达中办国办关于深化统计管理体制改革提高统计数据真实性文件和国家统计局统计执法骨干培训班精神，学习《中华人民共和国统计法实施条例》和统计执法检查规定，研讨主要统计专业核查方法，进行现场模拟执法检查，进行统计法律知识测试。

7月18日，总队召开上半年经济形势分析会，对2017年上半年全省经济运行情况进行分析研判，对下半年经济发展趋势进行预测。

7月25日，总队传达学习安徽省“两办”《关于深化统计管理体制改革提高统计数据真实性的实施意见》《国家统计局关于加强统计领域信用建设的若干意见》《统计执法监督检查办法》等，提出贯彻落实意见。

7月31日，总队召开机关党委换届选举大会。审议通过了《中共国家统计局安徽调查总队第二届机关委员会工作报告》《中共国家统计局安徽调查总队机关委员会选举办法》，选举产生了新一届机关党委和机关纪委。

八 月

8月1日，总队召开居民收支调查工作暨样本轮换培训会议，传达全国居民收支调查工作会议精神和住户调查样本轮换培训会精神，部署全省居民收支调查及样本轮换工作，进行样本轮换业务培训。

8月4日，总队印发《国家统计局安徽调查总队机关党务公开实施办法》。

8月11日，总队政务公开工作领导小组办公室召开会议，贯彻落实国家统计局和安徽省委、省政府有关政务公开工作部署，总结2017年上半年政务公开工作，统筹部署下一步政务公开工作。

8月8日，总队召开全系统纪检监察员履职汇报会，传达贯彻中央纪委、国家统计局党组对纪检监察工作的新部署新要求，分析全系统党风廉政工作形势，部署下半年反腐倡廉重点任务。

8月15日，总队党组巡察工作小组对宣城调查队开展巡察。同年9—12月，先后赴淮南、安庆、滁州、阜阳、阜南、歙县等调查队开展系统巡察。

8月18日，总队召开党组会议，学习习近平总书记关于统计工作的重要讲话和指示批示精神，传达贯彻国家统计局改革发展务虚会精神，全面总结今年以来统计工作特别是贯彻落实中央《意见》精神情况，深入分析当前统计改革发展面临的新形势，研究部署下一阶段统计改革发展和党建工作任务。

8月21日，总队在泾县举办机关党员培训班，缅怀先烈事迹，重温党史党规，提高党性修养，深化对全面从严治党思想认识和行动自觉。

8月21日，总队印发《国家统计局安徽调查总队统计执法“双随机”抽查办法（试行）》《统计违法举报工作实施办法（试行）》。

8月23日，总队举行全省国定贫困监测培训会，传达《国家统计局关于进一步规范分市县住户调查有关事项的通知》精神，开展贫困监测业务培训和监测数据质量互审互查。

九 月

9月12日，总队召开秋粮暨全年粮食生产形势座谈会，对秋粮暨全年粮食生产生产情况进行分析，对农作物面积遥感测量工作进行交流。

9月12日，总队召开2017年流通消费价格业务培训暨数据评估会。

9月13日，总队与安徽省统计局联合举办全省2017年统计执法资格考试培训班。

9月20日，总队联合芜湖调查队举办以“统计新动能，服务新常态”为主题的第八届中国统计开放日活动。

9月22日，总队在马鞍山举行安徽调查队系统“农普杯”庆国庆迎十九大乒乓球羽毛球比赛。

9月26日，总队召开2017年全省居民阅读状况调查培训会，布置2017年安徽省居民阅读状况调查工作，进行业务培训。

十 月

10月9日，总队印发《2017年统计年报和2018年定期统计报表制度主要修订内容》。

10月16日，总队举办全系统新招录人员初任培训班。

同日，国家统计局机关党委常务副书记齐舒畅调研安徽调查队系统党建工作。

10月23日，总队印发安徽调查队系统《统计数据质量管理责任规定》。

10月25日，国家统计局农村司副司长赵建华一行来皖调研指导农业统计调查和农作物面积遥感测量工作，察看总队农作物播种面积遥感测量系统平台演示。

10月25日，总队召开国有林场改革第三方评估调查培训会，讲解调查方案、问卷填报和实施流程。

10月27日，总队召开中心组学习会，学习贯彻党的十八届七中全会精神、《统计违纪违法责任人处分处理建议办法》《国家统计局关于进一步推进新形势下国家队改革和创新发展的意见》《国家统计局办公室关于进一步规范和加强国家调查队系统公务接待管理工作的通知》等精神。

十一月

11月20日，总队召开全省规下工业调查及创新调查和投资专项调查工作会，传达贯彻全国规模以下工业调查、创新调查、小微企业投资调查工作会议精神，对2017年年报和2018年定报工作作出具体布置。

11月24日，总队召开安徽省第三次农业普查主要农作物面积遥感测量成果数据论证会，邀请合肥工业大学资源与环境学院、安徽省经济研究院、安徽省气象科学研究所的专家对遥感测量成果进行论证和验收。

11月27日，总队举办全省调查队视频会议系统建设暨信息安全培训。

十二月

12月1日，全省住户调查样本轮换新样本户正式启用。

12月4日，总队举办了以“弘扬宪法精神、增强法治观念，深化统计改革、全面依法治统”为主题的统计法治现场宣传活动。

12月4日，总队举办全省农业调查工作会议。分析农业调查工作面临的形势，总结了2017年农业调查工作，布置2018年农业调查任务。

12月13日，总队召开党员干部大会，传达学习习近平总书记关于进一步纠正“四风”加强作风建设的重要批示精神。

12月13日，总队召开全省流通消费价格调查工作会议，传达全国价格统计调查工作会议精神，总结交流2017年安徽流通消费价格调查工作，对2018年消价工作进行安排部署。

12月14日，总队召开全省生产投资价格调查工作会议，传达全国价格统计调查会议精神，总结2017年生产投资价格调查工作，部署2018年生价调查工作，进行相关业务知识和实际操作培训。

12月25日，总队云视频会议系统顺利完成测试。

12月20日，总队举办全省综合统计调查暨新闻宣传培训班，培训统计分析写作、统计建模、专题分析以及新媒体应用等技能。

12月28日，总队召开全省调查队长会议，传达学习习近平总书记关于进一步纠正“四风”、加强作风建设重要指示和中共安徽省委关于贯彻落实中央八项规定精神深入推进作风建设实施细则，学习《关于统计机构负责人防范和惩治统计造假、弄虚作假责任制规定（试行）》和《统计违纪违法责任人处分处理建议办法》。

2017 年总队工作获奖情况

工作内容	奖次	授予单位
办公室政务管理工作	优秀等次	国家统计局
纪检监察工作	优秀等次	国家统计局
综合统计工作	优秀等次	国家统计局
贸易外经统计工作	优秀等次	国家统计局
人口和就业统计工作	优秀等次	国家统计局
服务业统计工作	优秀等次	国家统计局
网络信息报送工作	优秀等次	国家统计局
农村统计调查工作	良好等次	国家统计局
城市统计调查工作	良好等次	国家统计局
统计教育培训工作	良好等次	国家统计局
统计法治工作	良好等次	国家统计局
统计设计管理	良好等次	国家统计局
新闻宣传工作	良好等次	国家统计局
工业统计工作	良好等次	国家统计局
信息化建设工作	良好等次	国家统计局
全省政府系统信息工作	先进集体	省政府办公厅

主要年份全省粮食产量及增幅

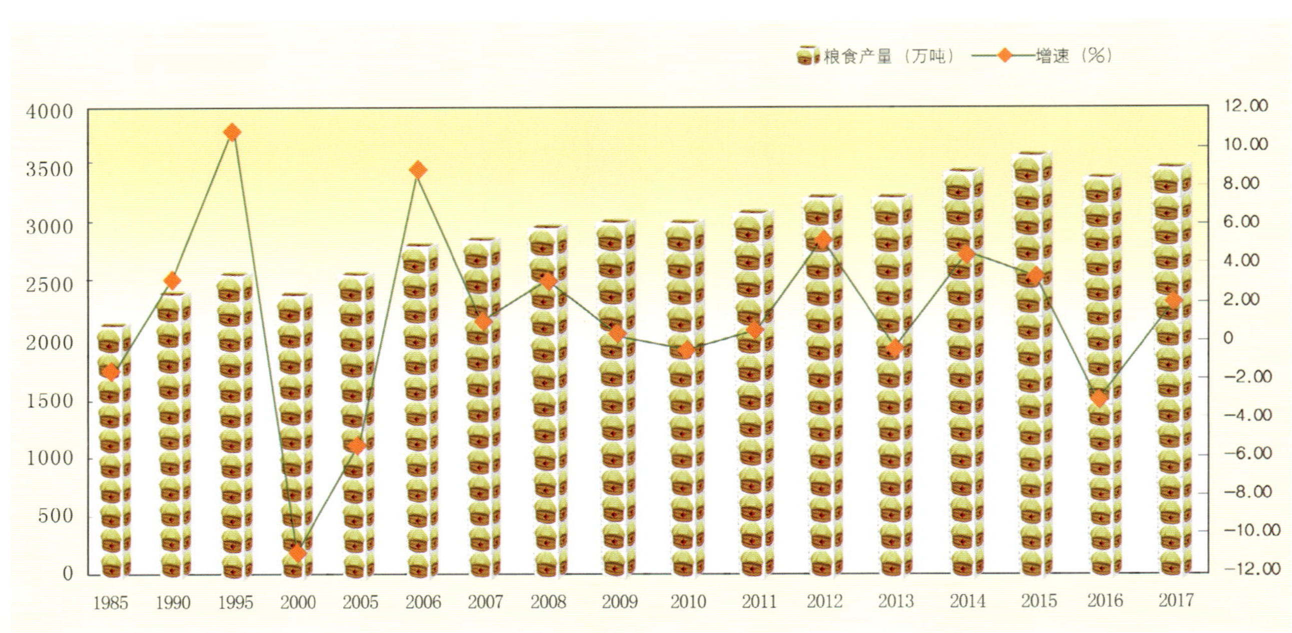

主要年份全省棉花产量及增幅

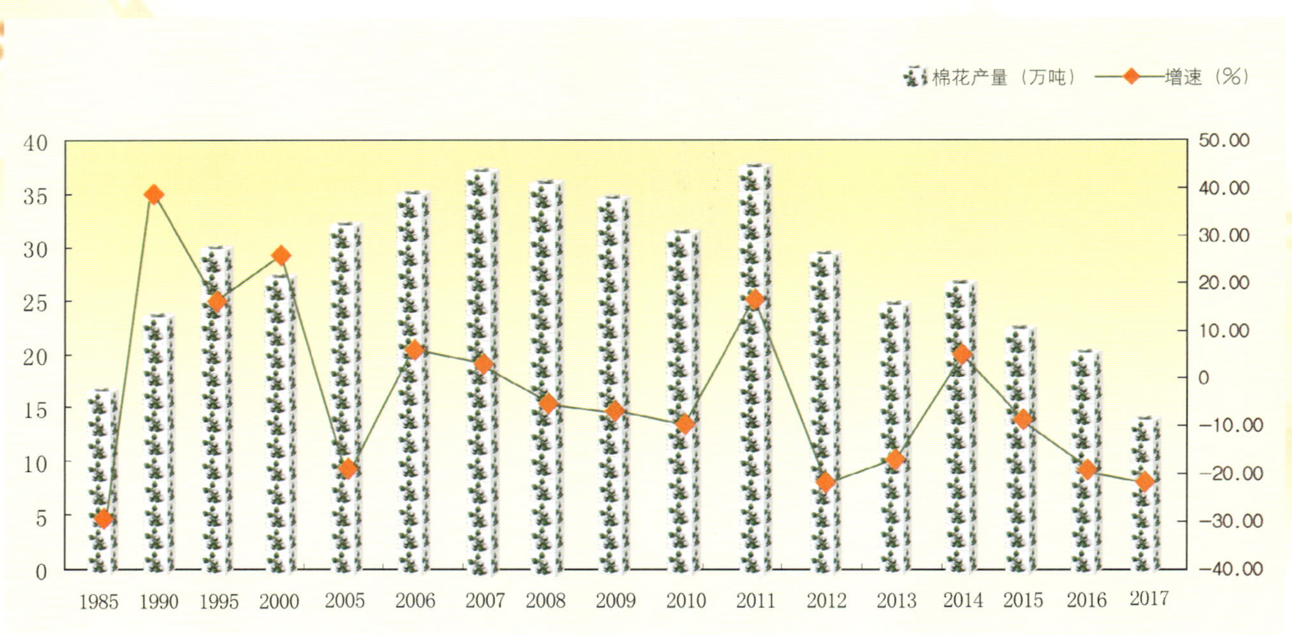

主要年份全省油料产量及增幅

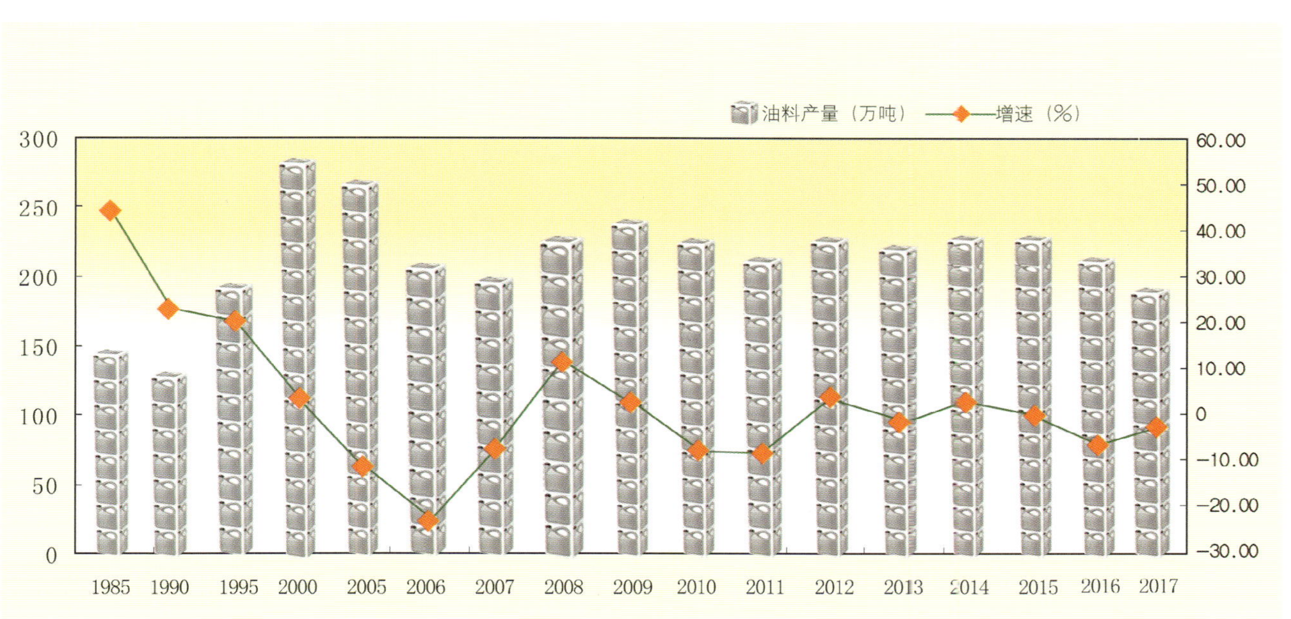

2005—2017年全省猪肉产量及增幅

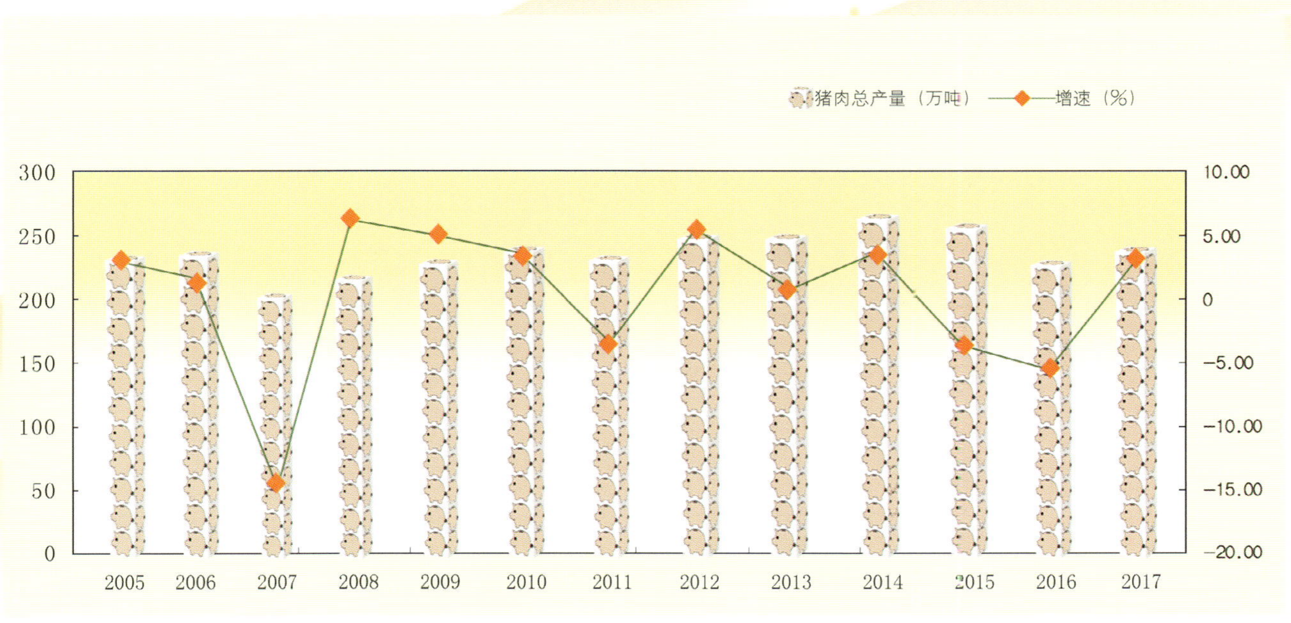

2017 年安徽城镇居民人均可支配收入构成（%）

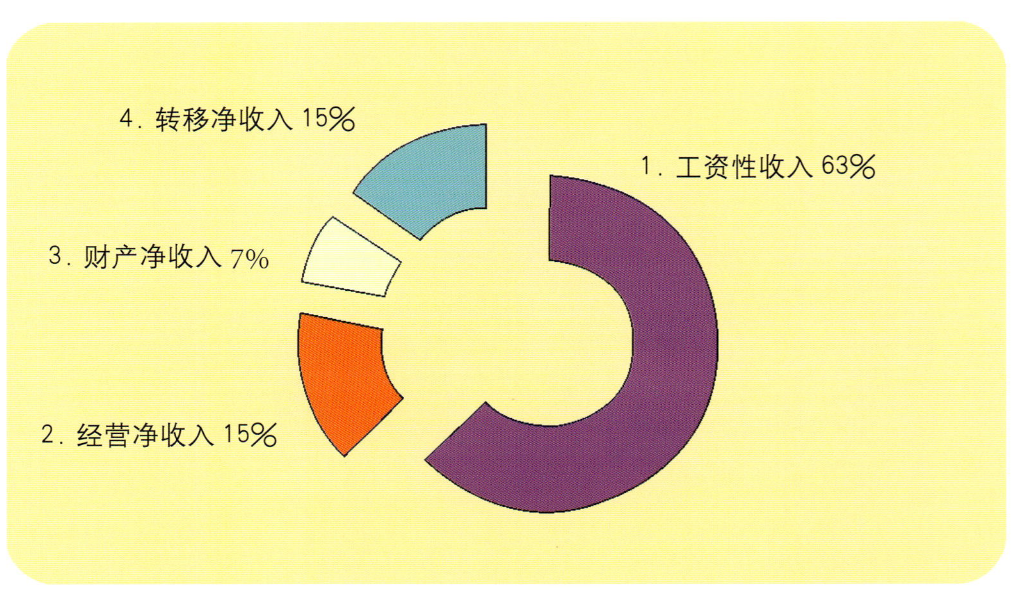

2017 年安徽农村居民人均可支配收入构成（%）

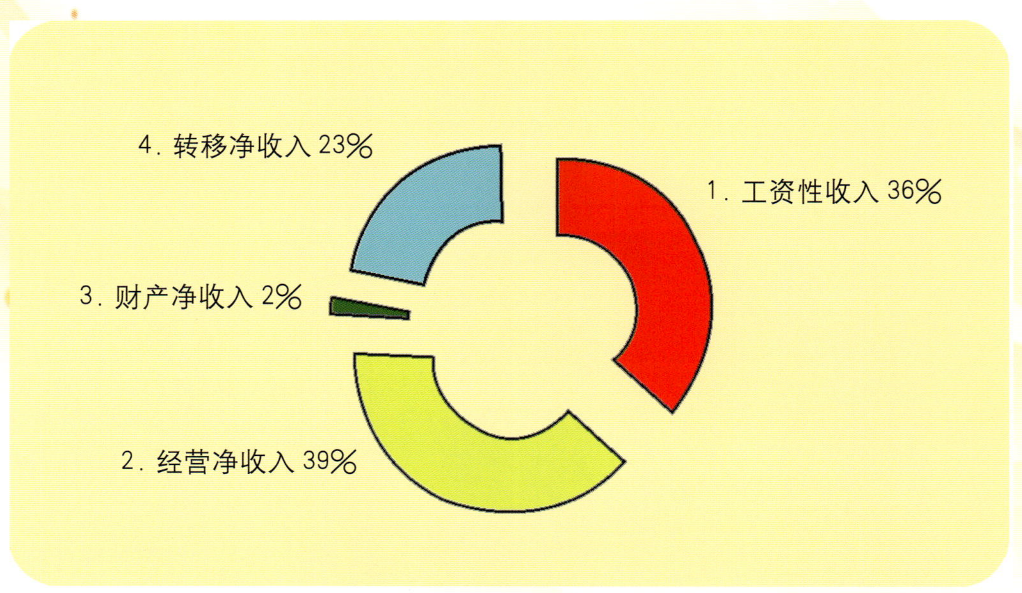

2017 年安徽省及各市城镇居民人均可支配收入分项情况（单位：元）

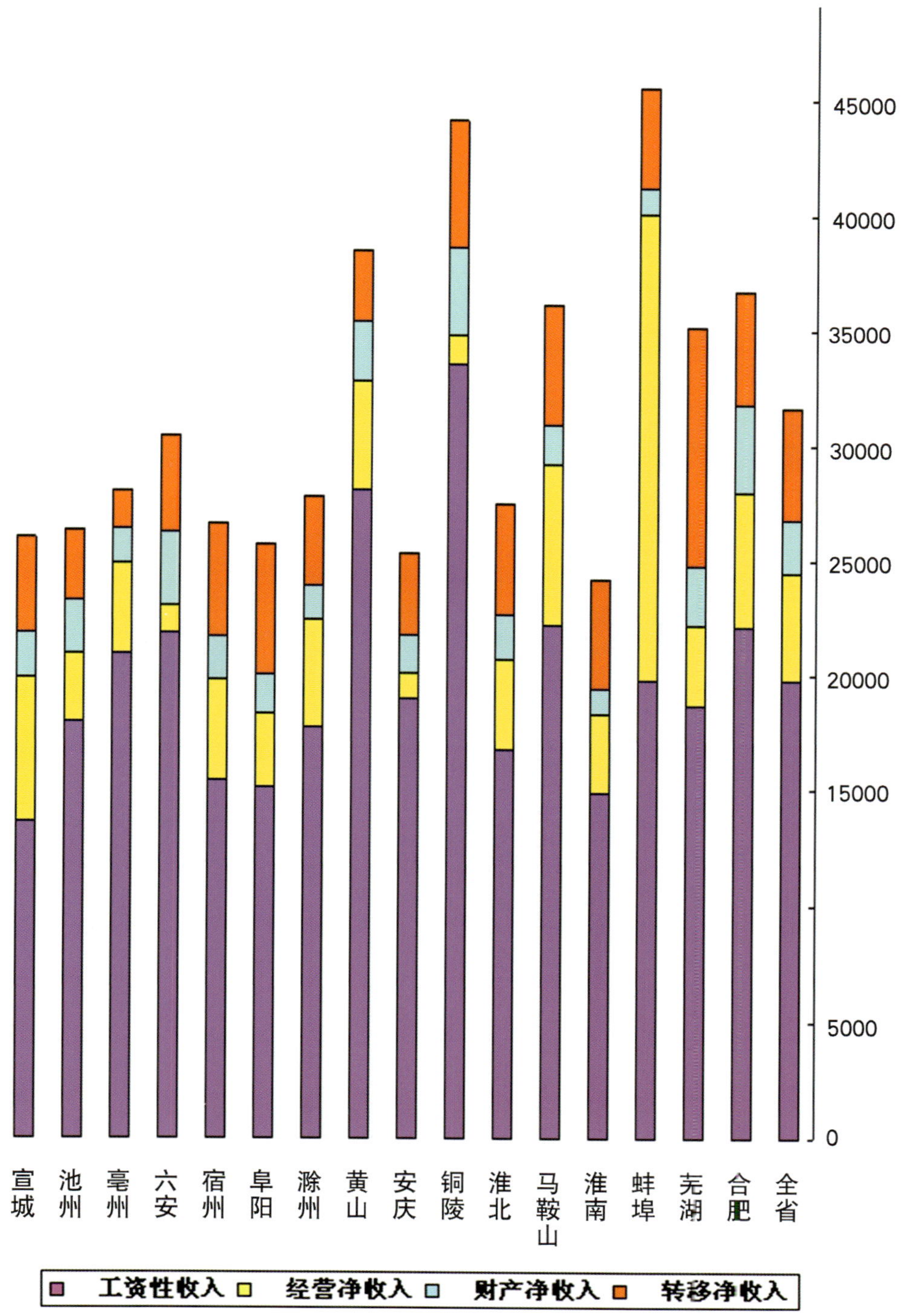

45000
40000
35000
30000
25000
20000
15000
5000
0

宣城 池州 亳州 六安 宿州 阜阳 滁州 黄山 安庆 铜陵 淮北 马鞍山 淮南 蚌埠 芜湖 合肥 全省

工资性收入 经营净收入 财产净收入 转移净收入

2017 年按收入等级分的城镇居民家庭人均收支情况（元）

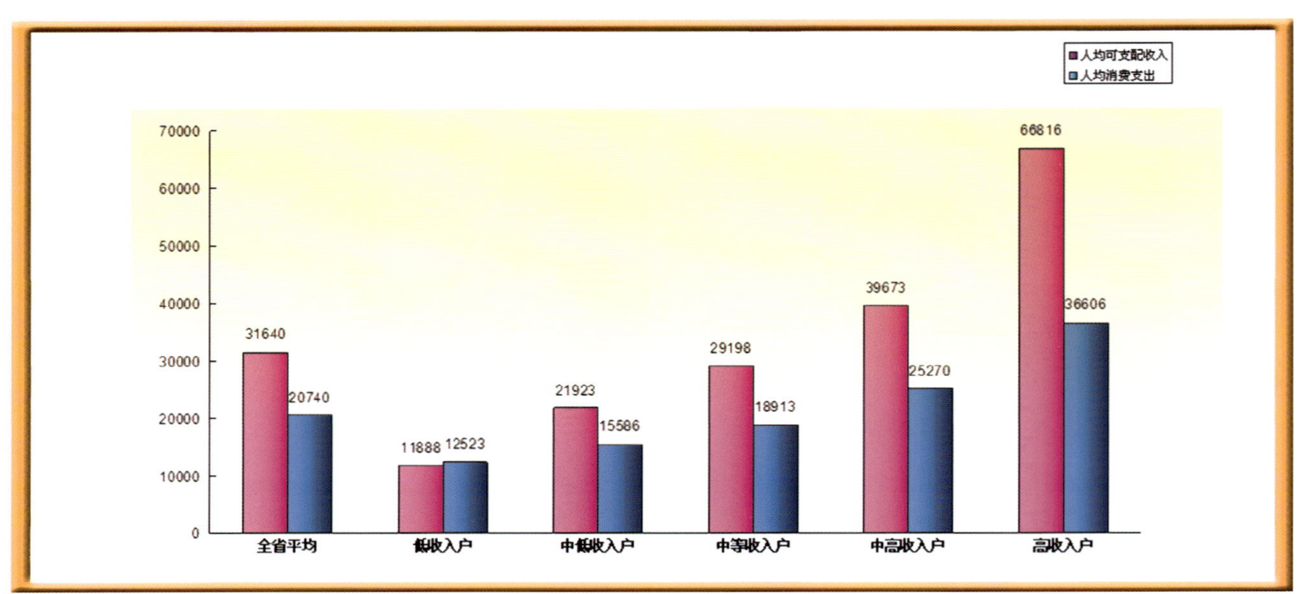

2017 年按收入等级分的农村居民家庭人均收支情况（元）

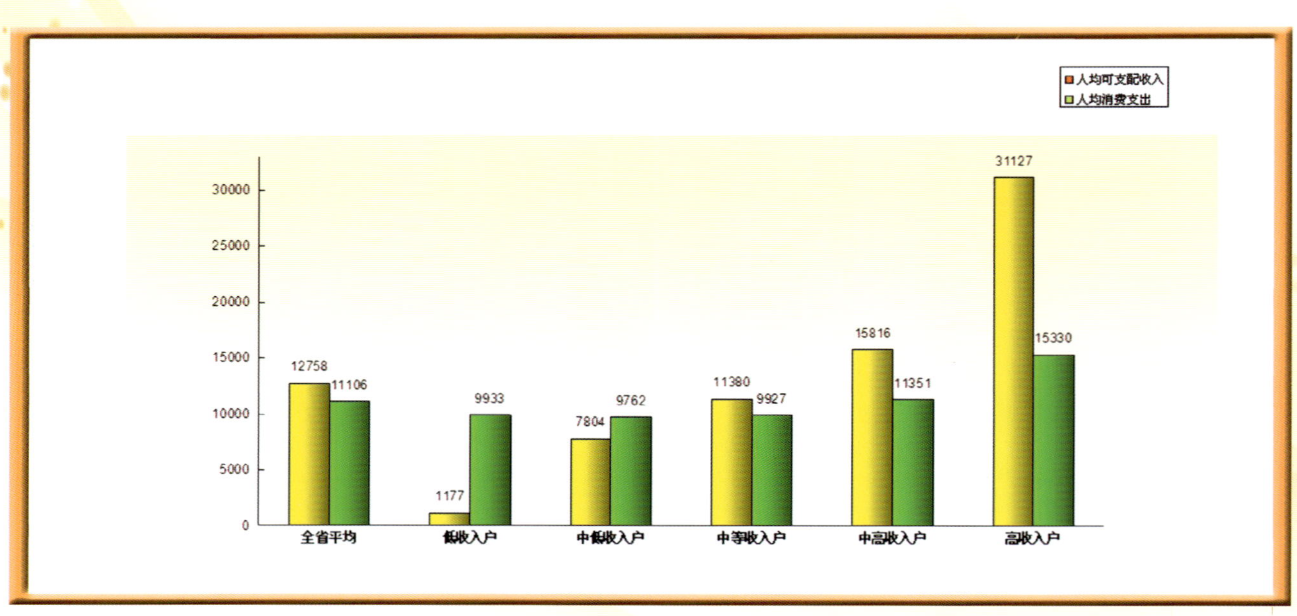

2017年全国各省城镇居民人均可支配收入（元）

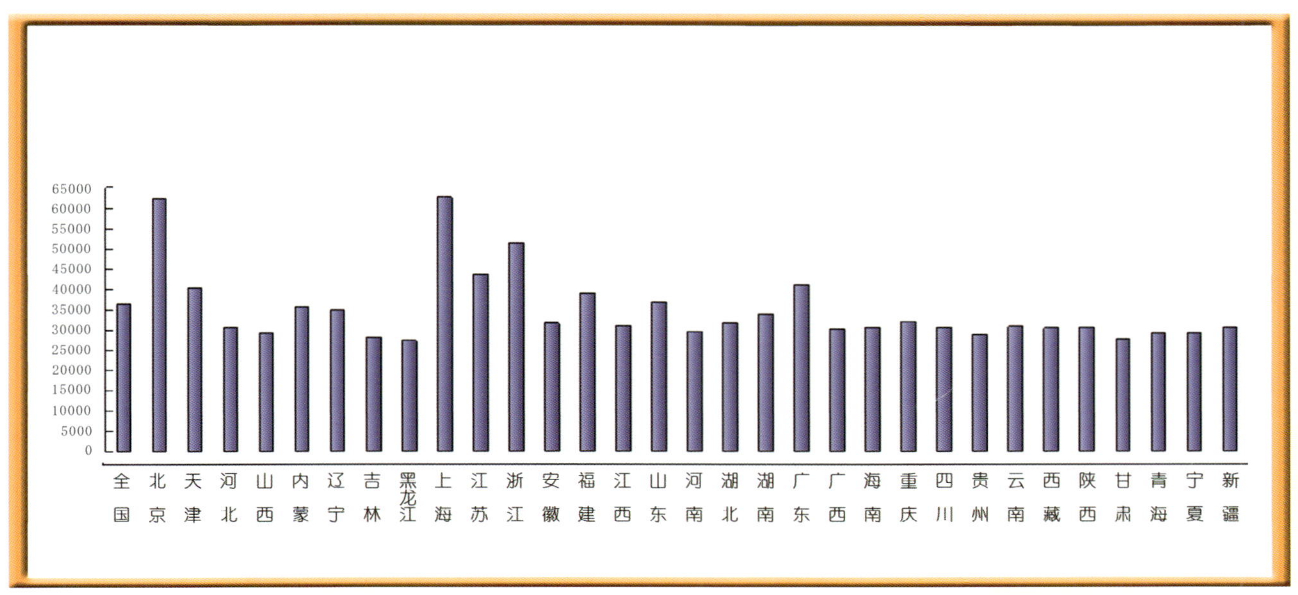

2017年全国各省农村居民人均可支配收入（元）

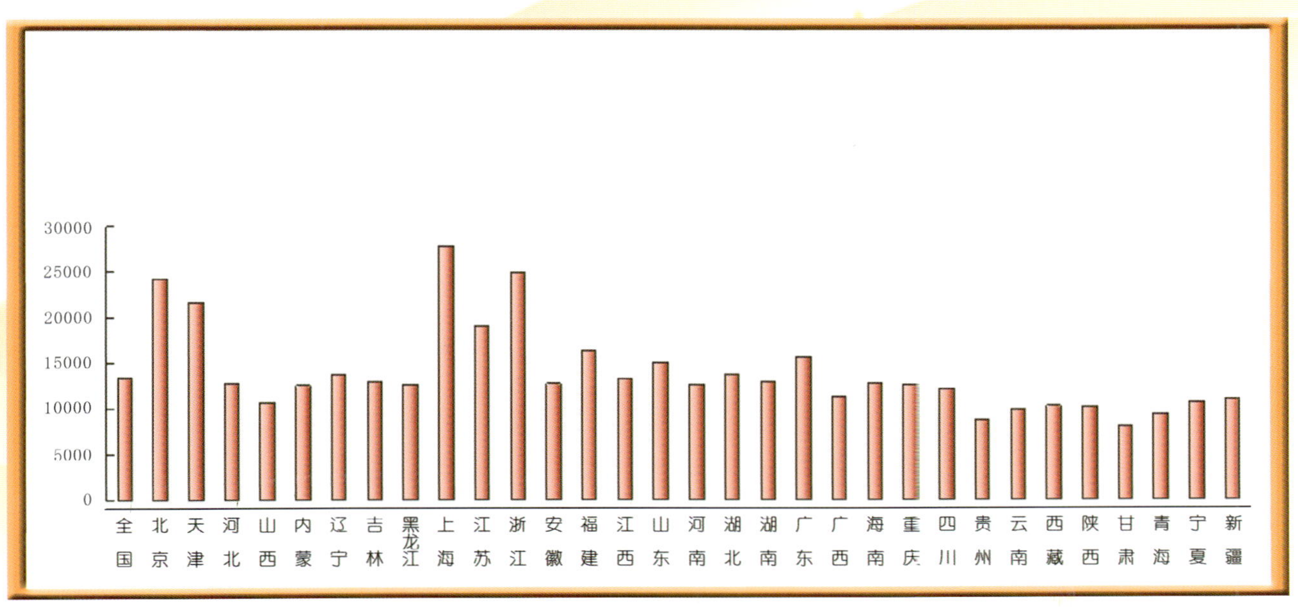

2017 年安徽城镇居民消费性支出构成（%）

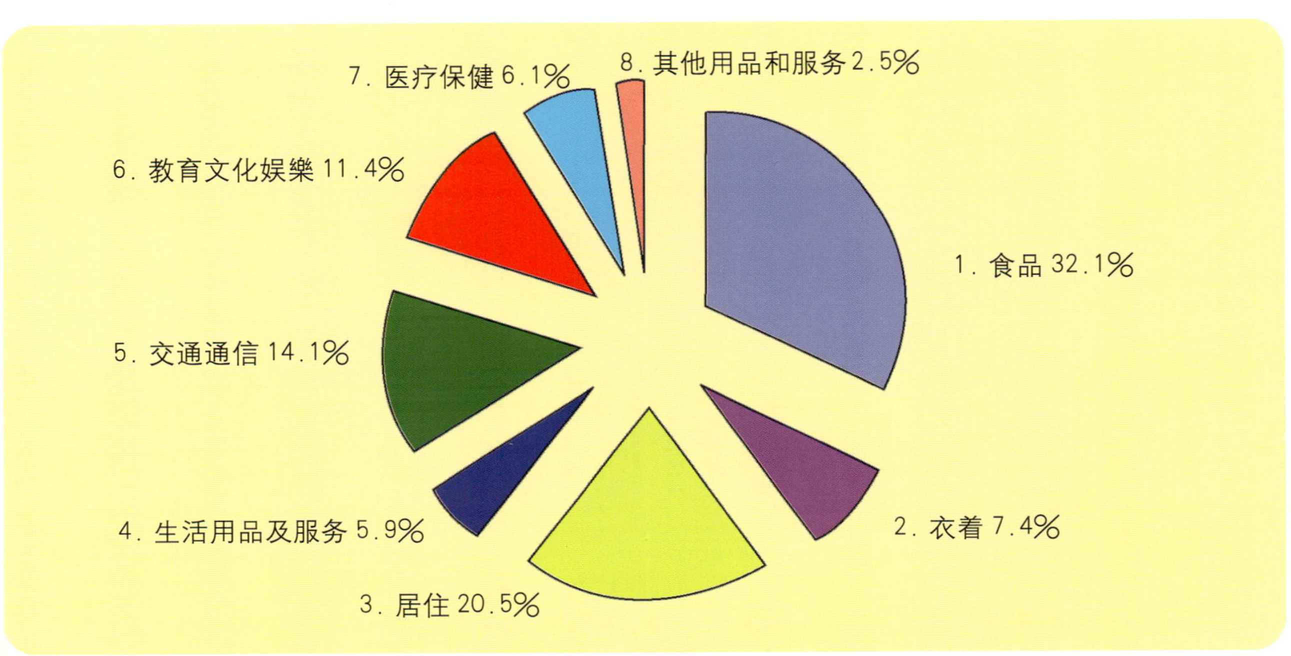

2017 年安徽农村居民消费性支出构成（%）

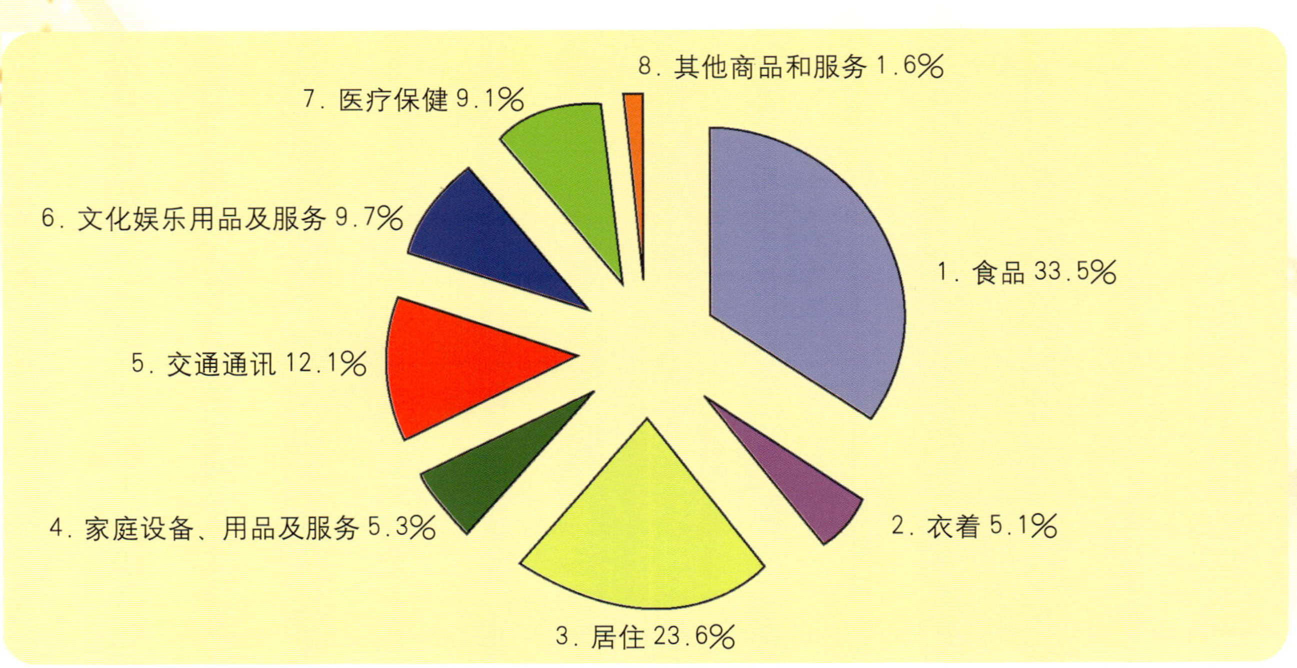

城镇居民恩格尔系数（%）

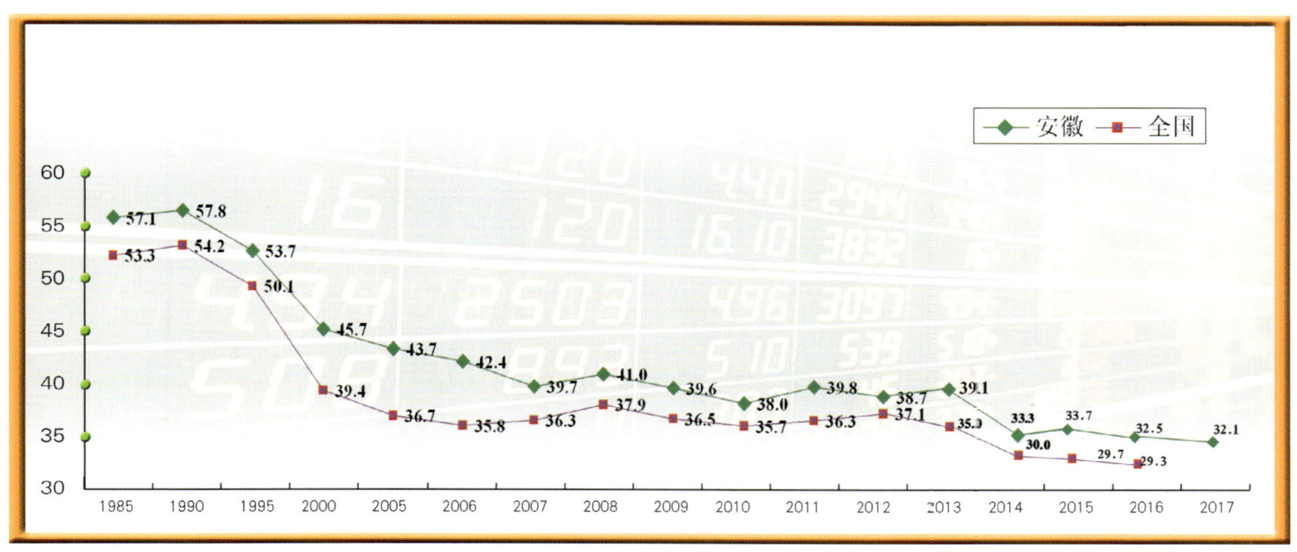

农村居民恩格尔系数（%）

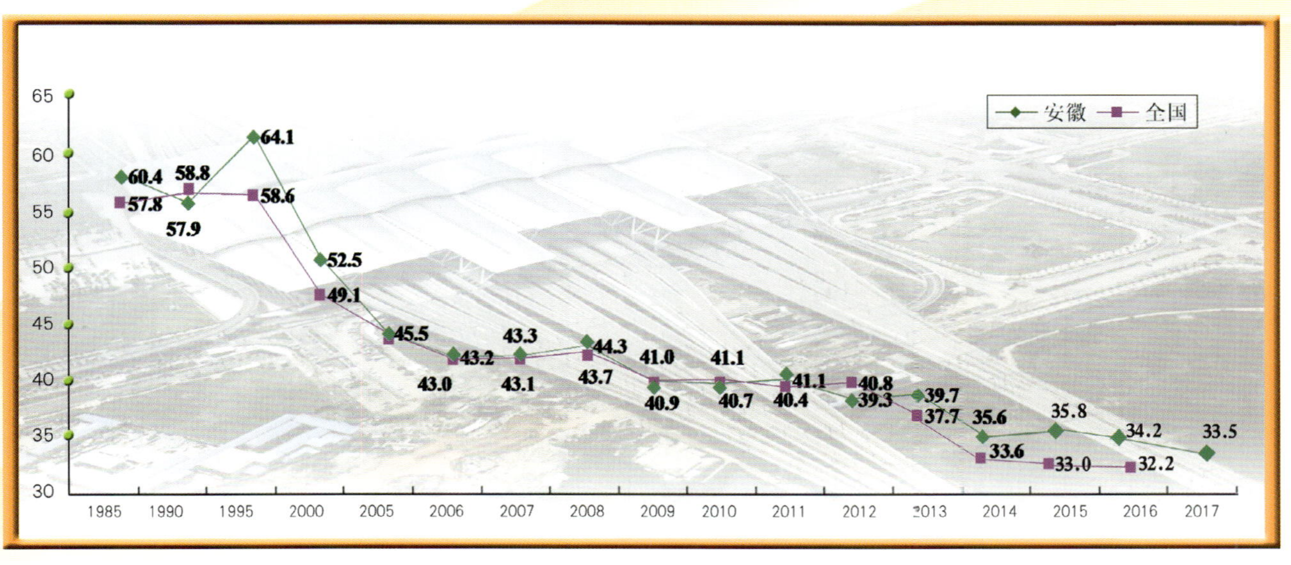

居民消费价格指数（上年 =100）

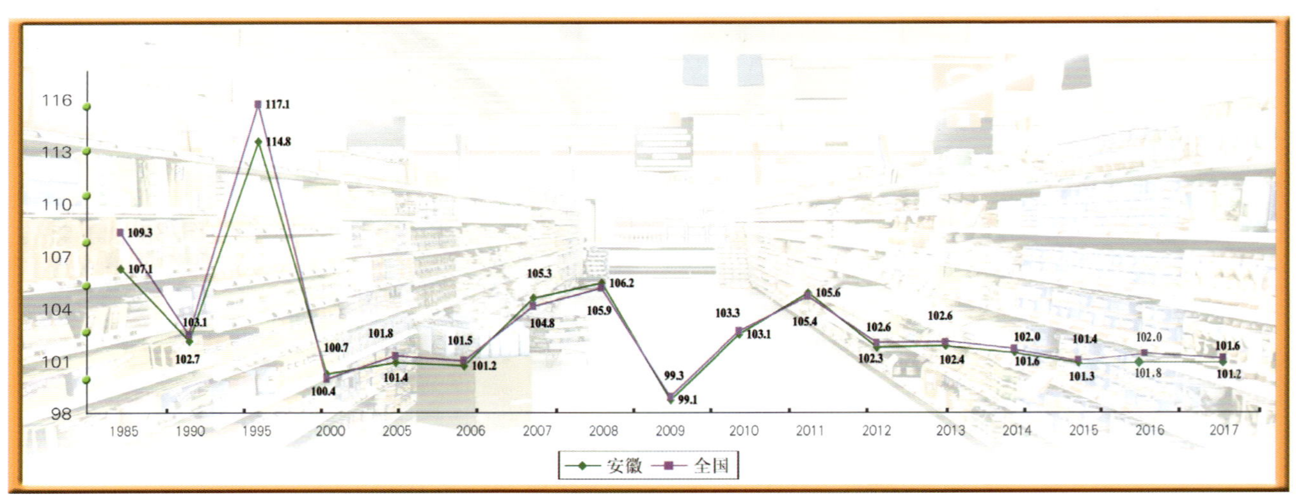

城市居民消费价格指数（上年 =100）

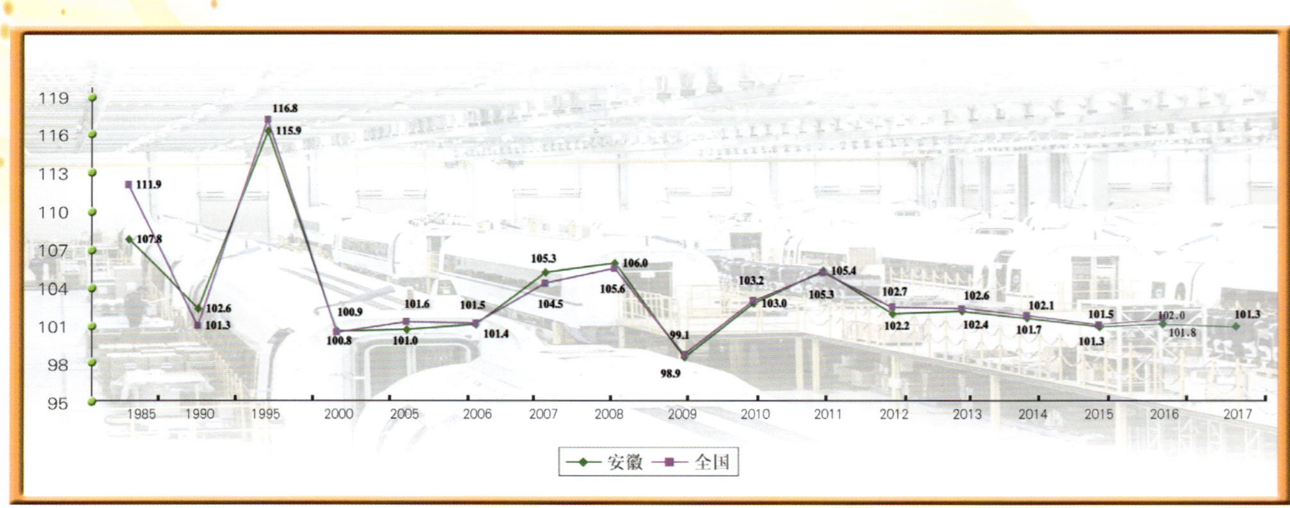

农村居民消费价格指数（上年 =100）

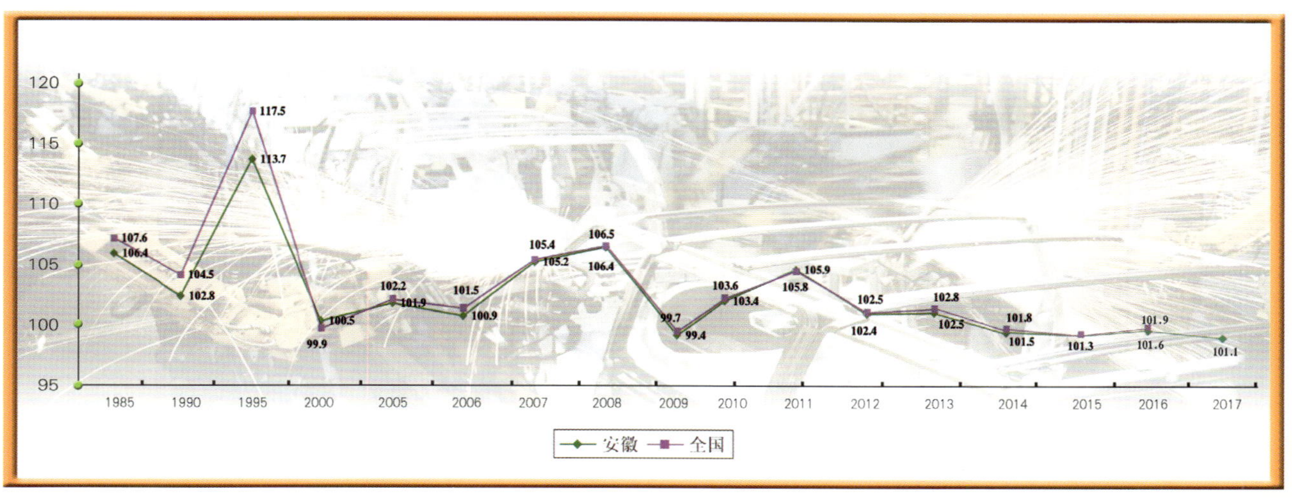

商品零售价格指数（上年 =100）

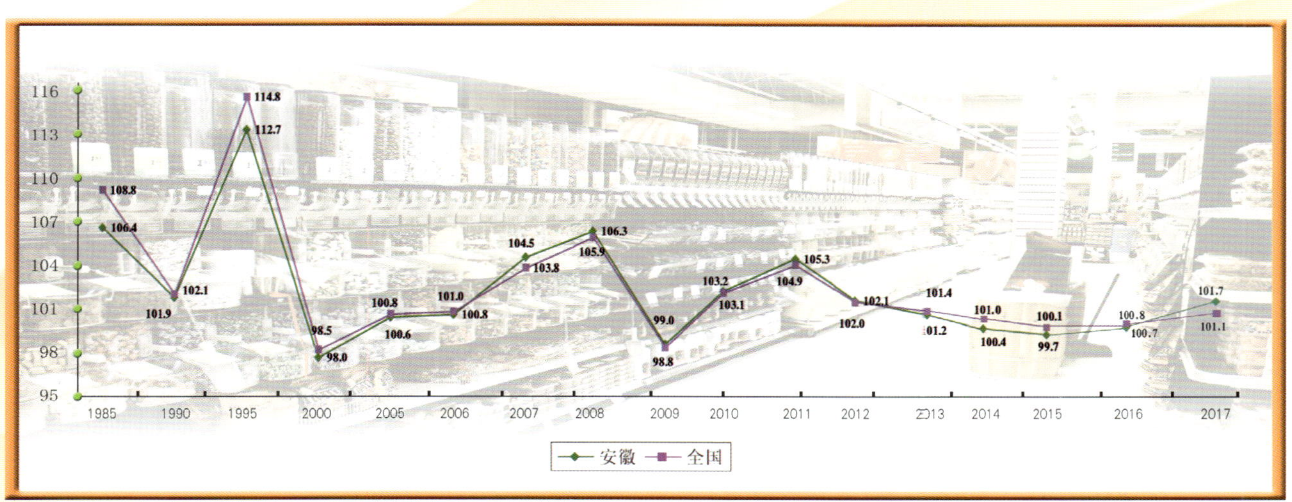

农业生产资料价格指数（上年 =100）

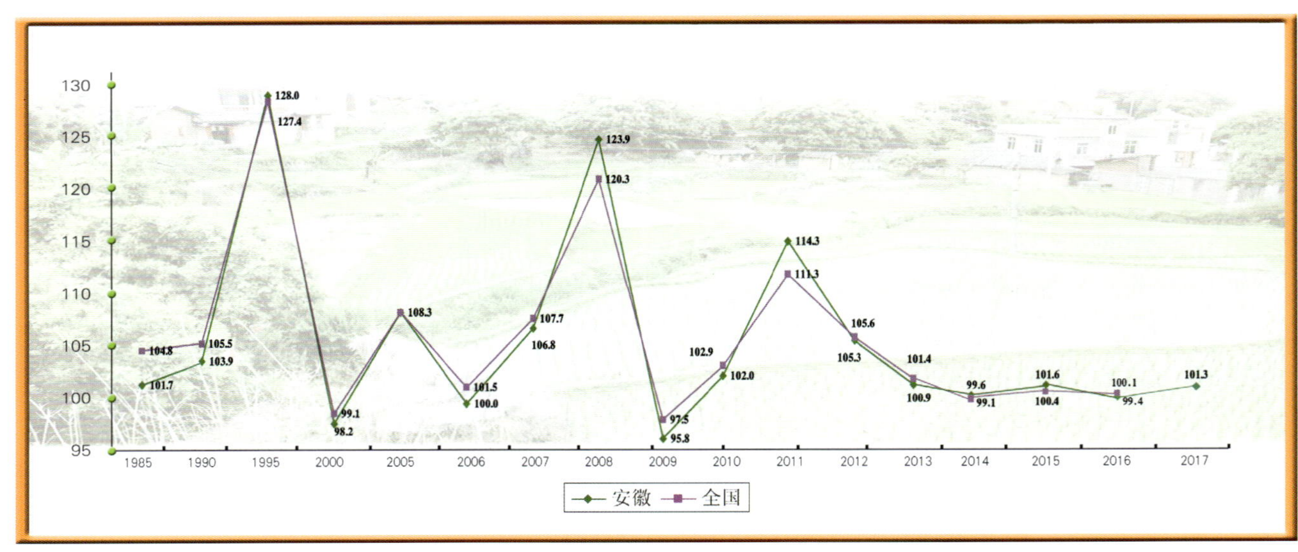

工业生产者出厂价格指数（上年 =100）

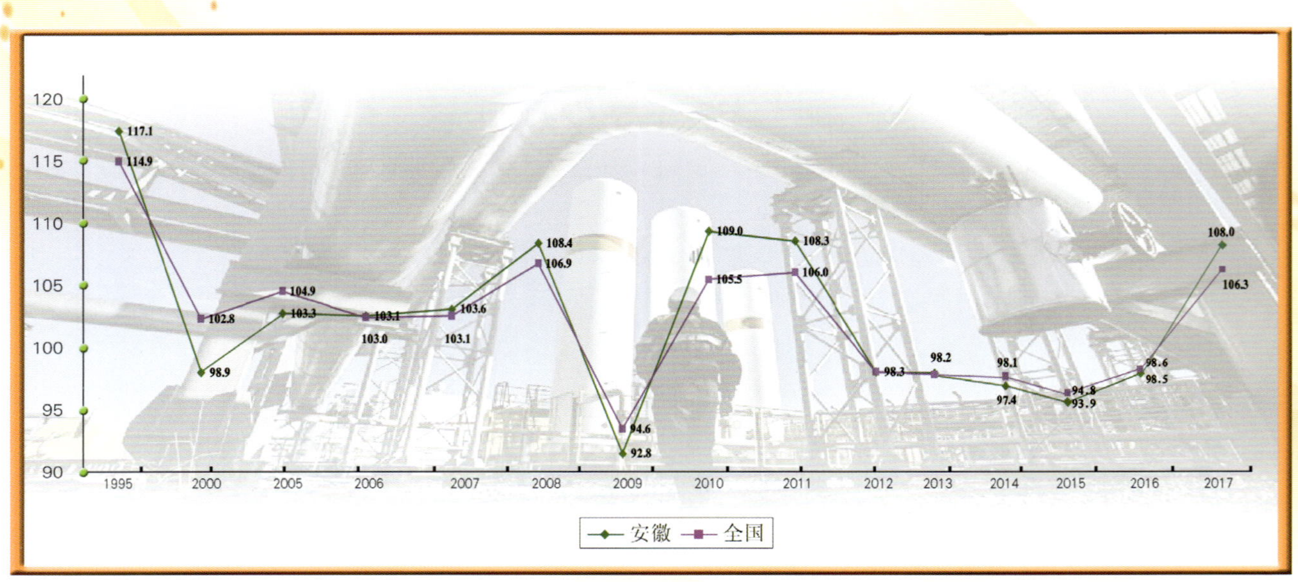

工业生产者购进价格指数（上年 =100）

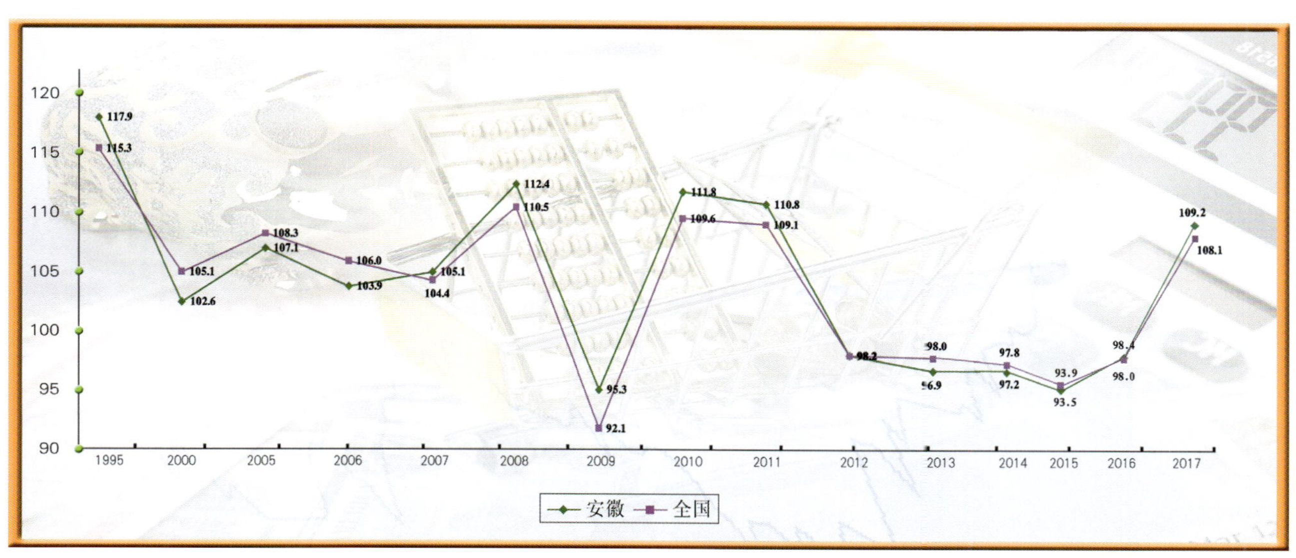

固定资产投资价格指数（上年 =100）

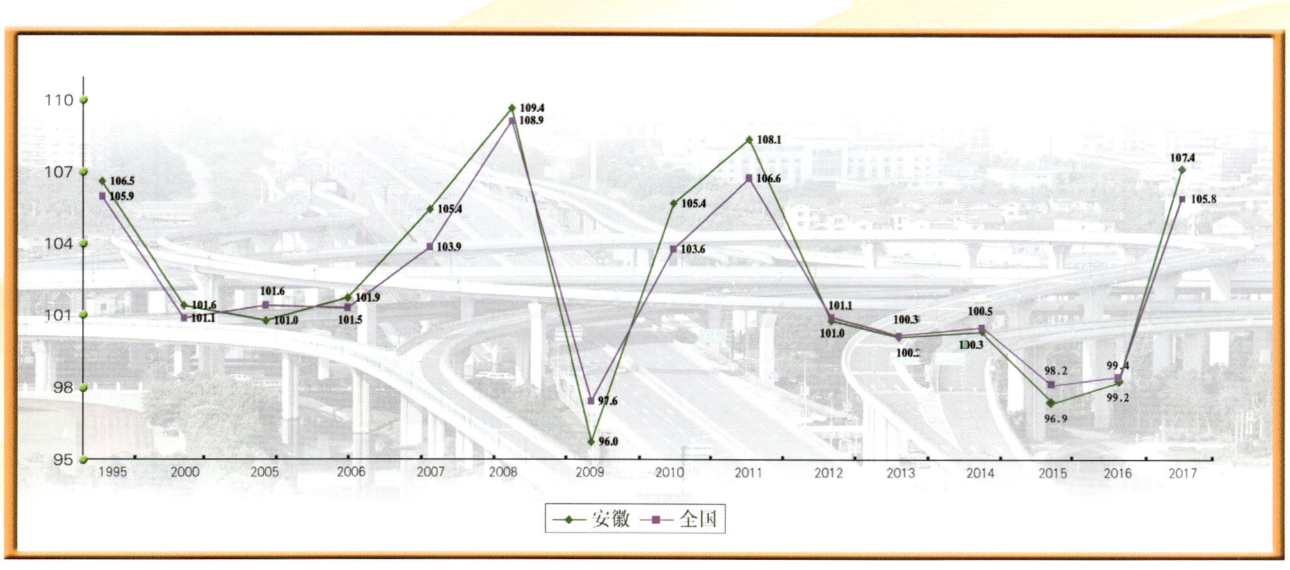

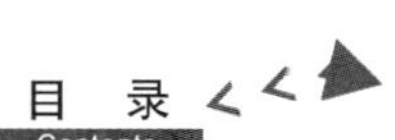

目　　录

Contents

一、综　合

Chapter 1　General Survey

文字部分:(Articles)

GENERAL SURVEY

综合

简 要 说 明

一、本篇资料包括文字和数据，主要反映全省主要调查指标运行情况，包括主要农产品产量、城乡居民生活、物价水平及规模以下服务业发展情况等。

二、规模以下服务业抽样调查根据国家统计局《规模以下服务业抽样调查统计报表制度》，由安徽调查总队组织实施，2017 年全省抽样调查 2906 家样本企业。

本版责任编辑：周雯雯　陆露露

2017年安徽主要调查指标运行情况分析

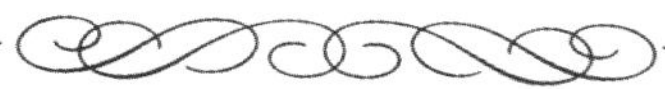

Operation of Main Indicators Surveyed of Anhui in 2017

2017年,安徽经济运行继续保持稳中有进、效益提升、结构优化态势,主要调查指标运行平稳。粮食生产再获丰收,畜牧业平稳发展,制造业企业采购经理指数平稳运行,规模以下工业总体向好,农民工外出就业形势平稳向好,居民收入稳定增长,居民消费价格温和上涨,工业生产者价格大幅上涨。

一、主要调查指标运行平稳

（一）粮食生产再获丰收

2017年安徽粮食总播种面积9963.8万亩,较上年下降0.03%;平均亩产348.9公斤,较上年增长1.75%;粮食总产3476万吨,较上年增长1.71%,比全国高1.41个百分点。其中,夏粮播种面积3606.3万亩,下降2.25%;早稻播种面积237.6万亩,下降9.79%;秋粮播种面积6119.9万亩,增长1.75%。夏粮总产1396万吨,增长0.55%;早稻总产96万吨,下降1.1%;秋粮总产1984万吨,增长2.69%。夏粮平均亩产386.9公斤,增长2.86%;早稻平均亩产406.3公斤,增长9.64%;秋粮平均亩产324.2公斤,增长0.92%。主要原因是2017年气候条件总体有利、病虫害轻度发生、品种结构优化调整等。

（二）畜牧业生产平稳发展

2017年,安徽畜产品总量基本持平,猪肉产量下降趋势减缓,牛羊肉产量一增一减,家禽生产触底反弹、禽蛋产量继续增长。畜产品总产量573.0万吨,同比下降0.2%;肉类总产量394.9万吨,同比下降1.7%。

1.生猪存出栏降速趋缓。2017年末,安徽生猪存栏1417.2万头,同比下降3.5%;全年出栏2828.9万头,同比下降1.6%;猪肉产量242.7万吨,同比下降0.9%。生猪存出栏经过2015、2016年持续下降后,降速明显趋缓。生猪价格前跌后涨。如外三元生猪由1月份最高价每公斤18.6元跌至6月份最低12.5元,下跌32.8%;8月底回升至每公斤14.4元,目前均价为14.9元,同比下降16.5%。

2.牛肉产量增长,生牛奶产量下降。2017年安徽牛肉产量8.1万吨,同比增长2.0%;生牛奶产量31.9万吨,同比下降2.3%。养牛业总体保持向上态势,牛肉产量不断增长。受奶制品行业不景气影响,牛奶价格低迷,企业控制奶牛数量,牛奶产量下降。

3.羊出栏、羊肉产量双降。2017年安徽羊出栏1170.3万只,同比下降3.1%;羊肉产量16.5万吨，同比下降4.8%。主要原因是近两年羊肉价格低迷，2017年价格虽有所回升，但连续几年亏损，不少养殖户削减羊补栏量或转行。目前安徽市场羊肉价格稳定，市场供应充足，预计2018年羊肉价格将温和上涨，存出栏量有所回升。

4.下半年家禽市场全面恢复，全年产量仍下降。2017年末安徽活家禽存栏23018.5万只，同比增长6.6%；全年家禽出栏77287.3万只，同比下降1.1%；禽肉产量127.6万吨，同比下降3.1%。2017年初，受局部地区H7N9疫情影响，禽蛋和肉鸡价格大跌，二季度鸡蛋价格最低每公斤4.07元，同比下降43.9%，相当于10年前价格水平。下半年禽流感疫情消除，禽产品价格回升，家禽出栏均价已高于上年同期，养殖户积极补栏，目前已全面恢复。

（三）PMI平稳运行

2017年安徽制造业采购经理指数（PMI）前后高、中间低，年均值52.2%，较上年上升1.2个百分点。从月度走势看，1月53.4%创2014年2月以来新高后，连续4个月小幅回落，并于5月探至最低点49.8%，6月止跌回升至50.4%，7月小幅回落0.1个百分点，8月快速回升至53.0%，后四个月围绕53.0%上下小幅波动。从行业看，21个行业中，17个行业年均值高于临界点，仅食品制造业，非金属矿物制品，铁路、船舶、航空航天和其他运输设备制造业等4个行业年均值低于临界点。纺织服装服饰业、造纸及纸制业、医药制造业、通用设备制造业、专用设备制造业、汽车制造业、计算机通信电子设备及仪器仪表制造业等行业PMI年均值均高于53.3%。从供需关系看，制造业生产指数年均值54.5%，高于上年均值2.0个百分点，各月均位于荣枯线以上；新订单指数年均值54.1%，除7月外，其他月度均位于荣枯线上，高于上年均值2.0个百分点；生产指数与新订单指数年均值差值由上年0.9个百分点缩小到0.4个百分点，表明产业结构不断优化，供需关系进一步改善。从企业规模看，大、中型企业PMI年均值分别为54.6%和53.6%，分别高于上年2.3、1.2个百分点，高于全省2.4、1.4个百分点，全年均运行于荣枯线上；小微型企业PMI年均值为49.4%，低于全省2.8个百分点，但高于上年1.1个百分点。但全省制造业发展还存在一些矛盾和问题。一是反映资金紧张的企业比例年均值为42.2%，比上年上升1.7个百分点；二是反映劳动力成本上涨的企业比例年均值为41.2%，比上年上升3.8个百分点；三是反映原材料价格上涨的企业比例年均值为35.0%，比上年上升13.6个百分点。

（四）规模以下工业经营状况总体向好

抽样调查结果显示，2017年安徽规下工业实现增加值829.7亿元，同比增长7.4%，与前三季度持平，较上年同期回落0.2个百分点。

1.增速位居全国前列。近年来，安徽规下工业增速一直快于全国平均水平，位居全国前列。2015年居全国第7位、中部地区第1位。2016年一季度、上半年、前三季度及全年，均居全国第5位、中部地区第1位。2017年一季度居全国第3位、中部地区第2位；上半年居全国第4位、中部地区第2位；前三季度居全国第4位、中部地区第2位；全年仍居全国前4位、中部地区第1位。

2.企业经营主要指标运行良好。推算结果显示，2017年安徽规下工业企业主营业务收入同比增长23.4%,利润总额增长9.9%,税金总额增长25.1%,期末从业人员人增长8.5%,应付职工薪酬增长4.6%,用电量增长6.7%。

3.近八成行业增长。调查涉及40个大类行业中有31个行业主营业务收入同比增长,增长面达77.5%,比前三季度回落2.5个百分点。

4.规下工业企业经营状况向好。2017年四季度,2044家调查企业中,19.7%企业综合经营状况良好,同比提高1.1个百分点;69.0%企业一般,同比提高0.9个百分点;11.3%企业不佳,同比下降2.0个百分点。5.3%企业订货量高于正常水平,同比提高0.8个百分点;78.4%企业处于正常水平,同比提高2.2个百分点;16.3%企业低于正常水平,同比下降3.0个百分点。75.8%企业本季度流动资金基本正常或宽裕,同比提高4.6个百分点;19.9%企业资金紧张(缺口1%~20%),同比下降3.7个百分点;4.3%企业资金很紧张(缺口20%以上),同比下降1.0个百分点。仅8.1%企业认为“融资难”是本季度企业面临的突出问题,同比下降3.8个百分点。33.6%调查企业享受税收减免政策,同比提高9.0个百分点。其中,30.6%小型企业享受了税收减免政策,同比提高6.9个百分点;34.7%微型企业享受了税收减免政策,同比提高9.8个百分点。

(五)农民工就业形势平稳向好

1.农民工就业规模平稳略增。2017年,安徽农民工1918.1万人,同比增长2.1%。其中,外出农民工1415.4万人,同比增长2.6%;本地农民工502.6万人,同比增长0.8%。

2.外出农民工主要流向江浙沪。全部外出农民工中,省外就业占69%,外出到江、浙、沪占56.7%。

3.从事三产比例略有上升。安徽农民工从事第二、三产业比例分别为53.4%和46%,其中,从事第二产业比例同比下降0.8个百分点,从事第三产业比例同比上升0.5个百分点。

4.收入水平稳步提高。2017年安徽农民工外出务工月均收入4180元,同比增长9.7%;本地务工月均收入3177元,同比增长8.8%。从外出务工收入水平分组看,月收入2000元以下占3.4%,2000~3000元占13.5%,3000~5000元占57.6%,5000元以上占25.5%。

(六)城乡居民收入稳定增长

2017年,安徽全体居民人均可支配收入21863元,同比增长9.3%,较上年同期提高0.4个点。其中,城镇居民人均可支配收入31640元,同比增长8.5%;农村居民人均可支配收入12758元,同比增长8.9%,分别比上年同期提高0.3个点和0.6个点;城乡居民收入倍差2.48,同比下降0.01。城镇居民可支配收入和增速分别居全国第14位和9位,居中部地区第3位和第2位;农村居民可支配收入和增速分别居全国第16位和第13位,居中部地区第4位和第2位。

从城乡居民收入构成看,安徽城镇居民人均工资性收入19756元,同比增长8.1%;经营性收入4721元,同比增长6.8%;财产性净收入2311元,同比增长11.1%;转移性收入3556元,同比增长8.1%。农村居民人均工资性收入4624元,同比增长7.8%;经营性收入5026元,同比增长9.4%;财产性净收入219元,同比增长17.2%;转移性收入2889元,同比增长 10.8%。

数据表明，城乡居民工资性收入增长较快。其中，城镇居民工资性收入增速分别快于一季度、上半年、前三季度 0.5、0.8、0.3、0.1 个百分点。主要原因是安徽提高最低工资标准及机关单位年度目标考核等多项奖励发放到位等；三产较快发展推动城乡居民经营性净收入增长；粮食生产再获丰收、农村二、三产业发展态势较好，农村居民人均二、三产业经营净收入 1625 元，同比增长 12.3%；城乡居民财产净收入大幅增长，城镇居民主要得益于房地产，农村居民得益于土地流转；民生投入加大，社会保障标准提高，城乡居民转移净收入均较快增长。

（七）居民消费价格温和上涨

2017 年安徽 CPI 上涨 1.2%，比上年降低 0.6 个百分点。八大类七涨一跌，其中衣着类、居住、生活用品及服务、交通和通信、教育文化和娱乐、医疗保健、其他用品和服务价格分别上涨 1.8%、2.7%、1.4%、0.4%、3.3%、3.9%和 1.5%，食品烟酒价格下降 1.1%。主要特点：一是 CPI 涨幅创 8 年来新低，在全国居下游水平。2017 年安徽 CPI 涨幅创 2010 年来新低，较全国平均水平低 0.4 个百分点，按涨幅由高到低排序，与福建等省并列居全国第 26 位，居中部第 5 位。二是食品烟酒涨幅创 2001 年以来新低。三是服务项目价格上涨是 CPI 上涨的主要动力。2017 年服务项目价格指数上涨 2.4%，较上年高 0.7 个百分点，对 CPI 贡献率约为 72%。四是工业品价格涨幅创 6 年新高。2017 年工业品价格指数上涨 2.2%，较上年高 2.2 个百分点，创 2012 年以来新高，对 CPI 贡献率达 59%，工业品价格上涨面由上年 59%扩大到 85%。

（八）工业生产者价格大幅上涨

安徽工业生产者价格经历五年（2012—2016 年）连续下跌后，2017 年工业生产者出厂价格（PPI）和工业生产者购进价格同比均大幅上涨。其中，PPI 上涨 8.0%，工业生产者购进价格上涨 9.2%。从月度同比指数看，自 2016 年 9 月转正后，PPI 连续 16 个月上涨，全年分月涨幅在 5.1%和 10.1%之间，其中，2 月涨幅最大，为 2011 年 9 月份以来最大涨幅，3—5 月逐月回落，6—9 月逐月扩大，10—12 月又逐月回落。工业生产者购进价格走势基本类似，全年分月涨幅在 6.7%和 10.6%之间，其中，1—3 月逐月扩大，4—7 月逐月回落，8—10 月再度扩大，11—12 月再次回落。分部类看，2017 年生产资料出厂价格同比上涨 10.8%，生活资料出厂价格同比上涨 1.1%。分行业看，37 个行业中，33 个行业价格上涨，上涨面达 89.2%。同比涨幅居前三位的行业分别煤炭开采和洗选业（36.2%）、黑色金属矿采选业（26.7%）、有色金属冶炼和压延加工业（25.1%）；同比下降的两个行业分别是电力热力生产和供应业、燃气生产和供应业，分别下降 1.1%、0.9%。从购进价格看，九大类原材料购进价格全线上涨，涨幅前三位的分别是有色金属材料及电线类（22.2%），燃料、动力类（14.5%），黑色金属材料类（14.1%）。2017 年安徽 PPI 比全国平均水平高1.7个百分点，按涨幅从高到低排序，位居全国第 14 位，居中部六省第 2 位。

二、存在的问题

（一）养殖业

总体来看，安徽畜牧业生产处于结构和产品调整时期，市场大幅波动影响养殖业平稳发展。养殖户普遍反映，养殖业最大的问题是市场波动大，难以把控。各地对环保不达标的部分中、小型养殖场进行关停并转，规模养殖企业短时难以弥补退出量。此外，抵御疫情风险能力不强，畜禽养殖散而小的状况仍较突出，尤其是散户养殖场所人畜不分隔，圈舍条件简陋，对畜禽防疫意识不强，畜禽养殖场所消毒、无害化处理力度不够，极易诱发疫情发生。

（二）规模以下工业企业

问卷调查显示，四季度安徽规模以下工业企业面临的突出问题主要是用工成本上升快、原材料成本高、市场需求不足，分别占53.9%、44.7%和42.5%，同比分别下降4.2、提高1.2和下降4.8个百分点。企业经营者对下季度企业发展预期谨慎，8.2%企业预期下季度加快，同比下降0.3个百分点，比前三季度下降0.8个百分点；75.3%企业预期持平，同比提高1.6个百分点，比前三季度下降2.8个百分点；16.5%企业认为减缓，同比下降1.3个百分点，比前三季度提高3.6个百分点。

（三）当前农民工签订劳动合同率较低

2017年，安徽外出务工（不含外出自营）农民工没有与用人单位或雇主签订劳动合同占66.1%，同比上升6.7个百分点。

（四）居民增收难度大

一是宏观经济增速下行传导。近年来，经济增长进入新常态，安徽主要经济指标由高速增长转为中高增长，居民收入增速也同步回落。二是农民工外出就业出现新动向。由于外出成本高，加之外出就业机会、薪酬标准难以如意，外出人数减少，外出务工收入减少。人口老龄化，就业人口负担系数将增大，对收入将产生负面影响。三是经营增收愈加困难。作为农业大省，农业经营收入仍是安徽农民收入重要组成部分，但增收较难。尤其是今年主要农产品最低保护价格下调，我国主要农产品价格高于国际市场价格，牧业产品中的牛肉、羊肉价格高位回落，对农民收入造成直接负面影响。四是农村贫困人口是收入增长难点。扶贫脱贫是全国重要的政治任务和全面实现小康重点，也是农民增收难点。当前安徽贫困人口仍较多，扶贫工作越到后期难度会越大，因为剩下的贫困人口，获得收入的能力更弱，因病因灾致贫比重更高，靠其自身力量增加收入摆脱贫困难度大，需要各级政府和社会给予施予更大的外力帮扶。此外，工资性收入增长后劲不足。工资性收入是城镇居民收入主体，比重较大，虽然2017年安徽城镇居民人均工资性收入稳步增长，但持续增长动力有限，且工资性收入占可支配收入比重同比下降0.3个百分点。

2017年以来，安徽经济形势稳中向好态势进一步显现，但还需进一步加大“三农”投入，大力发展现代农业；促进畜禽养殖规模化、标准化，全面落实畜禽养殖业各项政策措施；进一步减轻小微企业税负，积极营造“大众创业、万众创新”的良好环境；完善社会保障体系，增加居民收入，保障中低收入居民生活水平稳步提高。

撰稿：毛方友

2017年安徽粮食生产形势分析

Analysis on the Grain Production of Anhui in 2017

2017年安徽粮食生产在多种不利因素影响下仍然取得较好收成，主要得益于安徽省委、省政府全面推进农业供给侧结构性改革，加快培育农业农村发展新动能，持续推动农业提质增效转型升级的结果；得益于各地各部门落实政策及时到位，种植业生产田间管理措施得力，农作物品种结构进一步优化，科技种田手段得到广泛应用，病虫害防治能力进一步提高，最大限度减少了不利气候和病虫害带来的影响，有力保证了安徽粮食生产的稳定与提高。全年粮食总播种面积9963.8万亩，较上年下降0.03%；平均亩产348.9公斤，较上年增长1.75%；粮食总产695.2亿斤，较上年增长1.71%，比全国高1.41个百分点。

一、夏粮生产形势良好

2017年安徽夏粮总产279.1亿斤，比上年增加0.6亿斤，增长0.55%。其中，小麦总产278.7亿斤，比上年增加0.6亿斤，增长0.55%。夏粮平均亩产386.9公斤，比上年增加10.8公斤，增长2.86%。其中，小麦亩产388.4公斤，比上年增加10.8公斤，增长2.86%。夏粮播种面积3606.2万亩，比上年减少83万亩，下降2.25%。其中，小麦播种面积3588万亩，比上年减少82.4万亩，下降2.24%。原因是夏粮生长期间总体气候有利，主要病虫害轻度发生，品种结构继续优化，有利于单产水平和品质大幅提升。

（一）气候条件总体有利

播种期间，淮北地区土壤墒情总体适宜，10月20日前小麦播种大头落地，播期集中，播后出苗整齐，缺苗断垄面积少，苗情长势好。淮河以南地区小麦播种迟，苗小苗弱，越冬前小麦苗情差于上年同期。越冬期间，全省气温较常年偏高，未发生明显冻害，土壤底墒充足，小麦安全越冬。返青期间，淮北小麦主产区大部分时段光温水匹配基本合理，未发生大范围、持续性干旱，总体有利于冬小麦的春发春长，各地加强春管，“以促为主”，分类施策，促进了小麦苗情转化，淮河以南地区苗情转化快。拔节孕穗期间，以晴好天气为主，期间热量和光照充足，有利于小麦孕穗抽穗。抽穗灌浆期间，5月上旬小麦灌浆以来，昼夜温差大，有利于灌浆及干物资积累，增加千粒重。收获期间，全省以晴好天气为主，有利于小麦的成熟收获。

（二）病虫害轻度发生

小麦生长期间，病虫害发生程度总体明显轻于上年同期。小麦主要病虫害如纹枯病、麦蜘蛛、蚜虫等总体呈轻度发生，特别是对产量和品质危害较大的赤霉病轻度发生，且由于前期防治及时，用药对路，危害较轻。

（三）品种结构优化调整

近年来全省赤霉病呈逐年加重趋势，2016年秋冬播期间，各地积极调整小麦品种结构，减少易感赤霉病品种面积，积极推广新的高产、抗病的适应品种，小麦品种整体抗性有所增强。2017年安徽小麦面积减少的主要原因是连阴雨天气影响。去年秋季安徽省淮河以南地区出现连阴雨天气过程。据气象部门资料，9月25日至10月31日，全省平均降水量较常年同期异常偏多3.2倍，降水日数偏多12.7天，59个市县连阴雨强度达最强等级，均突破1961年以来同期气象最多值或最少值。11月中下旬，江淮之间中北部和皖南地区仍以连阴雨天气为主，降雨日达10天，降水量偏多。历史罕见不利气候，对沿淮及以南地区秋收秋种造成严重影响，已成熟水稻无法收获，已腾茬的稻田土壤湿度大，机械难以下田作业，导致部分地区小麦无法播种。由于病虫害防治得力和收获时天气晴好，小麦商品品质明显好于上年，普遍是二等小麦以上，销售价格明显高于去年。据调查，各粮站均按照每斤1.20元左右二等麦价格收购。全省各地都能认真执行国家粮食收购政策，从前期准备、收购管理、后期服务等方面加大力度，提升为农服务水平，切实保证农民收得进卖得出，把“丰收在望”转化为“丰收在手”，各收购点仓容充裕，入库小麦质量较高，夏粮收购价格稳中有升，秩序良好，有效保护了农民利益，促进了农民增收。

二、早稻面积继续下降，单产呈恢复性增长

2017年安徽早稻面积237.6万亩，下降9.79%；单产每亩406.3公斤，较上年增加9.64%；总产19.3亿斤，较上年下降1.1%。主要原因还是气候因素总体对早稻生长发育较为有利。生长前期温光资源充足，雨水充沛，有利于早稻营养生长，亩茎蘖数得以保证；中期天气以晴到多云天气为主，气温较常年偏高，有利于早稻幼穗分化发育，成穗率较高；早稻抽穗扬花期间天气良好，结实率较去年明显提高，千粒重较去年有所提高。由于2016年安徽遭受连续强降雨，造成严重洪涝灾害，早稻受灾严重，而且2017年气候是近几年最适合早稻生长的，早稻属于恢复性增产。

早稻种植面积大幅下降的主要原因：一是农村劳动力缺。目前我省农村青壮年大多都外出务工，种粮农民年龄结构不合理，主要是老人和妇女在家种田，劳动力短缺现象突出，劳动力成本不断抬高。而双季稻存在“双抢”，需要大量用工，农民的劳动强度也大，“双抢”农忙期间农村劳动力非常短缺。二是市场消费量小。随着生活水平提高，目前口粮消费主要以中晚籼稻为主，早稻由于品质和口感较差，在口粮消费中比重下降，市场消费量较小，销售价格低。三是比较效益低。随着农村土地流转规模不断扩大，种植大户种植双季稻和种植单季稻相比，双季稻合计平均亩产约1600斤，仅比单季稻平均亩产多300斤左右。随着国家不断调低早稻最低收购价，大户种植双季稻投入明显高于单季稻，使得其种植积极性降低。

三、秋粮生产再获丰收

2017年安徽秋粮播种面积6119.9万亩，较上年增长1.75%；亩产324.2公斤，较上年增长0.92%；秋粮总产396.8亿斤，较上年增长2.69%。受夏粮播种面积减少影响，全省各地大力调整种植业结构，加大夏种工作力度，以秋补夏，秋粮种植面积稳中有增，长势好于上年，秋粮单产水平有较多增加。综合分析看,2017年秋粮生产中,利弊因素兼具,利大于弊。

(一)有利因素

一是秋粮整体播期提前,优良品种占主导地位。2017年小麦成熟期集中,收获时间缩短,通过抢收抢种,夏播比往年提前5~7天。玉米播期提前一周左右;水稻也较往年提早3~5天,较早播种利于出苗补苗,加之各地因地制宜,主推优质品种,为粮食增产提供了强有力的基础。二是苗期温光水资源相对适宜,苗情长势较好。由于2017年夏种出苗期墒情适宜,玉米、大豆等秋粮作物做到了适期、适墒、适法播种,多数田块出苗全、出苗齐,玉米、大豆亩株数比上年增加,苗期苗情长势普遍较好,为秋季丰产搭好了架子。7月份苗情监测显示:淮河以北地区玉米一、二类苗占90%以上,苗情基础好于常年。2017年梅雨期天气比去年迟,水稻生产,光照时间长,有效积温足,苗情基础普遍较好。三是秋粮播种方法改进,机械化程度提高。2017年全省基本上实现秸秆还田,玉米、大豆种植主要方式为板茬直播和免耕直播,一播全苗,为夺取丰收打下基础;水稻大多采取直播技术,提高了种植效率,加快了夏播进度,同时也降低了成本,实现了合理密植。四是科技手段广泛应用,病虫害危害程度较轻。随着农业社会化服务程度的提高,农业科技手段得到广泛应用,特别是农技新技术、新方法的普遍推广,各种病虫害预防方法和时间发布及时,农民根据防治要求及时防治,措施得力,实现了预防结合,减少了病虫害的发生,在降低管理成本的同时,也增加了粮食生产安全性。

(二)不利因素

一是高温热害影响。7月下旬至8月上旬,持续近20天晴热高温天气,温度均在35℃以上,持续的高温气候导致中稻、玉米花期不遇,降低了玉米花粉活力,导致授粉不完全,部分地块中稻、玉米出现了明显的穗而不实现象,结实率下降。但由于高温期间抽穗扬花面积不大,加上水源充沛,高温热害对秋粮产量造成的不良影响较小,只局限于江淮分水岭地区,对北部玉米和南部水稻影响不大,气候条件总体有利于秋粮生长。二是病虫害影像。8月中下旬到9月初,水稻主产区出现连阴雨天气。较长时间的低温阴雨天气,使迟熟的中稻和晚稻易感纹枯病、稻曲病、稻瘟病等水稻病害,但总体发生程度较轻。植保部门反映,病害发生程度接近常年,虫害为中等以下程度发生,加上多手段防治获得很大成效,对秋粮有影响但影响不大。三是部分田块草荒严重。由于直播稻面积增加,加之7月份高温干旱,田间杂草滋生蔓延影响秋粮正常生长,部分直播水稻草荒严重,特别是有一种叫“千金籽”的草,已发生变异,目前无药水可以清除,种粮大户只能进行人工拔除,原先药费只需100元左右,现在要增加到300元。四是农村留守劳动力不足。随着新生代农民工外出热情的增加,外出务工人数不断增多,留守进行农业生产的高素质劳动力人数逐步减少,影响了农业技术的推广。尤其是留守在家的农业种植人员年龄偏大,多为50~60岁老人,部分劳动力年龄超过70岁,无法采取有效措施进行科学田管,更谈不上抗旱排涝。当然随着农村土地流转的数量增加和社会服务组织的增多,这种影响也在逐步缩小。

撰稿:盛玉强

2017 年安徽主要畜禽生产平稳发展

The Livestock and Poultry Production of Anhui Developed Steadily in 2017

2017 年，安徽畜产品总产量基本持平，生猪价格 V 型走势，生猪存出栏下降趋势扭转；牛羊肉价格稳定，产量增长；家禽生产触底反弹，产量仍然下降，畜禽产品供给充裕，居民消费稳中有增，两节畜禽产品供应充足，价格稳定。

一、主要畜禽生产情况

2017 年，安徽畜产品总产量 598.2 万吨，同比下降 0.4%，基本持平；肉类总产量 413.7 万吨，同比增长 1.7%。

（一）生猪存出栏略增

2017 年末，安徽生猪存栏 1417.2 万头，同比增长 0.5%；全年出栏 2828.9 万头，同比增长2.5%；猪肉产量 242.7 万吨，同比增长 3.2%。全省生猪存出栏经过 2015、2016 持续下降后，2017 年扭转了下降趋势，略微增长（见图 1）。

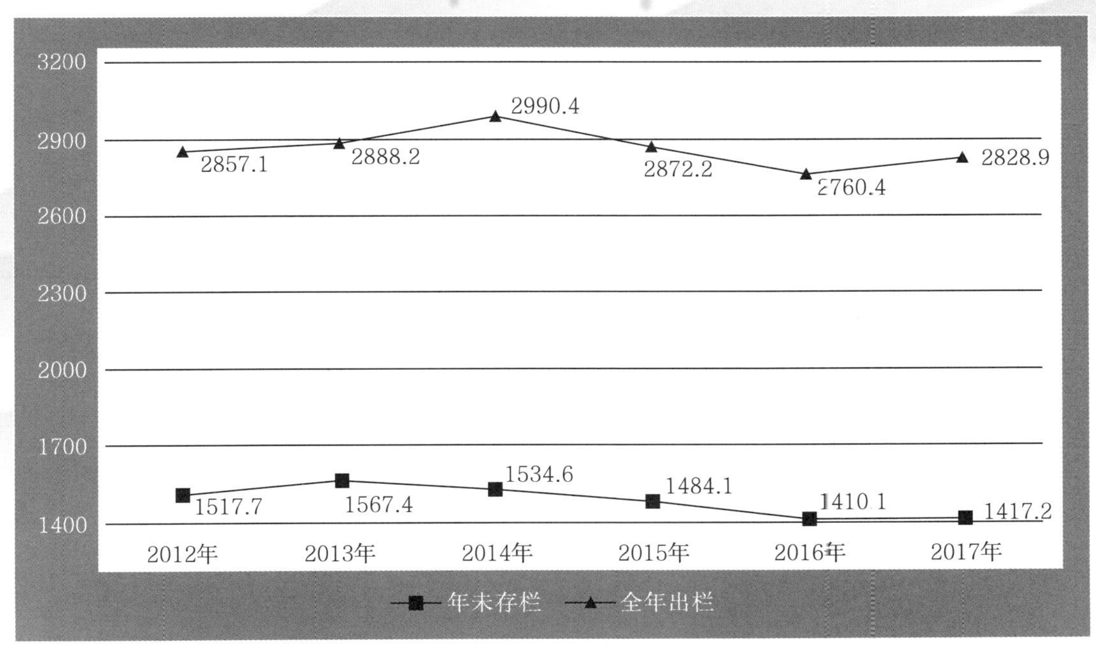

图 1　近年安徽存出栏量变化图

单位：万头

1.生猪出栏量近年一直没能超越2014年高点的主要原因是中小型及散养户退出。2017年四季度监测数据表明,大型户出栏增长6%,中小型出栏下降4.9%,散养户出栏下降5.2%,而大型户出栏量仅占全省10.0%。主要原因:一是环保执行力度增强。各地对不达标养殖场整顿或搬迁或关停,部分中小型养殖户迁移或淘汰能繁母猪、缩小养殖规模或退出。二是散养户减少。农民生活水平不断提高,卫生要求也相应提高,农民养殖意愿降低。三是养殖风险大,利润率低。有时农民养猪不如外出务工收入,部分养殖户退出养殖行业。四是前几年生猪市场低迷,养殖户亏损严重,虽然2016年行情好转,但养殖户不敢盲目扩大规模,且能繁母猪数减少、补栏跟不上,生猪仍处于周期性恢复区间。

2.生猪价格V型走势。经过前几年猪价下跌后,2016年猪价迎来一波反弹,达近年最高。2017年上半年猪价一路下跌,外三元生猪由1月份最高每公斤18.6元跌至6月最低12.5元,下跌32.8%;下半年猪价缓慢回升,至8月底回升至每公斤14.4元;至12月底达到每公斤14.9元,同比下跌16.5%(见图2),但仍处于盈亏点以上,每头仔猪出售获利100~200元,自繁自养出栏每头肥猪获利300元以上。

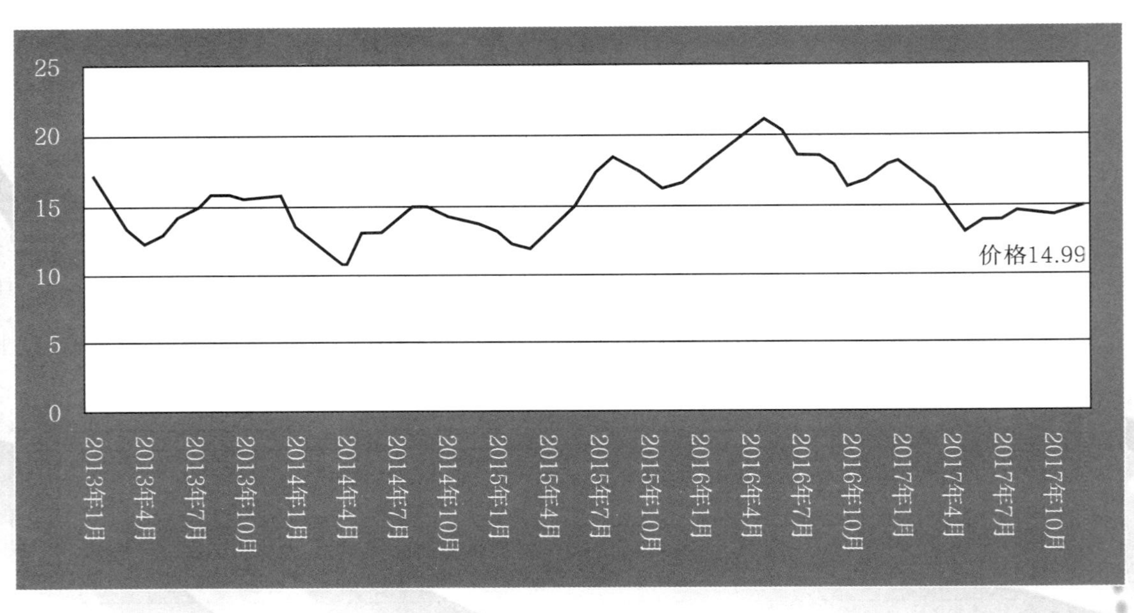

图2 近年外三元生猪价格变化图

单位:元/公斤

3.新年春节前生猪生产预期稳定,价格继续小幅回升。从走访情况看,生猪养殖企业对新年春节前生猪市场普遍看好,预计节前价格将缓慢攀升,生猪出栏量加大。

(二)牛肉产量增长,生牛奶产量下降

2017年,安徽牛肉产量8.1万吨,同比增长2.0%;生牛奶产量29.8万吨,同比下降2.3%。养牛业总体保持向上态势,牛肉产量不断增长,但进口牛肉继续增多,牛肉价格高位运行,本土牛肉产量增幅不及牛肉消费。主要原因:一是市场需求量增加。城乡居民收入水平提高,新生代偏好转变,肉类消费升级。二是饲草饲料及劳动力成本不断增长,助推牛肉价格不断上涨。三是农业机械化加

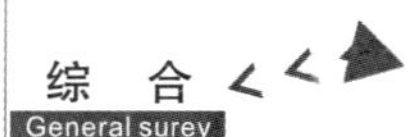

快，役用牲畜减少，农村养牛量锐减。四是牛养殖周期长，抑制了存栏量增长。受奶制品行业不景气影响，牛奶价格低迷，企业控制奶牛数量，牛奶产量下降。监测数据显示，中小型养殖户奶产量下降最多。

（三）家禽市场全面恢复，全年产量仍下降

2017年末，全年家禽出栏87351.9万只，同比下降4.4%；禽肉产量146.4万吨，同比下降4.9%；禽蛋产量同比下降5.2%。年初受局部地区H7N9疫情影响，禽蛋和肉鸡价格一度大跌，特别是二季度鸡蛋价格每公斤最低跌至4.07元，同比下降43.9%，跌回10年前价格水平。随着禽流感疫情消除，禽肉和禽蛋价格回升，家禽出栏均价已高于上年同期，达每公斤12.85元。目前全省家禽养殖已全面恢复，禽产品供应充足，价格稳定。

二、存在问题

（一）市场大幅波动影响养殖业平稳发展

养殖户普遍反映养殖业最大的问题是市场波动大，难以把控。如2016年生猪价格持续高位运行，养殖户盈利颇丰，而2017年上半年生猪价格最低跌至每公斤12.5元，已达盈亏平衡点，并连续几个月，不少散养户失去信心，三季度价格有所回升，价格大幅波动对中小规模户、散养户影响较大。

（二）生猪散养户退出导致产能下降

安徽生猪养殖单位中，散养户仍占有较大比重，散养户退养、少养日益增多，虽然规模养殖户有所增长，但受生猪价格大幅波动影响，散养户退出速度加快，不少地区已出现全村无人养猪局面，规模户短期无法弥补散养户退出量。

（三）抵御疫情风险能力不强

2017年初发生“禽流感”疫情，禽消费大幅减少，不少禽养殖户销售不畅，虽疫情最终得到控制，但养殖会亏损严重。另外，畜禽养殖散而小状况仍较突出，散户养殖场所人畜不分隔，圈舍条件简陋，畜禽防疫意识不强，对畜禽养殖场所消毒、无害化处理工作力度不够，一旦出现突发性疫病，散养户应对能力不足，损失往往较大。

三、几点建议

（一）继续加强畜禽市场监测与信息引导

强化畜禽产品市场价格动态监测，指导养殖户合理安排生产，积极应对和化解畜禽市场风险。相关部门应通过多种渠道发布预警信息，按照充分发挥市场调节和政府调控合力的原则，引导广大养殖户合理调整生产。

（二）大力发展规模化养殖，弥补散养户退出影响

充分利用国家专项资金和各类扶持政策，大力培育发展标准化规模养殖场，避免分散饲养形成的一哄而起和一哄而散的局面。重点扶持规模化、产业化、市场化发展快的大型养殖企业或规模养殖户。

（三）认真做好动物疫病防控

全力做好重大动物疫病集中免疫工作，积极推进病死畜禽无害化处理长效机制建设和育肥猪保险工作。按照国家和安徽省中长期动物疫病防治规划要求，做好以种畜禽场、奶畜场为主的主要动物疫病净化工作。

撰稿：孔二娟

2017 年安徽城镇居民收支分析和对策建议

Analysis and Suggestions of the Income of Urban Residents of Anhui in 2017

2017 年，面对错综复杂的国内外宏观环境，安徽深入贯彻落实新发展理念，坚持稳中求进工作总基调，坚持以供给侧结构性改革为主线，推动经济发展质量变革、效率变革、动力变革，振兴实体经济，积极扩大有效需求，经济运行稳中向好，民生保障力度持续加强，惠民措施成效显著提高，有力支撑城镇居民收入平稳增长，增速探底回升，并和经济发展（GDP 增速）保持同步。

一、城镇居民收入特点

安徽住户收支和生活状况调查数据显示，2017 年安徽城镇常住居民人均可支配收入 31640 元，同比增长 8.5%，增速同比上升 0.3个百分点，增速比全国高 0.2 个百分点。从收入来源看，四项收入均呈增长态势，收入结构进一步优化，其中，工资性收入对城镇收入贡献最大，财产净收入增速最快。

（一）城镇收入增速与 GDP 增速同步。近年来，随着全省经济发展放缓，安徽城镇居民收入增速也同步放缓，呈稳中有进态势。2017 年，安徽城镇居民人均可支配收入增速 8.5%，与经济发展水平保持同步。2013 年—2016 年，城镇可支配收入增速由 9.9%降到 8.2%，降幅逐渐收窄，2017 年增速略有回升，2013—2017 年均增长 8.8%。

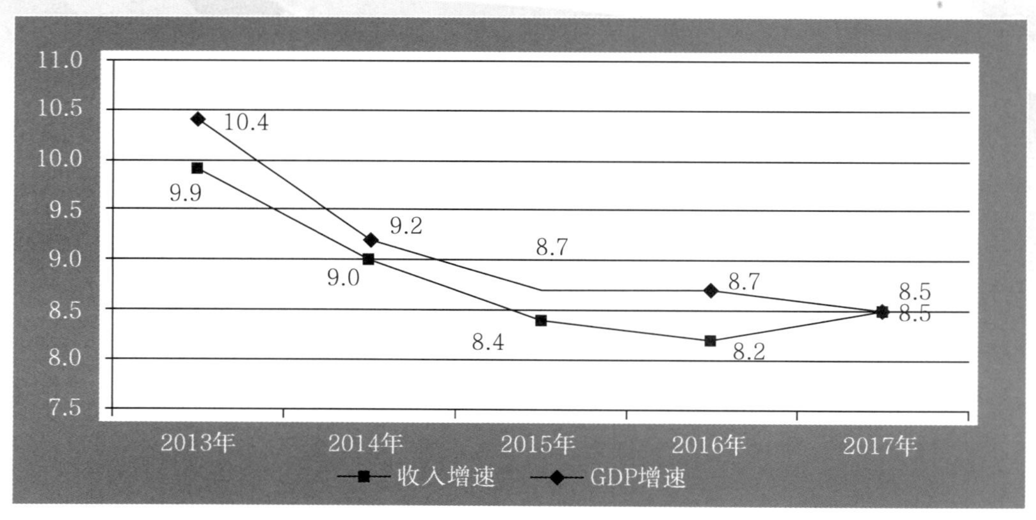

图 1　城镇常住居民人均可支配收入增速和 GDP 增速

（二）收入结构进一步优化。随着经济发展，城镇收入不断提高，收入结构进一步优化，2017年城镇收入的四项收入均有不同程度的增长。

工资性收入贡献最大。2017年，安徽城镇居民人均工资性收入19756元，同比增长8.1%，比去年同期提高0.1个百分点，对城镇收入增长贡献率59.5%。在城镇居民四项收入中，工资收入比重最大，占62.4%，拉动城镇可支配增长5.1个百分点，是安徽城镇居民可支配收入增长的主要动力。

经营净收入稳步增长。2017年，安徽城镇居民人均经营净收入4721元，同比增长6.8%，比上年同期提高0.9个百分点，对城镇居民收入增长贡献率12.1%，拉动城镇可支配收入增长1.0个百分点。从产业类型看，一、二、三产业均有所增长，分别增长21.9%、6.4%、5.2%。

财产净收入增长最快。2017年，安徽城镇居民人均财产净收入2311元，同比增长11.1%，增速同比提高0.6个百分点。从财产净收入来源看，利息净收入32元，同比增长64.3%；红利收入55元，同比增长25.3%，其增长速度仅次于利息。

转移净收入快速增长。2017年，安徽城镇居民人均转移净收入4852元，同比增长10.8%，增速同比提高0.1个百分点，对城镇居民可支配收入增长贡献率19.1%，仅次于工资性收入。从转移性收入来源看，养老金和离退休金是城镇居民转移性收入的主要来源，占转移性收入71.8%，其次是家庭外出从业人员寄回带回收入，占转移性收入10.5%。

表1　2017年安徽城镇居民人均可支配收入

指标名称	绝对值（元）		速（%）	比重（%）	贡献率（%）	拉动增长（%）
	2017年	2016年				
可支配收入	31640	29156	8.5	100.0	100.0	8.5
工资性收入	19756	18278	8.1	62.4	59.5	5.1
经营净收入	4721	4420	6.8	14.9	12.1	1.0
财产净收入	2311	2080	11.1	7.3	9.3	0.8
转移净收入	4852	4378	10.8	15.3	19.1	1.6

（三）城镇居民收入增速在全国各省排位进步快。从城镇收入增速看，安徽城镇常住居民收入增速居全国第9位，比上年同期上升4位。从城乡居民收入差看，低于全国平均水平，2017年安徽城乡居民人均收入差2.48，比上年同期缩小0.01，比全国低0.23。十八大以来，安徽城乡居民收入差由2013年的2.58，下降到2.48，累积缩小0.1。

（四）城镇收入增速在中部六省排位稳中有进。安徽城镇居民人均可支配收入增速在中部地区居第3位，同比上升1位。在中部六省中，安徽城乡居民收入差排第4位，前三位的省份分别为湖北（2.31）、河南（2.32）、江西（2.36），其他省份依次是湖南（2.62）、山西（2.70）。

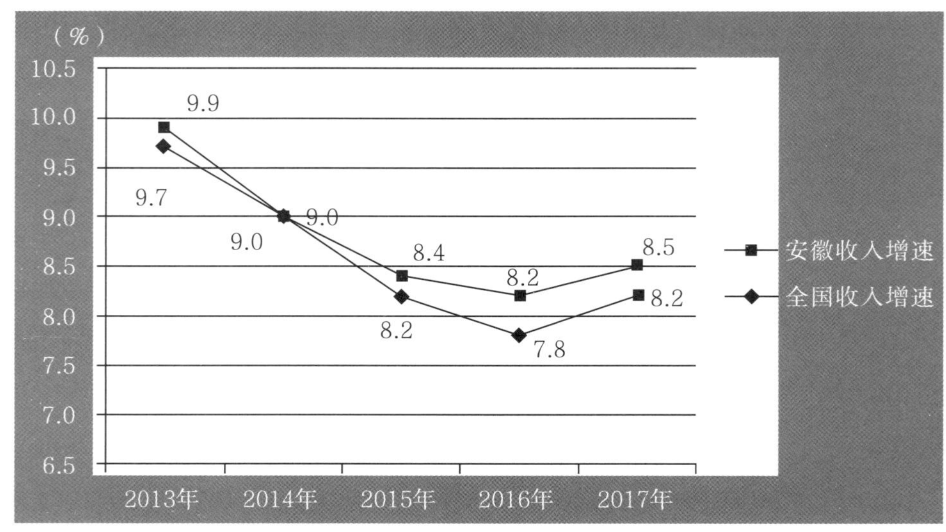

图 2　近年安徽和全国收入增速

表 2　全国及中部六省城镇居民人均可支配收入增速　　单位:%

年份	全国	山西	安徽	江西	河南	湖北	湖南
2014 年	9.0	8.1	9.0	9.9	8.9	9.6	9.1
2015 年	8.2	7.3	8.4	9.0	8.0	8.8	8.5
2016 年	7.8	5.9	8.2	8.2	6.5	8.6	8.5
2017 年	8.3	6.5	8.5	8.8	8.5	8.5	8.5
年均增长	8.3	7.0	8.5	9.0	8.0	8.9	8.7

二、城镇居民收入增长因素分析

(一)宏观经济发展助力城镇居民增收。全省主要经济指标平稳增长,为城镇居民收入水平稳步增长奠定基础。2017 年安徽 GDP 增长 8.5%;全部财政收入 4858 亿元,增长 11.1%;规模以上工业增加值同比增长 9.0%;全省固定资产投资额 29186 亿元,增长 11.0%;限额以上消费品零售额 5594 亿元,增长 12.0%。

(二)政策性调资推动工资收入增长。一是安徽省提高最低工资标准,四个档次工资分别提高到 1520、1350、1250、1150 元,同比提高 20.6%、29.8%、24.4%、33.7%。二是安徽各地落实各项奖励政策,推动就业人员收入增长,钢铁等行业明显回暖,拉动职工工资性收入较快增长。三是就业人口稳中有升,2017 年以来,安徽就业人口持续上升,城镇新增就业 68.2 万人,比上年增加 1.4 万人。

(三)创新及供给侧改革促进经营净收入增长。安徽大力推进大众创业、万众创新,带动居民增收。一是各地实施创客逐梦、创业领航、创业筑巢、鼓励青年创业、高端人才创业、返乡农民工创业、大学生村干部创业,积极打造创业服务云平台,为居民创业保驾护航。二是供给侧改革使煤炭、钢铁、有色等行业回暖,价格上涨效益提升。

(四)进一步提高社会保障水平。一是提高离退休人员退休金和养老金,安徽提高企业和机关事业单位退休人员基本养老金标

准。2017年8月起安徽各地陆续启动调增养老金补发，养老金人均约月增143元/月。二是安徽各地纷纷提高居民最低生活保障标准，进一步增加低收入群体收入。

三、安徽城镇居民生活水平不断提高

2017年，安徽城镇常住居民人均消费支出20740元，同比增长5.8%，八大类消费支出均稳步增长。

表3 2017年安徽城镇常住居民人均消费支出结构

指标名称	绝对值(元)		增速	占比
	2017年	2016年	(%)	(%)
一、消费支出	20740	19606	5.8	100.0
(一)食品烟酒	6665	6382	4.4	32.1
(二)衣着	1544	1491	3.6	7.4
(三)居住	4235	3931	7.7	20.4
(四)生活用品及服务	1215	1118	8.6	5.9
(五)交通通信	2914	2748	6.0	14.1
(六)教育文化娱乐	2372	2233	6.2	11.4
(七)医疗保健	1275	1269	0.4	6.1
(八)其他用品和服务	520	433	20.1	2.5
附记指标:通过互联网购买的商品和服务	417	330	26.6	2.0

(一)生活质量逐渐提高。2017年安徽城镇恩格尔系数为32.1，同比下降0.4。2011年以来，安徽城镇居民恩格尔系数总体呈逐步降低态势，反映安徽城镇居民生活水平逐步上升。2011年至2017年，安徽省城镇居民恩格尔系数由39.8%下降到32.1%，降低7.7个百分点。

(二)网络购物高速增长。随着互联网技术发展和信息化建设不断完善，城乡居民越来越青睐网购消费。2017年，安徽城镇居民人均通过互联网购买的商品和服务支出417元，同比增长26.6%，占生活消费支出2.0%，比上年提高0.3个百分点。

(三)消费结构不断优化。随着经济发展，城镇居民消费质量不断改善，消费水平不断提高，消费结构不优化，城镇居民消费结构不断向享受和发展型消费转变，对食品、衣着需求有所降低，这两类消费比重同比下降0.6个百分点。相反，城镇居民对居住、生活用品及服务、交通通信、教育文化娱乐等需求逐渐提高，消费水平也保持较快增长，这四类消费占消费支出51.8%，同比提高0.6个百分点。

四、当前安徽城镇居民收入增长面临的问题

(一)经济发展影响收入水平增长。近年来，经济增长进入新常态，安徽主要经济指标由高速增长转为中高增长，居民收入增速也同步回落。2013年至2017年间，安徽GDP增速由10.4%回落到8.5%，城镇居民收入随之回落，由9.9%回落到8.5%。

(二)与全国水平差距逐渐拉大。近年来，尽管城镇居民收入增幅高于全国，全国城

镇居民可支配收入和安徽的倍差稳步缩小，由2013年1.16缩小到2017年1.15。但安徽城镇居民收入水平和全国平均水平差距，仍有逐步扩大的趋势，收入差距由2013年的3678元扩大到4756元，收入差距比上年扩大296元。

（三）城镇低收入群体增收难度大。近几年，安徽经济运行稳中有进，有力支撑城镇居民收入平稳增长，但从居民收入五分组来看，安徽城镇居民低收入群体收入增长相对较慢，贫富差距进一步扩大。2013年以来，城镇低收入群体收入年均增长6.9%，比全省平均水平低1.6个百分点，低收入群体与全省平均水平比收入差距由2013年14000元扩大到2017年的19753元。

（四）工资性收入增长可持续性乏力。在城镇居民可支配收入中，工资性收入作为城镇居民收入主体，比重较大，工资性收入可持续增速对城镇收入增长影响大。尽管2017年安徽城镇居民人均工资性收入因政策性因素稳步增长，但由于工资调整可持续增长有限，且涉及面不广，如何形成长效机制，提标扩面，需要认真研究。

（五）财产净收入贡献有限。2017年，安徽城镇居民人均财产净收入虽增长最快，但由于城镇财产净收入基数小，占可支配收入比重低，仅7.3%，对可支配收入贡献率不足10%，拉动城镇居民收入增长作用有限。

五、促进城镇居民收入增长建议

（一）推动经济发展，促进居民收入增长。从两者关系看，居民收入增速基本上和经济增长保持同向而行，但增幅略有不同，因此，进一步贯彻新发展理念，深化供给侧结构性改革，推动结构优化，提升动力转换和质量，释放经济活力和潜力，营造良好的宏观经济环境，为城镇居民收入增长奠定基础。

（二）完善分配机制，缩小城镇收入差距。近几年，安徽城镇居民高低收入群体差距进一步扩大，因此，完善收入分配体制机制，增加低收入群体收入，扩大中等收入群体收入，调节过高收入，促进收入分配更加合理有序。一是针对低收入群体，特别是贫困家庭给予定点帮助和精准扶贫，保障低收入群体基本生活。二是提高医疗、养老和最低生活保障力度，逐步降低门槛，提高保障政策对中低收入群体的覆盖面，保障中低收入群体住房、就业、医疗、养老等方面的基本需求，切实提高城镇中低收入群体收入水平。

（三）加强创业指导，增加城镇居民就业。一是围绕新兴产业和新经济业态需要的技能开展职业技能培训，提高劳动力的就业质量。二是加强创业指导和服务，积极夯实创新创业载体，开拓创新创业途径，推进双创若干政策措施，提升创新创业服务水平，促进创业带就业，劳动城镇居民收入增加。三是健全和完善工资增长机制实现劳动报酬增长与劳动生产率提高同步，提高劳动报酬在初次分配中比重。

（四）建立长效机制，保持工资稳步增长。在城镇居民可支配收入中，工资性收入拉动可支配收入增长的效果显著，健全和完善职工工资稳步增长，提高职工工资在初次分配中的比重，保持工资收入水平与经济发展相适应，对可支配收入增长起着重要作用。

撰稿：冉　地

“数说”安徽农民收入这5年

——“十八大”以来安徽农村居民收入情况分析

The Date of Income of Rural Residents in Anhui Over the Past Five Years

——Analysis on the Income of Rural Residents of Anhui since the 18th CPC National Congress

全省城乡居民收支和生活状况抽样调查结果显示，2017年安徽农村居民人均可支配收入12758元，同比增长8.9%，比上年增速高0.6个百分点。“十八大”以来，安徽农村居民可支配收入年均增速10.3%，比全国平均水平高出0.4个百分点。

一、安徽农村居民收入特点分析

（一）四大类收入全面增长。2017年安徽农村居民人均可支配收入四大项均较快增长。按收入来源分，人均工资性收入4624元，同比增长7.8%，占可支配收入比重36.2%；经营性收入5026元，同比增长9.4%，占可支配收入比重39.4%；财产性净收入219元，同比增长17.2%，占可支配收入比重1.7%；转移性收入2889元，同比增长10.8%，占可支配收入比重22.6%。（详见表1）

表1　2017年安徽与全国农民收入对比变化情况　　单位：元、%

指标名称		2017年			2016年
		收入	构成	增速	增速
全国	人均可支配收入	13432	100.0	8.6	8.2
	（一）工资性收入	5498	40.9	9.5	9.2
	（二）经营净收入	5028	37.4	6.0	5.3
	（三）财产净收入	303	2.3	11.4	8.2
	（四）转移净收入	2603	19.4	11.8	12.7
安徽	人均可支配收入	12758	100.0	8.9	8.3
	（一）工资性收入	4624	36.2	7.8	7.7
	（二）经营净收入	5026	39.4	9.4	9.1
	（三）财产净收入	219	1.7	17.2	15.4
	（四）转移净收入	2889	22.6	9.2	7.5

（二）"十八大"以来，安徽农村居民收入年均增速位居中部六省首位。调查数据显示，"十八大"以来，安徽农村居民可支配收入年均增速10.3%，比全国平均水平高出0.4个百分点。与江西省、陕西省并列全国第10位，与江西省并列中部6省首位。（详见表2）

表2 "十八大"以来中部六省农村居民年均增速

地　区	年均增速（%）	位居全国位次
全 国	9.9	-
山 西	8.8	28
安 徽	10.3	10
江 西	10.3	10
河 南	9.8	18
湖 北	10.0	13
湖 南	10.0	13

（三）安徽农民收入和增速在全国位次双双提升。2017年安徽农村居民收入居全国16位，较上年提高1位，连续第二年提高1位；增速居全国13位，较上年提高3位（详见表3）。

表3 "十八大"以来安徽农民收入与增速在全国位次

年　份	收入位次	增速位次
2013年	18	7
2014年	18	18
2015年	18	13
2016年	17	16
2017年	16	13

（四）与全国平均水平相对差距持续缩小。2017年安徽农村居民收入水平与全国农村居民平均水平相比，差额同比扩大31元，但相对差距持续缩小。2017年安徽农村居民人均可支配收入相当于全国平均水平95.0%，比上年提高0.2个百分点，比2013年提高1.2个百分点（见表4）。从全国范围看，21个省（区、市）2016年和2017年农民收入低于全国平均水平。除江西、重庆、西藏外，其余18个省（区、市）2017年农民收入与全国平均水平绝对差距较2016年扩大；从绝对差距扩大额看，安徽居21个省（区、市）17位，说明安徽农民收入增速有相当的竞争力。

表4 2013—2017年安徽与全国农村居民收入增速对比

项目 / 地区 / 时间	绝对值（元）			相比全国（%）	增幅（%）		
	安徽	全国	差额		安徽	全国	绝对差
2013年	8850	9430	580	93.8	13.1	12.4	0.7
2014年	9916	10489	573	94.5	12.0	11.2	0.8
2015年	10821	11422	601	94.7	9.1	8.9	0.2
2016年	11720	12363	643	94.8	8.3	8.2	0.1
2017年	12758	13432	674	95.0	8.9	8.6	0.3

（五）安徽农民收入增速在中部地区位次提高。中部地区来看，2017年度安徽农村居民人均可支配收入居第4位，与上年持平；增速较上年提升1位，超过湖南跃居第2位。其他省增速依次为湖北（8.5%）、江西（9.1%）、湖南（8.4%）、河南（8.7%）、山西

(7.0%)。从全国看,2017 年,农村居民可支配收入增速较前三季度下降的有天津、湖北、湖南、广东、广西、重庆、四川、贵州、云南、西藏 10 个省(区、市)。全年与前三季度持平的有安徽、上海、山东、河南 4 个省(市)。

(六)工资性收入较低是安徽农村居民收入低于全国平均水平的主要原因。从 2017 年安徽农村居民人均收入与全国绝对差额看,除转移净收入高于全国平均水平 289 元外,其余三类收入均低于全国平均水平,其中,人均工资性收入比全国低 874 元,财产净收入低 84 元,经营净收入低 2 元。从工资性收入增速看,2016 年和 2017 年安徽农村居民工资性收入分别增长 7.7% 和 7.8%,分别比全国平均水平低 1.7 和 1.5 个百分点,致使安徽农民工资性收入与全国平均水平差距扩大。"十八大"以来,安徽农村居民工资性收入年均增长 9.9%,低于全国平均增速 2.7 个百分点。

(七)农民收入结构不断优化。安徽农民收入在保持较快增长同时,收入结构不断优化,农民经营收入比重不断下降,非经营收入占比不断提高。"十八大"以来,安徽农村居民人均家庭经营净收入由 3147 元增长到 2017 年 5026 元,年均增长 9.8%,占可支配收入由 40.2%下降到 39.4%,下降 0.8 个百分点;人均工资性收入由 2782 元增长到 2017 年 4624 元,年均增长 10.7%,占可支配收入由 35.5%上升到 36.2%,提高 0.7 个百分点;人均财产净收入由 98 元增加到 2017 年 219 元,年均增长 17.4%,占比由 1.3%提高到 1.7%;人均转移净收入由 1800 元提高到 2017 年 2889 元,年均增长9.9%,占比由 23.0%提高到22.6%,降低 0.4 个百分点。表明安徽农民收入来源不断增多,渠道不断扩大,结构更加均衡。

表 5 "十八大"以来安徽农村居民收入增长对比

指标名称	2012 年		2017 年		年均增长(%)
	收入(元)	构成(%)	收入(元)	构成(%)	
可支配收入	7826	—	12758	—	10.3
工资性收入	2782	35.5	4624	36.2	10.7
经营性收入	3147	40.2	5026	39.4	9.8
财产性收入	98	1.3	219	1.7	17.4
转移性收入	1800	23.0	2889	22.6	9.9

二、影响 2017 年安徽农民收入因素分析

(一)粮食增产,价格涨跌互现。2017 年安徽夏粮、早稻增产,农民出售价格上涨;秋粮部分品种减产,价格下跌。其中小麦市场收购均价 2.31 元/公斤,同比上涨 0.28 元/公斤,亩均增收 130.7 元,人均增收 147 元;早稻市场收购均价 2.7 元/公斤,同比上涨 0.07 元/公斤,亩均增收 122.3 元,人均增收 9.1 元。秋粮中,中单晚收购市场均价 2.64 元/公斤,同比上涨 0.04 元/公斤;双晚收购市场均价 2.66 元/公斤,同比下跌 0.18 元/公斤;玉米收购市场均价 1.6 元/公斤,同比下跌 0.08 元/公斤;大豆收购市场均价 4.12 元/公斤,同比下跌 0.13 元/公斤。全年秋粮生产因价格等因素影响人均减收 14.4 元(见表 6)。

表 6　2017 年粮食分品种对农民收入影响测算表

类别	面积（万亩）	单产（公斤/亩）	单产增减（公斤）	价格增减（元/公斤）	亩均增减收入（元）	人均增减收入（元）
小麦	3588.0	388.4	10.8	0.3	130.7	147.4
早稻	237.6	406.3	35.8	0.1	122.3	9.1
中单晚稻	2954.0	430.6	6.4	0.0	25.4	23.6
双季晚稻	297.4	341.7	-0.9	-0.2	-64.1	-6.0
玉米	1267.1	350.9	-24.4	-0.1	-69.1	-27.5
大豆	1288.9	97.2	0.4	-0.1	-10.9	-4.4
合计	9633.0	—	—	—	—	142.2

注：1.粮食价格以当期价格与上年同期价格比较；2.因夏杂粮、秋杂粮、薯类、棉花面积占比较小，没有纳入评估推算；3.全年粮食面积下降 0.03%，持平略减，故没有评估播种面积增减因素。

（二）牧业减产对农民收入带来不利影响。2017 年安徽禽流感导致肉禽产量下降 3.1%，减少禽肉产量 4.1 万吨，减少销售收入 6.4 亿元。由于各地因环保要求禁养、限养和关停并转迁移压缩养殖规模，生猪出栏和产量下降，猪肉产量减少 2.2 万吨，收入减少 4.4 亿元；受价格、市场以及进口羊肉和外地调入羊肉影响，全年羊肉产量减少 0.8 万吨，收入减少 3.2 亿元。三项累计使农民减收 14.8 亿元，按散养及小规模户占全部养殖规模、畜牧业中间消耗及乡村人口测算，安徽农村居民人均减收 14.4 元，占全年人均可支配收入 0.1%。

（三）农民转移就业促增收。安徽作为全国劳动力输出大省。庞大农民工群体收入水平提高对农民增收作用明显。外地从业农民工直接将收入寄带回家、回乡创业等，本地从业农民工从事非农产业增收效果显著。农民工工资收入继续平稳增长为农民增收提供强力支撑。2017 年安徽农村劳动力外出就业月均收入 3177 元，同比增长 8.9%，但同比下降 1.8 个百分点；本地非农务工月均收入 4180 元，同比增长 9.7%。

（四）农业经营收入持续增长较难。农业经营收入是农民收入重要组成部分，但目前状况下持续增长困难较多。一方面，尽管我国一直坚持实施主要农产品最低保护价格政策，但目前主要农产品价格已高于国际市场价格，玉米、小麦、棉花、油料等已碰触到价格天花板，农作物产量保持在相对较高水平，传统农业增收潜力不大；另一方面，畜牧业产品中牛、羊、猪肉价格波动较大，总体回落，也限制了农业增收水平。

（五）财产性收入促增收仍是短板。财产净收入是农民收入来源之一，包括利息、红利、储蓄性保险收益、转让承包土地经营权租金收入、出租房屋收入等。2017 年安徽农村常住居民人均财产净收入 219 元，占农村常住居民人均可支配收入 1.7%，比全国平均水平少 84 元，相当于全国平均水平 72.3%，仅相当于浙江人均水平 30.5%。2017 年安徽农村常住居民人均增收 1038 元中，财产性增收仅 32 元，占农民增收总量 3.1%，对农村居民人均可支配收入增长仅贡献 0.3 个百分点。

（六）惠农补贴增多，转移收入更惠农。2017 年，安徽通过“一卡通”发放各类惠农补贴资金 285.7 亿元，同比增长 3.9%；全省有 3374 万乡村人口和 1467 多万农户受益，人均收入 846.8 元，户均收入 1947.5 元，较上年分别增长 5.9%和 4.6%。

三、2017 年安徽农村居民消费变化特点

（一）消费水平快速提高。2017 年安徽农村居民人均消费支出 11106 元，比上年名义增长 8.0%，扣除价格因素，实际增长 6.8%。“十八大”以来，安徽农村居民人均消费水平增长 99.9%，年均增长 14.9%，比全国平均水平高 1.8 个百分点，比安徽城镇居民年均生活消费增速高 8.2 个百分点。安徽农村居民恩格尔系数由 2012 年 39.3 下降到 2017 年33.5，农村居民用于食品以外支出增多，说明安徽农村居民生活水平逐步提高（见图 1）。

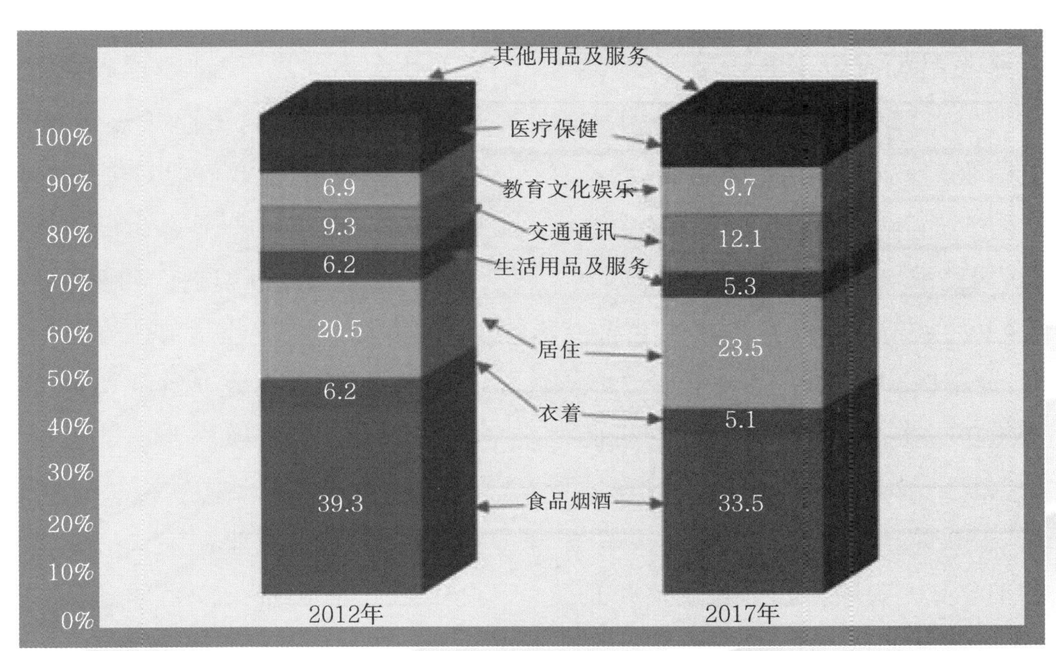

图 1　2012 及 2017 年安徽农村居民消费结构

（二）消费支出“七升一降”。按支出类型分，2017 年安徽农村居民人均食品烟酒消费支出 3726 元，增长 5.8%，占人均消费支出 33.5%；人均衣着消费支出 566 元，增长5.0%，占人均消费支出 5.1%；人均居住消费支出 2618 元，增长 16.5%，占人均消费支出23.6%；人均生活用品及服务消费支出 589 元，下降 8.4%，占人均消费支出 5.3%；人均交通通信消费支出 1346 元，增长 5.5%，占人均消费支出 12.1%；人均教育文化娱乐消费支出 1075 元，增长 13.3%，占人均消费支出 9.7%；人均医疗保健消费支出 1007 元，增长 8.0%，占人均消费支出 9.1%；人均其他用品及服务消费支出 180 元，增长 1.5%，占人均消费支出 1.6%。

（三）服务型消费快速增长。2017 年安徽农村居民人均教育文化娱乐支出 1075 元，“十八大”以来增长 179%，年均增长 22.7%，是消费八大项中增长最快的一项。农村居民人均交通通讯支出 1346 元，“十八大”以来增

长161%,年均增长22.1%。

（四）食品消费不断优化。消费更趋营养型、高品质。与2012年相比,安徽农村居民食品消费质量全面改善,肉、蛋、奶、水产品等较高质量的食品消费数量显著增加。2017年安徽农村居民人均食用油消费10.6公斤,增长43.2%;人均猪牛羊肉消费18.6公斤,增长48.8%;人均蛋及制品消费11.0公斤,增长64.9%,人均鱼虾消费9.3公斤,增长47.6%。人均家禽消费11.8公斤,增长59.5%。

（五）耐用品消费持续升级。安徽农村居民主要耐用消费品拥有量不断增多,升级换代趋势更为明显。与2012年相比,2017年农村居民平均每百户汽车拥有量11.2辆,增长387.0%,在农村居民耐用消费品拥有量中增速最快;农村居民平均每百户空调拥有量79.8台,增长108.3%;家用计算机拥有量22.3台,增长61.6%;冰箱拥有量97.9台,增长22.7%;热水器拥有量79.0台,增长39.6%;洗衣机拥有量83.5台,增长20.9%;移动电话拥有量230.1部,增长30.9%。

四、2018年安徽农民增收形势展望和政策建议

2017年农民增收环境更加复杂,增收难度将加大。受宏观经济下行影响,企业经营成本上升,效益下降,职工增资压力加大,同时企业转方式调结构促转型,对农村劳动力需求下降,影响农民工就业和工资水平提高,处于"两板"夹击中我国农产品供给侧改革压力凸显,依靠传统农业增产增收难度大,加之相关政策性转移支付补贴标准和范围基本成型,难以持续推动农民增收。如没有新增收措施出台,农民传统农业经营收入增速将延续缓慢下行走势。为此,要保持农民收入较快增长需要综合施策,多方共同发力。一要靠发展,保持经济增长活力,增加就业渠道和提高工资标准,确保工资性收入稳定增长。二要创新增收引擎补"短板"。安徽农民收入的"短板"是经营性收入中的二、三产业收入水平低和财产收入水平低。补"短板"需要新思路,要激发城乡各种经济成分活力,引导民众全员参与创新创业,在类企业和家庭中让"创意"与资本结合成为经济增长的"燃料"和动力,成为城乡居民收入增加引擎。三要创新业态抓住二、三产业增收新机遇。休闲养生、民宿产业、电子商务等新业态、新产业吸纳就业能力强,政府要对创新业态、创新岗位支持引导,抓住新业态为经济发展和城乡居民增收带来的新机遇。四要全产业链发展农业,发挥农业增收优势。要拓展农业广度和深度,把农业打造成全产业链的"第六产业"。提升传统一产农业内部运行质量和效率;在重视农产品品质和档次的基础上,发展精深加工,实现农业在第二产业上价值大幅提升;要把农业从一产延伸到二、三产业,致力于创新把农业延伸到体验休闲、养生养老等领域。五要多种措施并举,让农民获得多元化的财产收入。通过农民宅基地和房屋使用权的抵押,使农民的房屋等财产"变现"。要让有金融资产剩余的农民、特别是一部分先富裕起来的农民和农民工学会利用城市金融市场获取相应的资本收入。加快土地流转使农民获得切实可靠的财产性收入,加大转移支付,加大监管力度。

撰稿:汪　汎

2017 年安徽农民工就业形势向好

The Monitor Situation of Migrant Workers of Anhui was Improved in 2017

2017 年安徽农民工监测数据显示，由于我国国民经济稳中向好，经济发展各项指标均好于预期，安徽农民工就业规模平稳增长，就业结构更加合理，收入和消费水平持续较快增长，就业形势总体呈现平稳向上良好态势。

一、农民工规模持续扩大

（一）农民工总数继续增长。2017 年安徽农民工总数 1918.1 万人，较上年增长 2.1%。其中，外出农民工 1415.4 万人，较上年增长 2.6%；本地农民工 502.6 万人，较上年增长 0.8%（见表 1）。

表 1　安徽农民工规模　　单位：万人

指 标	2016 年	2017 年
农民工总人数	1878.5	1918.0
1.外出农民工	1380.1	1415.4
其中：省内	394.3	422.9
省外	985.8	992.5
2.本地农民工	498.4	502.6

（二）农民工以男性为主。全部农民工中，男性占 66.3%，女性占 33.7%。自 2013 年以来，男女农民工比例基本保持 2∶1。

（三）青年农民工占比下降。从农民工年龄结构看，2017 年安徽 29 岁及以下年龄段农民工占全部农民工 29.3%，较上年下降 2.7 个百分点；30 到 50 岁年龄段农民工占比 51.2%，较上年略增 0.1 个百分点；51 岁及以上年龄段农民工占比 19.5%，较上年上升 1.6 个百分点。

（四）文化程度有所提高。2017 年安徽农民工高中及以上文化程度占 18.2%，较上年提高 1.1 个百分点；初中占 65.3%，较上年下降 0.7 个百分点；小学以下占 16.5%，较上年下降 0.4 个百分点。

二、省内省外三七开，江浙沪占近六成

（一）省内比重上升。2017 年安徽外出农民工中，省内就业 442.9 万人，占 29.9%，较上年提高 1.3 个百分点；省外就业 992.5 万人，占 70.1%，较上年减少 1.3 个百分点。

（二）江浙沪所占比例下降。2017 年安徽在江浙沪就业农民工 815 万人，较上年增加 5.8 万人，占全部外出农民工 57.6%，较上年下降 1 个百分点。

（三）出国就业规模和占比双提高。2017 年安徽农民工出国就业 4 万人，比上年增长 1.2 倍，在全部外出农民工中占比提高 0.2 个百分点。

表 2　安徽外出农民工流向

指标	2016 年		2017 年	
	人数（万人）	占比（%）	人数（万人）	占比（%）
省内	394.3	28.6	422.9	29.9
其中：去往乡外县内	181.8	13.2	190.9	13.5
去往县外省内	212.5	15.4	232	16.4
省外	985.8	71.4	992.5	70.1
其中：去往东部地区	917.1	66.5	923.2	65.2
去往京津冀地区	44.8	3.2	50.6	3.6
去往江浙沪地区	809.2	58.6	815	57.6
去往广东	38.5	2.8	36.7	2.6
去往中部地区（安徽除外）	34.4	2.5	31.8	2.2
去往港澳台及国外	1.8	0.1	4	0.3

三、从事第三产业比例上升

2017 年安徽从事第三产业农民工占 45.7%，较上年提高 0.2 个百分点，近年来呈逐年上升态势。三产中，从事批发和零售业占比较上年下降 0.7 个百分点，从事交通运输、仓储和邮政业农民工占比上升 1.1 个百分点，从事住宿和餐饮业的农民工占比上升 0.2 个百分点，从事居民服务、修理和其他服务业的农民工占比下降 0.4 个百分点。主要原因是近年来电子商务快速发展，网购商品比例大幅提高，餐饮外卖业务迅速发展，从事零售和餐馆等行业人员减少。从事第二产业农民工占比较上年下降 0.8 个百分点。其中，从事制造业农民工占 27.4%，变化不大；从事建筑业农民工占比下降 0.6 个百分点。

表 3　安徽分行业农民工比例

单位：%

指标	2016 年	2017 年
第一产业	0.3	0.9
第二产业	54.2	53.4
制造业	27.4	27.4
建筑业	23.9	23.3
第三产业	45.5	45.7
批发和零售业	12.9	12.2
交通运输、仓储和邮政业	6.0	7.1
住宿和餐饮业	6.1	6.3
居民服务、修理和其他服务业	11.2	10.8

四、农民工收入和消费水平继续提高

（一）务工收入继续增长。2017 年安徽农民工外出务工月均收入 4123.8 元，比上年增长 8.3%，增速较上年提高 0.5 个百分点；本地农民工月均收入 3111.4 元，比上年增长 6.6%，增速较上年减少 4.1 个百分点。本地务工和外出务工收入差距拉大。

（二）生活消费支出稳定增长。2017 年安徽外出农民工人均生活消费支出 11329.6 元，比上年增长 4.7%，增速提高 1.4 个百分点；人均寄回带回家庭 20246.4 元。外出务工人员月均居住支出（包括房租、水、电、燃料等）495.6 元，较上年增长 3.6%。

五、农民工权益保障仍不乐观

（一）劳动强度有所下降。2017 年安徽外出农民工年均外出务工 10 个月，比上年增加 0.2 个月；月均工作 24.4 天，较上年减少一天；日均工作 8.5 小时，较上年减少 0.4 小时。其中，每天工作 12 小时以上农民工占 3.4%，较上年下降 1.2 个百分点。

（二）未签劳动合同比例上升。2017 年安徽外出打工农民工中没有与雇主或单位签订劳动合同占 65.7%，比上年提高 6.3 个百分点。

（三）工资被拖欠情况加重。2017 年安徽外出农民工中工资被拖欠占 4.3%，较上年上升 4 个百分点；平均每人被拖欠金额 13415.6 元，较上年增加 3654.9 元。

（四）“五险一金”参保比例下降。2017 年安徽外出农民工“五险一金”参保率分别为养老保险（12%）、工伤保险（23%）、医疗保险（12.5%）、失业保险（7.1%）、生育保险（6.1%）、住房公积金（4.6%），其中养老保险、医疗保险、失业保险、住房公积金分别较上年下降 0.6、0.8、1.0、1.1 个百分点。建议进一步加大劳动执法检查，坚持用工单位依法依规聘用农民工，严格落实劳动合同制，让广大农民工合法权益得到充分保障。

撰稿：王 方

2017 年安徽居民消费价格低位运行预计 2018 年稳中有升

The Consumer Price Index of Anhui was Low in 2017 and It Is Expected to be Steady and Going up in 2018

2017 年安徽居民消费价格指数(CPI)上涨 1.2%,比上年涨幅低 0.6 个百分点。一季度波动较大,其中 1、2 月涨幅分别为 2.4%和 0.3%,为全年最高和最低点,落差 2.1 个百分点;后三个季度各月涨幅相对平稳,在 1.6%-0.8%之间。

一、安徽 CPI 运行主要特点

(一)涨幅创 8 年新低,在全国居下游位次。2017 年安徽 CPI 涨幅为 2010 年来最低,较全国平均水平低 0.4 个百分点;按涨幅由高到低排序,与福建省并列全国第 26 位,居中部地区第 5 位,分别低于江西、湖北、湖南和河南 0.8、0.3、0.2 和 0.2 个百分点,高于山西 0.1 个百分点;在华东地区与福建并列末位。

(二)八大类七涨一跌,16 年来食品烟酒价格同比指数首次下降。食品烟酒价格下降 1.1%,创 2001 年以来新低。其中,受 2016 年上半年鲜菜和猪肉基数高影响,猪肉价格下降 11.4%,创 2010 年以来新低。鲜菜价格下降 11%,创 2005 年以来新低。蛋价下降 7.2%。三类合计影响 CPI 涨幅下降 0.7 个百分点。水产品价格上涨 5.1%,鲜果价格上涨 2.3%,医疗保健和教育文化用品两大价格类同比涨幅居前(见图 1)。

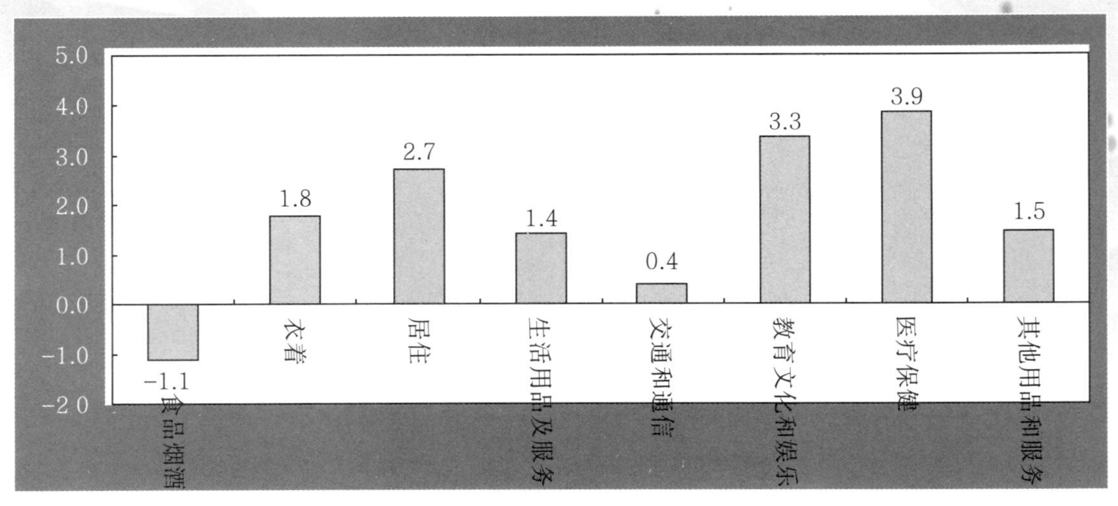

图 1 2017 年安徽 CPI 八大类涨跌幅

单位:%

（三）服务项目价格涨幅高于CPI。2017年安徽服务项目价格上涨2.4%，较上年涨幅高0.7个百分点，影响CPI上涨0.86个百分点，对CPI贡献率约72%。其中，私房房租、自有住房、教育服务是拉升服务项目价格三驾马车，分别上涨2.6%、2.2%、3.9%，合计影响服务项目价格上涨1.51个百分点，对服务项目价格贡献率约63%。

（四）工业品价格涨幅创6年新高，对CPI贡献过半。受供给侧结构性改革和去产能政策效应影响，2017年安徽工业品价格上涨2.2%，较2016年高2.2个百分点，为2012年以来新高；影响CPI上涨0.71个百分点，贡献率达59%；工业品价格上涨面由2016年59%扩大到85%。

二、安徽CPI变动原因分析

（一）供应充足，“菜篮子”价格走低。2017年各地加强蔬菜基地建设，天气情况总体良好，鲜菜供应充足，价格大幅回落。由于前几年生猪价格持续高位运行，养殖户补栏积极性较高，市场供应充足，猪肉价格持续低位运行。受养殖规模扩大和年初禽流感影响，上半年鸡蛋价格大幅下滑。

（二）药品价格对工业品价格影响程度达两成。2017年安徽中药和西药价格分别上涨7.5%和9.4%，部分品种涨幅达两位数，影响工业品价格上涨近0.47个百分点。主要原因：一是国家基本药品目录中部分药品价格长期偏低，放开药品价格管制后，价格上涨较多。二是部分药品原材料、人工和包装等生产成本上升。三是国家要求对基本药物和临床常用仿制药分期分批进行质量一致性评价，增加了企业成本支出。

（三）教育类产品涨价面较宽，教育文化和娱乐类价格涨幅成为八大类后起之秀。近年来，安徽教育服务价格涨幅较大，2017年学前教育、小学初中教育、课外教育价格分别上涨7.2%、10.2%和7.4%，合计对CPI贡献率达21.6%。由于纸张和印刷成本上升，教材和参考资料价格随之也较快上涨。教育文化和娱乐类价格上涨3.3%，仅次于医疗保健价格涨幅，创2002年以来新高。

（四）相关政策影响。为促进水污染防治，改善水环境质量，一季度安徽多地上调污水处理费，其后阜南、金寨等县实行阶梯水价，2017年水价上涨10.2%。随着“煤改气”力度加大，8月份起液化气价格持续上涨，全年上涨7.3%，水和液化气影响CPI上涨0.14个百分点。安徽完善医疗服务价格改革，较大幅度上调病理检查项目价格，部分医院调整以前未调整到位医疗服务价格，全年医疗服务价格上涨2.1%，影响CPI上涨0.11个百分点。

（五）三、四线城市房价上涨。合肥市房地产调控后，消费热点转移，蚌埠、六安、马鞍山、宣城、阜阳等多个城市房价出现较明显上涨，对总指数影响明显。

（六）成本上升推高下游工业品价格。2017年安徽生产资料出厂价格同比上涨10.8%，比全国平均水平高2.5个百分点。供给侧结构性改革深化，“三去一降一补”取得较大成效，环保整治使得高污染行业供给收缩，煤炭、钢材、有色金属、水泥等生产资料产品价格大幅上涨。消费结构升级，家电、家具等行业产品结构不断优化，物流、人力成本也持续上升，工业消费品涨价成了必然趋势。

三、2018年安徽CPI走势预测分析

2018年安徽CPI将继续保持较为温和走

势，涨幅高于2017年可能性较大。

（一）能源价格将影响未来较长时间价格走势。2017年能源价格上涨3.7%，影响CPI上涨0.25个百分点。随着我国清洁能源政策大力推行，能源价格上涨对相关行业价格上涨推动作用将逐渐显现。

（二）工业消费品成本上升压力加大。至2017年12月，全国PPI同比已连续16个月上涨，社会保障制度日益健全，劳动力工资刚性提高，环保、包装、运输等成本增加会加大最终产品涨价压力。

（三）服务成本和需求双向拉动，价格上涨动力延续。当前居民消费结构升级，服务需求日益多样化和个性化，对服务质量更加重视，加上劳动力成本上升，家政服务和养老服务价格上涨将延续，旅游和教育服务价格因刚需影响保持稳中有升；2018年住房价格总体将以稳为主，政策效应存在时间滞后，部分城市房价或存在阶段性上涨压力。

（四）食品价格下降空间有限，翘尾因素大于2017年。粮食生产取得历史上第二个高产年，大宗农产品供给充裕，为价格平稳运行提供了强有力支撑。2017年菜价和猪肉价格持续低位运行，对比基数低，2018年同比转正可能性加大，猪肉价格可能止跌回升。从翘尾影响看，2018年翘尾因素影响约0.5个百分点，高于2017年0.2个百分点。

撰稿：邓　泓

2017 年安徽 PPI 高位运行

The Industrial Products Price of Anhui was High in 2017

2012—2016 年安徽工业生产者价格指数连续五年下跌后,2017 年大幅上涨。其中,工业生产者出厂价格指数(PPI)上涨 8.0%,工业生产者购进价格指数上涨 9.2%。

一、安徽 PPI 运行特征

(一)PPI 同比连续 16 个月上涨

自 2016 年 9 月同比转正后,安徽 PPI 同比连续 16 个月上涨,2017 年份月涨幅在 5.1%和 10.1%之间。其中,2 月涨幅最大,为 2011 年 9 月份以来最大涨幅,3—5 月逐月回落,6—9 月逐月扩大,10—12 月又逐月回落。工业生产者购进价格 2017 年份月涨幅在 6.7%和 10.6%之间。其中,1—3 月涨幅逐月扩大,4—7 月逐月回落,8—10 月再度扩大,11—12 月再次回落。

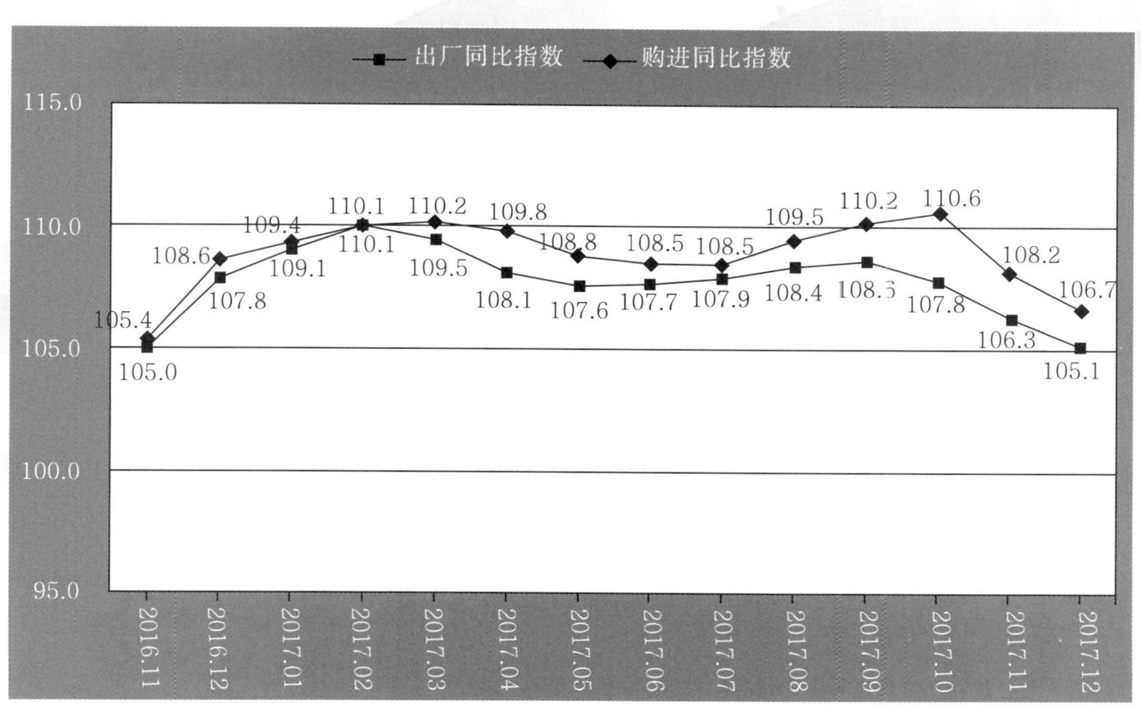

图 1 安徽工业生产者出厂购进同比指数表

（二）PPI 环比起伏变化大

从环比看，1—3 月安徽 PPI 连续 3 个月上涨，4—6 月连续 3 个月下跌，7 月开始又连续 6 个月上涨。工业生产者购进价格 1—4 月连续上涨，5—6 月连续下跌，7 月开始连续 6 个月上涨。

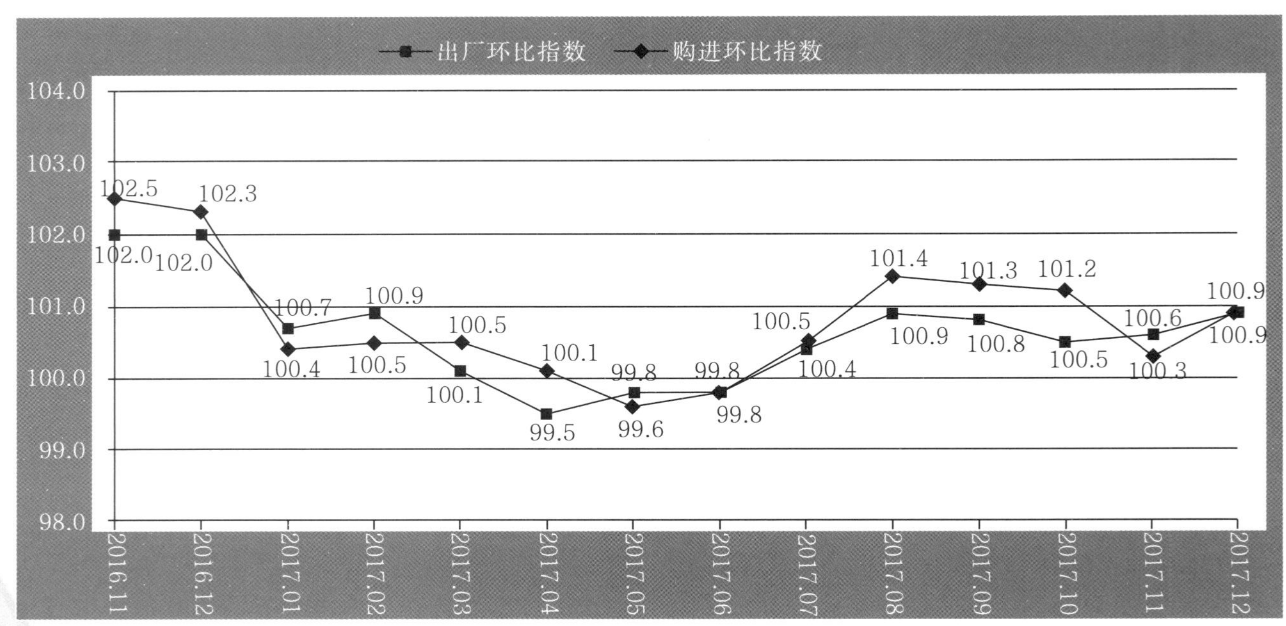

图 2 安徽工业生产者出厂购进环比指数表

（三）生产、生活资料价格双双上涨

分部类看，2017 年生产资料出厂价格同比上涨 10.8%，影响 PPI 同比上涨约 7.7 个百分点，是 PPI 大幅上涨的主要因素；生活资料出厂价格同比上涨 1.1%，影响 PPI 同比上涨约 0.3 个百分点。在生产资料中，加工工业价格上涨 8.2%，原料工业价格上涨 14.7%，采掘工业价格上涨 26.4%。在生活资料中，耐用消费品价格上涨 0.9%，一般日用品类价格上涨 0.5%，衣着类价格上涨 1.4%，食品类价格上涨 1.4%。

（四）主要工业行业价格普遍上涨

2017 年，安徽主要工业行业价格普遍上涨，调查的 37 个行业中，33 个行业价格上涨，上涨面 89.2%。同比涨幅居前三位的行业分别是煤炭开采和洗选业（36.2%）、黑色金属矿采选业（26.7%）、有色金属冶炼和压延加工业（25.1%）。同比下降的两个行业分别是电力、热力生产和供应业（1.1%）、燃气生产和供应业（0.9%）。

（五）购进九大类价格全线上涨

九大类原材料购进价格全线上涨，其中，有色金属材料及电线类涨幅最大，上涨 22.2%；其次是燃料、动力类和黑色金属材料类，分别上涨 14.5%、14.1%。

（六）安徽 PPI 在全国位于第 14 位

2017 年安徽 PPI 同比涨幅比全国平均水平高 1.7 个百分点，按涨幅从高到低排序，居全国第 14 位，居中部六省第 2 位，中部其他省 PPI 涨幅分别是山西省（19.4%）、江西省（7.9%）、河南省（6.8%）、湖南省（5.8%）及湖北省（5.6%）。

二、PPI变动原因分析

(一)宏观经济运行稳中向好

2017年我国国民经济稳中向好、好于预期,经济活力、动力和潜力不断释放,稳定性、协调性和可持续性明显增强,实现了平稳健康发展。从工业发展角度看,全国规模以上工业增加值比上年实际增长6.6%,增速比上年加快0.6个百分点;规模以上工业企业产销率98.1%,工业产能利用率77.0%,创5年新高。从安徽省来看,部署开展“四送一服”双千工程,帮助企业排忧解难,营造有利于实体经济发展的良好环境;出台支持“三重一创”等一揽子政策,用新动能推动新发展,全力培育壮大高端产业,加快形成一批新兴产业集群和龙头产业;牵住“放管服”改革“牛鼻子”,政务服务开启“一网一门”新模式,创优“四最”营商环境,激发各类市场主体活力。一系列卓有成效的政策措施,推动了全省经济运行稳中向好。全年规模以上工业增加值增长9%,比上年提高0.2个百分点,比全国平均水平高2.4个百分点,居全国第6、中部第2位,为近三年最高水平。全年固定资产投资29186亿元,按可比口径计算增长11%,比全国平均水平高3.8个百分点,居全国第11、中部第3位。

(二)供给侧结构性改革政策效应明显

2017年,供给侧结构性改革持续深化,五大重点任务落实有力;“三去一降一补”取得新成效;去产能方面,全国钢铁去产能目标5000万吨,至8月底已提前完成,全国煤炭去产能目标1.5亿吨,至10月已提前完成;至10月,“地条钢”依法取缔,全国1.4亿吨“地条钢”产能已出清;去库存加快推进;“僵尸企业”加快处置;去杠杆、降成本成效突出。这些因素推动煤炭、钢材、有色、水泥等基础行业产品价格大幅回升。据测算,这四大类合计影响2017年安徽PPI同比上涨约5.4个百分点,贡献率68.2%。

三、安徽PPI高于全国平均水平原因分析

安徽工业生产者出厂价格上涨主要集中于传统上中游基础原材料产品,如煤炭、钢铁、水泥、有色等,这些行业价格变动具有周期性强,涨跌幅度大。与其他省份相比,安徽传统初级产品和中间产品行业分布较广,在经济总量占比相对较高,PPI结构变动与经济结构变化相适应。

表1 安徽PPI及其主要基础行业产品出厂价格指数与全国比较

指标	2017年全年		
	安徽	全国	安徽比全国(百分点)
工业生产者出厂价格指数	108.0	106.3	1.7
煤炭开采和洗选业	136.2	128.2	8.0
黑色金属冶炼和压延加工业	124.5	127.9	-3.4
有色金属冶炼和压延加工业	125.1	115.9	9.2
非金属矿物制品业	113.1	108.1	5.0

（一）基础原材料工业产品出厂价格波动幅度大

以煤炭价格变化为例，经济下行时期，安徽煤炭价格跌幅大于全国，经济转好时期，煤炭价格涨幅大于全国平均水平。从 2013 年 4 月到 2016 年 4 月，安徽煤炭价格指数 33 个月低于全国，仅 4 个月高于全国。多年价格下跌累积效应，致使安徽煤炭价格低于全国其他地区，在市场转好情况下，煤炭价格又迅速与市场价格接轨，由于基价低，价格涨幅高于全国。

（二）部分基础产品地域性、垄断性强

水泥是典型的区域市场产品，水泥生产企业具有较强的自主定价权。安徽水泥价格涨幅大于全国，既有市场需求拉动影响，也与安徽水泥行业高度垄断因素有关。

（三）部分基础产品结构单一

安徽有色产品出厂价格涨幅大于全国，除上述区域市场因素影响外，也有安徽有色行业产品结构单一影响。安徽有色行业主要以铜产品为主，全国有色行业除铜产品外，还有铝、铅、锡等，而这些产品价格涨幅小于铜产品。

撰稿：高亚奇

2017 年安徽农产品生产者价格下跌 1.6%

The Producers Price for Farm Products of Anhui Fell by 1.6% in 2017

2017 年，安徽农产品生产者价格总指数为 98.4，四大类农产品生产价格指数两涨两跌。其中，渔业产品生产价格上涨 1.2%，农业产品生产价格上涨 2.5%，饲养动物及产品生产价格下降 11.3%，林业产品生产价格下跌 3.4%，一至四季度的总指数分别为 95.9、97.7、100.8、98.7，一季度指数创近几年新低。

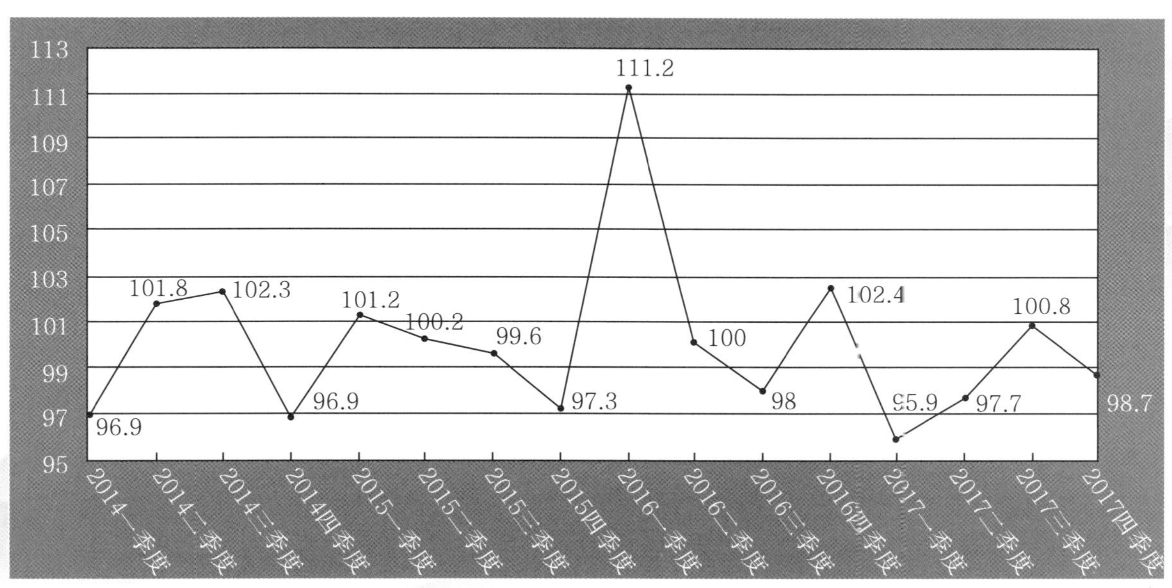

图 1 安徽农产品生产者价格指数走势(上年同期 = 100)

一、农业产品生产价格上涨 2.5%

2017 年农业产品生产价格上涨 2.5%，分季度来看，一季度上涨 1.0%、二季度上涨 4.7%、三季度上涨 4.8%、四季度下降 1.9%，调查的 9 个主要产品类别全年价格五涨四跌，谷物、油料、棉花、水果及坚果、茶叶等生产价格上涨，薯类、豆类、蔬菜及食用菌、中草药材等生产价格下降。

（一）三大粮食作物生产价格两涨一跌。全省粮食价格同比上涨 4.0%，分季度看，一至四季度分别上涨 2.6%、8.0%、5.8%、0.3%。分品种看，三大粮食作物生产价格在上年下跌基础上,2017年全面回升,全年稻谷价格上涨1.1%,小麦上涨8.5%,玉米下跌3.3%。小麦上涨幅度最大,主要原因是2017年小麦颗粒饱满,质量优,小麦起步基价偏高;上年由于阴雨天气,导致小麦赤霉病频发,质量差,市场优质粮源紧缺,从而抬升小麦收购价格;农民惜售心理,推升小麦价格不断上涨。

(二)薯类生产价格先高后低。2017年薯类价格下降7.1%,一季度价格同比上涨0.8%,二季度下降9.8%,四季度下降16.3%。全年均价在1元/公斤左右。

(三)油料生产价格上涨12.7%。分季度看,一季度上涨4.1%、二季度上涨13.7%、三季度上涨16.0%、四季度下降4.5%,三大油料作物价格一涨两跌,2017年油菜籽价格同比上涨17.0%,花生价格同比下降3.6%,芝麻价格同比下降1.2%。油菜籽价格上涨主要出现在二、三季度,主要原因是油菜籽经济效益下降,种植面积减少,市场供给减少,导致价格上涨。

(四)豆类生产价格下跌0.1%。一季度和三季度同比分别上涨2.7%和6.0%,二季度和四季度同比分别下降1.1%和7.8%。

(五)棉花生产价格上涨2.4%。2016年棉花价格一直处于上涨状态,2017年一季度仍延续上涨态势,同比上涨12.5%,但二季度和四季度价格回落,同比分别下降2.4%和2.6%。

(六)蔬菜及食用菌价格下降6.8%。2017年蔬菜类生产价格下降7.1%,全省10类蔬菜,除根茎类(2.1%)、茄果类(0.9%)有所上涨,其余叶菜类(-15.5%)、白菜类(-3.6%)、甘蓝类蔬菜(-8.6%)、水生蔬菜(-0.5%)、瓜菜类(-9.6%)、豆类(-12.2%)、莴苣及菊苣类蔬菜(-22%)、葱蒜类蔬菜(-16.3%)全部下降。蔬菜价格下降主要原因是随着种植业结构调整力度加大,蔬菜种植面积逐年扩大,市场供过于求;2017年气候条件较好,特别是二季度雨水少,气温较高,阳光充足,有利于蔬菜的生长,蔬菜产量增加,上市量较集中,价格下降。

(七)茶叶生产价格同比上涨3.0%。一、二、三季度分别上涨8.0%、6.1%、0.1%,四季度下降3.2%,2017年茶叶上市时间较以往推迟,茶叶收购商在去年茶叶受灾情况下,毛茶库存量普遍较少,为了补充库存,收购的力度也显著加大;同时,制茶的成本在不断上涨,导致茶叶价格经历2015年、2016年下跌后价格回升。

(八)水果和坚果类生产价格上涨0.2%。除二季度上涨11.7%外,其余季度均下降。分品种看,水果价格同比上涨2.1%,其中涨幅较大的有葡萄(13.9%)、枇杷(65.5%),食用坚果价格下降5.9%;其中降幅较大的是山核桃,下降11.7%。

(九)中草药材生产价格下降3.2%。2017年一季度中草药材价格延续上年上涨态势,同比上涨12.7%,其余季度均下降,二到四季度分别下降13.2%、6.9%、5.0%。

二、饲养动物及产品生产价格下降11.3%

2017年,调查的3个产品类别均呈下降态势,其中,活牲畜下降13.9%,活家禽下降5.0%、畜禽产品下降7.4%。

(一)生猪跌牛羊涨。调查显示,活牲畜中,生猪下跌17.5%,牛上涨1.6%、羊上涨4.3%,呈现“一跌两涨”态势。

生猪价格持续回落。受去年同期价格走高影响,2017年生猪价格同比下跌17.5%,分季度看，一季度均价为17.3元/公斤，二季度均价为14.0元/公斤，三季度均价为14.0元/公斤，四季度均价为14.3元/公斤。主要原因是上年生猪价格走高，养殖户积极补栏，市场供应充足；受环境卫生整治、环保禁养政策的影响，中、小型养殖户退出市场时，不得不将存栏的活猪大量出售，从而导致市场供过于求，价格下跌。

牛价格止跌回升。在经历两年下跌后，活牛价格于2017年二季度止跌回升，二到四季度同比分别上涨3.0%、1.4%、4.3%。黄牛价格基本维持在24元/公斤左右。

羊价格上涨4.3%。一到四季度同比分别上涨2.5%、3.8%、2.0%、8.9%。随着饲养山羊盈利水平下降，部分山羊饲养企业，转产饲养生猪，造成山羊存栏量下降，山羊市场供应量减少；冬季气温降幅较大，市场对山羊肉需求量增加，从而拉升了山羊价格水平。

（二）家禽、禽蛋生产价格先跌后涨。2017年活家禽生产价格下降5.0%。其中，活鸡价格下跌5.7%，活鸭价格上涨3.0%。禽蛋价格下跌10.0%，全省鲜鸡蛋价格一季度5.9元/公斤，二季度4.6元/公斤，三季度7.7元/公斤，四季度9.1元/公斤。上半年受H7N9禽流感影响，活禽和禽蛋销量锐减，随着禽流感疫情控制，市场对活禽和禽蛋需求回暖，加上环境治理，部分养殖场关闭，市场供应减少，从而导致下半年活禽和禽蛋价格有所抬头。

三、林业产品生产价格连续三年下跌

自2015年一季度开始首次下跌至今，已连续12个季度下跌。2017年同比下跌3.4%。分季度看，一到四季度分别下跌1.9%、2.7%、5.8%、1.1%。分类别看，原木价格下跌4.9%，竹材价格下跌2.4%，苗木价格下降1.5%。

四、渔业产品生产价格微涨

2017年，全省渔业产品生产价格同比上涨1.2%，一到四季度分别上涨1.0%、1.7%、0.8%、0.7%。分类别看，养殖淡水鱼生产价格上涨3.6%，淡水养殖虾上涨0.6%，其他淡水养殖产品下跌5.0%。

五、后期农产品生产价格走势判断

目前国家大力推进供给侧改革，经济发展稳步向好，但经济增长下行压力依然较大，仍面临着诸多不确定因素的影响。特别是农产品的生产受天气、政策、国际环境等因素影响较大。从2017年全年看，农产品生产者价格仍处于下降状态，国家首次下调粮食最低收购价，生猪价格处于较低水平，预计后期安徽农产品生产者价格仍将低位运行。

（一）粮食生产价格微调。2017年国家首次下调稻谷最低收购价格，早籼稻、中晚籼稻和粳稻最低收购价格分别为每50公斤130元、136元和150元。早籼稻比2016年下调3元，中晚籼稻比2016年下调2元、粳稻比2016年下调5元。相对于经济作物而言，主粮作物战略意义重大、影响面较广，预计2018年国内稻谷收购价或将继续微调，稻谷价格维持弱运行态势。当前粮食市场价格处于既有国家最低保护价格支撑，又有国际市场粮价的压制的局面，粮食价格运行的空间较小，价格变化处于相对稳定的阶段。

（二）生猪生产价格指数跌幅放缓。考虑到2017年生猪价格一直处于相对平缓水平，生猪生产价格指数处于相对较低水平，将对2018年生猪价格同比指数起到缩减作用。考虑生猪生产周期性波动和基期价格等因素，同时春节将至，猪肉需求量将增加，预计后期生猪价格同比跌幅将有所放缓。

（三）家禽、禽蛋价格涨跌互现。2017年上半年受禽流感影响，活禽和禽蛋价格大幅跳水，养殖场（户）亏损，很多养殖场（户）淘汰蛋鸡，压缩存栏量，供应量减少，下半年环保治理导致部分养鸡场拆迁，蛋鸡减少，市场供给不足，价格上涨，在不大规模暴发禽流感的前提下，预计后期家禽和禽蛋市场价格仍有上升空间，但随着供需结构的变化，价格也将随之变化。

（四）蔬菜生产价格缓慢回升。蔬菜价格受市场供求关系及天气影响较大，随着雨雪天气的到来，蔬菜供应量减少，加上运输成本增加，春节将至，蔬菜生产价格预计缓慢回升。

撰稿：刘玉如

钢材砂石价格齐飞 建安工程涨势突出

——2017 年安徽固定资产投资价格走势分析

The Price of Steels and Gravels Rose Fast and Construction Price was in a Strong Uptrend

——Analysis on Price of Investment in Fixed Assets of Anhui in 2017

2017 年,受固定资产投资规模扩大,投资品需求增加,“去产能”政策及环保力度加大等多因素影响,部分建筑材料价格大幅上涨,带动安徽固定资产投资价格指数上涨。全年固定资产投资价格同比上涨 7.4%,涨幅比上年扩大 8.2 个百分点。从四个季度价格走势看,呈逐步上扬态势,一至四季度分别上涨 5.9%、5.8%、8.3%和 9.6%。

一、建筑安装工程价格涨势突出

从固定资产投资构成看,2017 年安徽建筑安装工程、设备工器具和其他费用三大类中,其价格涨幅分别为 9.9%、0.6%和 0.8%,与上年相比,分别提高 10.6、2.1 和 0.6 个百分点。建筑安装工程价格涨幅较大,表现突出(图 1)。

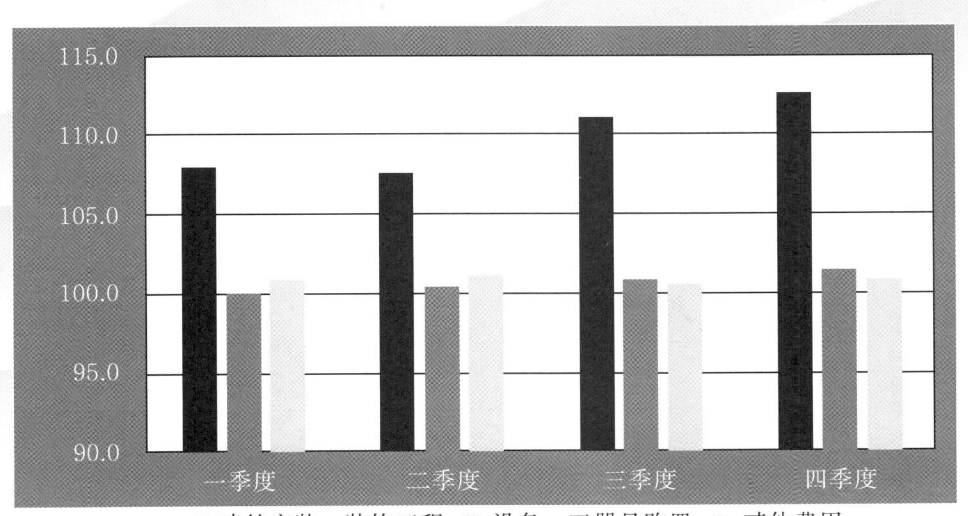

图 1 1—4 季度固定资产投资中三大构成部分价格指数图(上年同期=100)

(一)建筑安装工程价格高位运行。2017 年四个季度建筑安装工程价格居高不下,尤其是三、四季度价格涨幅超过 10%,是带动固定资产投资价格上涨的主要因素,对固定资产投资价格总指数贡献率达95%以上。在建筑安装工程中，材料费、机械费和投入劳动人工费也呈单边上涨走势，其中材料费价格对建筑安装工程价格影响最大。

（二）设备、工器具购置价格平稳。2017年，设备、工器具购置价格平稳，四个季度价格分别上涨0.0%、0.3%、0.7%和1.4%。近年来，随着我国制造技术发展与工业化程度提高，设备生产流程化，产能提升，设备、工器具价格一直一直小幅波动，变化不大。但从工业品出厂情况看，由于部分原材料与燃料动力价格上涨，设备、工器具生产成本增加，全年价格略有提升，且涨幅逐季扩大，未来有进一步提升的可能。

（三）其他费用价格小幅上扬。2017年，其他费用价格水平略高于上年，运行平稳。2017年房地产市场较稳定，土地成交价格较上年整体表现平稳，土地取得费用同比基本持平；银行利率保持稳定；人工与材料费价格上涨带动其他费用中前期工程费与施工工作费略有上升。

二、材料费价格普涨，钢材与砂石价格齐飞

2017年固定资产投资中材料费价格上涨14.0%，涨幅比上年提高16.5个百分点，四个季度分别上涨10.9%、10.7%、16.0%和18.2%。七大类建筑材料价格全部呈上涨态势，钢材、水泥与地方材料涨幅居前，全年分别上涨24.4%、10.4%和9.2%；化工材料上涨3.5%，电料上涨3.2%，木材及其他材料分别上涨2.9%和2.4%。从建筑安装工程主要用材来看，钢材与地方建筑材料价格大幅上涨是拉动材料费价格上涨的主要因素，地方材料中砂子、石子价格涨幅较大。钢材价格上涨24.4%，涨幅较上年提高29.1个百分点；粗砂与石子价格分别上涨22.3%和16.8%（图2）。主要原因是2017年“去产能”政策效应显现，钢材总体供应量缩减；固定资产投资保持稳定增长态势，拉动钢材需求；2016年钢材价格跌至谷底，铁矿石及燃料价格上涨，推动其价格回升。

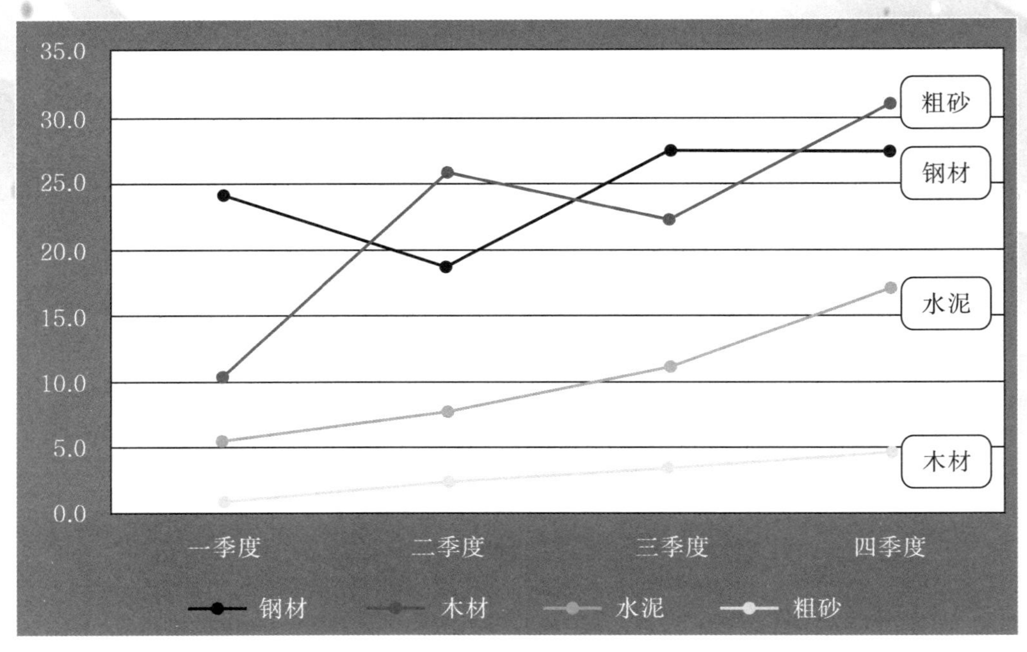

图2 部分建筑材料价格涨幅对比图（单位：%）

调查显示，地方建筑材料和水泥价格呈大幅上升态势。2017 年地方建筑材料价格涨幅比上年增加 9.1 个百分点，四个季度分别上涨 4.4、7.2、11.2 和 17.0 个百分点，涨幅逐季扩大。建筑企业反映，2017 年砂子、石子等地方材料开采管理加强，关停了很多无证无照、私自开采影响环境的采矿采沙厂，部分地方砂子价格由年初几十元一车上涨到一百多元。同时，开采人工成本上升，带动地方材料价格上涨较大。水泥价格同比上涨 10.4%，涨幅比上年提高 17.2 个百分点，四个季度分别上涨 5.6、7.7、11.2 和 17.0 个百分点，涨幅逐季扩大。水泥价格与钢材类似，前两年价格不断下降，随着节能降耗“去产能”政策实施，价格逐步走出低谷，稳步攀升，预计未来供需大致平衡，价格走势平稳。

三、人工费与机械费刚性上涨

2017 年，人工费价格上涨 4.7%，涨幅比上年扩大 1.7 个百分点，四个季度分别提高 4.7、3.8、4.7 和 5.5 个百分点。分工种看，工程管理人员、工程技术人员和普通工人的人工费价格分别上涨 4.7%、4.1%和 4.8%。主要原因：一是固定资产投资规模扩大，建筑劳动力需求增加；二是工资刚性上涨使得企业用工费用上升。机械费价格上升 2.6%，价格平稳上升，四个季度分别提高 1.6、2.4、2.6 和 3.5 个百分点。主要原因是人工费、水电费不断攀升，加之汽油、柴油价格持续上涨，拉动机械运作成本上升。在各类机械中，打桩机械、运输机械和土石方及筑路机械价格费用上涨居前，分别上涨 4.6%、3.2%和 2.8%。

撰稿：周玉华

2017 年安徽规下服务业企业经营状况向好

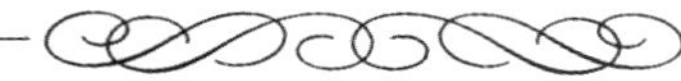

Business Enterprises Below Designated Size of Anhui Operated Improved in 2017

安徽调查总队对全省 2906 家规模以下服务业企业经营状况抽样调查显示，2017 年安徽规下服务业企业综合经营状况稳中向好，营业收入稳定增长，资产规模不断壮大，企业效益有所好转，优惠政策覆盖面继续扩大，但仍存在经营成本居高不下、企业融资难、缺乏获得新科技成果途径等制约因素。

一、规模以下服务业发展状况

（一）综合经营状况稳中向好。推算结果显示，2017 年全省规下服务业实现营业收入 992.5 亿元，同比增长 13.5%。分行业看，调查的十大行业门类营业收入均有增长，8 个门类两位数增长，增速最高的是信息传输、软件和信息技术服务业、居民服务、修理和其他服务业，分别增长 26.4%、20.7%。样本企业中，一至四季度反映企业经营状况良好和平稳的比例均在 86% 以上，分别为 87.3%、86.2%、88.8%、89.4%；反映经营状况良好和平稳比例最高的是卫生和社会工作，平均比例在 91%；比例最低的是信息传输、软件和信息技术服务业，平均比例在 81%。

（二）企业数量和资产规模不断扩大。近年来，随着安徽服务业迅速发展，规下服务业规模总量不断扩大。推算结果显示，2017 年全省规下服务业企业数量同比增长 14.6%，资产总计同比增长 15.1%。在调查 10 个行业门类中，租赁和商务服务业数量和信息传输、软件和信息技术服务业企业数量最多，分别占企业总数的 37% 和 11.1%。

（三）企业效益有所好转。随着供给侧结构性改革稳步推进，各项政策效应逐步显现，经济运行质量和效益进一步提高。四季度有 84.6% 的企业经济效益好转（包括盈利增加、亏损减少、扭亏为盈）和平稳，比上年同期高 3.4 个百分点。分别比一季度、二季度、三季度上升 4、4.6、1.3 个百分点。

（四）逾五成企业为私营企业，调查结果显示多数处于发展阶段。被调查的规下服务业企业注册类型中，私营企业占被调查企业的 56.6%，其中以私营有限责任公司为主。从企业发展的不同阶段看，创业阶段、发展阶段和成熟阶段企业比例分别为 9.5%、69.6% 和 20.9%。

（五）税收优惠政策覆盖面继续扩大。2017 年，在国家和地方诸多小微企业扶持政策和税收减免政策影响下，规下服务业企业税收优惠政策受惠面扩大，税收负担进一步减轻。四季度样本企业中，有 76% 企业享受到税收优惠政策，比上年同期提高6.3个百分点，为近年来的新高。从行业门类看，享受税收优惠政策排在前三位的行业门类分别是卫生和社会工作、教育、信息传输、软件和信息技术服务业三个行业门类，企业受惠面分别为95.9%、84.5%和83.1%。

二、存在问题

（一）经营成本上升。推算结果显示，2017年全省规下服务业企业营业成本与上年同期增长10.9%。在影响企业单位成本上升的主要因素中，66%企业认为劳动力成本上升是主要原因，26.3%认为是原材料价格上升。

（二）企业资金紧张状况有所缓解，但仍存在融资难问题。小微企业易消亡、抵押少、财会制度不健全等现状决定了其信用水平评估难，银行等传统金融机构在监管要求下，对其贷款资金有风险控制和监管合格要求，客观上限制了其对小微企业的授信水平和规模；加之银行贷款手续烦琐，审批期限长，导致小微企业贷款较难。四季度问卷调查显示，11.2%企业认为流动资金比上季紧张，比上年同期低3.5个百分点，分别比前三个季度低1、3、1.1个百分点。在有贷款需求的企业中，仅15.1%的企业能完全满足贷款需求，44.9%的企业贷款需求部分满足，39.9%的企业有贷款需求但贷不到款。

（三）企业缺乏获取新技术等科技成果的途径。样本企业中，四季度85.2%企业没有获取新技术等科技成果的途径，只有2.5%的企业是通过联合开发取得新技术等科技成果，1.8%的企业通过技术转让、10.5%的企业通过其他途径获得。被调查企业获取新技术等科技成果面临的主要困难是由于资金不足的占11.2%，缺少联合开发途径的占6.6%，技术市场尚不完善占12.5%，其他原因的占69.8%。

三、几点建议

（一）加大政策扶持，拓宽企业融资渠道。出台针对小微企业的银行授信政策，精准定向满足小微企业贷款需求。推动银行与创业投资基金、私募股权基金等开展投贷联动，积极引入民间资金介入，拓宽小微企业的贷款渠道。金融机构应提供适合小微企业的信贷产品，如推广应收账款质押贷款、动产质押贷款、第三方监管质押贷款等贷款品种，并在扩大授信额度、简化审批程序上作进一步努力，为小微企业提供特色化金融服务。

（二）提升服务业创新能力，优化产业结构。升级拓展服务业小微企业发展空间，加速服务内容、服务业态和商业模式创新，利用科技创新和互联网、物联网、新一代信息技术等，促进服务业网络化、平台化。优化服务业产业结构，促进现代物流、动漫设计、检验检测、智能语音等新兴产业和文化创意、休闲旅游、医疗保健、家庭服务等生活性服务业发展。

（三）建立健全监督稽查机制。加大政府非税收入的监督检查力度，全面清理其他名目的手续费、培训费、摊派费，全面规范非税执收行为。畅通各级各部门乱收费违法举报途径，加强举报人信息保密制度建设，积极鼓励社会参与监督。严防正规行政事业性收费向变相乱收费的转移，使小微企业轻装上阵，促进实体经济发展繁荣。

撰稿：陆露露

1-1 部分调查指标总量

指 标	Item	单 位	unit
主要农产品产量	**Output of Major Farm Products**	**(万吨)**	**(10 000 tons)**
粮食	Grain		
棉花	Cotton		
油料	Oil-Bearing Crops		
猪肉	Pork		
牛肉	Beef		
羊肉	Mutton		
禽肉	Poultry		
禽蛋	Poultry Eggs		
城乡居民生活	**Family, People´s Lvelihood and Environment**		
家庭	Family		
城镇居民平均每户家庭人口	Average Household size in Urban Areas	(人)	(person)
农村居民平均每户家庭人口	Average Household size in Rural Areas	(人)	(person)
居住	Housing		
城镇常住居民人均住房建筑面积	Net Floor Space per Capita of Urban Residents	(平方米)	(sq.m)
农村常住居民人均住房建筑面积	Net Floor Space per Capita of Rural Residents	(平方米)	(sq.m)
生活	People's Livelihood		
城镇常住居民人均可支配收入	Annual Disposable Income per Captita of Urban Residents	(元)	(yuan)
农村常住居民人均可支配收入	Annual Disposable Income per Captita of Rural Residents	(元)	(yuan)
物价(上年=100)	Price (prededing year = 100)		
居民消费价格指数	Consumer Price Index		
商品零售价格总指数	Retail Price Index		
工业生产者出厂价格指数	Producer Price Index for Industrial Products		
工业生产者购进价格指数	Purchasing Price Index for Industrial Producers		

Main Aggregate Indicators of Sample Survey

总量指标 Aggregate Data												
1978	1990	2000	2005	2009	2010	2011	2012	2013	2014	2015	2016	2017
1482.0	2457.2	2472.1	2605.3	3069.9	3080.5	3135.5	3289.1	3279.6	3415.8	3538.1	3417.4	3476.0
11.5	23.6	27.4	32.5	34.6	31.6	37.8	29.4	25.1	26.3	23.4	18.5	14.3
32.6	129.1	285.1	270.7	240.4	227.6	213.8	227.7	225.4	228.8	227.9	214.8	208.4
				229.9	238.8	233.1	249.7	253.4	264.8	259.1	244.9	242.7
				17.5	18.3	17.8	18.1	18.1	17.9	16.2	16.5	8.1
				13.8	14.2	14.2	14.6	15.0	15.5	16.6	17.3	16.5
				99.6	104.1	109.1	114.1	116.0	114.6	126.0	131.7	146.4
				118.2	119.0	119.7	122.6	124.5	122.5	134.7	139.5	154.7
		3.08	2.95	2.84	2.84	2.80	2.78	2.81	2.94	2.95	2.89	2.87
				4.05	4.03	3.88	3.85	4.39	3.04	3.02	3.00	
									35.13	34.71	36.91	37.44
									44.67	46.76	49.36	50.74
									24838.52	26935.76	29155.98	31640
									9916.42	10820.73	11720.47	12758
	102.7	100.7	101.4	99.1	103.1	105.6	102.3	102.4	101.6	101.3	101.8	101.2
100.0	101.9	98.0	100.6	99.0	103.2	105.3	102.1	101.2	100.4	99.7	100.8	101.7
		98.9	103.3	92.8	109.0	108.3	98.3	98.2	97.4	93.9	98.5	108.0
		102.6	107.2	95.3	111.8	110.8	98.2	96.9	97.2	93.5	98.4	109.2

注:2014 年,居民生活方面的收入、居住等调查指标口径与以前相比有所变化,数据不可比。

1-2 规模以下服务业抽样调查推算结果
Main Indicators of Service Enterprises Below Designated Size

项目	Item	单位	Unit	经济总量 Total Economy		增速(%) Rate of Increase over Preceding Year(%)
				2017年	2016年	
全省	Total	万元	10000 yuan	9925356	8743570	13.52
交通运输、仓储和邮政业	Transport, Storage and Post	万元	10000 yuan	2161545	1921085	12.52
信息传输、软件和信息技术服务业	Information Transmission, Computer Services and Software	万元	10000 yuan	1110164	878236	26.41
物业管理与房地产中介服务业	Property Management and Real Estate Agent	万元	10000 yuan	765700	723456	5.84
租赁和商务服务业	Leasing and Business Services	万元	10000 yuan	2124552	1963016	8.23
科学研究和技术服务业	Scientific Research, Technical Services, and Geological Prospecting	万元	10000 yuan	1774425	1562165	13.59
水利、环境和公共设施管理业	Management of Water Conservancy, Environment and Public Facilities	万元	10000 yuan	368127	307221	19.82
居民服务、修理和其他服务业	Serices to Households and Other Services	万元	10000 yuan	612476	507472	20.69
教育	Education	万元	10000 yuan	273461	233016	17.36
卫生和社会工作	Health, Social Securities and Social Welfare	万元	10000 yuan	184879	162814	13.55
文化、体育和娱乐业	Culture, Sports and Enterainment	万元	10000 yuan	550027	485090	13.39

主要统计指标解读

Explanatory Notes on Main Statistical Indicators

粮食产量 指农业生产经营者日历年度内生产的全部粮食数量。按收获季节包括夏收粮食、早稻和秋收粮食，按作物品种包括谷物、薯类和豆类。其中谷物包括小麦、玉米、早稻、中稻和一季晚稻、双季晚稻、大麦、高粱、谷子、荞麦等禾本科和蓼科粮食作物；薯类只包括马铃薯、甘薯，木薯统计在其他农作物，芋头等其他薯统计在其他蔬菜；豆类包括大豆、绿豆、红小豆、杂豆等。谷物产量按脱粒后的原粮计算，薯类按鲜薯重量的 5 : 1 折算，豆类按去豆荚后的干豆计算。

可支配收入 指调查户在调查期内获得的、可用于最终消费支出和储蓄的总和，即调查户可以用来自由支配的收入。可支配收入既包括现金，也包括实物收入。按照收入的来源，可支配收入包含五项，分别为：工资性收入、经营净收入、财产净收入、转移净收入和自有住房折算净租金。按居民类型划分，有居民可支配收入、城镇常住居民可支配收入、农村常住居民可支配收入。

居民消费价格指数（CPI） 反映一定时期内居民所消费商品及服务项目的价格水平变动趋势和变动程度。居民消费价格水平的变动率在一定程度上反映了通货膨胀（或紧缩）的程度。编制居民消费价格指数的目的，是了解全国各地价格变动的基本情况，分析研究价格变动对社会经济和居民生活的影响，满足各级政府制定政策和计划、进行宏观调控的需要，以及为国民经济核算提供参考依据。

工业生产者出厂价格指数（PPI） 是反映一定时期内全部工业产品出厂价格总水平的变动趋势和程度的相对数，包括工业企业售给本企业以外所有单位的各种产品和直接售给居民用于生活消费的产品。该指数可以观察出厂价格变动对工业总产值及增加值的影响。

规模以下服务业企业 指辖区内年末从业人员 50 人以下，且年营业收入 1000 万元以下的服务业样本法人单位。具体包括：交通运输、仓储和邮政业，信息传输、软件和信息技术服务业，租赁和商务服务业，科学研究和技术服务业，水利、环境和公共设施管理业，教育，卫生和社会工作，以及物业管理、房地产中介服务、自有房地产经营活动和其他房地产业等行业。

辖区内年末从业人员 50 人以下，且年营业收入 500 万元以下的服务业样本法人单位。包括：居民服务、修理和其他服务业，文化、体育和娱乐业。

Agricultural SURVEY
农业调查

简要说明

一、本篇资料内容主要包括农村社会经济主要指标，主要年份农作物播种面积、农作物总产量，畜牧业生产情况，农户固定资产投资情况，各调查县（区）农村基本情况及农村贫困监测调查情况等。

二、农作物播种面积及产量调查根据国家统计局《种植业抽样调查制度》，由安徽调查总队组织实施，目前抽选的调查县为64个。

三、畜牧业生产情况调查根据国家统计局《主要畜禽监测调查制度》，由安徽调查总队组织实施，主要畜禽实行分季监测调查，生猪调出大县实行月度监测调查与季度监测调查相结合，主要数据开展月度调查。

本版责任编辑：王　奎　戴月萍　韩　溪　孔二娟

2-1 历年农业生产情况
Output of Agriculture in Main Years

年份 Year	播种面积（千公顷） Sown Area (1000 hectares)	#粮食 #Crain Crops	#棉花 #Cotton	#油料 #Oil-Crops	粮食产量（万吨） Output of Grain Crops (10000 tons)	#小麦 #Wheat	稻谷 Barley	棉花产量（万吨） Output of Cotton (10000 tons)	油料产量（万吨） Output of Oil-bearing Crops (10000 tons)	蔬菜产量（万吨） Output of Vegetables (10000 tons)
1978	8013.0	6186.7	326.9	400.1	1482.0	279.0	856.5	11.5	32.6	
1979	8005.0	6288.0	299.1	508.5	1609.5	390.0	889.5	9.7	44.7	
1980	7740.0	6025.9	323.4	570.4	1454.0	340.5	773.0	12.2	49.8	
1981	7880.0	6024.2	329.1	774.9	1787.5	435.5	945.0	15.6	99.3	
1982	8007.0	6032.7	327.9	919.8	1933.0	554.0	1043.5	15.8	125.5	
1983	7895.0	6085.8	321.3	773.3	2010.5	572.5	960.0	19.0	96.5	
1984	7967.0	6192.3	333.7	746.4	2202.5	646.5	1136.0	23.4	97.2	
1985	8186.0	5898.6	235.1	1089.8	2168.0	605.9	1162.9	16.7	145.7	
1986	8163.0	6051.6	205.9	1103.8	2371.9	656.6	1222.3	16.3	131.6	
1987	8372.0	6151.0	224.2	1247.1	2432.6	717.9	1189.2	18.6	151.1	
1988	8169.0	6155.1	270.1	947.1	2296.4	677.5	1159.7	20.6	88.1	
1989	8239.0	6203.8	252.3	990.7	2383.5	591.8	1282.6	17.0	101.7	
1990	8314.0	6246.1	293.1	999.3	2457.2	598.0	1340.1	23.6	129.1	
1991	8196.0	5954.5	405.5	1083.1	1781.5	315.4	1058.0	27.1	97.1	
1992	8155.0	5873.0	420.0	1047.7	2325.1	611.8	1223.5	26.3	140.0	
1993	8265.0	6038.2	353.2	997.1	2569.9	716.9	1248.6	26.0	157.2	
1994	8264.0	5796.5	443.3	1088.3	2330.3	710.2	1187.5	25.8	154.5	
1995	8354.0	5852.5	443.2	1263.5	2580.7	699.1	1269.9	30.1	191.8	1006.9
1996	8361.5	6029.0	413.7	1098.8	2674.1	748.3	1327.4	27.0	177.2	1195.7
1997	8488.9	6030.6	399.4	1135.1	2802.7	941.2	1290.2	30.1	205.0	1780.0

2-1 续表 Continued

年份 Year	播种面积（千公顷） Sown Area (1000 hecares)	#粮食 #Crain Crops	#棉花 #Cotton	#油料 #Oil-Crops	粮食产量（万吨） Output of Grain Crops (10000 tons)	#小麦 #Wheat	稻谷 Barley	棉花产量（万吨） Output of Cotton (10000 tons)	油料产量（万吨） Output of Oil-bearing Crops (10000 tons)	蔬菜产量（万吨） Output of Vegetables (10000 tons)
1998	8564.2	5991.0	395.5	1225.3	2591.0	599.1	1390.2	29.0	176.5	1792.0
1999	8582.1	5934.9	303.2	1334.5	2771.2	852.5	1300.6	19.5	268.1	
2000	9005.8	6183.8	308.4	1457.4	2472.1	707.1	1221.6	27.4	285.1	1509.2
2001	8733.1	5841.7	363.0	1415.4	2500.3	741.9	1174.3	35.7	298.8	1439.7
2002	8997.6	6091.9	321.2	1453.2	2765.0	683.7	1327.5	33.7	282.3	1618.2
2003	9124.7	6157.2	390.0	1412.6	2214.8	642.8	963.7	24.1	231.4	1513.5
2004	9200.4	6312.2	398.9	1380.2	2743.0	790.1	1292.1	41.2	299.7	1656.5
2005	9172.5	6410.9	375.7	1303.1	2605.3	808.1	1250.8	32.5	270.7	1671.2
2006	8790.0	6443.4	360.9	935.4	2853.7	1039.0	1333.1	35.3	210.4	1726.5
2007	8853.9	6477.8	375.9	864.3	2901.4	1111.3	1356.4	37.4	199.2	1913.7
2008	8976.6	6561.1	390.1	936.7	3023.3	1167.9	1383.5	36.4	228.0	1923.5
2009	9036.2	6561.1	351.7	968.8	3069.9	1177.2	1405.6	34.6	240.4	2028.1
2010	9053.4	6616.4	344.4	944.3	3080.5	1206.7	1383.4	31.6	227.6	2137.4
2011	9022.9	6621.5	350.4	878.3	3135.5	1215.7	1387.1	37.8	213.8	2214.0
2012	8969.6	6622.0	304.9	843.6	3289.1	1294.0	1393.5	29.4	227.7	2327.5
2013	8945.6	6625.3	285.1	802.0	3279.6	1332.0	1362.3	25.1	225.4	2418.0
2014	8945.5	6628.9	265.2	788.4	3415.8	1393.6	1394.6	26.3	228.8	2551.0
2015	8950.5	6632.9	232.5	772.1	3538.1	1411.0	1459.3	23.4	227.9	2714.2
2016	8893.6	6644.5	183.4	731.1	3417.4	1385.9	1401.8	18.5	214.8	2774.7
2017	8853.6	6642.5	147.0	698.3	3476.0	1393.5	1470.2	14.3	208.4	2868.0

2-2 农作物播种面积
Total Sown Area of Farm Crops

单位:千公顷 (1000 hectares)

指 标	Item	2005	2010	2011	2012	2013	2014	2015	2016	2017
农作物总播种面积	**Total Sown Area of Farm Crops**	**9172.5**	**9053.4**	**9022.9**	**8969.6**	**8945.6**	**8945.5**	**8950.5**	**8893.6**	**8853.6**
一、粮食作物总计	**Grain Crops**	**6410.9**	**6616.4**	**6621.5**	**6622.0**	**6625.3**	**6628.9**	**6632.9**	**6644.5**	**6642.5**
其中:夏收粮食	Of Which:Summer Grain	2268.5	2408.3	2425.7	2458.6	2473.3	2474.6	2479.4	2459.4	2407.6
秋收粮食	Autumn Grain	3748.7	3944.7	3939.7	3925.9	3916.5	3929.0	3963.5	4009.5	4076.5
(一)谷物	Cereals	5051.3	5424.4	5485.0	5498.3	5534.4	5543.3	5599.0	5603.9	5578.6
1. 稻谷	Barley	2149.1	2245.4	2230.8	2215.0	2214.1	2217.3	2234.9	2265.5	2326.0
(1)早稻	Early-season Rice	293.7	263.4	256.2	237.5	235.5	225.3	190.0	175.6	158.4
(2)中单晚稻	Single-cropping Late Rice	1557.9	1702.0	1702.2	1714.3	1730.1	1753.5	1828.1	1880.4	1969.4
(3)双季晚稻	Duble-cropping Late Rice	297.5	280.0	272.4	263.2	248.5	238.5	216.9	209.5	198.3
2. 小麦	Wheat	2108.3	2365.7	2383.0	2415.5	2432.9	2434.5	2457.0	2446.9	2392.0
3. 玉米	Corn	670.2	761.1	818.8	822.5	845.1	852.4	881.6	876.2	844.7
4. 谷子	Millet	0.3	0.1	0.1	0.1	0.1	0.1	0.1	0.3	0.1
5. 高粱	Jowar	2.0	1.0	1.0	1.0	1.1		0.2	0.2	0.2
6. 其他谷物	Other Cereals	121.4	51.2	51.2	44.1	41.2	38.6	25.2	15.0	15.6
其中:大麦	Of Which:Barley		48.2	42.7	43.1		37.7	22.4	12.0	11.6
(二)豆类	Beans	1008.6	1021.2	969.0	960.3	937.6	934.8	893.6	905.4	935.6
大豆	Soybean	917.0	938.9	885.9	876.7	856.7	851.6	820.9	830.1	859.3
绿豆	Green Bean		66.2	66.5	68.5	67.7	65.4	60.3	62.2	63.2
红小豆	Red Bean		5.2	5.1	5.1	5.0	6.6	12.4	13.1	13.1
(三)薯类	Tubers	351.0	170.7	167.6	163.5	153.3	150.8	140.3	135.2	128.3
其中:马铃薯	Of Which:Potato	7.1	8.8	10.7	15.7	9.0	8.9	7.2	6.9	2.6

2-2 续表 Continued

指 标	Item	2005	2010	2011	2012	2013	2014	2015	2016	2017
二、油料作物	**Oil-bearing Crops**	**1303.1**	**944.3**	**878.3**	**843.6**	**802.0**	**788.4**	**772.1**	**731.1**	**698.3**
其中:花生	Of Which:Peanuts	238.5	194.6	188.9	187.5	187.3	190.4	191.1	183.1	183.4
油菜籽	Rapeseeds	953.6	691.0	640.4	609.6	568.1	551.0	532.4	500.7	472.4
芝麻	Sesames	109.0	52.3	48.0	45.7	46.1	46.7	48.2	47.0	42.2
三、棉花	**Cotton**	**375.7**	**344.4**	**350.4**	**304.9**	**285.1**	**265.2**	**232.5**	**183.4**	**147.0**
四、麻类	**Fiber Crops**	**12.8**	**9.4**	**9.4**	**9.0**	**8.0**	**7.7**	**7.3**	**6.4**	**6.3**
其中:黄红麻	Of Which:Jute and Ambary Hemp	6.5	4.3	4.7	4.7	4.4	4.2	4.3	3.6	3.5
苎麻	Ramee	4.4	2.8	2.5	2.2	1.5	1.3	1.1	1.0	1.0
大麻(线麻)	Hemp	1.7	2.2	1.9	2.1	2.1	2.2	1.9	1.8	1.8
五、糖料合计	**Sugar Crops**	**5.7**	**5.7**	**5.4**	**5.2**	**5.0**	**5.0**	**5.1**	**5.3**	**5.3**
甘蔗	Sugar Cane	5.7	5.7	5.4	5.2	5.0	5	5.1	5.1	5.3
六、烟叶合计	**Tobacco**	**10.8**	**10.9**	**11.4**	**13.2**	**16.5**	**17.4**	**16.2**	**12.8**	**12.1**
其中:烤烟	Of Which:Flue-cured Tobacco	10.3	10.7	11.2	13.0	16.3	17.2	16.0	12.7	11.9
七、药材类合计	**Medicinal Materials**	**61.4**	**64.0**	**74.4**	**81.7**	**84.9**	**87.5**	**90.8**	**93.6**	**96.6**
八、蔬菜(含菜用瓜)	**Vegetables**	**664.9**	**774.2**	**789.0**	**810.6**	**836.0**	**862.1**	**899.8**	**920.2**	**945.1**
九、瓜果类(含果用瓜)	**Melon**	**175.5**	**165.7**	**171.1**	**172.6**	**176.5**	**181.2**	**191.6**	**192.9**	**195.0**
# 西瓜	#Watermelon	151.5	131.9	136.3	138.7	140.1	141.8	150.2	147.6	149.8
甜瓜	Muskmelon	14.0	14.2	14.3	15.8	17.2	17.8	19.4	19.7	20.3
草莓	Strawberry	4.9	10.9	12.2	13.0	14.9	16.2	17.4	18.9	20.1
十、其他作物	**Other Farm Crops**	**151.7**	**118.4**	**112.0**	**106.8**	**106.2**	**102.1**	**102.2**	**103.4**	**105.4**
# 青饲料	#Succulence	12.2	31.2	33.2	36.3	40.0	39.4	40.4	39.5	39.4

2-3 农作物种植结构
Planting Structure of Farm Crops

单位:% (%)

指 标	Item	2013	2014	2015	2016	2017
农作物总播种面积	**Total Sown Area of Farm Crops**	**100.0**	**100.0**	**100.0**	**100.0**	**100.0**
一、粮食作物总计	**Grain Crops**	**74.1**	**74.1**	**74.1**	**74.7**	**75.0**
其中:夏收粮食	Of Which:Summer Grain	37.3	37.3	37.4	37.0	36.2
秋收粮食	Autumn Grain	59.1	59.3	59.8	60.3	61.4
(一)谷物	Cereals	83.5	83.6	84.4	84.3	84.0
1. 稻谷	Barley	40.0	40.0	39.9	40.4	41.7
(1)早稻	Early-season Rice	11.0	10.2	8.5	7.8	6.8
(2)中单晚稻	Single-cropping Late Rice	78.0	79.1	81.8	83.0	84.7
(3)双季晚稻	Double-cropping Late Rice	11.0	10.8	9.7	9.2	8.5
2. 小麦	Wheat	44.0	43.9	43.9	43.7	42.9
3. 玉米	Corn	15.3	15.4	15.7	15.6	15.1
4. 谷子	Millet	…	…	…	…	0.0
5. 高粱	Jowar	…	0.0	…	…	0.0
6. 其他谷物	Other Cereals	0.7	0.7	0.5	0.3	0.3
其中:大麦	Of Which:Barley		97.7	88.9	81.1	74.1
(二)豆类	Beans	14.2	14.1	13.5	13.6	14.1
大豆	Soybean	91.4	91.1	91.9	91.7	91.8
绿豆	Mung Bean	7.2	7.0	6.7	6.9	6.8
红小豆	Red Bean	0.5	0.7	1.4	1.4	1.4
(三)薯类	Tubers	2.3	2.3	2.1	2.0	1.9
其中:马铃薯	Of Which:Potato	5.9	5.9	5.1	5.1	2.0

2-3 续表 Continued

指 标	Item	2013	2014	2015	2016	2017
二、油料作物	**Oil-bearing Crops**	**9.0**	**8.8**	**8.6**	**8.2**	**9.3**
其中:花生	Of Which:Peanut	23.4	24.2	24.8	25.0	26.3
油菜籽	Rapeseed	70.8	69.9	69.0	68.5	67.6
芝麻	Sesame	5.7	5.9	6.2	6.4	6.0
三、棉花	**Cotton**	**3.2**	**3.0**	**2.6**	**2.1**	**2.0**
四、麻类	**Fiber Crops**	**0.1**	**0.1**	**0.1**	**0.1**	**0.1**
其中:黄红麻	Of Which:Jute and Ambary Hemp	55.0	54.5	58.9	56.5	55.5
苎麻	Ramee	18.6	16.9	15.1	16.2	16.2
大麻(线麻)	Hemp	26.3	28.6	26.0	27.2	28.1
五、糖料合计	**Sugar Crops**	**0.1**	**0.1**	**0.1**	**0.1**	**0.1**
甘蔗	Sugar Cane	100.0	100.0	100.0	96.1	99.9
六、烟叶合计	**Tobacco**	**0.1**	**0.2**	**0.2**	**0.1**	**0.2**
其中:烤烟	Of Which:Flue-cured Tobacco	98.8	98.9	98.8	99.0	98.9
七、药材类合计	**Medicinal Materials**	**0.9**	**1.0**	**1.0**	**1.1**	**1.3**
八、蔬菜(含菜用瓜)	**Vegetables**	**9.3**	**9.6**	**10.1**	**10.3**	**12.6**
九、瓜果类(含果用瓜)	**Melon**	**1.9**	**2.0**	**2.1**	**2.2**	**2.6**
#西瓜	#Watermelon	79.4	78.3	78.4	76.5	76.8
甜瓜	Muskmelon	9.7	9.8	10.1	10.2	10.4
草莓	Strawberry	8.4	8.9	9.1	9.8	10.3
十、其他作物	**Other Farm Crops**	**1.2**	**1.1**	**1.1**	**1.2**	**1.4**
#青饲料	#Succulence	37.7	38.6	39.5	38.2	37.4

2-4 主要农作物总产量
Output of Main Crops by Type

单位:万吨 (10000 tons)

指 标	Item	2005	2010	2013	2014	2015	2016	2017
农作物总产量	**Output of Farm Crops**	**2605.3**	**3080.5**	**3279.6**	**3415.8**	**3538.1**	**3417.4**	**3476.0**
一、粮食作物总计	**Grain Crops**	**2605.3**	**3080.5**	**3279.6**	**3415.8**	**3538.1**	**3417.4**	**3476.0**
其中:夏收粮食	Of Which:Summer Grain	2605.3	3080.5	3279.6	3415.8	3538.1	3417.4	3476.0
秋收粮食	Autumn Grain	1587.0	1728.5	1810.3	1887.6	2014.2	1932.1	1983.3
(一)谷物	Cereals	2385.8	2911.2	3127.3	3260.2	3371.4	3252.5	3311.3
1. 稻谷	Barley	1250.8	1383.4	1362.3	1394.6	1459.3	1401.8	1470.2
(1)早稻	Early-season Rice	153.1	140.3	130.8	128.3	109.2	97.6	96.5
(2)中单晚稻	Single-cropping Late Rice	954.9	1105.2	1101.5	1137.3	1234.9	1196.5	1272.1
(3)双季晚稻	Double-cropping Late Rice	142.8	137.9	130.0	129.0	115.3	107.7	101.6
2. 小麦	Wheat	808.1	1206.7	1332.0	1393.6	1411.0	1385.9	1393.5
3. 玉米	Corn	264.9	312.7	426.0	465.5	496.3	462.0	444.7
4. 谷子	Millet	0.2	…	…	…	0.1	0.1	0.1
5. 高粱	Jowar	1.5	0.2	0.2	0.1	0.2	0.1	0.1
6. 其他谷物	Other Cereals	60.3	8.1	6.7	6.5	4.5	2.6	2.7
其中:大麦	Of Which:Barley	59.2	7.9		6.2	3.7	1.8	1.7
(二)豆类	Beans	95.5	121.9	114.0	122.2	134.0	135.0	136.4
大豆	Soybean	88.8	119.8	107.0	115.0	126.8	125.3	130.2
绿豆	Mung Bean	5.9	2.3	5.9	5.6	5.8	7.9	4.9
红小豆	Red Bean	0.8	0.2	1.1	1.1	1.4	1.8	1.3
(三)薯类	Tubers	124.0	47.4	38.3	33.5	163.7	149.5	28.3
其中:马铃薯	Of Which:Potato	3.1	5.6	2.2	2.0	8.4	9.0	1.5

2-4 续表 Continued

指　标	Item	2005	2010	2013	2014	2015	2016	2017
二、油料作物	**Oil-bearing Crops**	**270.7**	**227.6**	**225.4**	**228.8**	**227.9**	**214.8**	**208.4**
其中:花生	Of Which:Peanut	79.3	86.4	88.7	94.4	94.4	90.7	90.8
油菜籽	Rapeseed	182.3	133.7	130.0	127.8	126.3	116.8	110.9
芝麻	Sesame	9.0	6.6	6.5	6.7	7.1	7.2	6.6
三、棉花	**Cotton**	**32.5**	**31.6**	**25.1**	**26.3**	**23.4**	**18.5**	**14.3**
四、麻类	**Fiber Crops**	**3.2**	**2.4**	**2.7**	**2.4**	**2.6**	**2.2**	**2.2**
其中:黄红麻	Of Which:Jute and Ambary Hemp	1.9	1.2	1.3	1.3	1.3	1.4	1.4
苎麻	Ramee	0.8	0.4	0.2	0.2	0.2	0.2	0.2
大麻(线麻)	Hemp	0.4	0.7	0.6	0.7	0.7	0.6	0.6
五、糖料合计	**Sugar Crops**	**21.3**	**22.4**	**20.2**	**19.7**	**20.3**	**20.4**	**20.4**
甘蔗	Sugar Cane	21.3	22.4	20.2	19.7	20.3	20.2	20.3
六、烟叶合计	**Tobacco**	**2.6**	**3.0**	**4.3**	**4.3**	**4.2**	**2.9**	**3.0**
其中:烤烟	Of Which:Flue-cured Tobacco	2.5	2.9	4.2	4.3	4.2	2.8	3.0
七、药材类合计	**Medicinal Materials**							
八、蔬菜(含菜用瓜)	**Vegetables**	**1671.2**	**2137.4**	**2418.0**	**2551.0**	**2714.2**	**2774.7**	**2868.0**
九、瓜果类(含果用瓜)	**Melon**	**559.9**	**569.6**	**649.1**	**680.7**	**730.4**	**738.2**	**754.6**
#西瓜	#Watermelon	492.4	479.2	544.6	572.1	608.4	607.2	619.4
甜瓜	Muskmelon	35.7	43.6	51.3	54.3	60.1	62.5	65.3
草莓	Strawberry	9.2	24.4	36.1	38.9	41.9	46.0	50.3

2-5 主要农作物单位面积产量
Yield per Unit Area of Main Crops by Type

单位：千克/公顷 (kg/hectare)

指　　标	Item	2005	2010	2013	2014	2015	2016	2017
一、粮食作物总计	**Grain Crops**	**4063.9**	**4655.8**	**4950.1**	**5152.9**	**5334.2**	**5143.2**	**5232.9**
其中：夏收粮食	Of Which：Summer Grain	3814.0	5031.1	5411.8	5557.3	5705.8	5642.4	5799.2
秋收粮食	Autumn Grain	4123.5	4381.8	4622.2	4304.3	5081.9	4818.8	4865.1
（一）谷物	Cereals	4723.1	5366.7	5650.7	5381.4	6021.4	5804.0	5935.6
1. 稻谷	Barley	5820.1	6161.2	6152.8	6289.3	6529.7	6187.6	6320.7
（1）早稻	Early-season Rice	5212.8	5327.8	5554.1	5592.5	5748.9	5558.1	6094.1
（2）中稻	Semilate rice	6129.4	6493.4	6366.7	6485.9	6755.2	6363.0	6459.3
（3）双季晚稻	Double-cropping Late Rice	4800.0	4925.9	5231.4	5408.0	5315.8	5140.8	5125.6
2. 小麦	Wheat	3952.6	5100.8	5475.1	5724.2	5742.8	5663.9	5825.9
3. 玉米	Corn	3952.6	4109.1	5040.8	5461.1	5629.2	5272.8	5264.0
4. 谷子	Millet	6666.7	444.3	4000.0	4444.4	5000.0	3333.3	10000.0
5. 高粱	Jowar	7500.0	1998.7	2243.0	2500.0	8500.0	5000.0	4782.6
6. 其他谷物	Other Cereals	4967.1	1586.2	1631.9	1580.7	1792.9	1756.8	1704.8
其中：大麦	Of Which：Barley	5654.3	1642.3		1555.2	1656.3	1500.0	1505.2
（二）豆类	Beans	946.9	1193.8	1215.9	1306.7	1500.0	1491.1	1458.1
大豆	Soybean	968.4	1276.3	1249.0	1350.4	1545.0	1509.5	1515.3
绿豆	Mung Bean	1090.6	350.3	871.5	856.3	960.2	1270.1	779.6
红小豆	Red Bean	1039.0	324.8	2186.9	1579.4	1145.2	1374.0	987.0
（三）薯类	Tubers	3532.8	2777.0	2498.4	2218.2	11662.6	11057.7	2205.2
其中：马铃薯	Of Which：Potato	4366.2	6409.6	2458.1	2191.0	11666.7	13043.5	5769.2
二、油料作物	**Oil-bearing Crops**	**2077.2**	**2410.4**	**2810.8**	**2902.0**	**2951.1**	**2938.3**	**2983.9**
其中：花生	Of Which：Peanut	3324.0	4439.8	4734.3	4954.7	4941.3	4955.1	4951.1

2-5 续表 Continued

指标	Item	2005	2010	2013	2014	2015	2016	2017
油菜籽	Rapeseed	1911.9	1935.3	2289.1	2318.7	2372.0	2333.4	2348.1
芝麻	Sesame	821.9	1263.4	1412.3	1426.9	1469.1	1528.9	1565.3
三、棉花	**Cotton**	**864.0**	**917.7**	**880.7**	**992.8**	**1005.0**	**1006.5**	**972.8**
四、麻类	**Fiber Crops**	**2483.4**	**2509.2**	**3311.6**	**3170.2**	**3605.3**	**3424.4**	**3469.4**
其中:黄红麻	Of Which:Jute and Ambary Hemp	2979.3	2903.1	2948.5		3020.0	3952.9	4080.4
苎麻	Ramee	1786.8	1541.5	1591.8		1740.9	1697.1	1740.5
大麻(线麻)	Hemp	2400.0	3016.5	3041.3		3545.3	3357.5	3218.3
五、糖料合计	**Sugar Crops**	**37212.6**	**39068.6**	**40056.9**	**39506.1**	**39844.3**	**38649.8**	**38323.7**
甘蔗	Sugar Cane	37212.6	39074.1	40120.5	39506.1	39844.3	39733.4	38335.6
六、烟叶合计	**Tobacco**	**2402.5**	**2731.4**	**2599.7**	**2490.2**	**2609.7**	**2259.2**	**2527.3**
其中:烤烟	Of Which: Flue－cured Tobacco	2407.0	2734.6	2582.1	2478.6	2603.7	2244.2	2513.9
七、药材类合计	**Medicinal Materials**							
八、蔬菜(含菜用瓜)	**Vegetables**	**25136.2**	**27608.7**	**28924.3**	**29591.5**	**30164.2**	**30151.6**	**30344.2**
九、瓜果类(含果用瓜)	**Melon**	**31905.1**	**34378.6**	**36787.8**	**37564.3**	**38121.1**	**38273.4**	**38701.8**
#西瓜	#Watermelon	32494.2	36319.5	38881.4	40331.6	40506.0	41126.1	41349.3
甜瓜	Muskmelon	25480.6	30769.8	29858.4	30410.6	30979.4	31662.1	32117.7
草莓	Strawberry	18761.1	22443.9	24193.2	24006.9	24080.5	24354.1	25090.6

2-6 主要农作物播种面积比上年增长情况
Rate of Increase over Preceding Year of Total Sown Areas of Main Crops

单位:% (%)

指 标	Item	2005	2010	2013	2014	2015	2016	2017
农作物总播种面积	**Total Sown Area of Farm Crops**	**-0.3**	**0.2**	**-0.3**	**…**	**0.1**	**-0.6**	**-0.4**
一、粮食作物总计	**Grain Crops**	**1.6**	**0.2**	**…**	**0.1**	**0.1**	**0.2**	**0.0**
其中:夏收粮食	Of Which:Summer Grain	2.1	0.4	0.6	0.1	-2.5	2.0	-2.2
秋收粮食	Autumn Grain	-1.4	0.3	-0.2	0.3	0.9	1.2	1.7
(一)谷物	Cereals	1.5	0.7	0.7	0.2	1.0	0.1	-0.5
1. 稻谷	Barley	0.9	-0.1	…	0.1	0.8	1.4	2.7
(1)早稻	Early-season Rice	1.5	-3.8	-0.8	-4.3	-15.7	-7.6	-9.8
(2)中稻	Semilate rice	0.6	1.2	0.9	1.4	4.3	2.9	4.7
(3)双季晚稻	Double-cropping Late Rice	1.7	-3.9	-5.6	-4.0	-9.1	-3.4	-5.4
2. 小麦	Wheat	2.3	0.4	0.7	0.1	0.9	-0.4	-2.2
3. 玉米	Corn	1.2	4.2	2.7	0.9	3.4	-0.6	-3.6
4. 谷子	Millet	50.0	0.0	0.0	0.0	0.0	200.0	0.0
5. 高粱	Jowar	-9.1	-9.1	10.0	-100.0		0.0	15.0
6. 其他谷物	Other Cereals		-1.7	-6.6	-6.3	-34.7	-41.3	4.0
其中:大麦	Of Which:Barley		-3.2			-40.6	-46.4	-3.7
(二)豆类	Beans	3.2	-2.8	-2.4	-0.3	-4.4	1.3	3.3
大豆	Soybean	3.3	-3.2	-2.3	-0.5	-3.6	1.1	3.5
绿豆	Mung Bean		4.9	-1.2	-3.4	-7.8	3.2	1.7
红小豆	Red Bean		4.0	-2.0	32.0	87.9	5.6	-0.2
(三)薯类	Tubers	-1.9	0.9	-6.2	-1.5	-6.9	-3.6	-5.1
其中:马铃薯	Of Which:Potato	-2.7	6.0	-42.7	-1.1	-19.1	-4.2	-62.3
二、油料作物	**Oil-bearing Crops**	**-5.6**	**-2.5**	**-4.9**	**-1.7**	**-2.1**	**-5.3**	**-4.5**
其中:花生	Of Which:Peanut	-6.3	7.6	-0.1	1.7	0.4	-4.2	0.1

2-6 续表 Continued

指 标	Item	2005	2010	2013	2014	2015	2016	2017
油菜籽	Rapeseed	-5.0	-4.3	-6.8	-3.0	-3.4	-6.0	-5.6
芝麻	Sesame	-10.1	-12.0	0.9	1.3	3.2	-2.5	-10.2
三、棉花	**Cotton**	**-5.8**	**-2.1**	**-6.5**	**-7.0**	**-12.3**	**-21.1**	**-19.9**
四、麻类	**Fiber Crops**	**-9.9**	**-1.1**	**-10.7**	**-3.8**	**-5.2**	**-11.9**	**-1.3**
其中:黄红麻	Of Which:Jute and Ambary Hemp	-5.8	2.4	-6.4	-4.5	2.4	-15.5	-3.1
苎麻	Ramee	-6.4	-20.0	-31.8	-13.3	-15.4	-5.5	-1.1
大麻(线麻)	Hemp	-32.0	22.2	0.0	4.8	-13.6	-7.8	1.8
五、糖料合计	**Sugar Crops**	**-12.3**	**-1.7**	**-3.8**	**0.0**	**2.0**	**3.9**	**0.2**
甘蔗	Sugar Cane	-12.3	-1.7	-3.8	0.0	2.0	-0.1	4.2
六、烟叶合计	**Tobacco**	**-10.0**	**4.8**	**25.0**	**5.5**	**-6.9**	**-21.0**	**-5.7**
其中:烤烟	Of Which: Flue - cured Tobacco	-8.8	4.9	25.4	5.5	-7.0	-20.9	-5.7
七、药材类合计	**Medicinal Materials**	**-14.7**	**16.2**	**3.9**	**3.1**	**3.8**	**3.1**	**3.2**
八、蔬菜(含菜用瓜)	**Vegetables**	**2.3**	**3.9**	**3.1**	**3.1**	**4.4**	**2.3**	**2.7**
九、瓜果类(含果用瓜)	**Melon**	**-5.1**	**3.2**	**2.3**	**2.7**	**5.7**	**0.7**	**1.1**
#西瓜	#Watermelon	-4.1	0.8	1.0	1.2	5.9	-1.7	1.5
甜瓜	Muskmelon	-7.3	0.0	8.9	3.5	9.0	1.8	2.9
草莓	Strawberry	8.9	21.1	14.6	8.7	7.4	8.6	6.1
十、其他作物	**Other Farm Crops**	**-10.6**	**-4.1**	**-0.6**	**-3.9**	**0.1**	**1.1**	**2.0**
青饲料	Succulence	0.0	-12.8	10.2	-1.5	2.5	-2.2	-0.2

2-7 主要农作物产量比上年增长情况
Rate of Increase over Preceding Year of Output of Main Crops

单位:% (%)

指 标	Item	2005	2010	2013	2014	2015	2016	2017
农作物总产量	**Output of Farm Crops**	**-5.0**	**0.3**	**-0.3**	**4.2**	**3.6**	**-3.4**	**1.7**
一、粮食作物总计	**Grain Crops**	**-5.0**	**0.3**	**-0.3**	**4.2**	**3.6**	**-3.4**	**1.7**
其中:夏收粮食	Of Which:Summer Grain	2.0	2.5	2.8	4.6	1.1	-1.9	0.6
秋收粮食	Autumn Grain	-9.4	-0.5	-2.4	4.3	6.7	-4.1	2.6
(一)谷物	Cereals	-3.3	0.5	0.1	4.2	3.4	-3.5	1.8
1. 稻谷	Barley	-3.2	-1.6	-2.2	2.4	4.6	-3.9	4.9
(1)早稻	Early-season Rice	6.1	-6.7	-0.9	-1.9	-14.9	-10.6	-1.1
(2)中稻	Semilate rice	-4.5	-0.6	-2.0	3.3	8.6	-3.1	6.3
(3)双季晚稻	Double-cropping Late Rice	-3.4	-4.0	-5.8	-0.8	-10.6	-6.6	-5.6
2. 小麦	Wheat	2.3	2.5	2.9	4.6	1.2	-1.8	0.6
3. 玉米	Corn	-17.4	2.6	-0.4	9.3	6.6	-6.9	-3.8
4. 谷子	Millet	100.0					100.0	0.0
5. 高粱	Jowar	25.0	-0.1	-9.1	-50.0	70.0	-41.2	10.0
6. 其他谷物	Other Cereals		-2.2	-16.1	-3.0	-30.5	-42.5	2.3
其中:大麦	Of Which:Barley		-3.5	-100.0		-40.2	-51.5	-3.3
(二)豆类	Beans	-19.7	-4.2	-5.4	7.2	9.7	0.7	1.1
大豆	Soybean	-21.1	-3.9	-5.3	7.5	10.3	-1.2	3.9
绿豆	Mung Bean		15.9	-4.8	-5.1	3.4	36.4	-37.6
红小豆	Red Bean		-15.5	-15.4	0.0	29.1	26.8	-28.3
(三)薯类	Tubers	-20.7	1.5	-15.5	-12.5	388.5	-8.6	-81.1
其中:马铃薯	Of Which:Potato	-11.4	6.6	-70.6	-9.1	320.0	7.1	-83.3
二、油料作物	**Oil-bearing Crops**	**-9.7**	**-5.3**	**-1.0**	**1.5**	**-0.4**	**-5.7**	**-3.0**
其中:花生	Of Which:Peanut	-16.9	15.1	2.1	6.4	0.0	-3.9	0.1

2-7 续表 Continued

指　标	Item	2005	2010	2013	2014	2015	2016	2017
油菜籽	Rapeseed	-4.3	-15.3	-3.2	-1.7	-1.2	-7.5	-5.1
芝麻	Sesame	-34.3	-0.3	0.5	3.1	5.7	1.5	-8.1
三、棉花	**Cotton**	**-21.1**	**-8.7**	**-14.6**	**4.8**	**-11.2**	**-21.0**	**-22.5**
四、麻类	**Fiber Crops**	**-3.0**	**4.1**	**-0.1**	**-11.1**	**9.7**	**-16.4**	**0.0**
其中:黄红麻	Of Which:Jute and Ambary Hemp	5.6	5.1	-18.1	0.0	-0.1	10.6	0.0
苎麻	Ramee	0.0	-23.9	-39.1	0.0	-4.3	-7.8	1.5
大麻(线麻)	Hemp	-33.3	31.9	-23.6	16.7	-3.8	-12.7	-2.4
五、糖料合计	**Sugar Crops**	**-14.8**	**2.6**	**-2.0**	**-2.5**	**3.2**	**0.2**	**0.0**
甘蔗	Sugar Cane	-14.8	2.6	-2.0	-2.5	3.2	-0.4	0.5
六、烟叶合计	**Tobacco**	**-7.1**	**1.4**	**19.9**	**0.0**	**-1.7**	**-31.6**	**5.5**
其中:烤烟	Of Which: Flue - cured Tobacco	-7.4	0.9	20.0	2.4	-3.1	-31.8	5.6
七、药材类合计	**Medicinal Materials**							
八、蔬菜(含菜用瓜)	**Vegetables**	**0.9**	**5.4**	**3.9**	**5.5**	**6.4**	**2.2**	**3.4**
九、瓜果类(含果用瓜)	**Melon**	**-2.9**	**7.5**	**4.0**	**4.9**	**7.3**	**1.1**	**2.2**
#西瓜	#Watermelon	-3.5	5.8	3.6	5.0	6.3	-0.2	2.0
甜瓜	Muskmelon	-1.9	-0.8	4.6	5.8	10.7	4.0	4.4
草莓	Strawberry	-1.1	29.5	15.7	7.8	7.7	9.9	9.3

2-8 主要农作物单位面积产量比上年增减情况

Rate of Increase over Preceding Year of Yield per Unit Area of Main Crops

单位:% (%)

指　标	Item	2005	2010	2013	2014	2015	2016	2017
一、粮食作物总计	**Grain Crops**	**-6.5**	**0.2**	**-0.3**	**4.1**	**3.5**	**-3.6**	**2.0**
其中:夏收粮食	Of Which:Summer Grain	-0.1	2.1	2.2	4.5	0.9	-1.1	2.9
秋收粮食	Autumn Grain	-10.4	-0.8	-2.2	3.9	5.8	-5.2	1.1
(一)谷物	Cereals	-4.7	-0.2	-0.5	4.1	2.4	-3.6	2.3
1. 稻谷	Barley	-4.1	-1.5	-2.2	2.2	3.8	-5.2	2.2
(1)早稻	Early-season Rice	4.5	-3.0	-0.1	2.5	1.0	-3.3	9.6
(2)中稻	Semilate rice	-5.1	-1.8	-2.9	1.9	4.2	-5.8	1.5
(3)双季晚稻	Double-cropping Late Rice	-5.1	-0.1	-0.2	3.4	-1.7	-3.3	-0.3
2. 小麦	Wheat	3.1	2.1	2.2	4.5	0.3	-1.4	2.9
3. 玉米	Corn	-18.4	-1.5	-3.0	8.3	3.1	-6.3	-0.2
4. 谷子	Millet	21.2	10.7	0.0	11.1	12.5	-33.3	-0.6
5. 高粱	Jowar	34.1	9.6	2.0	15.9	226.9	-41.2	-6.7
6. 其他谷物	Other Cereals		0.1	-10.0	3.0	6.7	-2.0	-3.0
其中:大麦	Of Which:Barley		0.1			0.1	-9.4	0.0
(二)豆类	Beans	-22.5	-1.5	-3.1	7.5	14.8	-0.6	-2.2
大豆	Soybean	-23.6	-0.7	-3.1	8.1	14.4	-2.3	0.4
绿豆	Mung Bean		8.6	-3.7	-1.7	12.1	32.3	-38.6
红小豆	Red Bean		3.9	-14.2	-23.2	-31.8	20.0	-28.2
(三)薯类	Tubers	-19.2	0.5	-9.9	-11.2	425.8	-5.2	-80.1
其中:马铃薯	Of Which:Potato	-8.1	0.5	-48.4	-10.9	432.5	11.8	-55.8
二、油料作物	**Oil-bearing Crops**	**-4.3**	**-2.8**	**4.1**	**3.2**	**1.7**	**-0.4**	**1.6**
其中:花生	Of Which:Peanut	-11.4	6.9	2.2	4.7	-0.3	0.3	-0.1

2-8 续表 Continued

指标	Item	2005	2010	2013	2014	2015	2016	2017
油菜籽	Rapeseed	0.7	-11.5	3.9	1.3	2.3	-1.6	0.6
芝麻	Sesame	-27.2	13.3	-0.3	1.0	3.0	4.1	2.4
三、棉花	**Cotton**	**-16.3**	**-6.7**	**-8.7**	**12.7**	**1.2**	**0.1**	**-3.3**
四、麻类	**Fiber Crops**	**6.7**	**5.2**	**9.8**	**-4.3**	**13.7**	**-5.0**	**1.3**
其中:黄红麻	Of Which:Jute and Ambary Hemp	13.7	1.9	-13.6	-100.0		30.9	3.2
苎麻	Ramee	4.7	-4.5	6.0	-100.0		-2.5	2.6
大麻(线麻)	Hemp	-7.1	8.5	-18.2	-100.0		-5.3	-4.1
五、糖料合计	**Sugar Crops**	**-3.3**	**3.2**	**0.8**	**-1.4**	**0.9**	**-3.0**	**-0.8**
甘蔗	Sugar Cane	-3.3	3.3	1.0	-1.5	0.9	-0.3	-3.5
六、烟叶合计	**Tobacco**	**1.3**	**-3.4**	**-4.0**	**-4.2**	**4.8**	**-13.4**	**11.9**
其中:烤烟	Of Which: Flue - cured Tobacco	0.0	-3.2	-4.3	-4.0	5.0	-13.8	12.0
七、药材类合计	**Medicinal Materials**							
八、蔬菜(含菜用瓜)	**Vegetables**	**-1.4**	**1.5**	**0.7**	**2.3**	**1.9**	**0.0**	**0.6**
九、瓜果类(含果用瓜)	**Melon**	**2.3**	**4.2**	**1.8**	**2.1**	**1.5**	**0.4**	**1.1**
#西瓜	#Watermelon	0.6	4.9	2.6	3.7	0.4	1.5	0.5
甜瓜	Muskmelon	5.5	-0.3	-3.7	1.8	1.9	2.2	1.4
草莓	Strawberry	-9.1	7.5	0.4	-0.8	0.3	1.1	3.0

2-9　60 个产量大县主要粮食作物播种面积(2017)
Sown Areas of Main Grain Crops in 60 Big Counties(2017)

单位:千公顷

(1000 hectares)

县(市、区)名称	County (District)	粮食播种面积 Sown Areas of Grain Crops	其中: 水稻 Barley	小麦 Wheat	玉米 Corn	大豆 Soybean
肥东县	Feidong	106.46	74.32	24.40	7.26	0.25
长丰县	Changfeng	96.84	59.24	33.23	2.53	1.12
巢湖市	Chaohu	47.25	34.03	11.96	1.09	0.12
肥西县	Feixi	80.47	57.49	16.23	0.23	4.97
庐江县	Lujiang	133.15	110.22	18.39	0.11	0.89
濉溪县	Suixi	177.93		87.78	37.84	52.31
淮北市辖区	Huaibei Region of City	36.91		16.07	9.37	11.03
谯城区	Qiaocheng District	152.52		70.66	29.97	51.89
利辛县	Lixin	181.85	0.83	97.01	40.68	40.21
蒙城县	Mengcheng	165.27		86.03	71.21	8.03
涡阳县	Guoyang	220.86		114.16	36.29	67.29
埇桥区	Yongqiao District	207.45		106.72	64.87	35.86
灵璧县	Lingbi	185.99		96.04	56.06	33.89
泗　县	Sixian	149.18		78.48	53.13	10.67
萧　县	Xiaoxian	131.69		67.49	53.52	6.93
五河县	Wuhe	127.71	35.25	57.87	15.65	17.96
固镇县	Guzhen	87.88		50.68	32.19	3.26
怀远县	Huaiyuan	202.18	61.36	103.26	21.63	15.93
临泉县	Linquan	177.08		100.52	73.36	2.53
太和县	Taihe	187.32		85.23	18.93	79.02
颍上县	Yingshang	183.30	41.76	85.87	26.81	22.01
阜南县	Funan	159.07	26.47	80.20	39.84	12.23
颍泉区	Yingquan District	63.64	30.56	12.43	19.37	
界首市	Jieshou	66.23		32.23	18.36	13.39
颍州区	Yingzhou District	44.94		23.70	18.06	2.37
颍东区	Yingdong District	65.34		28.04	15.07	19.67
潘集区	Panji District	54.23	25.83	24.73	0.56	2.91
凤台县	Fengtai	83.39	36.89	37.01	0.61	8.02
淮南市辖区	Huainan Region of City	69.57	26.02	35.86		6.73
定远县	Dingyuan	179.09	95.03	70.32	11.06	2.59

2-9 续表 Continued

县(市、区)名称	County (District)	粮食播种面积 Sown Areas of Grain Crops	其中: 水稻 Barley	小麦 Wheat	玉米 Corn	大豆 Soybean
来安县	Laian	71.26	45.04	22.50	1.65	0.26
凤阳县	Fengyang	118.99	49.82	52.13	10.29	5.67
全椒县	Quanjiao	74.67	54.31	13.27	1.23	3.89
南谯区	Nanqiao District	43.05	25.37	13.40	1.86	0.42
明光市	Mingguang	101.35	38.02	41.98	10.07	8.52
天长市	Tianchang	106.11	59.74	45.99		0.32
寿　县	Shouxian	201.65	125.50	70.20	0.28	5.01
霍邱县	Huoqiu	217.36	134.81	77.69	2.00	2.86
裕安区	Yu'an District	68.34	46.07	12.62	5.72	0.39
金安区	Jin'an District	69.31	49.34	11.76	5.32	1.57
舒城县	Shucheng	63.90	48.08	9.87	3.06	0.69
金寨县	Jinzhai	22.96	16.52	3.86	1.37	0.99
当涂县	Dangtu	46.80	29.98	14.06	1.06	1.69
和　县	Hexian	47.75	32.55	14.76	0.16	0.26
含山县	Hanshan	33.84	25.36	6.20	1.40	0.62
芜湖县	Wuhu	31.94	24.19	6.71	0.50	0.01
无为县	Wuwei	79.91	54.63	15.22	4.86	3.92
南陵县	Nanling	55.02	47.88	4.65	0.15	0.91
郎溪县	Langxi	50.76	28.67	19.05	0.08	0.98
宣州区	Xuanzhou District	82.48	62.96	17.33	0.02	0.09
广德县	Guangde	32.14	22.35	6.89	0.01	0.82
贵池区	Guichi District	46.81	39.84	2.94	2.96	0.75
东至县	Dongzhi	41.63	33.04	6.60	1.26	0.73
桐城市	Tongcheng	54.37	44.98	6.84	1.01	0.71
望江县	Wangjiang	61.56	50.66	9.86	0.30	0.32
怀宁县	Huaining	58.50	47.55	4.00	0.13	5.37
太湖县	Taihu	35.37	26.82	4.11	0.06	1.89
潜山县	Qianshan	36.68	31.93	2.56	0.04	0.73
宿松县	Susong	64.60	47.67	6.67	0.43	4.10
枞阳县	Zongyang	88.81	75.64	9.95	2.26	0.13
青阳县	Qingyang	19.24	17.45	0.45	0.29	1.05
歙　县	Shexian	16.63	8.60	0.09	5.16	1.83
祁门县	Qimen	6.77	5.98	0.02	0.37	0.15

2-10 60个产量大县主要粮食作物产量(2017)
Output of Grain Crops in 60 Big Counties(2017)

单位:万吨

(10000 tons)

县(市、区)名称	County (District)	粮食总产量 Output of Grain Crops	其中: 水稻 Barley	小麦 Wheat	玉米 Corn	大豆 Soybean
肥东县	Feidong	64.13	50.91	10.71	0.00	0.03
长丰县	Changfeng	56.39	40.28	14.65	0.91	0.11
巢湖市	Chaohu	30.24	24.70	4.97	0.53	0.02
肥西县	Feixi	51.93	42.75	7.44	0.11	0.67
庐江县	Lujiang	78.02	69.36	7.43	0.04	0.10
濉溪县	Suixi	92.34		65.88	19.90	6.55
淮北市辖区	Huaibei Region of City	18.78		11.84	4.96	1.92
谯城区	Qiaocheng District	76.15		50.95	17.78	7.41
利辛县	Lixin	101.02	0.46	70.54	24.51	5.16
蒙城县	Mengcheng	116.76		63.47	52.25	1.04
涡阳县	Guoyang	118.32		85.33	21.07	7.97
埇桥区	Yongqiao District	103.70		66.05	33.04	4.61
灵璧县	Lingbi	87.32		54.58	28.68	4.07
泗　县	Sixian	72.36		43.24	26.96	1.39
萧　县	Xiaoxian	68.17		39.40	27.56	0.94
五河县	Wuhe	70.72	25.82	34.11	8.45	2.07
固镇县	Guzhen	50.32		30.64	18.31	0.54
怀远县	Huaiyuan	114.14	39.07	61.74	11.59	1.73
临泉县	Linquan	104.31		63.04	40.85	0.33
太和县	Taihe	89.07		62.10	12.45	11.14
颍上县	Yingshang	101.35	31.07	52.18	14.12	2.85
阜南县	Funan	87.48	15.66	48.47	21.87	1.33
颍泉区	Yingquan District	30.08		19.25	7.43	3.26
界首市	Jieshou	39.01		23.88	12.96	1.62
颍州区	Yingzhou District	25.97		14.36	11.24	0.30
颍东区	Yingdong District	30.76		17.50	9.50	2.44
潘集区	Panji District	34.91	19.61	14.64	0.30	0.34
凤台县	Fengtai	54.83	29.65	23.63	0.38	1.01
淮南市辖区	Huainan Region of City	39.96	19.49	19.36		1.01
定远县	Dingyuan	100.23	59.63	35.10	5.13	0.32

2-10 续表 Continued

县(市、区)名称	County (District)	粮食播种面积 Sown Areas of Grain Crops	其中: 水稻 Barley	小麦 Wheat	玉米 Corn	大豆 Soybean
来安县	Laian	42.92	30.42	11.42	0.80	0.04
凤阳县	Fengyang	68.19	33.49	29.36	4.22	0.68
全椒县	Quanjiao	43.36	35.10	6.85	0.56	0.60
南谯区	Nanqiao District	24.74	15.87	7.09	1.02	0.05
明光市	Mingguang	51.41	23.74	21.03	4.53	1.69
天长市	Tianchang	67.42	41.74	25.63		0.04
寿　县	Shouxian	126.69	90.93	34.75	0.15	0.85
霍邱县	Huoqiu	135.44	96.06	38.01	0.90	0.47
裕安区	Yu'an District	39.83	30.55	5.41	2.54	0.07
金安区	Jin'an District	43.49	35.00	4.92	2.40	0.26
舒城县	Shucheng	38.85	33.75	2.94	1.34	0.12
金寨县	Jinzhai	12.50	10.46	1.11	0.62	0.16
当涂县	Dangtu	30.76	23.49	6.66	0.34	0.24
和　县	Hexian	31.30	23.89	7.30	0.07	0.03
含山县	Hanshan	24.61	20.86	3.01	0.53	0.08
芜湖县	Wuhu	20.51	16.86	3.14	0.31	0.00
无为县	Wuwei	54.58	44.06	6.72	2.92	0.74
南陵县	Nanling	36.57	33.81	1.89	0.09	0.13
郎溪县	Langxi	29.90	20.68	8.66	0.05	0.15
宣州区	Xuanzhou District	51.41	42.12	8.21	0.01	0.01
广德县	Guangde	19.94	15.48	4.01	0.00	0.12
贵池区	Guichi District	30.22	27.52	1.02	1.45	0.11
东至县	Dongzhi	22.85	19.62	2.54	0.59	0.11
桐城市	Tongcheng	33.64	30.37	2.36	0.49	0.10
望江县	Wangjiang	36.04	32.33	3.45	0.15	0.05
怀宁县	Huaining	33.91	31.41	1.34	0.06	0.85
太湖县	Taihu	19.79	17.36	1.83	0.03	0.29
潜山县	Qianshan	22.07	20.70	1.09	0.02	0.11
宿松县	Susong	35.15	31.19	2.04	0.20	0.60
枞阳县	Zongyang	52.45	46.62	4.32	1.26	0.01
青阳县	Qingyang	10.08	9.58	0.18	0.17	0.15
歙　县	Shexian	9.62	6.11	0.01	2.72	0.32
祁门县	Qimen	4.39	4.17	0.00	0.15	0.03

2-11 小麦中间消耗
Mid-consumption of Wheat

单位:元/亩 (yuan/mu)

指标	Item	2013	2014	2015	2016	2017
平均每单位产值	Output Value per Unit	910.89	1122.39	909.02	786.46	979.59
平均每单位中间消耗	Intermediate Consumption per Unit	357.92	361.78	352.15	343.97	358.99
物质消耗	Material Consumption	267.86	255.50	251.43	260.25	264.89
用种量	Seed Quantity	61.60	63.88	59.06	69.84	79.60
饲料	Forages					
肥料	Fertilizers	172.42	155.99	147.96	145.88	136.71
燃料	Fuels	9.96	9.46	14.14	13.69	8.33
农膜	Farm Plastic Film			0.07	0.02	0.03
农药	Pesticides	19.57	21.12	27.71	28.84	32.75
养殖用药	Pesticides for Cultivation					
水费	Water Fee	0.14	0.28	0.35	0.14	
用电量	Electricity Consumption	0.04	0.01	0.20	0.52	5.80
棚架材料费	Scaffold Material Cost					
小农具	Small Farm Implements	3.87	4.09	1.77	1.24	0.79
办公用品	Office Supplies	0.22	0.20	0.13	0.08	0.20
其他	Others	0.04	0.47	0.04		0.68
生产服务支出	Cost of Production Services	90.06	106.28	100.72	83.72	94.10
外雇运输费	Transport Fee	0.74	0.86	2.83	2.42	1.81
外雇排灌费	Irrigation and Drainage Fee	0.67	0.27	0.71	0.24	
外雇机械作业费	Mechanical Work Fee	85.65	102.03	92.26	74.57	87.64
其他	Others	3.00	3.12	4.92	6.49	4.65

2-12 中单晚及双晚稻中间消耗
Mid-consumption of Middle-season and Late Rice

单位:元/亩　　(yuan/mu)

指标	Item	2013	2014	2015	2016	2017
平均每单位产值	Output Value per Unit	1271.18	1410.50	1431.91	1297.04	1301.45
平均每单位中间消耗	Intermediate Consumption per Unit	434.37	439.89	432.00	425.53	430.68
物质消耗	Material Consumption	300.60	285.99	306.49	296.70	302.59
用种量	Seed Quantity	56.87	63.39	56.50	66.05	63.98
饲料	Forages					
肥料	Fertilizers	147.83	139.10	141.16	138.88	142.53
燃料	Fuels	14.69	13.66	14.06	17.59	13.60
农膜	Farm Plastic Film	1.29	2.72	0.93	1.53	1.25
农药	Pesticides	71.44	62.04	80.88	62.65	69.68
养殖用药	Pesticides for Cultivation					
水费	Water Fee	2.55	0.47	3.34	1.90	4.06
用电量	Electricity Consumption	1.71	2.36	5.59	5.71	5.37
棚架材料费	Scaffold Material Cost	0.02	0.08	0.03	0.07	
小农具	Small Farm Implements	2.41	1.81	3.39	2.28	1.87
办公用品	Office Supplies	0.05	0.09	0.13	0.04	0.03
其他	Others	1.74	0.27	0.48		0.22
生产服务支出	Cost of Production Services	133.77	153.90	125.51	128.83	128.09
外雇运输费	Transport Fee	1.60	4.12	3.96	2.11	1.22
外雇排灌费	Irrigation and Drainage Fee	5.11	3.98	4.37	6.21	3.61
外雇机械作业费	Mechanical Work Fee	113.15	124.82	110.20	108.73	109.68
其他	Others	13.91	20.98	6.98	11.78	13.58

2-13 玉米中间消耗
Mid-consumption of Corn

单位:元/亩 (yuan/mu)

指标	Item	2013	2014	2015	2016	2017
平均每单位产值	Output Value per Unit	836.39	1105.35	801.75	751.61	691.14
平均每单位中间消耗	Intermediate Consumption per Unit	304.05	300.06	303.92	281.76	286.81
物质消耗	Material Consumption	236.43	228.02	230.25	208.96	210.05
用种量	Seed Quantity	55.37	54.85	53.90	47.95	53.30
饲料	Forages					
肥料	Fertilizers	144.58	134.17	141.74	125.01	120.09
燃料	Fuels	11.82	10.49	8.96	9.48	10.29
农膜	Farm Plastic Film			0.04	0.02	
农药	Pesticides	21.41	21.62	21.78	24.61	23.30
养殖用药	Pesticides for Cultivation					
水费	Water Fee					
用电量	Electricity Consumption		0.09	0.14	0.17	0.59
棚架材料费	Scaffold Material Cost					
小农具	Small Farm Implements	3.24	6.52	2.18	1.31	1.35
办公用品	Office Supplies		0.08	0.42	0.41	1.13
其他	Others	0.01	0.20	1.08		
生产服务支出	Cost of Production Services	67.62	72.04	73.67	72.80	76.76
外雇运输费	Transport Fee	1.66	1.30	0.96	1.15	1.22
外雇排灌费	Irrigation and Drainage Fee	5.30	2.79			
外雇机械作业费	Mechanical Work Fee	58.23	64.24	70.38	68.26	67.93
其他	Others	2.43	3.71	2.33	3.39	7.61

2-14 油菜籽中间消耗
Mid-consumption of Rapeseeds

单位:元/亩 (yuan/mu)

指标	Item	2013	2014	2015	2016	2017
平均每单位产值	Output Value per Unit	781.08	757.39	778.69	646.75	792.22
平均每单位中间消耗	Intermediate Consumption per Unit	219.01	215.86	234.91	256.18	257.94
物质消耗	Material Consumption	173.81	173.92	156.40	175.80	184.29
用种量	Seed Quantity	18.45	19.05	20.28	25.33	30.99
饲料	Forages					
肥料	Fertilizers	131.28	124.76	108.16	110.37	118.23
燃料	Fuels	4.20	4.52	4.54	5.74	3.28
农膜	Farm Plastic Film				0.12	1.01
农药	Pesticides	16.84	18.48	18.05	23.43	25.18
养殖用药	Pesticides for Cultivation					
水费	Water Fee				2.78	
用电量	Electricity Consumption	0.23	0.24	0.88	1.17	0.19
棚架材料费	Scaffold Material Cost				0.33	
小农具	Small Farm Implements	2.54	4.50	4.45	6.53	5.41
办公用品	Office Supplies		0.12	0.05		
其他	Others	0.27	2.25			
生产服务支出	Cost of Production Services	45.20	41.95	78.51	80.38	73.65
外雇运输费	Transport Fee	0.87	0.90	1.13	0.19	
外雇排灌费	Irrigation and Drainage Fee	0.26	0.84	0.64	0.47	
外雇机械作业费	Mechanical Work Fee	27.83	33.59	73.58	76.85	70.42
其他	Others	16.24	6.62	3.16	2.87	3.23

2-15 棉花中间消耗
Mid-consumption of Cotton

单位:元/亩

(yuan/mu)

指标	Item	2013	2014	2015	2016	2017
平均每单位产值	Output Value per Unit	1203.08	1053.14	1121.77	1266.69	929.86
平均每单位中间消耗	Intermediate Consumption per Unit	363.34	391.04	382.81	330.77	288.18
物质消耗	Material Consumption	327.62	351.46	343.69	283.66	270.36
用种量	Seed Quantity	52.25	62.66	62.52	87.63	52.10
饲料	Forages					
肥料	Fertilizers	186.88	191.27	176.69	136.30	129.84
燃料	Fuels	2.07	3.24	1.06	2.55	1.03
农膜	Farm Plastic Film	7.92	13.05	7.53	7.85	11.45
农药	Pesticides	73.49	75.66	91.85	45.21	60.37
养殖用药	Pesticides for Cultivation					
水费	Water Fee		1.29			
用电量	Electricity Consumption	1.98	0.89			
棚架材料费	Scaffold Material Cost	0.45	1.04			
小农具	Small Farm Implements	1.81	1.36	2.24	4.12	1.28
办公用品	Office Supplies					
其他	Others	0.77	1.00	1.80		14.29
生产服务支出	Cost of Production Services	35.72	39.58	39.13	47.11	17.82
外雇运输费	Transport Fee	1.13				
外雇排灌费	Irrigation and Drainage Fee	0.85	1.38	0.93	0.16	0.71
外雇机械作业费	Mechanical Work Fee	28.25	31.90	36.03	44.41	14.52
其他	Others	5.49	6.30	2.17	2.54	2.59

2-16 主要畜禽生产情况
Number of Main Livestock and Poultry

指标	Item	单位	Unit	2013	2014	2015	2016	2017
畜禽存栏	**Number of Livestock or Poultry in Stock**							
猪	Hogs	万头	10000 heads	1567.36	1534.64	1484.09	1410.1	1417.20
其中:能繁殖母猪	Of Which:Sow	万头	10000 heads	138.91	136.74	130.46	122.5	120.45
牛	Cattle and Buffaloes	万头	10000 heads	82.53	74.25	73.15	68.2	80.59
羊	Sheep and Goats	万只	10000 heads	410.65	412.55	417.99	376.9	505.11
家禽	Poultry	万只	10000 heads	30315.10	30712.77	31020.78	28904.6	23018.46
畜禽出栏	**Number of Slaughtered Livestock or Poultry**							
猪	Hogs	万头	10000 heads	2888.2	2990.4	2872.2	2760.4	2828.90
牛	Cattle and Buffaloes	万头	10000 heads	73.04	69.43	58.13	55.0	53.13
羊	Sheep and Goats	万只	10000 heads	708.98	690.26	717.61	693.5	1170.33
家禽	Poultry	万只	10000 heads	80794.11	81164.93	86665.49	91376.8	87351.89
畜禽产品产量	**Output of Livestock or Poultry**							
猪肉	Pork	万吨	10000 tons	246.29	256.33	249.80	235.1	242.68
牛肉	Beef	万吨	10000 tons	10.85	9.95	8.33	7.9	8.07
羊肉	Mutton	万吨	10000 tons	10.18	9.95	10.34	10.0	16.51
禽肉	Poultry	万吨	10000 tons	129.39	129.91	145.02	154.0	146.43
禽蛋	Poultry Eggs	万吨	10000 tons	138.94	138.86	155.01	163.2	154.70
牛奶	Cow Milk	万吨	10000 tons	23.67	26.04	28.62	30.5	29.84

2-17 生猪调出大县年末生猪存栏量

Number of Hogs in Stock of Large Hog-Contributed Counties at Year-end

单位:万头 (10000 heads)

地 区	Region	2013	2014	2015	2016	2017
长丰县	Changfeng	39.51	41.82	40.53	38.54	37.00
肥东县	Feidong	41.27	42.39	42.82	41.06	39.42
怀远县	Huaiyuan	37.89	38.01	39.91	38.35	36.82
固镇县	Guzhen	42.23	44.98	45.43	43.61	41.87
太湖县	Taihu	34.74	30.65	29.12	29.99	28.80
定远县	Dingyuan	59.17	57.80	56.12	53.32	51.18
临泉县	Linquan	65.18	64.32	62.32	58.52	56.18
太和县	Taihe	54.89	54.99	53.89	50.66	48.63
阜南县	Funan	55.27	53.67	52.11	49.56	47.57
颍上县	Yingshang	54.12	54.42	52.79	50.15	48.15
埇桥区	Yongqiao District	64.96	62.56	60.68	57.59	55.28
萧 县	Xiaoxian	60.22	57.09	55.55	52.77	50.66
灵璧县	Lingbi	65.46	62.61	60.86	57.76	55.45
泗 县	Sixian	53.32	51.51	51.58	49.01	47.05
寿 县	Shouxian	48.63	48.83	49.32	46.90	45.03
霍邱县	Huoqiu	51.64	53.19	53.08	50.38	48.36
蒙城县	Mengcheng	50.60	50.88	49.31	46.84	44.97
利辛县	Lixin	49.52	49.20	48.71	46.32	44.47

2-18 生猪调出大县能繁殖母猪年末存栏量

Number of Sows in Stock of Large Hog-Contributed Counties at Year-end

单位:万头 (10000 heads)

地　区	Region	2013	2014	2015	2016	2017
长丰县	Changfeng	5.03	5.31	5.15	4.72	4.53
肥东县	Feidong	4.66	4.72	4.77	4.43	4.25
怀远县	Huaiyuan	4.11	4.21	4.42	4.11	3.94
固镇县	Guzhen	4.11	4.25	4.29	3.99	3.83
太湖县	Taihu	3.25	3.16	3.00	2.79	2.68
定远县	Dingyuan	7.10	7.81	7.02	6.32	6.07
临泉县	Linquan	7.38	6.43	6.23	5.67	5.44
太和县	Taihe	5.14	5.40	5.29	4.82	4.63
阜南县	Funan	6.12	6.83	6.25	5.75	5.52
颍上县	Yingshang	6.60	6.61	6.41	5.77	5.54
埇桥区	Yongqiao District	7.83	7.16	6.94	6.39	6.13
萧　县	Xiaoxian	7.43	6.32	6.15	5.26	5.05
灵璧县	Lingbi	6.37	6.05	5.89	5.41	5.20
泗　县	Sixian	7.94	6.75	6.45	5.81	5.57
寿　县	Shouxian	6.13	6.06	6.12	5.51	5.29
霍邱县	Huoqiu	5.16	5.00	4.99	4.34	4.17
蒙城县	Mengcheng	6.82	5.86	5.67	5.22	5.01
利辛县	Lixin	6.03	5.85	5.79	5.03	4.83

2-19　生猪调出大县生猪出栏量
Number of Slaughtered Hogs in Large Hog-Contributed Counties

单位:万头　　(10000 heads)

地　区	Region	2013	2014	2015	2016	2017
长丰县	Changfeng	90.78	89.47	86.71	77.18	74.09
肥东县	Feidong	80.91	81.65	82.47	79.17	76.00
怀远县	Huaiyuan	70.25	71.96	71.83	68.96	66.20
固镇县	Guzhen	63.17	66.46	65.87	63.90	61.34
太湖县	Taihu	63.12	58.97	56.02	53.78	51.63
定远县	Dingyuan	115.84	113.79	110.49	102.76	98.65
临泉县	Linquan	94.41	99.83	96.73	90.93	87.29
太和县	Taihe	89.49	93.28	91.41	85.93	82.49
阜南县	Funan	88.67	90.40	87.78	83.39	80.05
颍上县	Yingshang	90.50	92.00	89.24	84.78	81.39
埇桥区	Yongqiao District	108.74	112.27	108.91	103.46	99.32
萧　县	Xiaoxian	68.79	72.57	70.61	68.40	65.66
灵璧县	Lingbi	94.51	97.59	94.85	90.11	86.51
泗　县	Sixian	80.36	84.07	82.54	78.41	75.28
寿　县	Shouxian	85.36	88.11	86.57	82.24	78.95
霍邱县	Huoqiu	117.75	122.46	121.04	101.67	97.61
蒙城县	Mengcheng	72.69	79.40	76.93	73.09	70.16
利辛县	Lixin	94.23	91.24	90.33	85.81	82.38

2-20 生猪调出大县猪肉产量
Output of Pork in Large Hog-Contributed Counties

单位:万头 (10000 heads)

地区	Region	2013	2014	2015	2016	2017
长丰县	Changfeng	7.62	7.66	7.60	6.69	6.42
肥东县	Feidong	6.85	6.93	7.19	6.69	6.42
怀远县	Huaiyuan	5.63	5.88	5.88	5.47	5.25
固镇县	Guzhen	5.02	5.41	5.40	5.04	4.84
太湖县	Taihu	5.15	4.94	4.81	4.47	4.29
定远县	Dingyuan	9.45	9.43	9.39	8.63	8.29
临泉县	Linquan	7.69	8.25	8.22	7.48	7.18
太和县	Taihe	7.13	7.62	7.61	6.93	6.65
阜南县	Funan	7.32	7.56	7.53	6.93	6.65
颍上县	Yingshang	7.37	7.65	7.58	6.98	6.70
埇桥区	Yongqiao District	9.16	9.57	9.45	8.69	8.34
萧　县	Xiaoxian	5.60	6.02	6.00	5.62	5.40
灵璧县	Lingbi	7.78	8.22	8.14	7.49	7.19
泗　县	Sixian	6.33	6.77	6.76	6.22	5.97
寿　县	Shouxian	7.28	7.52	7.41	6.82	6.54
霍邱县	Huoqiu	9.92	10.45	10.44	8.66	8.32
蒙城县	Mengcheng	6.24	6.77	6.76	6.21	5.97
利辛县	Lixin	8.13	7.81	7.81	7.18	6.89

2-21 历年全国粮食作物播种面积
Sown Area of Grain Crops of China in Main Years

单位：千公顷 （1000 hectares）

年份 Year	粮食作物播种面积 Sown Area of Grain Crops	稻谷 Rice	小麦 Wheat	玉米 Corn	大豆 Soybean	薯类 Tubers
1949	109959	25709	12515	12915	8319	7011
1952	123979	28382	24780	12566	11679	8688
1957	133633	32241	27542	14943	12748	10495
1962	121621	26935	24075	12819	9504	12171
1965	119627	29825	24709	15671	8593	11175
1970	119267	32358	25458	15831	7985	10717
1975	121062	35729	27661	18593	6999	10969
1978	120587	34421	29183	19961	7144	11796
1979	119263	33873	29357	20133	7247	10952
1980	117234	33878	28844	20087	7226	10153
1981	114958	33295	28307	19425	8024	9620
1982	113462	33071	27955	18543	8419	9370
1983	114047	33136	29050	18824	7567	9402
1984	112884	33178	29576	18537	7286	8988
1985	108845	32070	29218	17694	7718	8572
1986	110933	32266	29616	19124	8295	8685
1987	111268	32193	28798	20212	8445	8868
1988	110123	31987	28785	19692	8120	9054
1989	112205	32700	29841	20353	8057	9097
1990	113466	33064	30753	21401	7560	9121
1991	112314	32590	30948	21574	7041	9078
1992	110560	32090	30496	21044	7221	9057
1993	110509	30355	30235	20694	9454	9220
1994	109544	30171	28981	21152	9222	9270
1995	110060	30744	28860	22776	8127	9519
1996	112548	31406	29611	24498	7471	9797
1997	112912	31765	30057	23775	8346	9785
1998	113787	31214	29774	25239	8500	10000
1999	113161	31283	28855	25904	7962	10355
2000	108463	29962	26653	23056	9307	10538
2001	106080	28812	24664	24282	9482	10217
2002	103891	28202	23908	24634	8720	9881
2003	99410	26508	21997	24068	9313	9702
2004	101606	28379	21626	25446	9589	9457
2005	104278	28847	22793	26358	9591	9503
2006	104958	28938	23613	28463	9304	7877
2007	105638	28919	23721	29478	8754	8082
2008	106793	29241	23617	29864	9127	8427
2009	108986	29627	24291	31183	9190	8636
2010	109876	29873	24257	32500	8516	8750
2011	110573	30057	24270	33542	7889	8906
2012	111205	30137	24268	35030	7172	8886
2013	111956	30312	24117	36318	6791	8963
2014	112723	30310	24069	37123	6800	8940
2015	113343	30216	24141	38119	6506	8839
2016	113034	30178	24187	36768	7202	8941

注：因第三次全国农业普查数据衔接问题，2-21 表至 2-36 表中 2017 年全国及分省数据尚未反馈，暂缺。

2-22 历年全国粮食作物总产量
Total Output of Grain Crops of China in Main Years

单位：万吨 (10000 tons)

年份 Year	粮食作物总产量 Total Output of Grain Crops	稻谷 Rice	小麦 Wheat	玉米 Corn	大豆 Soybean	薯类 Tubers
1949	11318	4865	1381	1242	509	985
1952	16392	6843	1813	1685	952	1633
1957	19505	8678	2364	2144	1005	2192
1962	15441	6299	1667	1626	651	2345
1965	19453	8772	2522	2366	614	1986
1970	23996	10999	2919	3303	871	2668
1975	28452	12556	4531	4722	724	2857
1978	30477	13693	5384	5595	757	3174
1979	33212	14375	6273	6004	746	2846
1980	32056	13991	5521	6260	794	2873
1981	32502	14396	5964	5921	933	2597
1982	35450	16160	6847	6056	903	2705
1983	38728	16887	8139	6821	976	2925
1984	40731	17826	8782	7341	970	2848
1985	37911	16857	8581	6383	1050	2604
1986	39151	17222	9004	7086	1161	2534
1987	40298	17426	8590	7924	1247	2821
1988	39408	16911	8543	7735	1165	2697
1989	40755	18013	9081	7893	1023	2730
1990	44624	18933	9823	9682	1100	2743
1991	43529	18381	9595	9877	971	2716
1992	44266	18622	10159	9538	1030	2844
1993	45649	17751	10639	10270	1531	3181
1994	44510	17593	9930	9928	1600	3025
1995	46662	18523	10221	11199	1350	3263
1996	50454	19510	11057	12747	1322	3536
1997	49417	20073	12329	10431	1473	3192
1998	51230	19871	10973	13295	1515	3604
1999	50839	19849	11388	12809	1425	3641
2000	46218	18791	9964	10600	1541	3685
2001	45264	17758	9387	11409	1541	3563
2002	45706	17454	9029	12131	1651	3666
2003	43070	16066	8649	11583	1539	3513
2004	46947	17909	9195	13029	1740	3558
2005	48402	18059	9745	13937	1635	3469
2006	49804	18172	10847	15160	1508	2701
2007	50160	18603	10930	15230	1273	2808
2008	52871	19190	11246	16591	1554	2980
2009	53082	19510	11512	16397	1498	2995
2010	54648	19576	11518	17725	1508	3114
2011	57121	20100	11740	19278	1449	3273
2012	58958	20424	12102	20561	1305	3293
2013	60194	20361	12193	21849	1195	3329
2014	60703	20651	12621	21565	1215	3336
2015	62142	20823	13019	22463	1179	3324
2016	61625	20708	12885	21955	1294	3356

2-23 全国及分省(区、市)粮食作物播种面积
Sown Area of Grain Crops by Provinces and Regions

单位:千公顷 (1000 hectares)

地 区	Region	2013	2014	2015	2016
全 国	**National**	**11955.6**	**112722.6**	**113342.9**	**113034.5**
北 京	Beijing	158.9	120.2	104.5	87.3
天 津	Tianjin	332.8	345.8	350.0	357.3
河 北	Hebei	6315.9	6332.0	6392.5	6327.4
山 西	Shanxi	3274.3	3286.4	3287.2	3241.4
内蒙古	Inner Mongolia	5617.3	5651.0	5726.7	5784.8
辽 宁	Liaoning	3226.4	3235.1	3297.4	3231.4
吉 林	Jilin	4789.9	5000.7	5078.0	5021.7
黑龙江	Heilongjiang	11564.4	11696.4	11765.2	11804.7
上 海	Shanghai	168.5	164.9	161.9	140.1
江 苏	Jiangsu	5360.8	5376.1	5424.6	5432.7
浙 江	Zhejiang	1253.7	1266.8	1277.8	1255.4
安 徽	**Anhui**	**6625.3**	**6628.9**	**6632.9**	**6644.5**
福 建	Fujian	1202.1	1197.7	1193.2	1176.7
江 西	Jiangxi	3690.9	3697.3	3705.6	3686.2
山 东	Shandong	7294.6	7440.0	7492.1	7511.5
河 南	Henan	10081.8	10209.8	10267.2	10286.2
湖 北	Hubei	4258.4	4370.4	4466.0	4436.9
湖 南	Hunan	4936.6	4975.1	4944.7	4890.6
广 东	Guangdong	2507.6	2507.0	2505.8	2509.3
广 西	Guangxi	3076.0	3067.7	3059.3	3023.6
海 南	Hainan	421.8	394.0	375.6	360.4
重 庆	Chongqing	2253.9	2242.5	2234.0	2250.1
四 川	Sichuan	6469.9	6467.4	6453.9	6453.9
贵 州	Guizhou	3118.4	3138.4	3114.9	3113.3
云 南	Yunnan	4499.4	4508.2	4487.3	4481.2
西 藏	Tibet	175.9	176.4	178.9	182.9
陕 西	Shaanxi	3105.1	3076.5	3073.5	3068.7
甘 肃	Gansu	2858.7	2842.5	2849.6	2814.0
青 海	Qinghai	280.0	280.1	277.1	281.1
宁 夏	Ningxia	801.6	771.3	770.4	778.3
新 疆	Xinjiang	2234.8	2255.9	2395.0	2401.1
安徽居全国位次	**Order of Precedence of Anhui in the Country**	**4**	**4**	**4**	**4**

2-24 全国及分省(区、市)粮食作物总产量
Total Output of Grain Crops by Provinces and Regions

单位:万吨 (10000 tons)

地　区	Region	2013	2014	2015	2016
全　国	**National**	**60193.8**	**60702.6**	**62142.2**	**61625.0**
北　京	Beijing	96.1	63.9	62.0	53.7
天　津	Tianjin	174.7	176.0	181.7	196.4
河　北	Hebei	3365.0	3360.2	3363.8	3460.2
山　西	Shanxi	1312.8	1330.8	1259.6	1318.5
内蒙古	Inner Mongolia	2773.0	2753.0	2827.0	2780.3
辽　宁	Liaoning	2195.6	1753.9	2002.5	2100.6
吉　林	Jilin	3551.0	3532.8	3647.0	3717.2
黑龙江	Heilongjiang	6004.1	6242.2	6324.0	6058.5
上　海	Shanghai	114.2	112.5	111.6	99.2
江　苏	Jiangsu	3423.0	3490.6	3561.3	3466.0
浙　江	Zhejiang	734.0	757.4	752.2	752.2
安　徽	**Anhui**	**3279.6**	**3415.8**	**3538.1**	**3417.4**
福　建	Fujian	664.4	667.0	661.1	650.9
江　西	Jiangxi	2116.1	2143.5	2148.7	2138.1
山　东	Shandong	4528.2	4596.6	4712.7	4700.7
河　南	Henan	5713.7	5772.3	6067.1	5946.6
湖　北	Hubei	2501.3	2584.2	2703.3	2554.1
湖　南	Hunan	2925.7	3001.3	3002.9	2953.2
广　东	Guangdong	1315.9	1357.3	1358.1	1360.2
广　西	Guangxi	1521.8	1534.4	1524.8	1521.3
海　南	Hainan	190.9	186.6	184.0	177.9
重　庆	Chongqing	1148.1	1144.5	1154.9	1166.0
四　川	Sichuan	3387.1	3374.9	3442.8	3483.5
贵　州	Guizhou	1030.0	1138.5	1180.0	1192.4
云　南	Yunnan	1824.0	1860.7	1876.4	1902.9
西　藏	Tibet	96.2	98.0	100.1	101.9
陕　西	Shaanxi	1215.8	1197.8	1226.8	1228.3
甘　肃	Gansu	1138.9	1158.7	1171.1	1140.6
青　海	Qinghai	102.4	104.8	102.7	103.5
宁　夏	Ningxia	373.4	377.9	372.6	370.6
新　疆	Xinjiang	1377.0	1414.5	1521.3	1512.3
安徽居全国位次	**Order of Precedence of Anhui in the Country**	**7**	**6**	**6**	**8**

2-25 全国及分省(区、市)小麦播种面积
Sown Area of Wheat by Provinces and Regions

单位:千公顷 (1000 hectares)

地 区	Region	2013	2014	2015	2016
全 国	**National**	**24117.3**	**24069.4**	**24141.4**	**24186.8**
北 京	Beijing	36.2	23.6	20.8	15.9
天 津	Tianjin	110.4	110.7	109.2	110.9
河 北	Hebei	2377.7	2342.7	2318.9	2313.9
山 西	Shanxi	677.5	673.9	675.1	672.9
内蒙古	Inner Mongolia	571.2	563.5	564.1	593.4
辽 宁	Liaoning	5.6	5.8	5.6	5.8
吉 林	Jilin		0.4	0.3	0.3
黑龙江	Heilongjiang	133.0	145.7	71.1	79.7
上 海	Shanghai	44.4	43.9	45.5	32.6
江 苏	Jiangsu	2146.9	2159.9	2178.8	2189.9
浙 江	Zhejiang	75.5	82.1	89.8	76.6
安 徽	**Anhui**	**2432.9**	**2434.5**	**2457.0**	**2446.9**
福 建	Fujian	2.3	2.3	2.1	1.9
江 西	Jiangxi	11.8	12.0	12.2	12.3
山 东	Shandong	3673.3	3740.2	3799.8	3830.3
河 南	Henan	5366.7	5406.7	5425.7	5465.7
湖 北	Hubei	1094.8	1074.3	1093.4	1108.3
湖 南	Hunan	32.3	30.6	29.4	19.2
广 东	Guangdong	0.9	0.9	0.9	0.9
广 西	Guangxi	1.8	1.4	5.1	6.4
海 南	Hainan				
重 庆	Chongqing	107.6	87.0	69.7	59.8
四 川	Sichuan	1216.0	1170.7	1119.0	1088.0
贵 州	Guizhou	251.8	251.5	248.7	241.7
云 南	Yunnan	437.3	434.4	432.7	430.3
西 藏	Tibet	37.8	36.9	36.3	36.6
陕 西	Shaanxi	1094.8	1082.9	1085.6	1082.6
甘 肃	Gansu	811.7	792.5	794.8	762.3
青 海	Qinghai	95.4	88.6	88.2	86.3
宁 夏	Ningxia	148.8	127.5	122.5	126.2
新 疆	Xinjiang	1121.0	1142.4	1239.3	1289.4
安徽居全国位次	**Order of Precedence of Anhui in the Country**	**3**	**3**	**3**	**3**

2-26 全国及分省(区、市)小麦产量
Output of Wheat by Provinces and Regions

单位:万吨 (10000 tons)

地　区	Region	2013	2014	2015	2016
全　国	**National**	**12192.6**	**12620.8**	**13018.5**	**12884.5**
北　京	Beijing	18.7	12.2	11.1	8.5
天　津	Tianjin	57.3	58.6	59.8	60.9
河　北	Hebei	1387.2	1429.9	1435.0	1433.3
山　西	Shanxi	230.7	259.1	271.4	273.4
内蒙古	Inner Mongolia	180.4	153.9	158.3	169.9
辽　宁	Liaoning	2.7	2.8	2.7	2.2
吉　林	Jilin		0.1	0.1	0.1
黑龙江	Heilongjiang	38.9	46.6	21.8	29.0
上　海	Shanghai	17.6	18.6	19.9	12.1
江　苏	Jiangsu	1101.3	1160.4	1174.0	1119.6
浙　江	Zhejiang	27.8	31.0	35.1	25.4
安　徽	**Anhui**	**1332.0**	**1393.6**	**1411.0**	**1385.9**
福　建	Fujian	0.7	0.7	0.6	0.6
江　西	Jiangxi	2.5	2.6	2.6	2.6
山　东	Shandong	2218.8	2263.8	2346.6	2344.6
河　南	Henan	3226.4	3329.0	3501.0	3466.0
湖　北	Hubei	416.8	421.6	420.9	428.2
湖　南	Hunan	11.0	10.3	9.4	5.9
广　东	Guangdong	0.3	0.3	0.3	0.3
广　西	Guangxi	0.3	0.2	0.9	1.1
海　南	Hainan				
重　庆	Chongqing	33.7	27.0	22.9	19.6
四　川	Sichuan	421.3	423.2	426.3	413.4
贵　州	Guizhou	51.5	61.5	61.7	59.7
云　南	Yunnan	80.5	83.6	90.6	89.4
西　藏	Tibet	24.1	23.7	23.4	23.1
陕　西	Shaanxi	389.8	417.2	458.1	445.0
甘　肃	Gansu	235.9	271.6	281.0	267.8
青　海	Qinghai	36.0	34.9	34.1	33.1
宁　夏	Ningxia	46.3	40.6	39.6	40.9
新　疆	Xinjiang	602.1	642.3	698.3	723.1
安徽居全国位次	**Order of Precedence of Anhui in the Country**	**4**	**4**	**4**	**4**

2-27 全国及分省(区、市)稻谷播种面积
Sown Area of Rice by Provinces and Regions

单位:千公顷 (1000 hectares)

地 区	Region	2013	2014	2015	2016
全 国	**National**	**30311.7**	**30309.9**	**30215.7**	**30178.2**
北 京	Beijing	0.2	0.2	0.2	0.2
天 津	Tianjin	16.8	16.4	15.4	17.7
河 北	Hebei	86.8	84.3	84.8	81.5
山 西	Shanxi	1.0	0.9	0.7	0.7
内蒙古	Inner Mongolia	75.9	78.1	78.9	98.4
辽 宁	Liaoning	649.2	562.1	544.9	562.5
吉 林	Jilin	726.7	747.1	761.7	780.7
黑龙江	Heilongjiang	3175.6	3205.5	3147.8	3203.3
上 海	Shanghai	101.9	98.4	97.8	95.1
江 苏	Jiangsu	2265.7	2271.7	2291.6	2294.8
浙 江	Zhejiang	828.7	824.2	822.5	818.3
安 徽	**Anhui**	**2214.1**	**2217.3**	**2234.9**	**2265.5**
福 建	Fujian	817.5	804.5	789.0	769.4
江 西	Jiangxi	3338.0	3339.5	3342.4	3316.3
山 东	Shandong	123.1	122.4	116.3	105.8
河 南	Henan	641.3	649.7	656.0	655.0
湖 北	Hubei	2101.2	2144.0	2188.5	2131.0
湖 南	Hunan	4085.0	4120.7	4114.1	4085.5
广 东	Guangdong	1908.8	1893.3	1887.3	1888.6
广 西	Guangxi	2046.6	2026.2	1983.9	1959.8
海 南	Hainan	311.9	312.2	299.3	289.1
重 庆	Chongqing	688.7	689.7	688.3	692.1
四 川	Sichuan	1990.7	1991.8	1990.8	1990.0
贵 州	Guizhou	684.5	682.0	675.1	674.3
云 南	Yunnan	1152.7	1144.7	1134.8	1130.0
西 藏	Tibet	1.0	1.0	0.9	1.0
陕 西	Shaanxi	123.7	123.4	122.8	122.7
甘 肃	Gansu	5.3	5.1	4.5	4.7
青 海	Qinghai				
宁 夏	Ningxia	82.1	78.1	74.3	75.1
新 疆	Xinjiang	67.3	75.1	66.2	69.2
安徽居全国位次	**Order of Precedence of Anhui in the Country**	**5**	**5**	**5**	**5**

2-28 全国及分省(区、市)稻谷产量
Output of Rice by Provinces and Regions

单位:万吨　　　　(10000 tons)

地　区	Region	2013	2014	2015	2016
全　国	**National**	**20361.2**	**20650.7**	**20822.5**	**20707.5**
北　京	Beijing	0.1	0.1	0.1	0.1
天　津	Tianjin	12.9	12.1	11.3	13.4
河　北	Hebei	58.8	54.2	54.5	54.7
山　西	Shanxi	0.7	0.6	0.5	0.5
内蒙古	Inner Mongolia	56.0	52.4	53.2	63.2
辽　宁	Liaoning	506.9	451.5	467.7	484.6
吉　林	Jilin	563.3	587.6	630.1	654.1
黑龙江	Heilongjiang	2220.6	2251.0	2199.7	2255.3
上　海	Shanghai	86.8	84.1	84.1	81.8
江　苏	Jiangsu	1922.3	1912.0	1952.5	1931.4
浙　江	Zhejiang	580.2	590.1	578.1	593.8
安　徽	**Anhui**	**1362.3**	**1394.6**	**1459.3**	**1401.8**
福　建	Fujian	502.0	497.1	485.0	471.5
江　西	Jiangxi	2004.0	2025.2	2027.2	2012.6
山　东	Shandong	103.6	101.0	95.1	88.1
河　南	Henan	485.8	528.6	531.5	542.2
湖　北	Hubei	1676.6	1729.5	1810.7	1693.5
湖　南	Hunan	2561.5	2634.0	2644.8	2602.3
广　东	Guangdong	1045.0	1091.6	1088.4	1087.1
广　西	Guangxi	1156.2	1166.1	1137.8	1137.3
海　南	Hainan	149.8	155.4	153.3	149.1
重　庆	Chongqing	503.1	503.2	506.4	510.6
四　川	Sichuan	1549.5	1526.5	1552.6	1558.2
贵　州	Guizhou	361.3	403.2	417.5	430.5
云　南	Yunnan	667.9	666.1	659.7	671.9
西　藏	Tibet	0.6	0.5	0.5	0.5
陕　西	Shaanxi	91.0	90.9	91.9	91.9
甘　肃	Gansu	3.8	3.5	3.1	3.1
青　海	Qinghai	0.0	0.0		
宁　夏	Ningxia	68.9	61.8	60.8	63.0
新　疆	Xinjiang	59.8	76.2	65.1	59.7
安徽居全国位次	**Order of Precedence of Anhui in the Country**	**7**	**7**	**7**	**7**

2-29 全国及分省(区、市)玉米播种面积
Sown Area of Corn by Provinces and Regions

单位:千公顷 (1000 hectares)

地　区	Region	2013	2014	2015	2016
全　国	**National**	**36318.4**	**37123.4**	**38119.3**	**36767.7**
北　京	Beijing	114.5	88.6	76.3	65.2
天　津	Tianjin	191.7	202.8	214.7	218.4
河　北	Hebei	3108.8	3170.9	3248.1	3191.1
山　西	Shanxi	1670.0	1676.5	1676.9	1624.8
内蒙古	Inner Mongolia	3170.6	3372.2	3407.2	3208.8
辽　宁	Liaoning	2245.6	2330.1	2416.8	2258.9
吉　林	Jilin	3499.1	3696.6	3800.0	3656.9
黑龙江	Heilongjiang	5447.5	5440.2	5821.1	5217.4
上　海	Shanghai	3.6	4.0	3.4	3.1
江　苏	Jiangsu	426.4	436.1	451.7	444.2
浙　江	Zhejiang	63.4	66.5	69.5	69.5
安　徽	**Anhui**	**845.1**	**852.4**	**881.6**	**876.2**
福　建	Fujian	47.9	49.5	51.5	52.0
江　西	Jiangxi	29.5	29.9	30.3	30.3
山　东	Shandong	3060.7	3126.5	3173.8	3206.9
河　南	Henan	3203.3	3283.9	3343.9	3316.9
湖　北	Hubei	573.5	642.4	687.8	661.7
湖　南	Hunan	344.2	345.7	348.4	349.5
广　东	Guangdong	176.7	177.2	179.0	180.9
广　西	Guangxi	587.6	584.0	622.6	609.3
海　南	Hainan	27.7			0.0
重　庆	Chongqing	466.7	467.9	470.8	475.3
四　川	Sichuan	1378.0	1381.2	1402.0	1399.0
贵　州	Guizhou	778.4	787.5	763.2	740.3
云　南	Yunnan	1505.1	1525.7	1517.3	1513.2
西　藏	Tibet	4.3	4.2	4.5	4.7
陕　西	Shaanxi	1166.2	1153.7	1151.7	1150.2
甘　肃	Gansu	976.1	1000.9	1014.2	1000.8
青　海	Qinghai	23.3	27.0	27.5	26.6
宁　夏	Ningxia	262.0	288.8	301.8	296.9
新　疆	Xinjiang	920.8	910.8	961.9	918.7
安徽居全国位次	**Order of Precedence of Anhui in the Country**	**14**	**14**	**14**	**14**

2-30 全国及分省(区、市)玉米产量
Output of Corn by Provinces and Regions

单位:万吨 (10000 tons)

地 区	Region	2013	2014	2015	2016
全 国	**National**	**21848.9**	**21564.6**	**22463.2**	**21955.2**
北 京	Beijing	75.2	50.0	49.4	43.2
天 津	Tianjin	102.1	101.4	107.3	118.1
河 北	Hebei	1703.9	1670.7	1670.4	1753.6
山 西	Shanxi	955.5	938.1	862.7	888.9
内蒙古	Inner Mongolia	2069.7	2186.1	2250.8	2139.8
辽 宁	Liaoning	1563.2	1170.5	1403.5	1465.6
吉 林	Jilin	2775.7	2733.5	2805.7	2833.0
黑龙江	Heilongjiang	3216.4	3343.4	3544.1	3127.4
上 海	Shanghai	2.5	2.6	2.1	2.1
江 苏	Jiangsu	216.4	239.0	252.2	233.9
浙 江	Zhejiang	26.8	30.1	31.1	30.5
安 徽	**Anhui**	**426.0**	**465.5**	**496.3**	**462.0**
福 建	Fujian	19.3	20.3	21.5	21.8
江 西	Jiangxi	12.0	12.3	12.8	13.0
山 东	Shandong	1967.1	1988.3	2050.9	2065.0
河 南	Henan	1796.5	1732.1	1853.7	1745.9
湖 北	Hubei	270.8	293.7	332.9	296.6
湖 南	Hunan	185.0	188.6	188.8	188.7
广 东	Guangdong	81.6	76.9	77.9	81.0
广 西	Guangxi	266.0	266.4	280.7	278.6
海 南	Hainan	12.1			0.0
重 庆	Chongqing	258.1	256.0	259.7	264.7
四 川	Sichuan	762.4	751.9	765.7	793.2
贵 州	Guizhou	298.0	313.8	324.1	324.4
云 南	Yunnan	734.2	743.3	747.3	756.5
西 藏	Tibet	2.5	2.4	0.8	2.7
陕 西	Shaanxi	586.7	539.6	543.1	545.4
甘 肃	Gansu	571.5	564.5	577.2	560.6
青 海	Qinghai	16.4	18.7	18.6	18.1
宁 夏	Ningxia	206.2	224.1	226.9	216.2
新 疆	Xinjiang	669.0	641.1	705.1	684.9
安徽居全国位次	**Order of Precedence of Anhui in the Country**	**14**	**14**	**14**	**14**

2-31 全国及分省(区、市)粮食作物单位面积产量
Output of Grain Crops per Hectare by Provinces and Regions

单位:公斤/公顷 (kg/hectare)

地　区	Region	2013	2014	2015	2016
全　国	**National**	**5376.6**	**5385.1**	**5482.7**	**5451.9**
北　京	Beijing	6049.0	5320.4	5932.5	6148.2
天　津	Tianjin	5249.9	5087.9	5192.1	5496.6
河　北	Hebei	5327.8	5306.6	5262.1	5468.6
山　西	Shanxi	4009.4	4049.4	3831.8	4067.7
内蒙古	Inner Mongolia	4936.5	4871.7	4936.6	4806.1
辽　宁	Liaoning	6805.1	5421.4	6072.9	6500.7
吉　林	Jilin	7413.6	7064.7	7182.1	7402.4
黑龙江	Heilongjiang	5191.9	5336.8	5375.1	5132.3
上　海	Shanghai	6774.1	6826.4	6890.7	7079.3
江　苏	Jiangsu	6385.3	6492.9	6565.1	6379.9
浙　江	Zhejiang	5854.1	5978.8	5886.7	5991.7
安　徽	**Anhui**	**4950.1**	**5152.9**	**5334.2**	**5143.2**
福　建	Fujian	5526.9	5569.1	5540.5	5531.2
江　西	Jiangxi	5733.4	5797.4	5798.5	5800.3
山　东	Shandong	6207.6	6178.2	6290.2	6258.1
河　南	Henan	5667.3	5653.7	5909.2	5781.2
湖　北	Hubei	5873.8	5913.0	6053.0	5756.6
湖　南	Hunan	5926.7	6032.5	6073.1	6038.5
广　东	Guangdong	5247.6	5414.2	5419.9	5420.7
广　西	Guangxi	4947.3	5001.9	4983.9	5031.4
海　南	Hainan	4525.8	4736.0	4898.3	4935.5
重　庆	Chongqing	5094.0	5103.3	5169.7	5182.1
四　川	Sichuan	5235.2	5218.3	5334.4	5397.5
贵　州	Guizhou	3302.9	3627.7	3788.2	3830.0
云　南	Yunnan	4053.9	4127.4	4181.5	4246.4
西　藏	Tibet	5467.1	5553.9	5595.7	5570.7
陕　西	Shaanxi	3915.5	3893.3	3991.5	4002.6
甘　肃	Gansu	3984.0	4076.2	4109.8	4053.3
青　海	Qinghai	3656.5	3741.9	3707.5	3680.8
宁　夏	Ningxia	4658.2	4899.3	4836.3	4761.5
新　疆	Xinjiang	6161.6	6270.2	6351.8	6298.2
安徽居全国位次	**Order of Precedence of Anhui in the Country**	**21**	**17**	**18**	**20**

2-32 全国及分省(区、市)小麦单位面积产量
Output of Wheat per Hectare by Provinces and Regions

单位:公斤/公顷 (kg/hectare)

地 区	Region	2013	2014	2015	2016
全 国	**National**	**5055.6**	**5243.5**	**5392.6**	**5327.1**
北 京	Beijing	5171.9	5176.7	5352.9	5373.9
天 津	Tianjin	5189.3	5297.3	5479.7	5490.2
河 北	Hebei	5834.2	6103.5	6188.4	6194.1
山 西	Shanxi	3405.6	3845.1	4020.6	4062.9
内蒙古	Inner Mongolia	3158.2	2731.2	2805.6	2863.2
辽 宁	Liaoning	4857.1	4827.6	4828.8	3793.1
吉 林	Jilin		4005.0	4030.2	3703.7
黑龙江	Heilongjiang	2923.3	3198.6	3065.2	3639.2
上 海	Shanghai	3975.7	4244.3	4380.6	3709.7
江 苏	Jiangsu	5129.7	5372.4	5388.4	5112.5
浙 江	Zhejiang	3685.1	3768.9	3912.0	3315.1
安 徽	**Anhui**	**5475.1**	**5724.2**	**5742.8**	**5663.9**
福 建	Fujian	2940.0	2930.6	2919.2	2827.2
江 西	Jiangxi	2113.8	2133.3	2147.5	2113.8
山 东	Shandong	6040.4	6052.7	6175.5	6121.2
河 南	Henan	6012.0	6157.2	6452.7	6341.4
湖 北	Hubei	3807.1	3924.3	3849.6	3863.9
湖 南	Hunan	3396.3	3375.8	3184.8	3072.9
广 东	Guangdong	3440.9	3225.8	3296.7	3296.7
广 西	Guangxi	1452.5	1398.6	1728.9	1653.5
海 南	Hainan				
重 庆	Chongqing	3132.0	3099.1	3279.1	3283.1
四 川	Sichuan	3464.6	3614.9	3809.7	3799.6
贵 州	Guizhou	2045.8	2445.3	2479.9	2471.7
云 南	Yunnan	1841.7	1924.5	2093.8	2077.6
西 藏	Tibet	6366.0	6427.4	6438.2	6306.9
陕 西	Shaanxi	3560.5	3853.1	4219.8	4110.8
甘 肃	Gansu	2906.3	3427.1	3535.5	3512.5
青 海	Qinghai	3768.6	3935.4	3868.0	3832.2
宁 夏	Ningxia	3112.0	3181.1	3237.2	3240.4
新 疆	Xinjiang	5371.0	5622.4	5634.1	5607.8
安徽居全国位次	**Order of Precedence of Anhui in the Country**	**5**	**5**	**5**	**5**

2-33 全国及分省(区、市)稻谷单位面积产量
Output of Rice per Hectare by Provinces and Regions

单位:公斤/公顷 (kg/hectare)

地 区	Region	2013	2014	2015	2016
全 国	**National**	**6717.3**	**6813.2**	**6891.3**	**6861.7**
北 京	Beijing	6912.0	6943.1	6971.4	6721.0
天 津	Tianjin	7685.9	7414.5	7378.3	7557.1
河 北	Hebei	6768.0	6382.6	6430.8	6712.5
山 西	Shanxi	6836.7	6888.9	6714.3	7000.0
内蒙古	Inner Mongolia	7380.7	6704.3	6736.5	6415.1
辽 宁	Liaoning	7807.9	8032.4	8582.7	8614.5
吉 林	Jilin	7751.4	7865.7	8272.2	8378.7
黑龙江	Heilongjiang	6992.6	7022.5	6987.9	7040.5
上 海	Shanghai	8521.1	8544.3	8598.0	8600.0
江 苏	Jiangsu	8484.3	8416.6	8520.2	8416.3
浙 江	Zhejiang	7001.2	7159.7	7028.9	7255.5
安 徽	**Anhui**	**6152.8**	**6289.3**	**6529.7**	**6187.6**
福 建	Fujian	6140.8	6178.6	6147.7	6127.9
江 西	Jiangxi	6003.7	6064.3	6065.1	6068.8
山 东	Shandong	8416.3	8252.5	8178.5	8328.3
河 南	Henan	7574.9	8136.4	8102.4	8277.1
湖 北	Hubei	7979.6	8066.7	8273.9	7947.2
湖 南	Hunan	6270.5	6392.1	6428.6	6369.6
广 东	Guangdong	5474.7	5765.9	5767.1	5755.9
广 西	Guangxi	5649.3	5755.1	5735.3	5802.8
海 南	Hainan	4804.5	4979.3	5121.3	5158.0
重 庆	Chongqing	7305.2	7296.0	7356.5	7377.4
四 川	Sichuan	7783.7	7663.9	7798.9	7830.2
贵 州	Guizhou	5278.7	5913.0	6184.5	6384.5
云 南	Yunnan	5794.2	5819.0	5813.4	5946.0
西 藏	Tibet	5789.5	4747.5	4787.2	4936.2
陕 西	Shaanxi	7351.3	7362.7	7479.6	7491.0
甘 肃	Gansu	7243.3	6887.2	6979.9	6709.7
青 海	Qinghai				
宁 夏	Ningxia	8387.5	7923.1	8171.9	8394.4
新 疆	Xinjiang	8889.9	10147.9	9835.3	8626.8
安徽居全国位次	**Order of Precedence of Anhui in the Country**	**22**	**22**	**20**	**23**

2-34 全国及分省(区、市)玉米单位面积产量
Output of Corn per Hectare by Provinces and Regions

单位:公斤/公顷 (kg/hectare)

地 区	Region	2013	2014	2015	2016
全 国	**National**	**6015.9**	**5808.9**	**5892.9**	**5971.3**
北 京	Beijing	6567.0	5646.5	6481.7	6620.6
天 津	Tianjin	5329.0	5000.0	4998.4	5406.5
河 北	Hebei	5481.0	5268.9	5142.6	5495.5
山 西	Shanxi	5721.2	5595.5	5145.0	5470.9
内蒙古	Inner Mongolia	6527.8	6482.7	6605.9	6668.5
辽 宁	Liaoning	6961.2	5023.5	5807.3	6488.2
吉 林	Jilin	7932.7	7394.6	7383.6	7747.1
黑龙江	Heilongjiang	5904.4	6145.8	6088.4	5994.2
上 海	Shanghai	6997.2	6632.9	6117.8	6843.0
江 苏	Jiangsu	5076.1	5479.7	5583.1	5265.7
浙 江	Zhejiang	4220.8	4523.5	4470.0	4381.9
安 徽	**Anhui**	**5040.8**	**5461.1**	**5629.5**	**5272.8**
福 建	Fujian	4017.1	4103.2	4169.6	4183.1
江 西	Jiangxi	4053.5	4101.1	4227.2	4290.4
山 东	Shandong	6427.1	6359.7	6462.0	6439.0
河 南	Henan	5608.2	5274.4	5543.4	5263.8
湖 北	Hubei	4721.3	4571.3	4839.6	4482.5
湖 南	Hunan	5374.5	5456.4	5420.5	5399.1
广 东	Guangdong	4620.4	4338.0	4350.1	4474.7
广 西	Guangxi	4526.0	4561.6	4508.2	4571.7
海 南	Hainan	4362.0			
重 庆	Chongqing	5529.5	5471.0	5516.2	5569.4
四 川	Sichuan	5532.7	5443.8	5461.5	5669.8
贵 州	Guizhou	3829.0	3985.0	4246.2	4381.6
云 南	Yunnan	4878.1	4871.9	4925.2	4999.3
西 藏	Tibet	5763.9	5745.2	1854.3	5843.3
陕 西	Shaanxi	5031.0	4676.7	4715.5	4741.7
甘 肃	Gansu	5854.8	5639.7	5691.0	5601.0
青 海	Qinghai	7054.5	6907.4	6774.5	6788.1
宁 夏	Ningxia	7871.3	7760.3	7518.3	7280.6
新 疆	Xinjiang	7265.6	7038.8	7330.0	7454.9
安徽居全国位次	**Order of Precedence of Anhui in the Country**	**21**	**16**	**12**	**19**

2-35 全国及分省(区、市)棉花产量
Output of Cotton by Provinces and Regions

单位:万吨 (10000 tons)

地 区	Region	2013	2014	2015	2016
全 国	**National**	**629.9**	**617.3**	**560.3**	**529.9**
北 京	Beijing	…	…	…	0.0
天 津	Tianjin	4.8	3.3	2.6	2.3
河 北	Hebei	45.7	43.1	37.3	30.0
山 西	Shanxi	3.1	2.4	1.4	1.0
内蒙古	Inner Mongolia	0.2	0.2	…	0.0
辽 宁	Liaoning	0.1	…	…	0.0
吉 林	Jilin	0.6	0.1		0.0
黑龙江	Heilongjiang				
上 海	Shanghai	0.4	0.1	…	0.0
江 苏	Jiangsu	20.9	16.0	11.7	7.4
浙 江	Zhejiang	2.8	2.5	2.0	1.7
安 徽	**Anhui**	**25.1**	**26.3**	**23.4**	**18.5**
福 建	Fujian	…	…	…	0.0
江 西	Jiangxi	13.1	13.4	11.5	7.3
山 东	Shandong	62.1	66.5	53.7	54.8
河 南	Henan	19	14.7	12.6	9.8
湖 北	Hubei	46	36.0	29.8	18.8
湖 南	Hunan	19.8	12.9	14.5	12.3
广 东	Guangdong				0.0
广 西	Guangxi	0.2	0.3	0.3	0.3
海 南	Hainan				
重 庆	Chongqing	…			
四 川	Sichuan	1.3	1.2	1.0	0.9
贵 州	Guizhou	0.1	0.1	0.1	0.1
云 南	Yunnan	…	…	…	0.0
西 藏	Tibet				
陕 西	Shaanxi	5.8	4.2	3.9	3.4
甘 肃	Gansu	7.1	6.4	4.3	2.0
青 海	Qinghai				
宁 夏	Ningxia				
新 疆	Xinjiang	351.7	367.7	350.3	359.4
安徽居全国位次	**Order of Precedence of Anhui in the Country**	**5**	**5**	**5**	**5**

2-36 全国及分省(区、市)油菜籽产量
Output of Rapeseeds by Provinces and Regions

单位:万吨 (10000 tons)

地区	Region	2013	2014	2015	2016
全国	**National**	**1445.8**	**1477.2**	**1493.1**	**1454.6**
北京	Beijing	…			
天津	Tianjin			…	0.0
河北	Hebei	3.5	3.2	3.0	3.1
山西	Shanxi	0.7	0.6	0.7	0.8
内蒙古	Inner Mongolia	33.7	39.6	41.7	41.5
辽宁	Liaoning	0.1	0.2	0.2	0.1
吉林	Jilin				0.0
黑龙江	Heilongjiang	0.1	0.1		0.1
上海	Shanghai	1.3	1.1	1.0	0.7
江苏	Jiangsu	113.3	110.1	106.3	93.6
浙江	Zhejiang	31.7	25.9	25.1	22.9
安徽	**Anhui**	**130.1**	**127.8**	**126.3**	**116.8**
福建	Fujian	1.8	1.8	1.9	1.9
江西	Jiangxi	70.4	72.4	73.9	71.8
山东	Shandong	2.4	2.5	2.4	2.3
河南	Henan	89.8	86.4	86.1	81.7
湖北	Hubei	250.5	257.2	255.2	241.6
湖南	Hunan	194.6	202.7	210.8	210.6
广东	Guangdong	0.8	0.8	0.8	0.9
广西	Guangxi	1.9	2.5	2.6	2.8
海南	Hainan				
重庆	Chongqing	40.1	44.0	46.7	49.2
四川	Sichuan	224	233.1	238.5	241.1
贵州	Guizhou	81.8	86.7	89.0	90.2
云南	Yunnan	50.7	54.9	56.1	58.7
西藏	Tibet	6.3	6.3	6.4	6.2
陕西	Shaanxi	39.7	41.6	43.2	42.4
甘肃	Gansu	33.2	34.5	34.0	34.2
青海	Qinghai	31.9	31.0	30.1	29.6
宁夏	Ningxia	0.2	0.2	0.2	0.3
新疆	Xinjiang	11.3	10.3	10.8	9.4
安徽居全国位次	**Order of Precedence of Anhui in the Country**	**4**	**4**	**4**	**4**

主要统计指标解读

Explanatory Notes on Main Statistical Indicators

粮食产量 指农业生产经营者日历年度内生产的全部粮食数量。按收获季节包括夏收粮食、早稻和秋收粮食，按作物品种包括谷物、薯类和豆类。其中谷物包括小麦、玉米、早稻、中稻和一季晚稻、双季晚稻、大麦、高粱、谷子、荞麦等禾本科和蓼科粮食作物；薯类只包括马铃薯、甘薯，木薯统计在其他农作物，芋头等其他薯统计在其他蔬菜；豆类包括大豆、绿豆、红小豆、杂豆等。谷物产量按脱粒后的原粮计算，薯类按鲜薯重量的 5 : 1 折算，豆类按去豆荚后的干豆计算。

猪、牛、羊肉产量 指当年出栏并已屠宰、除去头蹄下水后带骨肉（即胴体重）的重量。包括全社会范围内的产量。1996 年前为各级逐级上报数据。1996 年第一次农业普查以后，由于畜牧业产品年报数据与普查数据之间存在一定的差距，国家统计局农调总队对畜牧业年报数据与普查数据进行衔接。1999 年以后，国家统计局开展了猪、牛、羊、禽等主要畜禽品种的抽样调查，并用抽样数据作为国家定案数据使用。未开展抽样调查的品种，仍使用各级统计部门逐级上报数据。

期初（末）畜禽存栏头（只）数 指报告期初（末）农村各种合作经济组织和国营农场、农民个人、机关、团体、学校、工矿企业、部队等单位以及城镇居民饲养的大牲畜、猪、羊、家禽等畜禽的存栏数。数据上报方式及数据调整情况同猪、牛、羊肉产量。

当年出栏头数 指农林牧渔企业生产单位饲养的，供屠宰并已出栏的全部牲畜头数。包括交售给国家，集市上出售的部分。

常用耕地 是指耕地总资源中专门种植农作物并经常进行耕种、能够正常收获的土地。包括当年实际耕种的熟地；弃耕、休闲不满三年，随时可以复耕的地；开荒利用三年以上的土地。在统计口径上包括南方小于 1 米、北方小于 2 米宽的沟、渠、路和田埂。不包括临时种植农作物的坡度在 25 度以上的陡坡地；在河套、湖畔、库区临时开发的成片或零星土地；也不包括已列为国家和省（区、市）退耕计划但临时耕种的土地。常用耕地是国家需要重点保护的耕地，是反映我国农业综合生产能力的一个重要指标。

农作物播种面积 指实际播种或移植有农作物的面积。凡是实际种植有农作物的面积，不论种植在耕地上还是种植在非耕地上，均包括在农作物播种面积中。在播种季节基本结束后，因遭灾而重新改种和补种的农作物面积，也包括在内。它是反映我国耕地面积利用情况的一个重要指标。目前，农作物播种面积主要包括粮食、棉花、油料、糖料、麻类、烟叶、蔬菜和瓜类、药材和其他农作物九大类。

农林牧渔业中间消耗 指在一定时期内农林牧渔业生产过程中所消耗的物质产品和劳务价值。中间消耗包括物质产品消耗和生产服务支出两个部分。

物质消耗 指在一定时期内农林牧渔业

生产过程中消耗的各种农业生产资料和发生的各项支出的市场价值。主要包括用种、饲料饲草、肥料、燃料、农药、农膜、小农具、养殖用药、水费、电费、棚架材料费、办公费用以及其他物质消耗。

生产服务支出 指在一定时期内农林牧渔业生产过程中各部门对农林牧渔业生产提供的劳动服务的价值。包括外雇运输费、外雇排灌费、外雇机械作业费、配种费、防疫费、技术服务费、保险费和其他服务费用等。

PEOPLE'S LIVING CONDITIONS

人民生活

简 要 说 明

一、本篇资料内容主要反映城乡居民收支和生活状况，包括居民家庭基本情况、居民收支、消费水平、居住状况及主要消费品拥有量等。

二、本篇资料来源于城乡一体化住户调查，自2013年以来，城乡一体化住户调查整合城乡住户调查资源，统一调查指标、统一抽样方法、统一调查过程、统一数据处理和统一数据发布，更加全面准确地反映居民收入分配格局，根据国家统计局《住户收支与生活状况调查方案》，由安徽调查总队组织实施，基调查目的是为全面了解全省和分市、县（区）城乡常住居民收入、生活现状及变化情况，满足各级政府制定政策计划和进行宏观管理的需要，以及社会各界的信息需求，为国民经济核算提供基础数据。

本版责任编辑：李　燚　段明明　汪　汛

3-1 居民家庭基本情况
Basic Conditions of Households

项目	Item	2015	2016	2017
调查户数(户)	Number of Households Surveyed (household)			
平均每户家庭人口(人)	Average Household Size(person)	2.99	2.9	2.91
平均每户整半劳动力人口(人)	Average Number of Employed Persons per Household(person)	2.03	2.0	2.01
城乡居民家庭恩格尔系数(%)	Engel's Coefficient of Households(%)	34.46	33.2	32.7
可支配收入	**Disposable Income**	**18362.6**	**19998.1**	**21863.3**
工资性收入	Wages Income	10041.7	10931.6	11920.9
经营净收入	Net Income from Business	4194.7	4512.7	4878.9
财产净收入	Property Income	966.8	1085.5	1227.7
转移净收入	Transfer Income	3159.4	3468.3	3835.8
平均每人消费性支出(元)	**Per Capita Annual Living Expenditures for Consumption(yuan)**	**12840.1**	**14711.5**	**15751.7**
一、食品	Food	4424.2	4880.2	5143.4
二、衣着	Clothing	924.6	990.8	1037.5
三、居住	Residence	2630.0	3047.3	3397.6
四、生活用品及服务	Household Facilities, Articles and Service	698.8	868.8	890.8
五、交通通信	Traffic and Communications	1622.3	1975.2	2102.3
六、教育文化娱乐	Education, Cultural & Recreation Service	1339.3	1558.8	1700.5
七、医疗保健	Medicine and Medical Service	932.3	1092.1	1135.9
八、其他用品和服务	Miscellaneous Commodities and Services	268.8	298.4	343.8
平均每人消费性支出构成	**Composition of per Capita Annual Living**	**100**	**100**	**100**
(人均消费性支出=100)(%)	**Expenditures for Consumption(%)**			
一、食品	Food	34.5	33.2	32.7
二、衣着	Clothing	7.2	6.7	6.6
三、居住	Residence	20.5	20.7	21.6
四、生活用品及服务	Household Facilities, Articles and Service	5.4	5.9	5.7
五、交通通信	Traffic and Communications	12.6	13.4	13.3
六、教育文化娱乐	Education, Cultural & Recreation Service	10.4	10.6	10.8
七、医疗保健	Medicine and Medical Service	7.3	7.4	7.2
八、其他用品和服务	Miscellaneous Commodities and Services	2.1	2.0	2.2

3-2 居民家庭人均收入情况
Annual Income per Capita of Households

项　目	Item	2015	2016	2017
总收入(未扣除生产费用)	**Total Income(Not Deduct the Production Cost)**	**21104.3**	**23425.4**	**25512.7**
工资性收入	Income from Wages and Salaries	10041.7	10931.6	11920.9
家庭经营性收入	Household Business Income	6032.3	6878.0	7335.3
财产性收入	Property Income	1045.8	1172.5	1320.7
转移性收入	Transferred Income	3984.6	4443.4	4935.8
现金可支配收入	**Cash Disposable Income**	**17248.7**	**18717.8**	**20619.5**
现金工资性收入	Cash Wages Income	9976.0	10853.9	11829.6
现金经营净收入	Net Cash Income from Business	3999.5	4248.8	4862.7
现金财产净收入	Net Cash Property Income	323.9	377.4	389.7
现金转移净收入	Net Cash Transfer Income	2949.3	3237.7	3537.5
总支出	**Total Expenditures**	**19317.0**	**22211.2**	**23147.6**
消费支出	Expenditure for Consumption	12840.1	14711.5	15751.7
生产经营费用支出	Expenditure for Business	1483.7	1919.8	2048.6
财产性支出	Property Expenditure	79.0	86.9	93.0
转移性支出	Transferred Expenditure	820.8	975.0	1100.9
现金支出	**Cash Expenditure**	**17101.1**	**19753.4**	**20399.7**
现金消费支出	Cash Expenditure for Consumption	10665.3	12290.0	13037.1
生产经营费用支出	Cash Expenditure for Business	1442.6	1883.6	2015.4
现金财产性支出	Cash Property Expenditure	79.0	86.9	93.0
现金转移性支出	Cash Transferred Expenditure	820.8	975.0	1100.9
可支配收入	**Disposable Income**	**18362.6**	**19998.1**	**21863.3**
一、工资性收入	Income from Wages and Salaries	10041.7	10931.6	11920.9
(一)工资	Wages	9502.2	10345.2	11229.8
1.按月发放的工资	Monthly Salaries	7287.9	8128.2	8742.2
2.补发工资	Reissued Salaries	238.8	160.7	166.9
3.不按月发放的奖金、津贴、过节费等	Unmonthly Paid Bonus, Allowance and Holiday Fee	1975.6	2056.3	2320.7
(二)实物福利	Benefits in Kind	65.7	77.7	91.3
1.从单位或雇主得到的实物产品折价	Cash Calculated from Physical Products Paid by Unit or Employer	14.8	15.6	17.4
2.从单位或雇主得到的服务折价	Cash Calculated from Services by Unit or Employer	50.9	62.1	73.9
(三)其他	Others	473.8	508.7	599.7

3-2 续表1 Continued 1

项　目	Item	2015	2016	2017
1.住房公积金	Housing Accumulation Fund	448.0	490.1	548.5
2.辞退金	Dismissal Costs	11.7	4.8	33.9
3.自由职业劳动所得(如稿费、翻译费)	Income on Freelance Business(Such as Remuneration, Translation Fees)	11.8	9.1	15.5
4.安家费	Settling-in Allowance	1.8	1.1	0.4
5.股票期权	Stock Options	0.4	2.6	0.8
6.其他劳动所得	Other Labor Income	0.1	1.0	0.7
二、经营净收入	Net Business Income	4194.7	4512.7	4878.9
(一)第一产业经营净收入	Primary Industry	1771.6	1826.6	1974.7
1.农业	Farming	1435.2	1501.6	1622.7
2.林业	Forestry	117.5	110.4	112.3
3.牧业	Animal Husbandry	153.6	150.8	167.7
4.渔业	Fishery	65.4	63.8	72.0
(二)第二产业经营净收入	Secondary Industry	495.7	563.8	611.9
1.采矿业	Mining	-2.0	7.2	1.5
2.制造业	Manufacturing	145.6	308.3	333.2
3.电力、热力、燃气及水生产和供应业	Production and Supply of Electricity, Gas and Water	0.1	0.7	0.2
4.建筑业	Construction	347.9	247.6	277.0
(三)第三产业经营净收入	Tertiary Industry	1927.3	2122.3	2292.3
1.批发和零售业	Wholesale and Retail Trades	1084.6	1195.1	1226.1
2.交通运输、仓储和邮政业	Transport, Storage and Post	246.1	322.0	383.2
3.住宿和餐饮业	Hotels and Catering Services	176.5	217.5	245.0
4.房地产业	Real Estate	3.2	1.9	1.1
5.租赁和商务服务业	Leasing and Business Services	16.9	25.9	32.2
6.居民服务、修理和其他服务业	Serices to Households and Other Services	267.2	252.7	284.2
7.其他	Others	50.2	42.5	53.2
8.农林牧渔服务业	Agricultural Service	82.7	64.7	67.2
三、财产净收入	Net Property Income	966.8	1085.5	1227.7
(一)利息净收入	Net Interest Income	24.8	19.0	26.1
(二)红利收入	Dividend Income	33.7	42.0	48.6
1.集体分配的红利	Collective Distribution of Dividends	4.9	3.3	19.4
2.其他红利收入	Other Dividend Income	28.8	38.7	29.2
(三)储蓄性保险净收益	Net Income of Savings Insurance	3.3	5.6	3.4

3-2 续表2 Continued 2

项目	Item	2015	2016	2017
(四)转让承包土地经营权租金净收入	Net Income from Transfer of Right to Contracted Management of Rural Land	67.9	59.7	69.4
(五)出租房屋财产性收入	Property Income from Rental Accommodation	190.1	242.8	233.2
(六)出租机械、专利、版权等资产的收入	Income from Rental Machinery, Patent, Copyright and the Like	2.5	5.2	6.5
(七)其他财产净收入	Other Net Property Income	1.5	3.0	2.6
(八)房屋虚拟租金	Virtual Housing Rent	642.9	708.1	838.0
四、转移净收入	Net Transfer Income	3159.4	3468.3	3835.8
(一)转移性收入	Transfer Income	3984.7	4443.5	4935.9
1.养老金或离退休金	Pension or Retirement Pension	2221.7	2393.2	2608.7
(1)离退休金	Pensions of Retirees	2043.9	2198.7	2394.3
(2)(城镇)居民社会养老保险	Social Old-age Insurance for(Urban) Residents	58.8	68.9	79.3
(3)新型农村养老保险	New System of Old-age Insurance for Rural Residents	88.5	86.4	94.3
(4)其他养老金	Other Old-age Pension	30.4	39.1	40.8
2.社会救济和补助	Social Welfare or Aid	80.4	89.1	109.8
(1)最低生活保障费	Guaranteed Minimum Income	40.7	36.7	41.3
(2)五保户救助金	Aids to Households Enjoying the Five Guarantees	5.5	4.5	5.6
(3)扶贫款	Poverty Relief Funds	1.9	9.6	22.1
(4)救灾款	Disaster Relief Funds	0.7	0.8	2.5
(5)抚恤金	Pension	15.0	21.3	19.7
(6)其他社会救济收入	Other Income from Social Welfare	16.6	16.2	18.6
3.政策性生活补贴	Policy Living Allowance	29.3	19.6	37.2
(1)家电补贴	Subsidies for Home Appliances	1.5	0.9	1.0
(2)能源补贴	Subsidies for Energy	0.5	0.3	1.3
(3)免费或低价提供的住宿(廉租房)	Free or Cheap Accommodation	0.0	0.0	0.2
(4)其他生活补贴	Other Living Allowance	27.1	18.4	34.9
4.报销医疗费	Reimbursement of Medical Expenses	203.3	218.2	284.1
5.家庭外出从业人员寄回带回收入	Sent Back by Family Outings Employees	927.0	1135.4	1259.5
6.赡养收入	Alimony Income	329.8	380.4	422.0
7.其他经常转移收入	Other Regular Transfer Income	81.1	121.5	100.0
(1)失业保险金	Unemployment Insurance Benefits	2.7	6.3	4.1
(2)经常性捐赠收入	Regular Donation Income	13.5	11.8	17.2
(3)经常性赔偿收入	Regular Compensation Income	0.7	2.6	6.3

3-2 续表3 Continued 3

项 目	Item	2015	2016	2017
(4)其他转移性收入	Other Transfer Income	64.3	102.4	70.7
8.从政府和组织得到的实物产品和服务折价	Cash Calculated from Physical Products and Service Paid by Government and Organizations	11.3	12.7	13.3
9.现金政策性惠农补贴	Policy Agricultural Subsidies in Cash	100.9	73.5	101.2
(二)转移性支出	Transferred Expenditure	825.2	975.2	1100.0
1.个人所得税	Personal Income Tax	25.4	28.7	39.0
2.社会保障支出	Social Security Expenditure	650.5	784.8	883.5
(1)个人缴纳的养老保险	Individual Endowment Insurance	431.2	529.2	606.6
(2)个人缴纳的医疗保险	Individual Medical Treatment Insurance	180.9	214.3	230.0
(3)个人缴纳的失业保险	Individual Unemployment Insurance	26.7	25.0	29.1
(4)其他社会保障支出	Other Social Security Expenditure	11.6	16.2	17.8
3.外来从业人员寄给家人的支出	Sent Home to Their Families by Foreign Workers	5.0	13.0	12.2
4.赡养支出	Alimony Expenditure	71.2	72.2	78.3
5.其他转移性支出	Other Transferred Expenditure	73.2	76.5	86.9
(1)经常性捐赠支出	Regular Donation Expenditure	11.6	10.7	5.0
(2)经常性赔偿支出	Regular Compensation Expenditure	0.0	0.2	0.0
(3)其他经常转移支出	Other Regular Transfer Expenditure	61.6	65.6	82.0
现金可支配收入	**Cash Disposable Income**	**17248.7**	**18717.8**	**20619.5**
一、现金工资性收入	Cash Income from Wages and Salaries	9976.0	10853.9	11829.6
(一)工资	Wages	9502.2	10345.2	11229.8
1.按月发放的工资	Monthly Salaries	7287.9	8128.2	8742.2
2.补发工资	Reissued Salaries	238.8	160.7	166.9
3.不按月发放的奖金、津贴、过节费等	Unmonthly Paid Bonus, Allowance and Holiday Fee	1975.6	2056.3	2320.7
(二)其他工资性收入	Other Income from Wages and Salaries	473.8	508.7	599.7
1.住房公积金	Housing Accumulation Fund	448.0	490.1	548.5
2.辞退金	Dismissal Costs	11.7	4.8	33.9
3.自由职业劳动所得(如稿费、翻译费)	Income on Freelance Business (Such As Remuneration, Translation Fees)	11.8	9.1	15.5
4.安家费	Settling-in Allowance	1.8	1.1	0.4
5.股票期权	Stock Options	0.4	2.6	0.8
6.其他劳动所得	Other Labor Income	0.1	1.0	0.7
二、现金经营净收入	Net Cash Business Income	3999.5	4248.8	4862.7
(一)第一产业现金经营净收入	Primary Industry	1317.1	1206.9	1638.8

3-2 续表4 Continued 4

项目	Item	2015	2016	2017
1.农业	Farming	1065.6	936.8	1333.5
2.林业	Forestry	51.7	64.8	66.3
3.牧业	Animal Husbandry	137.4	143.5	167.2
4.渔业	Fishery	62.5	61.8	71.7
(二)第二产业现金经营净收入	Secondary Industry	530.7	698.2	695.1
1.采矿业	Mining	2.3	12.2	6.9
2.制造业	Manufacturing	155.4	381.0	376.7
3.电力、热力、燃气及水生产和供应业	Production and Supply of Electricity, Gas and Water	2.7	0.9	0.2
4.建筑业	Construction	370.3	304.1	311.4
(三)第三产业现金经营净收入	Tertiary Industry	2151.7	2343.7	2528.8
1.批发和零售业	Wholesale and Retail Trades	1184.8	1298.0	1336.5
2.交通运输、仓储和邮政业	Transport, Storage and Post	308.4	383.2	436.8
3.住宿和餐饮业	Hotels and Catering Services	197.8	237.0	267.2
4.房地产业	Real Estate	3.2	1.9	1.1
5.租赁和商务服务业	Leasing and Business Services	25.3	29.5	37.5
6.居民服务、修理和其他服务业	Serices to Households and Other Services	292.1	280.1	306.5
7.其他行业	Others	55.3	45.7	70.5
8.农林牧渔服务业	Agricultural Service	84.9	68.3	72.6
三、现金财产净收入	Net Cash Property Income	323.9	377.4	389.7
(一)利息净收入	Net Interest Income	24.8	19.0	26.1
(二)红利收入	Dividend Income	33.7	42.0	48.6
1.集体分配的红利	Collective Distribution of Dividends	4.9	3.3	19.4
2.其他红利收入	Other Dividend Income	28.8	38.7	29.2
(三)储蓄性保险净收益	Net Income of Savings Insurance	3.3	5.6	3.4
(四)转让承包土地经营权租金净收入	Net Income from Transfer of Right to Contracted Management of Rural Land	67.9	59.7	69.4
(五)出租房屋财产性收入	Property Income from Rental Accommodation	190.1	242.8	233.2
(六)出租机械、专利、版权等资产的收入	Income from Rental Machinery, Patent, Copyright and the Like	2.5	5.2	6.5
(七)其他财产净收入	Other Net Property Income	1.5	3.0	2.6
四、现金转移净收入	Net Cash Transfer Income	2949.3	3237.7	3537.5
(一)现金转移性收入	Cash Transfer Income	3770.1	4212.6	4638.4
1.养老金或离退休金	Pension or Retirement Pension	2221.7	2393.2	2608.7
(1)离退休金	Pensions of Retirees	2043.9	2198.7	2394.3

3-2 续表5 Continued 5

项 目	Item	2015	2016	2017
(2)(城镇)居民社会养老保险	Social Old-age Insurance for(Urban) Residents	58.8	68.9	79.3
(3)新型农村养老保险	New System of Old-age Insurance for Rural Residents	88.5	86.4	94.3
(4)其他养老金	Other Old-age Pension	30.4	39.1	40.8
2.社会救济和补助	Social Welfare or Aid	80.4	89.1	109.8
(1)最低生活保障费	Guaranteed Minimum Income	40.7	36.7	41.3
(2)五保户救助金	Aids to Households Enjoying the Five Guarantees	5.5	4.5	5.6
(3)扶贫款	Poverty Relief Funds	1.9	9.6	22.1
(4)救灾款	Disaster Relief Funds	0.7	0.8	2.5
(5)抚恤金	Pension	15.0	21.3	19.7
(6)其他社会救济收入	Other Income from Social Welfare	16.6	16.2	18.6
3.政策性生活补贴(只含政策生活补贴)	Policy Living Allowance	29.3	19.6	37.2
4.家庭外出从业人员寄回带回收入	Sent Back by Family Outings Employees	927.0	1135.4	1259.5
5.赡养收入	Alimony Income	329.8	380.4	422.0
6.其他经常转移收入	Other Regular Transfer Income	81.1	121.5	100.0
(1)失业保险金	Unemployment Insurance Benefits	2.7	6.4	4.1
(2)经常性捐赠收入	Regular Donation Income	12.8	11.8	17.2
(3)经常性赔偿收入	Regular Compensation Income	0.7	2.6	6.3
(4)其他转移性收入	Other Transfer Income	64.9	100.7	72.3
7.现金政策性惠农补贴	Policy Agricultural Subsidies in Cash	100.9	73.5	101.2
(二)现金转移性支出	Cash Transferred Expenditure	820.8	975.0	1100.9
1.个人所得税	Personal Income Tax	25.4	28.7	39.0
2.个人缴纳的社会保障支出	Individual Social Security Expenditure	650.5	784.8	883.5
(1)个人缴纳的养老保险	Individual Endowment Insurance	431.2	529.2	606.6
(2)个人缴纳的医疗保险	Individual Medical Treatment Insurance	180.9	214.3	230.0
(3)个人缴纳的失业保险	Individual Unemployment Insurance	26.7	25.0	29.1
(4)其他社会保障支出	Other Social Security Expenditure	11.6	16.2	17.8
3.外来从业人员寄给家人的支出	Sent Home to Their Families by Foreign Workers	5.0	13.0	12.2
4.赡养支出	Alimony Expendiuture	71.2	72.2	78.3
5.其他转移性支出	Other Transferred Expenditure	68.7	76.3	87.8
(1)经常性捐赠支出	Regular Donation Expenditure	11.6	10.7	5.0
(2)经常性赔偿支出	Regular Compensation Expenditure		0.2	0.0
(3)其他经常转移支出	Other Regular Transfer Expenditure	57.1	65.4	82.8

3-3 居民家庭人均支出情况
Annual Expenditure per Capita of Households

项　　目	Item	2015	2016	2017
总支出	**Total Expenditure**	**19317.0**	**22211.2**	**23147.6**
其中:消费支出	**Of Which:Consumption Expenditure**	**12840.1**	**14711.5**	**15751.7**
(一)食品烟酒	Food,Tobacco and Liquor	4424.2	4880.2	5143.4
1.食品	Food	3010.5	3351.4	3481.1
(1)谷物	Cereals	525.8	610.6	680.6
(2)薯类	Tubers	47.1	47.5	47.7
(3)豆类	Beans	61.4	64.6	64.0
(4)食用油	Edible Oil	130.8	135.6	143.9
(5)蔬菜和食用菌	Vegetables and Edible Fungus	382.1	441.1	439.8
(6)肉类	Meat	607.8	709.4	729.5
(7)禽类	Poultry	213.6	238.9	211.0
(8)水产品	Aquatic Products	181.8	196.6	209.9
(9)蛋类	Eggs	108.6	116.8	112.9
(10)奶类	Milk	248.9	272.8	287.5
(11)干鲜瓜果类	Fresh,Dried Melons and Fruits	251.4	274.2	301.1
(12)糖果糕点类	Candies,Cake and Cookie	114.7	119.2	120.5
(13)其他食品	Other Foods	136.4	124.4	132.9
2.烟酒	Tobacco and Liquor	700.0	747.4	791.6
(1)烟草	Tobacco	389.6	422.9	446.1
(2)酒类	Liquor	310.4	324.4	345.4
3.饮料	Drinks	116.6	125.6	141.3
4.饮食服务	Diet Service	597.0	655.9	729.4
(1)食堂用餐	Cafeteria Food	62.1	74.8	88.3
(2)其他在外饮食	Dining Out	524.3	574.0	630.7
(3)食品加工服务费	Food Processing and Service Fee	10.5	7.1	10.4
(二)衣着	Clothing	924.6	990.8	1037.5
1.衣类	Clothing	706.2	768.9	805.4
2.鞋类	Footwear	218.3	221.9	232.0
(三)居住	Residence	2630.0	3047.3	3397.6
1.租赁房房租	Rent of Rentable Housing	110.8	136.8	136.3
2.住房维修及管理	Management and Maintenance of Housing	332.4	394.3	455.3
3.水电燃料及其他	Water,Electricity,Fuels and Others	563.4	632.4	687.4
4.自有住房折算租金	Converted Rent for Private Housing	1623.3	1883.7	2118.6

3-3 续表 Continued

项 目	Item	2015	2016	2017
(四)生活用品及服务	Household Facilities, Articles and Service	698.8	868.8	890.8
1.家具及室内装饰品	Furniture and Interior Decorations	107.2	121.9	129.6
2.家用器具	Household Facilities	178.0	257.4	256.6
3.家用纺织品	Home Textiles	56.1	62.5	55.7
4.家庭日用杂品	Daily-Use Household Articles	216.9	247.8	257.9
5.个人用品	Personal Products	108.6	135.8	153.7
6.家庭服务	Household Service	31.9	43.3	37.3
(五)交通通信	Traffic and Communications	1622.3	1975.2	2102.3
1.交通	Transportation	1050.8	1329.6	1406.1
(1)交通工具	Transportation Facility	556.3	762.1	771.3
(2)交通费	Traffic Fare	153.9	175.3	187.8
(3)交通工具用燃料	Fuels	187.1	222.6	260.1
(4)交通工具使用及维修	Fees for Vehicles Use and Maintenance	153.6	169.6	186.8
其中:车辆保险支出	Of Which: Vehicle Insurance Expenditure	47.7	56.7	65.0
2.通信	Communications	571.4	645.6	696.2
(1)通信工具	Communication Facility	141.7	190.3	219.8
(2)通信服务	Communication Services	429.7	455.2	476.4
(六)教育文化娱乐	Education, Cultural & Recreation Service	1339.3	1558.8	1700.5
1.教育	Education	926.9	1047.0	1156.5
(1)学前教育	Preschool Education	85.6	97.4	103.1
(2)小学教育	Primary Education	99.7	121.4	137.8
(3)初中教育	Secondary Education	121.6	150.8	191.0
(4)高中教育	High School Education	170.4	197.1	222.9
(5)中专职高教育	Vocational Senior and Specialized Secondary Education	31.4	22.4	27.1
(6)大专及以上教育	College Education or Above	346.7	375.2	403.5
(7)成人教育	Adult Education	71.5	82.7	71.1
2.文化娱乐	Cultural and Recreation	412.4	511.7	544.0
(1)文娱耐用消费品	Cultural and Recreational Durable Consumer Goods	97.3	108.0	90.1
(2)其他文娱用品	Other Cultural Articles	95.5	104.6	125.4
(3)文化娱乐服务	Cultural and Recreation Service	219.6	299.1	328.4
(七)医疗保健	Medicine and Medical Service	932.3	1092.1	1135.9
1.医疗器具及药品	Medical Instrument and Articles	255.9	301.4	338.2
2.医疗服务	Medical Service	676.4	790.6	797.7
(1)门诊总费用	Outpatient Costs	202.4	228.1	232.8
(2)住院总费用	Hospitalization Expenses	474.0	562.5	564.9
(八)其他用品和服务	Miscellaneous Commodities and Services	268.8	298.4	343.8
1.其他用品	Miscellaneous Commodities	159.6	159.4	207.9
2.其他服务	Miscellaneous Services	109.1	139.0	135.9
附记指标:通过互联网购买的商品或服务	Postscript Index: Goods and Services Bought Online	137.4	180.4	230.1

3-4 居民家庭人均主要食品消费量(含自产自用)
Per Capita Main Food Consumption of Households

单位:千克 (kg)

项目	Item	2015	2016	2017
一、粮食消费量	Grain	142.04	140.94	137.28
(一)谷物消费量	Cereals	129.44	128.56	125.55
1.小麦	Wheat	46.57	46.37	45.00
2.稻谷	Barley	77.96	77.31	74.94
3.玉米	Corn	2.36	2.27	2.72
4.其他谷物	Other Cereals	2.55	2.60	2.89
(二)薯类消费量	Tubers	2.21	2.08	2.19
1.红薯	Sweet Potato	1.22	0.96	1.01
2.马铃薯	Potato	0.66	0.71	0.80
3.其他薯类	Other Tubers	0.34	0.41	0.38
(三)豆类消费量	Beans	10.39	10.31	9.53
1.大豆	Soybean	1.25	0.94	0.61
2.其他豆类	Other Beans	9.14	9.37	8.92
二、油脂类消费量	Oil and Fats	9.97	9.90	10.04
(一)植物油	Edible Vegetable Oil	9.28	9.22	9.40
(二)动物油	Edible Animal Oil	0.69	0.68	0.64
三、蔬菜及菜制品消费量	Vegetables and Processed Products	93.41	97.56	99.78
(一)鲜菜	Fresh Vegetables	90.81	94.80	97.02
(二)干菜及菜制品	Dried Vegetables and Processed Products	1.04	1.09	1.08
(三)鲜菌	Fresh Edible Fungus	1.32	1.42	1.45
(四)干菌及菌制品	Dried Edible Fungus and Processed Products	0.23	0.26	0.24
四、肉类	Meat and Processed Products	22.72	22.93	23.60
(一)猪肉	Pork	18.07	17.84	18.38
(二)牛肉	Beef	1.50	1.77	1.90
(三)羊肉	Mutton	0.73	1.01	0.88
(四)其他肉类及制品	Others	2.42	2.30	2.44
五、禽类	Poultry and Processed Products	10.84	11.89	10.17
(一)鸡	Chicken	7.20	7.68	6.67
(二)鸭	Duck	1.67	2.02	1.60

3-4 续表 Continued

项　目	Item	2015	2016	2017
(三)鹅	Goose	0.26	0.39	0.29
(四)其他禽类及制品	Others	1.71	1.80	1.61
六、水产品	Aquatic Products	10.83	11.20	10.81
(一)鱼类	Fish	9.15	9.40	8.88
(二)虾、贝、蟹类	Shrimps, Shells and Crabs	0.93	0.96	1.09
(三)藻类	Algae	0.43	0.46	0.45
(四)其他	Others	0.33	0.38	0.40
七、蛋类及蛋制品	Eggs and Processed Products	10.52	11.32	11.63
(一)鲜蛋	Fresh Eggs	10.00	10.73	11.05
(二)蛋制品	Egg Products	0.51	0.58	0.58
八、奶和奶制品	Milk and Dariy Products	10.70	10.52	10.98
(一)鲜奶	Fresh Milk	4.12	3.87	4.30
(二)酸奶	Yogurt	3.81	3.84	4.30
(三)奶粉	Milk Powder	0.89	0.90	0.79
(四)其他奶制品	Others	1.89	1.91	1.58
九、干鲜瓜果类	Dried and Fresh Melons and Fruits	38.25	43.53	48.17
(一)鲜瓜果	Fresh Melons and Fruits	34.73	39.93	44.44
(二)瓜果制品	Melon and Fruit Products	0.94	0.89	0.87
(三)坚果类	Nuts and Grain Products	2.58	2.71	2.86
十、糖果糕点类	Confectioneries	6.43	5.87	5.55
(一)食糖	Sugar	1.47	0.98	1.03
(二)糖果	Candy	0.58	0.61	0.54
(三)糕点	Pastry	3.56	3.43	3.30
(四)其他糖果糕点	Other Confectioneries	0.82	0.85	0.68
十一、饮料	Beverage	0.28	0.26	0.28
茶叶	Tea	0.28	0.26	0.28
十二、烟叶消费量	Tobacco	31.14	30.86	30.12
十三、酒	Liquor and Drinks	11.70	11.31	10.74
(一)白酒	Wine Spirit	3.86	3.83	3.63
(二)啤酒	Beer	7.75	7.40	7.02
(三)果酒	Fruit Wine	0.09	0.08	0.07

3-5 居民家庭第一产业经营收支

Income and Expenditure per Capita of Primary Industry

项　　目	Item	2015	2016	2017
一、第一产业经营收入(不含惠农补贴)	Income of Primary Industry Business (Excluding Agricultural Subsidies)	2964.8	3193.2	3526.5
(1)农业	Primary Industry	2206.0	2297.3	2594.9
(2)林业	Farming	146.9	129.7	126.5
(3)牧业	Forestry	465.3	619.9	592.8
(4)渔业	Animal Husbandry	146.6	146.4	212.2
二、第一产业现金经营收入	Cash Income of Primary Industry Business	2374.6	2447.6	3069.3
1.农业	Farming	1736.3	1646.6	2221.1
2.林业	Forestry	80.8	83.6	80.0
3.牧业	Animal Husbandry	415.3	574.5	557.8
4.渔业	Fishery	142.2	142.9	210.4
三、第一产业经营费用支出	Expenditure for Primary Industry Business	1098.5	1276.9	1463.7
1.农业	Farming	685.6	718.1	897.3
2.林业	Forestry	29.1	18.9	13.7
3.牧业	Animal Husbandry	303.9	458.8	413.9
4.渔业	Fishery	79.9	81.2	138.8
四、第一产业经营现金费用支出	Cash Expenditure for Primary Industry Business	1057.5	1240.7	1430.5
1.农业	Farming	670.7	709.8	887.6
2.林业	Forestry	29.1	18.9	13.7
3.牧业	Animal Husbandry	277.8	430.9	390.5
4.渔业	Fishery	79.7	81.1	138.7
五、现金政策性惠农补贴	Policy Agricultural Subsidies in Cash	100.9	73.5	101.2

3-6 居民家庭每百户耐用消费品拥有量
Ownership of Major Durable Consumer Goods per 100 Households

项　　目	Item	2015	2016	2017
一、主要消费品拥有量	**Ownership of Major Durable Consumer Goods**			
1.家用汽车	Household Automobile	14.83	18.68	21.45
2.摩托车	Motorcycle	34.09	28.48	27.64
3.助力车	Man-drawn Vehicle	73.90	81.29	87.73
4.洗衣机	Washing Machine	83.31	87.03	90.25
5.电冰箱(柜)	Refrigerator	93.71	96.45	99.00
6.微波炉	Microwave Oven	36.42	40.39	43.96
7.彩色电视机	Color TV	125.27	126.83	130.55
9.空调	Air Conditioner	99.18	112.83	121.32
10.热水器	Water Heater	80.73	87.81	91.15
11.其中:太阳能热水器	Of Which:Solar Heater	63.02	66.65	68.95
12.消毒碗柜	Disinfectant Machine	2.56	2.83	-
13.洗碗机	Dishwasher	0.24	1.01	1.16
14.排油烟机	Kitchen Ventilator	37.41	41.01	44.58
15.固定电话	Telephone	45.53	36.17	33.97
16.移动电话	Mobile Telephone	210.75	221.75	229.96
18.计算机	Computer	45.26	44.96	46.23
20.摄像机	Video Camera	2.34	2.24	-
21.照相机	Camera	14.91	11.37	11.93
22.中高档乐器	Medium Upscale Musical Instrument	1.96	2.18	2.88
23.健身器材	Healthy Equipment	2.01	2.19	2.98
24.组合音响	Hi-Fi Stereo Component System	5.04	4.06	-
二、信息化调查情况	**Informatization**			
接入有线电视网络的电视机(台)	TV set for Acessing Cable Televison Network(set)	61.63	64.0	68.09
接入互联网的移动电话(部)	Network-connected Hand Telephone(unit)	83.44	108.8	129.40
接入互联网的计算机(台)	Network-connected Computers(set)	36.12	36.1	36.97

3-7 居民家庭居住情况
Living Conditions of Households

项　　目	Item	2015	2016	2017
现住房建筑面积(平方米/人)	Total Floor Space for Current Housing(sq.m/person)	41.12	43.4	44.33
(一)本住户居住类型(%)	Type of Residence(%)			100.00
1.普通住宅	Ordinary House	99.36	99.0	99.42
2.集体宿舍和工棚	Dormitory and Work Shed	0.54	0.9	0.49
3.工作地住宿	Get Accommodation at Workplace	0.10	0.1	0.09
(二)本住户居住空间样式(%)	House Styles(%)			100.00
1.单栋楼房	Single Building	39.78	40.6	41.18
2.单栋平房	Single Bungalow	23.84	20.6	19.56
3.四居室及以上单元房	Unit with Four Rooms and Over	1.20	1.6	1.85
4.三居室单元房	Unit with Three Rooms	14.78	16.1	16.41
5.二居室单元房	Unit with Two Rooms	15.65	16.2	16.51
6.一居室单元房	Unit with One Room	1.23	1.2	1.17
7.筒子楼或连片平房	Tube-shaped Apartments or Rows of Bungalow	2.13	1.9	1.69
8.其他	Others	1.40	1.7	1.64
(三)主要建筑材料(%)	Main Architecture Materials(%)			100.00
1.钢筋混凝土	Reinforced Concrete	30.89	34.0	35.46
2.砖混材料	Brick-concrete-structured Materials	52.17	51.3	50.55
3.砖瓦砖木	Tile and Wood	16.66	14.4	13.74
4.竹草土坯	Bamboo,Grass and Adobe	0.15	0.1	0.07
5.其他	Others	0.14	0.2	0.18
(四)现住房房屋来源(%)	Source of Current Housing(%)			100.00
1.租赁公房	Rental Public Housing	0.66	0.5	0.42
2.租赁私房	Rental Privately Owned Housing	4.77	5.1	4.31
3.自建住房	Self Help Housing	61.55	60.3	59.70
4.购买商品房	Purchase of Merchandise Housing	17.64	19.4	20.28

3-7 续表1 Continued 1

项 目	Item	2015	2016	2017
5.购买房改住房	Privately Owned House After Housing Reform	8.05	8.2	8.14
6.购买保障性住房	Purchase of Social Housing	0.31	0.4	0.40
7.拆迁安置房	Resettlement Housing	5.08	4.8	5.25
8.继承或获赠住房	Inherited or Received Housing	0.58	0.3	0.24
9.免费借用房	Free Borrowed Housing	0.60	0.4	0.36
10.雇主提供免费住房	Free Housing Provided by Employer	0.17	0.1	0.09
11.其他来源	Others	0.60	0.6	0.81
(五)现住房建筑面积	Floor Space of Current Housing(%)			100.00
1.10平方米以内	Below 10 sq.m	0.08	0.2	0.02
2.10~20平方米	10~20 sq.m	0.42	0.3	0.32
3.20~30平方米	20~30 sq.m	1.16	0.9	0.78
4.30~60平方米	30~60 sq.m	11.76	11.2	10.79
5.60~90平方米	60~90 sq.m	28.09	26.	26.09
6.90~120平方米	90~120 sq.m	24.35	24.6	25.18
7.120~200平方米	120~200 sq.m	22.89	23.1	23.20
8.200平方米以上	Above 200 sq.m	11.26	13.4	13.61
(六)住宅外道路路面情况(%)	Pavement Conditions Out of the House(%)			100.00
1.水泥或柏油路面	Cement or Asphalt Pavement	67.32	72.8	75.98
2.沙石或石板等硬质路面	Sand or Stone Pavement	23.20	21.1	18.98
3.其他	Others	9.48	6.0	5.04
(七)住宅有管道供水情况(%)	Conditions of Piped Water Supply(%)			100.00
1.管道供水入户	Piped Water Supply into People's Homes	70.48	77.4	79.17
2.管道供水至公共取水点	Piped Water Supply to Watering Points	0.80	0.5	0.67
3.没有管道设施	No Pipeline Facilities	28.72	22.2	20.16
(八)住户主要饮用水来源情况(%)	Source of Drinking Water(%)			100.00
1.经过净化处理的自来水	Purified Tap Water	67.44	73.5	75.52
2.受保护的井水和泉水	Protected Wells and Springs	17.72	15.0	15.00
3.不受保护的井水和泉水	Unprotected Wells and Springs	13.74	10.5	8.63

3-7 续表2 Continued 2

项　　目	Item	2015	2016	2017
4.江河湖泊水	Rivers and Lakes	0.27	0.2	0.22
5.收集雨水	Collected Rainwater	0.02	0.0	0.02
6.桶装水	Barreled Water	0.09	0.2	0.20
7.其他水源	Others	0.72	0.6	0.42
（九）住户获取饮用水的主要困难（%）	Difficulties to Get Drinking Water(%)			100.00
1.单次取水往返时间超过半小时	Taking More than a Half-hour to Get Water	0.24	0.2	0.06
2.间断或定时供水	Intermittent or Timing Water Supply	2.26	2.3	1.98
3.当年连续缺水时间超过16天	Longer than 16 Days of Shortage of Water	0.93	0.4	0.48
4.无上述困难	No Such Difficulties	96.56	97.1	97.47
（十）住户饮用水使用前采取的主要处理措施（%）	Treatments Before Drinking Water(%)			100.00
1.煮沸	Boiling	88.45	89.2	90.28
2.加漂白剂/氯等	Adding Bleach/Chloride, etc.	0.87	0.6	0.64
3.使用水过滤器	Using Water Filter	0.77	1.2	1.19
4.其他处理措施	Other Treatments	0.66	0.9	0.77
5.没有任何水处理措施	No Treatments	9.25	8.2	7.13
（十一）住户厕所类型（%）	Type of Toilet(%)			100.00
1.水冲式卫生厕所	Flush Sanitary Toilets	46.67	49.2	50.97
2.水冲式非卫生厕所	Flush Insanitary Toilets	2.31	2.4	2.48
3.卫生旱厕	Sanitary Dry Latrines	8.51	9.5	9.45
4.普通旱厕	Ordinary Dry Latrines	40.39	37.2	35.60
5.无厕所	No Toilet	2.12	1.6	1.51
（十二）住户厕所使用情况（%）	Use of Toilet(%)			100.00
1.本住户独用	Private Toilet	93.79	94.2	95.11
2.几户合用	Toilet Shared by Several Households	3.24	3.1	2.66
3.公用厕所	Public Toilets	2.96	2.7	2.23
（十三）住户洗澡设施情况（%）	Facilities for Bathing(%)			100.00
1.统一供热水	Unified Hot Water Supply	1.76	1.6	1.59
2.家庭自装热水器	Installation of Water Heater	74.03	78.1	80.21

3-7 续表 3 Continued 3

项　　目	Item	2015	2016	2017
3.其他	Others	5.05	4.4	3.96
4.无洗澡设施	No Facilities for Bathing	19.16	16.0	14.24
(十四)住户主要取暖设备状况(%)	Heating Equipment(%)			100.00
1.由市政或小区集中供暖	Municipal or District Central Heating	0.86	0.6	0.43
2.自行供暖	Self Heating	56.69	58.2	65.32
3.无取暖设备	No Heating Equipment	42.45	41.3	34.25
(十五)住户主要取暖用能源状况(%)	Heating Energy(%)			100.00
1.柴草	Firewood	11.80	9.4	8.73
2.煤炭	Coal	1.80	0.7	0.51
3.罐装液化石油气	Canned Liquified Petroleum Gas	4.03	4.5	3.65
4.管道液化石油气	Pipeline Liquified Petroleum Gas	0.23	0.2	0.18
5.管道煤气	Pipeline Gas	0.10	0.2	0.06
6.管道天然气	Pipeline Natural Gas	2.54	2.4	2.02
7.电	Electricity	50.81	55.2	62.42
8.燃料用油	Fuel Oil		0.0	0.00
9.沼气	Methane	0.05	0.0	0.01
10.其他	Others	2.18	1.7	1.42
11.无取暖行为	No Heating Behavior	26.46	25.7	20.99
(十六)主要炊用能源状况(%)	Cooking Energy(%)			100.00
1.柴草	Firewood	33.82	29.0	27.65
2.煤炭	Coal	1.60	0.8	0.67
3.罐装液化石油气	Canned Liquified Petroleum Gas	32.54	33.1	31.82
4.管道液化石油气	Pipeline Liquified Petroleum Gas	0.97	1.5	1.61
5.管道煤气	Pipeline Gas	1.32	1.6	1.30
6.管道天然气	Pipeline Natural Gas	19.26	20.8	21.82
7.电	Electricity	9.94	12.5	14.60
8.燃料用油	Fuel Oil	0.00	0.0	0.05
9.沼气	Methane	0.13	0.2	0.12
10.其他	Others	0.16	0.3	0.20
11.无炊用行为	No Cooking Behavior	0.25	0.3	0.15

3-8 分城乡居民家庭生活基本情况
Basic Conditions of Urban and Rural Households

指 标	Item	2015	2016	2017
调查户数(户)	**Number of Households Surveyed(household)**			
城镇	Urban			
农村	Rural			
平均每户家庭人口(人)	**Household Size(person)**			
城镇	Urban	2.95	2.89	2.87
农村	Rural	3.02	3.00	2.96
就业	**Employment**			
城镇常住居民家庭每户就业人口(人)	Average Number of Employed Persons per Urban Household(person)	1.61	1.55	1.56
农村常住居民家庭每户就业整半劳动力(人)	Average Number of Employed Full/Semi Laborer per Rural Household(person)	1.98	1.97	1.99
农村常住居民家庭每一就业劳动力负担人数(人)	Number of Dependents per Employed Laborer of Rural Household(person)	1.53	1.53	1.50
城镇常住居民家庭每一就业者负担人数(人)	Number of Dependents per Employee of Urban Household (person)	1.83	1.87	1.84
收入与支出	**Income and Expenditure**			
城镇常住居民人均可支配收入(元)	Annual per Captita Disposable Income of Urban Residents (yuan)	26936	29156	31640
农村常住居民人均可支配收入(元)	Annual per Captita Disposable Income of Rural Residents (yuan)	10821	11720	12758
城镇常住居民人均消费支出(元)	Annual per Capita Consumption Expenditure of Urban Residents(yuan)	17234	19606	20740
农村常住居民人均消费支出(元)	Annual per Capita Consumption Expenditure of Rural Residents(yuan)	8975	10287	11106
生活质量	**Life Quality**			
居民家庭恩格尔系数(%)	Engel's Coefficient of Households(%)			
城镇	Urban	33.67	32.55	32.14
农村	Rural	35.79	34.25	33.50
居住条件	Residence Condition			
城镇常住居民人均住房建筑面积(平方米)	Per Capita Building Space of Urban Residents(sq.m)	34.71	36.91	37.44
农村常住居民人均住房建筑面积(平方米)	Per Capita Living Space of Rural Residents(sq.m)	46.76	49.36	51.16
交通条件	Traffic Condition			
城镇常住居民百户家用汽车拥有量(辆)	Number of Automobile per 100 Urban Households(unit)	21.87	26.65	28.57
农村常住居民百户家用汽车拥有量(辆)	Number of Automobile per 100 Rural Households(unit)	8.48	11.22	14.85
移动电话普及率	Popularization Rate of Mobile Telephone			
城镇常住居民(部/百户)	Urban(set/100 Households)	216.75	221.93	229.82
农村常住居民(部/百户)	Rural(set/100 Households)	205.34	221.59	230.1

3-9 城镇常住居民调查户基本情况
Basic Conditions of Urban Households Surveyed

指　　标	Item	单位	Unit	2015	2016	2017
一、期末户均调查人口	Average Household Size Surveyed	人	person	3.1	3.1	3.0
二、期末常住成员情况	Conditions of Urban Residents	—				
(一)户均常住成员	Permanent Residents per Household	人	person	2.9	2.9	2.9
其中:在校学生人数	Of Which: Enrolled Students	人	person	0.5	0.5	0.5
(二)性别	Gender	—				
1.男性	Male	%	%	49.8	49.7	50.0
2.女性	Female	%	%	50.2	50.3	50.0
(三)户口状况	Residence Registration	—				
1.农业	Agricultural Account	%	%	33.1	31.4	30.9
2.非农业	Non-agricultural Account	%	%	66.6	68.4	68.8
3.其他	Others	%	%	0.3	0.2	0.3
(四)15岁及以上常住成员受教育程度	Education Level of Residents Aged 15 and Above	—				
1.未上过学	Not Been to School	%	%	4.0	3.3	3.3
2.小学	Primary School	%	%	17.2	16.7	16.7
3.初中	Junior Secondary School	%	%	33.4	33.0	32.9
4.高中	Senior Secondary School	%	%	21.6	21.7	21.8
5.大学专科	Junior College	%	%	13.0	13.1	13.3
6.大学本科	Undergraduate college	%	%	9.8	11.4	11.2
7.研究生	Postgraduate	%	%	1.0	0.8	0.8
三、常住从业人员情况	Employment	—				
(一)户均常住从业人数	Employees per Household	人	person	1.6	1.5	1.6
(二)就业状况	Job Situation	—				
1.雇主	Employer	%	%	2.3	1.7	1.5

3-9 续表 Continued

指 标	Item	单位	Unit	2015	2016	2017
2.公职人员	Public Officer	%	%	4.9	5.6	5.9
3.事业单位人员	Institution Worker	%	%	13.0	12.8	12.8
4.国有企业雇员	State-owned Enterprise Employee	%	%	9.3	9.4	9.2
5.其他雇员	Other Employee	%	%	50.0	50.2	51.4
6.农业自营	Agricultural Self-employed	%	%	4.6	4.5	4.0
7.非农自营	Non-agricultural Self-employed	%	%	15.9	15.7	15.2
(三)主要从事行业	Industries Engaged	—				
1.第一产业	Primary Industry	%	%	5.3	5.4	5.0
2.第二产业	Secondary Industry	%	%	22.9	22.2	22.4
3.第三产业	Tertiary Industry	%	%	71.8	72.4	72.7
四、调查户基本情况	Basic Conditions of Surveyed Households	—				
(一)住户类型	Household Type	—				
1.家庭居住户	Family Household	%	%	99.1	98.5	99.7
2.集体居住户	Collective Household	%	%	0.9	1.5	0.3
(二)户主文化程度	Education Level of Householder	—				
1.未上过学	Not Been to School	%	%	2.4	2.1	2.1
2.小学	Primary School	%	%	10.3	8.7	8.6
3.初中	Junior Secondary School	%	%	38.4	37.3	37.3
4.高中	Senior Secondary School	%	%	21.6	23.2	22.9
5.大学专科	Junior College	%	%	15.1	15.0	15.3
6.大学本科	Undergraduate college	%	%	11.3	12.9	12.9
7.研究生	Postgraduate	%	%	1.0	1.0	0.9
(三)农业经营户占全部户比例	Proportion of Agricultural Operation Households to the Total	%	%	8.4	9.2	8.7

3-10 城镇常住居民家庭基本情况
Basic Conditions of Urban Resident Households

项目	Item	2015	2016	2017
调查户数(户)	Number of Households Surveyed (household)			
平均每户家庭人口(人)	Average Household Size (person)	2.95	2.89	2.87
平均每户整半劳动力人口(人)	Average Number of Employed Persons per Household(person)	2.09	2.04	2.06
城镇居民家庭恩格尔系数(%)	Engel's Coefficient of Households(%)	33.67	32.55	32.14
可支配收入	Disposable Income	26936	29156	31640
工资性收入	Wages Income	16929	18278	19756
经营净收入	Net Income From Business	4172	4420	4721
财产净收入	Property Income	1882	2080	2311
转移净收入	Transfer Income	3953	4378	4852
平均每人消费性支出(元)	Per Capita Annual Living Expenditures for Consumption(yuan)	17234	19606	20740
一、食品	Food	5802	6382	6665
二、衣着	Clothing	1403	1491	1544
三、居住	Residence	3460	3931	4235
四、生活用品及服务	Household Facilities, Articles and Service	926	1118	1215
五、交通通信	Traffic and Communications	2266	2748	2914
六、教育文化娱乐	Education, Cultural & Recreation Service	1913	2233	2372
七、医疗保健	Medicine and Medical Service	1073	1269	1275
八、其他用品和服务	Miscellaneous Commodities and Services	389	433	520
平均每人消费性支出构成(人均消费性支出=100)(%)	Composition of per Capita Annual Living Expenditures for Consumption(%)	100.00	100.00	100.00
一、食品	Food	33.67	32.55	32.14
二、衣着	Clothing	8.14	7.60	7.45
三、居住	Residence	20.08	20.05	20.42
四、生活用品及服务	Household Facilities, Articles and Service	5.38	5.70	5.86
五、交通通信	Traffic and Communications	13.15	14.02	14.05
六、教育文化娱乐	Education, Cultural & Recreation Service	11.10	11.39	11.44
七、医疗保健	Medicine and Medical Service	6.23	6.47	6.15
八、其他用品和服务	Miscellaneous Commodities and Services	2.26	2.21	2.51
期末住房情况				
拥有住房面积(平方米/人)	Dwelling Space(sq.m/person)	34.71	37.99	39.13
住房价值(元/人)	Value of Houses(yuan/person)	131454	158939	177395
期内新建(购)住房情况	Newly-built Houses Within the Year			
新建(购)住房面积(平方米/人)	Newly-built House Space(sq.m/person)	1.20	1.47	1.77
新建(购)住房价值(元/人)	Value in Each Squre Meter(yuan/person)	5985	7312	8549

3-11 城镇常住居民家庭人均收入情况
Annual Income per Capita of Urban Resident Households

项目	Item	2015	2016	2017
总收入(未扣除生产费用)	**Total Income(Not Deduct the Production Cost)**	**29461**	**32177**	**34672**
工资性收入	Income from Wages and Salaries	16929	18278	19756
经营性收入	Household Business Income	5108	5600	5681
财产性收入	Property Income	2027	2235	2467
转移性收入	Transferred Income	5398	6064	6767
现金可支配收入	**Cash Disposable Income**	**25543**	**27723**	**29700**
现金工资性收入	Cash Wages Income	16810	18148	19602
现金经营净收入	Net Cash Income From Business	4517	4915	5086
现金财产净收入	Net Cash Property Income	508	588	573
现金转移净收入	Net Cash Transfer Income	3708	4072	4439
总支出	**Total Expenditures**	**24093**	**27685**	**28528**
消费支出	Expenditure for Consumption	17234	19606	20740
生产经营费用支出	Expenditure for Business	524	644	521
财产性支出	Property Expenditure	145	155	157
转移性支出	Transferred Expenditure	1436	1686	1916
现金支出	**Cash Expenditure**	**21447**	**24780**	**25224**
现金消费支出	Cash Expenditure for Consumption	14589	16705	17440
生产经营费用支出	Cash Expenditure for Business	522	640	517
现金财产性支出	Cash Property Expenditure	145	155	157
现金转移性支出	Cash Transferred Expenditure	1436	1686	1916
可支配收入	**Disposable Income**	**26936**	**29156**	**31640**
一、工资性收入	Income from Wages and Salaries	16929	18278	19756
(一)工资	Wages	15829	17121	18409
1.按月发放的工资	Monthly Salaries	13516	14751	15617
2.补发工资	Reissued Salaries	350	249	259
3.不按月发放的奖金、津贴、过节费等	Unmonthly Paid Bonus, Allowance and Holiday Fee	1963	2121	2532
(二)实物福利	Benefits in Kind	118	130	154
1.从单位或雇主得到的实物产品折价	Cash Calculated from Physical Products Paid by Unit or Employer	28	29	32

3-11 续表 1 Continued 1

项 目	Item	2015	2016	2017
2.从单位或雇主得到的服务折价	Cash Calculated from Services by Unit or Employer	90	101	122
3.单位或雇主实物福利报销所得	Benefits in Kind Reimbursement	0	0	0
(三)其他	Others	981	1027	1193
1.住房公积金	Housing Accumulation Fund	934	990	1095
2.辞退金	Dismissal Costs	24	10	70
3.自由职业劳动所得(如稿费、翻译费)	Income on Freelance Business(Such as Remuneratior,Translation Fees)	20	18	26
4.安家费	Settling-in Allowance	3	2	1
5.股票期权	Stock Options	1	5	2
6.其他劳动所得	Other Labor Income	0	1	1
二、经营净收入	Net Business Income	4172	4420	4721
(一)第一产业经营净收入	Primary Industry	367	363	443
1.农业	Farming	268	304	371
2.林业	Forestry	24	11	10
3.牧业	Animal Husbandry	64	43	56
4.渔业	Fishery	12	5	5
(二)第二产业经营净收入	Secondary Industry	770	859	914
1.采矿业	Mining	5	0	-1
2.制造业	Manufacturing	203	517	543
3.电力、热力、燃气及水生产和供应业	Production and Supply of Electricity,Gas and Water	1	0	0
4.建筑业	Construction	561	343	373
(三)第三产业经营净收入	Tertiary Industry	3036	3198	3364
1.批发和零售业	Wholesale and Retail Trades	1819	1793	1851
2.交通运输、仓储和邮政业	Transport,Storage and Post	343	422	457
3.住宿和餐饮业	Hotels and Catering Services	301	444	481
4.房地产业	Real Estate	5	3	2
5.租赁和商务服务业	Leasing and Business Services	28	53	57
6.居民服务、修理和其他服务业	Serices to Households and Other Services	424	398	423
7.其他	Others	96	73	80
8.农林牧渔服务业	Agricultural Service	20	13	11
三、财产净收入	Net Property Income	1882	2080	2311

3-11 续表2 Continued 2

项 目	Item	2015	2016	2017
(一)利息净收入	Net Interest Income	11	19	32
(二)红利收入	Dividend Income	67	44	55
1.集体分配的红利	Collective Distribution of Dividends	8	6	15
2.其他红利收入	Other Dividend Income	59	38	40
(三)储蓄性保险净收益	Net Income of Savings Insurance	7	11	6
(四)转让承包土地经营权租金净收入	Net Income from Transfer of Right to Contracted Management of Rural Land	31	14	7
(五)出租房屋财产性收入	Property Income from Rental Accommodation	390	492	463
(六)出租机械、专利、版权等资产的收入	Income from Rental Machinery, Patent, Copyright and the Like	3	7	7
(七)其他财产净收入	Other Net Property Income	0	2	3
(八)房屋虚拟租金	Virtual House Rent	1374	1492	1738
四、转移净收入	Net Transfer Income	3953	4378	4852
(一)转移性收入	Transfer Income	5398	6065	6767
1.养老金或离退休金	Pension or Retirement Pension	4202	4514	4860
(1)离退休金	Pensions of Retirees	4035	4310	4628
(2)(城镇)居民社会养老保险	Social Old-age Insurance for(Urban) Residents	102	123	142
(3)新型农村养老保险	New System of Old-age Insurance for Rural Residents	26	29	35
(4)其他养老金	Other Old-age Pension	39	52	55
2.社会救济和补助	Social Welfare or Aid	71	72	94
(1)最低生活保障费	Guaranteed Minimum Income	41	32	42
(2)五保户救助金	Aids to Households Enjoying the Five Guarantees	0	2	1
(3)扶贫款	Poverty Relief Funds	2	0	6
(4)救灾款	Disaster Relief Funds	0	0	3
(5)抚恤金	Pension	15	26	23
(6)其他社会救济收入	Other Income from Social Welfare	12	13	0
3.政策性生活补贴	Policy Living Allowance	26	11	48
(1)家电补贴	Subsidies for Home Appliances	2	0	2
(2)能源补贴	Subsidies for Energy	1	0	1
(3)免费或低价提供的住宿(廉租房)	Free or Cheap Accommodation	0	0	0
(4)其他生活补贴	Other Living Allowance	24	11	44

3-11 续表3 Continued 3

项　目	Item	2015	2016	2017
4.报销医疗费	Reimbursement of Medical Expenses	238	288	0
5.家庭外出从业人员寄回带回收入	Sent Back by Family Outings Employees	397	544	0
6.赡养收入	Alimony Income	324	406	395
7.其他经常转移收入	Other Regular Transfer Income	103	190	709
(1)失业保险金	Unemployment Insurance Benefits	6	13	466
(2)经常性捐赠收入	Regular Donation Income	20	17	165
(3)经常性赔偿收入	Regular Compensation Income	0	0	8
(4)其他转移性收入	Other Transfer Income	78	163	35
8.从政府和组织得到的实物产品和服务折价	Cash Calculated from Physical Products and Service Paid by Government and Organizations	17	18	17
9.现金政策性惠农补贴	Policy Agricultural Subsidies in Cash	21	21	14
(二)转移性支出	Transferred Expenditure	1445	1687	1914
1.个人所得税	Personal Income Tax	52	58	77
2.社会保障支出	Social Security Expenditure	1149	1356	1524
(1)个人缴纳的养老保险	Individual Endowment Insurance	822	985	1119
(2)个人缴纳的医疗保险	Individual Medical Treatment Insurance	253	294	317
(3)个人缴纳的失业保险	Individual Unemployment Insurance	54	49	56
(4)其他社会保障支出	Other Social Security Expenditure	20	28	32
3.外来从业人员寄给家人的支出	Sent Home to Their Families by migrant Workers	6	25	24
4.赡养支出	Alimony Expenditure	121	123	138
5.其他转移性支出	Other Transferred Expenditure	116	124	152
(1)经常性捐赠支出	Regular Donation Expenditure	20	20	8
(2)经常性赔偿支出	Regular Compensation Expenditure	0	0	0
(3)其他经常转移支出	Other Regular Transfer Expenditure	96	105	144
现金可支配收入	**Cash Disposable Income**	**25543**	**27723**	**29700**
一、现金工资性收入	Cash Income from Wages and Salaries	16810	18148	19602
(一)工资	Wages	15829	17121	18409
1.按月发放的工资	Monthly Salaries	13516	14751	15617
2.补发工资	Reissued Salaries	350	249	259
3.不按月发放的奖金、津贴、过节费等	Unmonthly Paid Bonus, Allowance and Holiday Fee	1963	2121	2532
(二)其他工资性收入	Other Income from Wages and Salaries	981	1027	1193

3-11 续表4 Continued 4

项　　目	Item	2015	2016	2017
1.住房公积金	Housing Accumulation Fund	934	990	1095
2.辞退金	Dismissal Costs	24	10	70
3.自由职业劳动所得(如稿费、翻译费)	Income on Freelance Business(Such as Remuneration、Translation Fees)	20	18	26
4.安家费	Settling-in Allowance	3	2	1
5.股票期权	Stock Options	1	5	2
6.其他劳动所得	Other Labor Income	0	1	1
二、现金经营净收入	Net Cash Business Income	4517	4915	5086
(一)第一产业现金经营净收入	Primary Industry	317	333	381
1.农业	Farming	234	282	314
2.林业	Forestry	11	6	4
3.牧业	Animal Husbandry	61	41	57
4.渔业	Fishery	11	5	5
(二)第二产业现金经营净收入	Secondary Industry	822	1095	1035
1.采矿业	Mining	5	0	-1
2.制造业	Manufacturing	210	647	599
3.电力、热力、燃气及水生产和供应业	Production and Supply of Electricity,Gas and Water	3	0	0
4.建筑业	Construction	604	448	437
(三)第三产业现金经营净收入	Tertiary Industry	3378	3487	3669
1.批发和零售业	Wholesale and Retail Trades	1992	1940	2022
2.交通运输、仓储和邮政业	Transport,Storage and Post	407	479	498
3.住宿和餐饮业	Hotels and Catering Services	340	475	514
4.房地产业	Real Estate	5	3	2
5.租赁和商务服务业	Leasing and Business Services	45	59	67
6.居民服务、修理和其他服务业	Serices to Households and Other Services	463	439	452
7.其他行业	Others	106	78	101
8.农林牧渔服务业	Agricultural Service	20	13	13
三、现金财产净收入	Net Cash Property Income	508	588	573
(一)利息净收入	Net Interest Income	11	19	32
(二)红利收入	Dividend Income	67	44	55
1.集体分配的红利	Collective Distribution of Dividends	8	6	15

3-11 续表5 Continued 5

项　目	Item	2015	2016	2017
2.其他红利收入	Other Dividend Income	59	38	40
(三)储蓄性保险净收益	Net Income of Savings Insurance	7	11	6
(四)转让承包土地经营权租金净收入	Net Income from Transfer of Right to Contracted Management of Rural Land	31	14	7
(五)出租房屋财产性收入	Property Income from Rental Accommodation	390	492	463
(六)出租机械、专利、版权等资产的收入	Income from Rental Machinery, Patent, Copyright and the Like	3	7	7
(七)其他财产净收入	Other Net Property Income	0	2	3
四、现金转移净收入	Net Cash Transfer Income	3708	4072	4439
(一)现金转移性收入	Cash Transfer Income	5143	5758	6355
1.养老金或离退休金	Pension or Retirement Pension	4202	4514	4860
(1)离退休金	Pensions of Retirees	4035	4310	4628
(2)(城镇)居民社会养老保险	Social Old-age Insurance for(Urban) Residents	102	123	142
(3)新型农村养老保险	New System of Old-age Insurance for Rural Residents	26	29	35
(4)其他养老金	Other Old-age Pension	39	52	55
2.社会救济和补助	Social Welfare or Aid	71	72	94
(1)最低生活保障费	Guaranteed Minimum Income	41	32	42
(2)五保户救助金	Aids to Households Enjoying the Five Guarantees	0	2	1
(3)扶贫款	Poverty Relief Funds	2	0	6
(4)救灾款	Disaster Relief Funds	0	0	3
(5)抚恤金	Pension	15	26	23
(6)其他社会救济收入	Other Income from Social Welfare	12	13	0
3.政策性生活补贴(只含政策生活补贴)	Policy Living Allowance	26	11	48
4.家庭外出从业人员寄回带回收入	Sent Back by Family Outings Employees	397	544	709
5.赡养收入	Alimony Income	324	406	466
6.其他经常转移收入	Other Regular Transfer Income	103	190	165
(1)失业保险金	Unemployment Insurance Benefits	6	13	8
(2)经常性捐赠收入	Regular Donation Income	18	17	35
(3)经常性赔偿收入	Regular Compensation Income	0	0	2
(4)其他转移性收入	Other Transfer Income	78	159	119
7.现金政策性惠农补贴	Policy Agricultural Subsidies in Cash	21	21	14

3-11 续表 6 Continued 6

项 目	Item	2015	2016	2017
(二)现金转移性支出	Cash Transferred Expenditure	1436	1686	1916
1.个人所得税	Personal Income Tax	52	58	77
2.个人缴纳的社会保障支出	Individual Social Security Expentiduture	1149	1356	1524
(1)个人缴纳的养老保险	Individual Endowment Insurance	822	985	1119
(2)个人缴纳的医疗保险	Individual Medical Treatment Insurance	253	294	317
(3)个人缴纳的失业保险	Individual Unemployment Insurance	54	49	56
(4)其他社会保障支出	Other Social Security Expenditure	20	28	32
3.外来从业人员寄给家人的支出	Sent Home to Their Families by Migrant Workers	6	25	24
4.赡养支出	Alimony Expenditure	121	123	138
5.其他转移性支出	Other Transferred Expenditure	106	124	154
(1)经常性捐赠支出	Regular Donation Expenditure	20	20	8
(2)经常性赔偿支出	Regular Compensation Expenditure	0	0	0
(3)其他经常转移支出	Other Regular Transfer Expenditure	86	104	146

3-12 居民家庭人均支出情况
Annual Expenditure per Capita of Households

项　　目	Item	2015	2016	2017
总支出	**Total Expenditure**	**24093**	**27685**	**28528**
其中:消费支出	**Consumption Expenditure**	**17234**	**19606**	**20740**
(一)食品烟酒	Food,Tobacco and Liquor	5802	6382	6665
1.食品	Food	3827	4263	4384
(1)谷物	Cereals	632	789	890
(2)薯类	Tubers	42	49	50
(3)豆类	Beans	70	73	71
(4)食用油	Edible Oil	150	153	162
(5)蔬菜和食用菌	Vegetables and Edible Fungus	521	597	582
(6)肉类	Meat	754	877	880
(7)禽类	Poultry	265	296	257
(8)水产品	Aquatic Products	260	282	297
(9)蛋类	Eggs	127	134	130
(10)奶类	Milk	314	333	345
(11)干鲜瓜果类	Fresh,Dried Melons and Fruits	355	379	408
(12)糖果糕点类	Candies,Cake and Cookie	156	157	156
(13)其他食品	Other Foods	182	144	156
2.烟酒	Tobacco and Liquor	815	861	903
(1)烟草	Tobacco	465	499	527
(2)酒类	Liquor	349	362	376
3.饮料	Drinks	136	144	165
4.饮食服务	Diet Service	1025	1114	1214
(1)食堂用餐	Cafeteria Food	111	125	147
(2)其他在外饮食	Dining Out	901	983	1056
(3)食品加工服务费	Food Processing and Service Fee	12	6	12

3-12 续表 1 Continued 1

项 目	Item	2015	2016	2017
(二)衣着	Clothing	1403	1491	1544
1.衣类	Clothing	1092	1181	1226
2.鞋类	Footwear	311	310	318
(三)居住	Residence	3460	3931	4235
1.租赁房房租	Rent of Rentable Housing	172	212	215
2.住房维修及管理	Management and Maintenance of Housing	397	511	508
3.水电燃料及其他	Water,Electricity,Fuels and Others	688	794	815
4.自有住房折算租金	Converted Rent for Private Housing	2204	2414	2697
(四)生活用品及服务	Household Facilities,Articles and Service	926	1118	1215
1.家具及室内装饰品	Furniture and Interior Decorations	134	145	197
2.家用器具	Household Facilities	231	323	339
3.家用纺织品	Home Textiles	71	76	77
4.家庭日用杂品	Daily-Use Household Articles	267	305	315
5.个人用品	Personal Products	169	204	225
6.家庭服务	Household Service	54	65	62
(五)交通通信	Traffic and Communications	2266	2748	2914
1.交通	Transportation	1484	1902	2020
(1)交通工具	Transportation Facility	756	1093	1100
(2)交通费	Traffic Fare	232	265	290
(3)交通工具用燃料	Fuels	283	319	379
(4)交通工具使用及维修	Fees for Vehicles Use and Mamintenance	213	225	252
其中:车辆保险支出	Of Which:Vehicle Insurance Expenditure	80	88	100
2.通信	Communications	782	846	894
(1)通信工具	Communication Facility	191	243	287
(2)通信服务	Communication Services	591	603	608
(六)教育文化娱乐	Education,Cultural and Recreation Service	1913	2233	2372

3-12 续表2 Continued 2

项目	Item	2015	2016	2017
1.教育	Education	1251	1386	1490
(1)学前教育	Preschool Education	124	130	130
(2)小学教育	Primary Education	116	134	165
(3)初中教育	Secondary Education	143	177	203
(4)高中教育	High School Education	215	249	279
(5)中专职高教育	Vocational Senior and Specialized Secondary Education	44	19	24
(6)大专及以上教育	College Education or Above	495	552	605
(7)成人教育	Adult Education	114	125	84
2.文化娱乐	Cultural and Recreation	662	847	882
(1)文娱耐用消费品	Cultural and Recreational Durable Consumer Goods	131	151	130
(2)其他文娱用品	Other Cultural Articles	117	127	134
(3)文化娱乐服务	Cultural and Recreation Service	414	569	619
(七)医疗保健	Medicine and Medical Service	1073	1269	1275
1.医疗器具及药品	Medical Instrument and Articles	337	394	437
2.医疗服务	Medical Service	737	875	838
(1)门诊总费用	Outpatient Costs	223	255	237
(2)住院总费用	Hospitalization Expenses	514	620	601
(八)其他用品和服务	Miscellaneous Commodities and Services	389	433	520
1.其他用品	Miscellaneous Commodities	217	214	311
2.其他服务	Miscellaneous Services	172	219	209
附记指标:通过互联网购买的商品或服务	Postscript Index:Goods and Services Bought Online	269	330	417

3-13 城镇常住居民家庭人均主要食品消费量(含自产自用)
Per Capita Main Food Consumption of Households

单位:千克 (kg)

项目	Item	2015	2016	2017
一、粮食消费量	Grain	106.66	109.05	106.96
(一)谷物消费量	Cereals	94.75	96.59	94.94
1.小麦	Wheat	30.02	31.55	30.16
2.稻谷	Barley	60.23	60.28	59.27
3.玉米	Corn	1.67	1.82	2.47
4.其他谷物	Other Cereals	2.82	2.93	3.03
(二)薯类消费量	Tubers	1.89	1.99	2.08
1.红薯	Sweet Potato	0.76	0.74	0.78
2.马铃薯	Potato	0.82	0.86	0.95
3.其他薯类	Other Tubers	0.31	0.39	0.36
(三)豆类消费量	Beans	10.03	10.48	9.94
1.大豆	Soybean	0.47	0.50	0.33
2.其他豆类	Other Beans	9.56	9.97	9.61
二、油脂类消费量	Oil and Fats	9.63	9.77	9.83
(一)植物油	Edible Vegetable Oil	9.13	9.32	9.40
(二)动物油	Edible Animal Oil	0.50	0.45	0.43
三、蔬菜及菜制品消费量	Vegetables and Processed Products	94.02	100.79	103.48
(一)鲜菜	Fresh Vegetables	90.61	97.08	99.82
(二)干菜及菜制品	Dried Vegetables and Processed Products	1.28	1.37	1.38
(三)鲜菌	Fresh Edible Fungus	1.80	1.98	1.97
(四)干菌及菌制品	Dried Edible Fungus and Processed Products	0.32	0.36	0.31
四、肉类	Meat and Processed Products	24.61	25.63	26.12
(一)猪肉	Pork	18.84	19.16	19.67
(二)牛肉	Beef	2.10	2.52	2.62
(三)羊肉	Mutton	1.02	1.35	1.09
(四)其他肉类及制品	Others	2.65	2.60	2.74
五、禽类	Poultry and Processed Products	10.89	12.02	10.27
(一)鸡	Chicken	6.97	7.48	6.45
(二)鸭	Duck	1.72	2.21	1.79

3-13 续表 Continued

项 目	Item	2015	2016	2017
(三)鹅	Goose	0.24	0.35	0.29
(四)其他禽类及制品	Others	1.96	1.98	1.74
六、水产品	Aquatic Products	12.42	12.81	12.44
(一)鱼类	Fish	9.78	10.08	9.54
(二)虾、贝、蟹类	Shrimps, Shells and Crabs	1.58	1.61	1.76
(三)藻类	Algae	0.56	0.56	0.56
(四)其他	Others	0.50	0.55	0.58
七、蛋类及蛋制品	Eggs and Processed Products	10.92	11.65	12.04
(一)鲜蛋	Fresh Eggs	10.27	10.91	11.32
(二)蛋制品	Egg Products	0.65	0.74	0.72
八、奶和奶制品	Milk and Dariy Products	14.21	13.57	14.10
(一)鲜奶	Fresh Milk	6.84	6.05	6.33
(二)酸奶	Yogurt	4.76	4.85	5.42
(三)奶粉	Milk Powder	0.90	0.95	0.87
(四)其他奶制品	Others	1.72	1.73	1.49
九、干鲜瓜果类	Dried and Fresh Melons and Fruits	43.24	48.32	53.36
(一)鲜瓜果	Fresh Melons and Fruits	39.16	44.30	49.17
(二)瓜果制品	Melon and Fruit Products	1.20	1.12	1.04
(三)坚果类	Nuts and Grain Products	2.87	2.90	3.15
十、糖果糕点类	Confectioneries	7.35	6.04	5.74
(一)食糖	Sugar	1.84	0.82	0.89
(二)糖果	Candy	0.64	0.65	0.57
(三)糕点	Pastry	3.91	3.58	3.45
(四)其他糖果糕点	Other Confectioneries	0.96	0.99	0.82
十一、饮料	Beverage	0.31	0.32	0.35
茶叶	Tea	0.31	0.32	0.35
十二、烟叶消费量	Tobacco	25.48	24.84	24.85
十三、酒	Liquor and Drinks	8.16	7.92	7.56
(一)白酒	Wine Spirit	3.41	3.29	3.23
(二)啤酒	Beer	4.63	4.50	4.21
(三)果酒	Fruit Wine	0.13	0.12	0.11

3-14 城镇居民家庭居住情况(2017)
Living Conditions of Urban Households(2017)

项 目	Item	2017
现住房建筑面积(平方米/人)	Total Floor Space for Current Housing(sq.m/person)	37.44
(一)本住户居住类型(%)	Type of Residence	
1.普通住宅	Ordinary House	98.91
2.集体宿舍和工棚	Dormitory and Work Shed	0.94
3.工作地住宿	Get Accommodation at Workplace	0.15
(二)本住户居住空间样式(%)	House Styles(%)	
1.单栋楼房	Single Building	20.85
2.单栋平房	Single Bungalow	7.44
3.四居室及以上单元房	Unit with Four Rooms and Over	3.03
4.三居室单元房	Unit with Three Rooms	31.50
5.二居室单元房	Unit with Two Rooms	33.14
6.一居室单元房	Unit with One Room	2.34
7.筒子楼或连片平房	Tube-shaped Apartments or Rows of Bungalow	1.35
8.其他	Others	0.36
(三)主要建筑材料(%)	Main Architecture Materials(%)	
1.钢筋混凝土	Reinforced Concrete	45.71
2.砖混材料	Brick-concrete-structured Materials	50.05
3.砖瓦砖木	Tile and Wood	4.10
4.竹草土坯	Bamboo,Grass and Adobe	0.09
5.其他	Others	0.04
(四)现住房房屋来源(%)	Source of Current Housing(%)	
1.租赁公房	Rental Public Housing	0.86
2.租赁私房	Rental Privately Owned Housing	7.15
3.自建住房	Self Help Housing	22.83
4.购买商品房	Commidity House	39.90
5.购买房改住房	Privately Owned House after Housing Reform	16.31
6.购买保障性住房	Purchase of Social Housing	0.79
7.拆迁安置房	Resettlement Housing	9.39
8.继承或获赠住房	Inheritedor Received Housing	0.34

3-14 续表 1 Continued 1

项　目	Item	2017
9.免费借用房	Free Borrowed Housing	0.61
10.雇主提供免费住房	Free Housing Provided by Employer	0.18
11.其他来源	Others	1.64
(五)现住房建筑面积	Floor Space of Current Housing	
1.10 平方米以内	Below 10 sq.m	0.04
2.10~20 平方米	10~20 sq.m	0.43
3.20~30 平方米	20~30 sq.m	0.96
4.30~60 平方米	30~60 sq.m	11.93
5.60~90 平方米	60~90 sq.m	35.78
6.90~120 平方米	90~120 sq.m	27.42
7.120~200 平方米	120~200 sq.m	17.47
8.200 平方米以上	Above 200 sq.m	5.97
(六)住宅外道路路面情况(%)	Pavement Conditions Out of the House(%)	
1.水泥或柏油路面	Cement or Asphalt Pavement	91.73
2.沙石或石板等硬质路面	Sandor Stone Pavement	7.44
3.其他	Others	0.83
(七)住宅有管道供水情况(%)	Conditions of Piped Water Supply(%)	
1.管道供水入户	Piped Water Supply into People's Homes	96.70
2.管道供水至公共取水点	Piped Water Supply to Watering Points	0.02
3.没有管道设施	No Pipeline Facilities	3.28
(八)住户主要饮用水来源情况(%)	Source of Drinking Water(%)	
1.经过净化处理的自来水	Purified Tap Water	95.76
2.受保护的井水和泉水	Protected Wells and Springs	3.38
3.不受保护的井水和泉水	Unprotected Wells and Springs	0.73
4.江河湖泊水	Rivers and Lakes	0.10
5.收集雨水	Collected Rainwater	0.00
6.桶装水	Barreled Water	0.03
7.其他水源	Others	0.00
(九)住户获取饮用水的主要困难(%)	Difficulties to Get Drinking Water(%)	
1.单次取水往返时间超过半小时	Taking More than a Half-hour to Get Water	0.00

3-14 续表 2 Continued 2

项 目	Item	2017
2.间断或定时供水	Intermittent or Timing Water Supply	1.15
3.当年连续缺水时间超过 16 天	Longer than 16 Days of Shortage of Water	0.00
4.无上述困难	No Such Difficulties	98.85
(十)住户饮用水使用前采取的主要处理措施(%)	Treatments Before Drinking Water(%)	
1.煮沸	Boiling	97.00
2.加漂白剂/氯等	Adding Bleach/Chloride, etc.	0.05
3.使用水过滤器	Using Water Filter	0.69
4.其他处理措施	Other Treatments	0.17
5.没有任何水处理措施	No Treatments	2.09
(十一)住户厕所类型(%)	Type of Toilet(%)	
1.水冲式卫生厕所	Flush Sanitary Toilets	87.19
2.水冲式非卫生厕所	Flush Insanitary Toilets	1.82
3.卫生旱厕	Sanitary Dry Latrines	2.62
4.普通旱厕	Ordinary Dry Latrines	6.89
5.无厕所	No Toilet	1.48
(十二)住户厕所使用情况(%)	Use of Toilet(%)	
1.本住户独用	Private Toilet	94.74
2.几户合用	Toilet Shared by Several Households	2.07
3.公用厕所	Public Toilets	3.19
(十三)住户洗澡设施情况(%)	Facilities for Bathing(%)	
1.统一供热水	Unified Hot Water Supply	2.02
2.家庭自装热水器	Installation of Water Heater	90.25
3.其他	Others	1.74
4.无洗澡设施	No Facilities for Bathing	5.99
(十四)住户主要取暖设备状况(%)	Heating Equipment(%)	
1.由市政或小区集中供暖	Municipal or District Central Heating	0.50
2.自行供暖	Self Heating	82.01
3.无取暖设备	No Heating Equipment	17.49
(十五)住户主要取暖用能源状况(%)	Heating Energy(%)	
1.柴草	Firewood	0.83

3-14 续表3 Continued 3

项 目	Item	2017
2.煤炭	Coal	0.19
3.罐装液化石油气	Canned Liquified Petroleum Gas	3.85
4.管道液化石油气	Pipeline Liquified Petroleum Gas	0.32
5.管道煤气	Pipeline Gas	0.13
6.管道天然气	Pipeline Natural Gas	4.07
7.电	Electricity	80.40
8.燃料用油	Fuel Oil	0.00
9.沼气	Methane	0.00
10.其他	Others	0.65
11.无取暖行为	No Heating Behavior	9.56
(十六)主要炊用能源状况(%)	Cooking Energy(%)	
1.柴草	Firewood	2.73
2.煤炭	Coal	0.67
3.罐装液化石油气	Canned Liquified Petroleum Gas	30.75
4.管道液化石油气	Pipeline Liquified Petroleum Gas	3.20
5.管道煤气	Pipeline Gas	2.56
6.管道天然气	Pipeline Natural Gas	43.63
7.电	Electricity	16.26
8.燃料用油	Fuel Oil	0.06
9.沼气	Methane	0.01
10.其他	Others	0.00
11.无炊用行为	No Cooking Behavior	0.15

3-15 按收入等级分的城镇居民家庭人均收支情况(2017)

单元:元

项　目	Item	合　计 Total
家庭总收入	**Total Income**	**34672**
可支配收入	Disposable Income	31640
工资性收入	Income from Wages and Salaries	19756
经营净收入	Net Business Income	4721
财产净收入	Income from Properties	2311
转移净收入	Income from Transfer	4852
借贷性所得	Lending and Loaning Income	1549
家庭总支出	**Total Expenditures**	**28528**
消费支出	Expenditure for Consumption	20740
食品烟酒	Food	6665
衣着	Clothing	1544
居住	Residence	4235
生活用品及服务	Household Facilities, Articles and Service	1215
交通和通信	Traffic and Communications	2914
教育文化娱乐	Education, Cultural & Recreation Service	2372
医疗保健	Medicine and Medical Service	1275
其他商品和服务	Miscellaneous Commodities and Services	520
新购住房总金额(万元)	Total Amount of Newly Purchased House(10 thousand yuan)	0.84
财产性支出	Property Expentidure	157
转移性支出	Tranferred Expenditure	1916
社会保障支出	Social Security Expentidure	1524
借贷支出	Lending and Loaning Expenditures	1661

Income and Expenditures per Capita of Urban Households Grouped by Income Brackete(2017)

(yuan)

按收入等级分 Grouped by Percentile of Households				
低收入户 Low Income Households	中低收入户 Lower Middle Income Households	中等收入户 Middle Income Households	中高收入户 Upper Micdle Income Households	高收入户 High Income Households
15531	**23789**	**31544**	**42563**	**71577**
11888	21923	29198	39673	66816
7367	13417	18357	24787	42002
1406	3043	4125	4108	13016
1080	1483	1892	3053	4871
2034	3980	4824	7725	6926
1051	1004	1406	2281	2379
17551	**20285**	**26372**	**35814**	**49919**
12523	15586	18913	25270	36606
4575	5339	6710	7857	10065
786	1168	1365	1816	3041
2648	3434	3949	5463	6570
621	1002	1087	1627	2048
1239	1625	2288	3928	6687
1723	1802	2206	2507	4115
746	868	935	1532	2704
186	348	375	540	1376
0.22	0.63	0.61	1.52	1.53
55	122	208	213	223
1335	1068	1643	2253	3858
977	935	1301	1838	3027
568	750	1249	3116	3370

3-16 各市城镇常住居民家庭人均收支情况(2017)

单元:元

项目	Item	合肥市 Hefei	芜湖市 Wuhu	蚌埠市 Bengbu	淮南市 Huainan	马鞍山市 Maanshan
家庭总收入	**Total Income**	**40698**	**38779**	**33777**	**34289**	**44155**
#可支配收入	# Disposable Income	37972	35175	31160	30405	41403
工资性收入	Income from Wages and Salaries	24148	19972	18895	19141	22934
经营净收入	Net Business Income	4637	5332	4275	4554	7482
财产净收入	Income from Properties	3373	2276	1270	1573	2774
转移净收入	Income from Transfer	5813	7595	6720	5136	8212
总支出	**Total Expenditure**	**29384**	**28669**	**22978**	**26538**	**36646**
生活消费支出	**Consumption Expenditure**	**23311**	**21444**	**16891**	**18526**	**27831**

Per Capita Income and Expenditure of Urban Residents by City (2017)

(yuan)

淮北市 Huaibei	铜陵市 Tongling	安庆市 Anqing	黄山市 Huangshan	滁州市 Chuzhou	阜阳市 Fuyang	宿州市 Suzhou	六安市 Lu' an	亳州市 Bozhou	池州市 Chizhou	宣城市 Xuancheng
32372	**36579**	**33008**	**33717**	**31634**	**30214**	**29510**	**29262**	**29150**	**30597**	**37791**
29578	33283	28675	30821	28612	27713	27703	26731	27246	28394	33548
17696	23749	17141	17872	16592	17466	16226	16828	12525	16266	16756
4182	1873	4165	4804	5820	4987	5401	5152	9839	4736	10190
2037	2035	2129	2125	1692	2262	1980	2065	1734	2375	2414
5662	5626	5240	6020	4508	2998	4097	2686	3148	5017	4188
24443	**31223**	**22635**	**24247**	**25557**	**24403**	**17597**	**22341**	**27672**	**24151**	**27793**
18146	**21612**	**16126**	**17852**	**19046**	**17686**	**12027**	**17452**	**18093**	**16564**	**18156**

3-17 城镇居民家庭平均每百户耐用消费品拥有量及信息化情况
Ownership of Major Durable Consumer Goods and Informatization per 100 Urban Households

项　目	Item	2015	2016	2017
一、主要消费品拥有量	Ownership of Major Durable Consumer Goods			
1.家用汽车	Household Automobile	21.87	26.65	28.57
2.摩托车	Motorcycle	23.07	14.89	14.74
3.助力车	Man-drawn Vehicle	67.85	70.97	77.84
4.洗衣机	Washing Machine	94.09	95.50	97.30
5.电冰箱(柜)	Refrigerator	97.22	98.23	100.20
6.微波炉	Microwave Oven	59.68	62.73	65.86
7.彩色电视机	Color TV	13129.63	129.22	133.83
9.空调	Air Conditioner	144.39	156.02	164.62
10.热水器	Water Heater	96.59	101.78	103.88
11.其中:太阳能热水器	Of Which: Solar Heater	65.78	65.12	65.45
12.消毒碗柜	Disinfectant Machine	4.29	4.56	-
13.洗碗机	Dishwasher	0.20	1.58	1.70
14.排油烟机	Kitchen Ventilator	66.79	69.56	72.30
15.固定电话	Telephone	50.58	41.02	37.89
16.移动电话	Mobile Telephone	216.75	221.93	229.82
18.计算机	Computer	73.95	71.24	71.19
20.摄像机	Video Camera	4.39	3.98	-
21.照相机	Camera	27.54	20.56	20.35
22.中高档乐器	Medium Upscale Musical Instrument	3.83	4.04	4.91
23.健身器材	Healthy Equipment	3.71	3.79	5.09
二、信息化调查情况	Informatization			
接入有线电视网络的电视机(台)	Cable Television(set)	82.30	81.94	85.16
接入互连网的移动电话(部)	Network-connected Hand Telephone (unit)	113.34	138.17	153.79
接入互连网的计算机(台)	Network-connected Computers(set)	61.16	59.51	59.94

3-18 各县城镇常住居民人均可支配收入
Per Capita Disposable Income of Urban Households by County

单位:元 (yuan)

地 区	Region	2015	2016	2017
安徽省	Total	26936	29156	31640
合肥市	Hefei	31989	34852	37972
瑶海区	Yaohai District	33779	36498	39747
庐阳区	Luyang District	36404	39371	42922
蜀山区	Shushan District	36996	40307	43975
包河区	Baohe District	37606	40822	44504
合肥新站区	Hefei New Station District	27723	30370	32982
长丰县	Changfeng	25684	28008	30490
肥东县	Feidong	26879	29290	31868
肥西县	Feixi	28433	31034	33797
庐江县	Lujiang	24248	26515	28843
巢湖市	Chaohu	25753	28058	30522
合肥经开区	Hefei Economic-technology Development Zone	29994	32276	35204
合肥高新区	Hefei New and High-tech Zone	29411	32206	35104
芜湖市	Wuhu	29766	32315	35175
镜湖区	Jinghu District	33495	36365	39585
弋江区	Yijiang District	31162	33936	36921
鸠江区	Jiujiang District	29418	32153	35034
三山区	Sanshang District	26810	29423	32072
芜湖县	Wuhu	27483	30190	32835
繁昌县	Fanchang	27397	30008	32637
南陵县	Nanling	26957	29181	31708
无为县	Wuwei	27232	29411	32016
蚌埠市	Bengbu	26369	28653	31160
龙子湖区	Longzihu District	32447	35983	39005
蚌山区	Bengshang District	28945	31434	34294
禹会区	Yuhui District	25683	27840	30401

3-18 续表 1 Continued 1

地 区	Region	2015	2016	2017
淮上区	Huaishang District	26092	28910	31454
怀远县	Huaiyuan	22789	25227	27372
五河县	Wuhe	22940	25349	27436
固镇县	Guzhen	22945	25377	27635
蚌埠经开区	Bengbu Economic-lechnology Development Zone			36000
淮南市	Huainan	26321	28098	30405
大通区	Datong District	29769	31660	34248
田家庵区	Tianjaan District	30499	32484	35173
谢家集区	Xiejiaji District	27208	28841	31112
八公山区	Bagongshan District	26498	28115	30329
潘集区	Panji District	26187	27850	30071
毛集实验区	Maoji Experimental District	21036	22488	24215
凤台县	Fengtai	26423	28313	30769
寿 县	Shouxian	19386	20866	22635
马鞍山市	Maanshan	35262	38142	41403
花山区	Huashan District	42492	45742	49608
雨山区	Yushan District	45513	48948	52350
博望区	Bowang District	30935	34585	37588
当涂县	Dangtu	28347	31295	34111
含山县	Henshan	23258	26247	29042
和 县	Hexian	24249	27292	30171
淮北市	Huaibei	25690	27248	29578
杜集区	Duji District	24734	26292	28572
相山区	Xiangshan District	29123	30833	33439
烈山区	Lieshan District	24065	25533	27780
濉溪县	Suixi	22955	24436	26501
铜陵市	Tongling	27998	30633	33283
铜官区	Tongguanshan District	33953	35901	39015
义安区	Yi' an District	26825	28925	31442
郊 区	Suburban District	31207	33391	36363

3-18 续表 2 Continued 2

地 区	Region	2015	2016	2017
枞阳县	Zongyang	20552	22071	23937
安庆市	Anqing	24471	26502	28675
迎江区	Yingjiang District	30723	32981	35834
大观区	Daguan District	30248	32531	35248
宜秀区	Yixiu District	21991	23530	25307
怀宁县	Huaining	24522	26899	29038
潜山县	Qianshan	23735	25917	28055
太湖县	Taihu	20844	22782	24641
宿松县	Susong	19859	22024	23885
望江县	Wangjiang	21745	23702	25610
岳西县	Yuexi	20217	22158	23942
桐城市	Tongcheng	23841	26082	28234
安庆开发区	Anqing Development Zone	29909	32017	34483
黄山市	Huangshan	26226	28393	30821
屯溪区	Tunxi District	28570	31001	33654
黄山区	Huangshan District	27920	30182	32763
徽州区	Huizhou District	28087	30502	33141
歙 县	Shexian	24008	26025	28250
休宁县	Xiuning	24216	26153	28394
黟 县	Yixian	23202	25174	27301
祁门县	Qimen	23887	25845	28029
滁州市	Chuzhou	24168	26286	28612
琅琊区	Langya District	31291	34326	37226
南谯区	Nanqiao District	26824	29673	32270
来安县	Laian	24227	26626	29088
全椒县	Quanjiao	21962	24202	26395
定远县	Dingyuan	21325	23180	25280
凤阳县	Fengyang	19391	21272	23133
天长市	Tianchang	24604	27162	29566
明光市	Mingguang	21377	23515	25619

3-18 续表3 Continued 3

地 区	Region	2015	2016	2017
阜阳市	Fuyang	23496	25483	27713
颍州区	Yingzhou District	26901	29026	31513
颍东区	Yingdong District	22219	24063	26145
颍泉区	Yingquan District	24015	25936	28218
临泉县	Linquan	21580	23372	25375
太和县	Taihe	23235	25302	27592
阜南县	Funan	21656	23496	25510
颍上县	Yingshang	22998	25022	27224
界首市	Jieshou	24436	26535	28910
宿州市	Suzhou	23630	25533	27703
埇桥区	Yongqiao District	27628	29851	32392
砀山县	Dangshan	24735	27445	29751
萧 县	Xiaoxian	18200	20530	22298
灵璧县	Lingbi	19148	21204	22973
泗 县	Sixian	17947	20209	21970
六安市	Luan	22843	24728	26731
金安区	Jinan District	25428	27488	29632
裕安区	Yuan District	25957	28138	30462
寿 县	Shouxian	19386	20866	22635
霍邱县	Huoqiu	20055	21800	23644
舒城县	Shucheng	21399	22983	24858
金寨县	Jinzhai	19902	21454	23096
霍山县	Huoshan	22443	24305	26289
叶集试验区	Yeji Experimental District	21006	22707	24546
亳州市	Bozhou	23120	25053	27246
谯城区	Qiaocheng District	25065	27209	29630
涡阳县	Guoyang	20643	22316	24257
蒙城县	Mengcheng	23090	25055	27260
利辛县	Lixin	22704	24589	26679
池州市	Chizhou	24279	26261	28394

3-18 续表 4 Continued 4

地　区	Region	2015	2016	2017
贵池区	Guichi District	25162	27238	29458
东至县	Dongzhi	23194	25004	27030
石台县	Shitai	21415	23117	24955
青阳县	Qingyang	24870	26872	29053
九华山风景区	Jiuhuashan Mountain Scenic Area	—	—	—
池州开发区	Chizhou Development Zone	—	—	—
宣城市	Xuancheng	28602	30877	33548
宣州区	Xuanzhou District	28731	31202	33968
郎溪县	Langxi	28169	30395	32857
广德县	Guangde	30849	33347	36349
泾　县	Jingxian	23172	25119	27279
绩溪县	Jixi	25542	27509	29820
旌德县	Jingde	20579	22185	24137
宁国市	Ningguo	31479	34069	36897

3-19 农村常住居民调查户基本情况(2017)
Basic Conditions of Rural Households Surveyed(2017)

指标名称	Item	单位	Unit	2017
一、期末户均调查人口	Average Household Size Surveyed	人	person	3.8
二、期末常住成员情况	Conditions of Urban Residents	—		
(一)户均常住成员	Permanent Residents per Household	人	person	3.0
其中:在校学生人数	Of Which:Enrolled Students	人	person	0.6
(二)性别	Gender	—		
1.男性	Male	%	%	49.7
2.女性	Female	%	%	50.3
(三)户口状况	Residence Registration	—		
1.农业	Agricultural Account	%	%	97.3
2.非农业	Non-agricultural Account	%	%	2.6
3.其他	Others	%	%	0.1
(四)6岁及以上常住成员受教育程度	Education Level of Residents Aged 15 and Above	—		
1.未上过学	Not Been to School	%	%	11.7
2.小学	Primary School	%	%	37.1
3.初中	Junior Secondary School	%	%	38.6
4.高中	Senior Secondary School	%	%	7.6
5.大学专科	Junior College	%	%	2.8
6.大学本科	Undergraduate college	%	%	2.1
7.研究生	Postgraduate	%	%	0.1
三、常住从业人员情况	Employment	—		
(一)户均常住从业人数	Employees per Household	人	person	1.8
(二)就业状况	Job Situation	—		
1.雇主	Employer	%	%	0.9
2.公职人员	Public Officer	%	%	0.5
3.事业单位人员	Institution Worker	%	%	1.5
4.国有企业雇员	State-owned Enterprise Employee	%	%	0.6

3-19 续表 1 Continued 1

指标名称	Item	单位	Unit	2017
5.其他雇员	Other Employee	%	%	33.6
6.农业自营	Agricultural Self-employed	%	%	53.3
7.非农自营	Non-agricultural Self-employed	%	%	9.6
(三)主要从事行业	Industries Engaged	–		
1.第一产业	Primary Industry	%	%	55.3
2.第二产业	Secondary Industry	%	%	24.0
3.第三产业	Tertiary Industry	%	%	20.8
四、调查户基本情况	Basic Conditions of Surveyed Households	–		
(一)住户类型	Household Type	–		
1.家庭居住户	Family Household	%	%	100.0
2.集体居住户	Collective Household	%	%	0.0
(二)户主文化程度	Education Level of Householder	–		
1.未上过学	Not Been to School	%	%	5.8
2.小学	Primary School	%	%	30.8
3.初中	Junior Secondary School	%	%	54.2
4.高中	Senior Secondary School	%	%	7.1
5.大学专科	Junior College	%	%	1.6
6.大学本科	Undergraduate college	%	%	0.4
7.研究生	Postgraduate	%	%	0.0
(三)农业经营户占全部户比例	Proportion of Agricultural Operation Households to the Total	%	%	53.3

3-20 农村居民家庭基本情况
Basic Conditions of Rural Households

项　目	Item	2015	2016	2017
调查户数(户)	Number of Households Surveyed(household)			
调查户常住人口(人)	Number of Permanent Residents per Households(person)	3.02	3.00	2.96
平均每户整半劳动力(人)	Average Full-time and Part-time Labors per Household (person)	1.98	1.97	1.99
平均每个劳动力负担人口(人)	Average Person Supported by Each Labor(person)	1.53	1.53	1.50
农村居民家庭恩格尔系数(%)	Engel's Coefficient of Households(%)	35.79	34.25	33.55
可支配收入	**Disposable Income**	**10820.73**	**11720.47**	**12758.22**
工资性收入	Wages Income	3983.12	4291.40	4624.02
经营性收入	Net Income From Business	4214.42	4596.10	5026.21
财产性收入	Property Income	161.78	186.74	218.94
转移性收入	Transfer Income	2461.41	2646.24	2889.05
平均每人消费性支出(元)	**Per Capita Annual Living Expenditures for Consumption (yuan)**	**8975.21**	**10287.30**	**11106.08**
一、食品	Food	3212.02	3523.03	3726.01
二、衣着	Clothing	503.44	538.77	565.64
三、居住	Residence	1899.77	2248.30	2618.17
四、生活用品及服务	Household Facilities, Articles and Service	498.49	643.21	588.96
五、交通通信	Traffic and Communications	1056.28	1276.27	1346.03
六、教育文化娱乐	Education, Cultural & Recreation Service	834.39	949.06	1074.96
七、医疗保健	Medicine and Medical Service	808.20	931.89	1006.81
八、其他用品和服务	Miscellaneous Commodities and Services	162.63	176.79	179.51
平均每人消费性支出构成(人均消费性支出=100)(%)	**Composition of per Capita Annual Living Expenditures for Consumption(%)**	**100.00**	**100.00**	**100.00**
一、食品	Food	35.79	34.25	33.55
二、衣着	Clothing	5.61	5.24	5.09
三、居住	Residence	21.17	21.86	23.57
四、生活用品及服务	Household Facilities, Articles and Service	5.55	6.25	5.30
五、交通通信	Traffic and Communications	11.77	12.41	12.12
六、教育文化娱乐	Education, Cultural and Recreation Service	9.30	9.23	9.68
七、医疗保健	Medicine and Medical Service	9.00	9.06	9.07

3-20 续表 1 Continued 1

项 目	Item	2015	2016	2017
八、其他用品和服务	Miscellaneous Commodities and Services	1.81	1.72	1.62
期末实际经营的土地面积(亩/人)	Land Area Dealing in Actually at the End of Term(mu/person)	3.06	3.28	3.79
耕地	Farmland	2.43	2.61	3.17
其中:有效灌溉面积	Of Which:Effective Irrigated Area	1.92	2.16	2.83
山地	Mountains	0.46	0.44	0.38
园地	Gardening Land	0.06	0.07	0.07
牧草地面积	Area of Grassland	0.00	0.00	0.00
养殖水面	Aquatic Space	0.10	0.16	0.17
期末住房情况	**Housing Conditions at the Year-end**			
拥有住房面积(平方米/人)	Dwelling Space(sq.m/person)	46.76	49.46	50.74
住房价值(元/人)	Value of Houses(yuan/person)	42703.97	53028.66	57608.10
期内新建(购)住房情况	Newly-built Houses Within the Year			
新建(购)住房面积(平方米/人)	Newly-built House Space(sq.m/person)	1.46	1.25	1.25
新建(购)住房价值(元/人)	Value in Each Squre Meter(yuan/person)	1956.96	2113.24	2505.90
年末户均生产性固定资产(元)	Original Value of Productive Fixed Assets at Year-end (yuan/household)	2449.70	2410.22	2357.30
#农业	#Agriculture	2226.52	2097.32	2046.97
林业	Forestry	6.84	8.23	12.61
牧业	Animal Husbandry	179.52	265.70	256.72
渔业	Fishery	36.83	38.97	41.01
年末生产性固定资产拥有量(每百户)	Major Productive Fixed Assets at Year-end (Per 100 Households)			
大中型农用拖拉机	Large and Medium Tractors	3.62	3.91	3.71
小型农用拖拉机	Mini and Walking Tractors	30.54	29.90	28.23
农用排灌动力机械	Power-driven Irrigation and Drainage Equipments	14.72	14.51	18.18
插秧机	Transplanter	0.10	0.07	0.21
收割机	Harvester	2.95	2.22	2.80
脱粒机	Thresher	5.13	7.27	6.70
役畜	Draught Animal	0.95	0.87	2.56
其他农业机械	Other Agricultural Machinery	13.36	13.54	12.15

3-21 农村常住居民家庭人均收入情况(2017)
Annual Income per Capita of Rural Households(2017)

项 目	Item	2017
总收入(未扣除生产费用)	**Total Income(Not Deduct the Production Cost)**	**16983.0**
工资性收入	Income from Wages and Salaries	4624.0
家庭经营收入	Household Business Income	8875.5
财产性收入	Property Income	252.8
转移性收入	Transferred Income	3230.7
现金可支配收入	**Cash Disposable Income**	**12163.4**
现金工资性收入	Cash Wages Income	4591.2
现金经营净收入	Net Cash Income From Business	4655.1
现金财产净收入	Net Cash Property Income	218.9
现金转移净收入	Net Cash Transfer Income	2698.2
总支出	**Total Expenditures**	**18137.2**
消费支出	Expenditure for Consumption	11106.1
生产经营费用支出	Expenditure for Business	3471.4
财产性支出	Property Expenditure	33.8
转移性支出	Transferred Expenditure	341.6
现金支出	**Cash Expenditure**	**15907.0**
现金消费支出	Cash Expenditure for Consumption	8936.3
生产经营费用支出	Cash Expenditure for Business	3410.9
现金财产性支出	Cash Property Expenditure	33.8
现金转移性支出	Cash Transferred Expenditure	341.6
可支配收入	**Disposable Income**	**12758.2**
一、工资性收入	Income from Wages and Salaries	4624.0
(一)工资	Wages	4544.0
1.按月发放的工资	Monthly Salaries	2339.6
2.补发工资	Reissued Salaries	80.7
3.不按月发放的奖金、津贴、过节费等	Unmonthly Paid Bonus, Allowance and Holiday Fee	2123.7
(二)实物福利	Benefits in Kind	32.8
1.从单位或雇主得到的实物产品折价	Cash Calculated from Physical Products Paid by Unit or Employer	3.9
2.从单位或雇主得到的服务折价	Cash Calculated from Services by Unit or Employer	28.9

3-21 续表 1 Continued 1

项 目	Item	2017
3.单位或雇主实物福利报销所得	Benefits in Kind Reimbursement	0.0
(三)其他	Others	47.2
1.住房公积金	Housing Accumulation Fund	39.8
2.辞退金	Dismissal Costs	0.7
3.自由职业劳动所得(如稿费、翻译费)	Income on Freelance Business (Such as Remuneration、Translation Fees)	5.9
4.安家费	Settling-in Allowance	0.0
5.股票期权	Stock Options	0.0
6.其他劳动所得	Other Labor Income	0.8
二、经营净收入	Net Business Income	5026.2
(一)第一产业经营净收入	Primary Industry	3401.6
1.农业	Farming	2788.7
2.林业	Forestry	207.3
3.牧业	Animal Husbandry	271.4
4.渔业	Fishery	134.2
(二)第二产业经营净收入	Secondary Industry	330.4
1.采矿业	Mining	4.1
2.制造业	Manufacturing	138.1
3.电力、热力、燃气及水生产和供应业	Production and Supply of Electricity,Gas and Water	0.3
4.建筑业	Construction	187.9
(三)第三产业经营净收入	Tertiary Industry	1294.2
1.批发和零售业	Wholesale and Retail Trades	643.8
2.交通运输、仓储和邮政业	Transport,Storage and Post	314.5
3.住宿和餐饮业	Hotels and Catering Services	25.1
4.房地产业	Real Estate	0.1
5.租赁和商务服务业	Leasing and Business Services	9.1
6.居民服务、修理和其他服务业	Serices to Households and Other Services	154.5
7.其他	Others	28.1
8.农林牧渔服务业	Agricultural Service	119.1
三、财产净收入	Net Property Income	218.9
(一)利息净收入	Net Interest Income	20.7

3-21 续表2 Continued 2

项　　目	Item	2017
(二)红利收入	Dividend Income	43.0
1.集体分配的红利	Collective Distribution of Dividends	23.6
2.其他红利收入	Other Dividend Income	19.4
(三)储蓄性保险净收益	Net Income of Savings Insurance	1.3
(四)转让承包土地经营权租金净收入	Net Income from Transfer of Right to Contracted Management of Rural Land	127.0
(五)出租房屋财产性收入	Property Income from Rental Accommodation	19.1
(六)出租机械、专利、版权等资产的收入	Income from Rental Machinery, Patent, Copyright and the Like	5.8
(七)其他财产净收入	Other Net Property Income	2.1
(八)房屋虚拟租金	Virtual House Rent	0.0
四、转移净收入	Net Transfer Income	2889.1
(一)转移性收入	Transfer Income	3230.7
1.养老金或离退休金	Pension or Retirement Pension	512.3
(1)离退休金	Pensions of Retirees	314.5
(2)(城镇)居民社会养老保险	Social Old-age Insurance for(Urban) Residents	21.1
(3)新型农村养老保险	New System of Old-age Insurance for Rural Residents	149.1
(4)其他养老金	Other Old-age Pension	27.6
2.社会救济和补助	Social Welfare or Aid	124.6
(1)最低生活保障费	Guaranteed Minimum Income	40.6
(2)五保户救助金	Aids to Households Enjoying the Five Guarantees	9.7
(3)扶贫款	Poverty Relief Funds	37.0
(4)救灾款	Disaster Relief Funds	1.6
(5)抚恤金	Pension	16.9
(6)其他社会救济收入	Other Income from Social Welfare	18.8
3.政策性生活补贴	Policy Living Allowance	27.5
(1)家电补贴	Subsidies for Home Appliances	0.1
(2)能源补贴	Subsidies for Energy	1.1
(3)免费或低价提供的住宿(廉租房)	Free or Cheap Accommodation	0.0
(4)其他生活补贴	Other Living Allowance	26.3
4.报销医疗费	Reimbursement of Medical Expenses	181.2
5.家庭外出从业人员寄回带回收入	Sent Back by Family Outings Employees	1772.4
6.赡养收入	Alimony Income	380.6

3-21 续表 3 Continued 3

项 目	Item	2017
7.其他经常转移收入	Other Regular Transfer Income	39.6
(1)失业保险金	Unemployment Insurance Benefits	0.2
(2)经常性捐赠收入	Regular Donation Income	1.0
(3)经常性赔偿收入	Regular Compensation Income	10.0
(4)其他转移性收入	Other Transfer Income	25.5
8.从政府和组织得到的实物产品和服务折价	Cash Calculated from Physical Products and Service Paid by Government and Organizations	9.7
9.现金政策性惠农补贴	Policy Agricultural Subsidies in Cash	182.8
(二)转移性支出	Transferred Expenditure	341.6
1.个人所得税	Personal Income Tax	4.0
2.社会保障支出	Social Security Expentiduture	287.2
(1)个人缴纳的养老保险	Individual Endowment Insurance	129.4
(2)个人缴纳的医疗保险	Individual Medical Treatment Insurance	149.1
(3)个人缴纳的失业保险	Individual Unemployment Insurance	3.9
(4)其他社会保障支出	Other Social Security Expenditure	4.8
3.外来从业人员寄给家人的支出	Sent Home to Their Families by Foreign Workers	1.3
4.赡养支出	Alimony Expentiduture	23.1
5.其他转移性支出	Other Transferred Expenditure	26.1
(1)经常性捐赠支出	Regular Donation Expenditure	1.8
(2)经常性赔偿支出	Regular Compensation Expenditure	0.0
(3)其他经常转移支出	Other Regular Transfer Expenditure	24.3
现金可支配收入	**Cash Disposable Income**	**12163.4**
一、现金工资性收入	Cash Income from Wages and Salaries	4591.2
(一)工资	Wages	4544.0
1.按月发放的工资	Monthly Salaries	2339.6
2.补发工资	Reissued Salaries	80.7
3.不按月发放的奖金、津贴、过节费等	Unmonthly Paid Bonus, Allowance and Holiday Fee	2123.7
(二)其他工资性收入	Other Income from Wages and Salaries	47.2
1.住房公积金	Housing Accumulation Fund	39.8
2.辞退金	Dismissal Costs	0.7
3.自由职业劳动所得(如稿费、翻译费)	Income on Freelance Business(Such as Remuneration、Translation Fees)	5.9

3-21 续表4 Continued 4

项 目	Item	2017
4.安家费	Settling-in Allowance	0.0
5.股票期权	Stock Options	0.0
6.其他劳动所得	Other Labor Income	0.8
二、现金经营净收入	Net Cash Business Income	4655.1
(一)第一产业现金经营净收入	Primary Industry	2809.7
1.农业	Farming	2282.6
2.林业	Forestry	123.9
3.牧业	Animal Husbandry	269.5
4.渔业	Fishery	133.8
(二)第二产业现金经营净收入	Secondary Industry	378.5
1.采矿业	Mining	14.1
2.制造业	Manufacturing	169.3
3.电力、热力、燃气及水生产和供应业	Production and Supply of Electricity, Gas and Water	0.3
4.建筑业	Construction	194.7
(三)第三产业现金经营净收入	Tertiary Industry	1466.9
1.批发和零售业	Wholesale and Retail Trades	698.0
2.交通运输、仓储和邮政业	Transport, Storage and Post	379.9
3.住宿和餐饮业	Hotels and Catering Services	37.0
4.房地产业	Real Estate	0.1
5.租赁和商务服务业	Leasing and Business Services	9.8
6.居民服务、修理和其他服务业	Serices to Households and Other Services	171.5
7.其他行业	Others	42.1
8.农林牧渔服务业	Agricultural Service	128.6
三、现金财产净收入	Net Cash Property Income	218.9
(一)利息净收入	Net Interest Income	20.7
(二)红利收入	Dividend Income	43.0
1.集体分配的红利	Collective Distribution of Dividends	23.6
2.其他红利收入	Other Dividend Income	19.4
(三)储蓄性保险净收益	Net Income of Savings Insurance	1.3
(四)转让承包土地经营权租金净收入	Net Income from Transfer of Right to Contracted Management of Rural Land	127.0
(五)出租房屋财产性收入	Property Income from Rental Accommodation	19.1

3-21 续表 5 Continued 5

项 目	Item	2017
(六)出租机械、专利、版权等资产的收入	Income from Rental Machinery, Patent, Copyright and the Like	5.8
(七)其他财产净收入	Other Net Property Income	2.1
四、现金转移净收入	Net Cash Transfer Income	2698.2
(一)现金转移性收入	Cash Transfer Income	3039.8
1.养老金或离退休金	Pension or Retirement Pension	512.3
(1)离退休金	Pensions of Retirees	314.5
(2)(城镇)居民社会养老保险	Social Old-age Insurance for(Urban) Residents	21.1
(3)新型农村养老保险	New System of Old-age Insurance for Rural Residents	149.1
(4)其他养老金	Other Old-age Pension	27.6
2.社会救济和补助	Social Welfare or Aid	124.6
(1)最低生活保障费	Guaranteed Minimum Income	40.6
(2)五保户救助金	Aids to Households Enjoying the Five Guarantees	9.7
(3)扶贫款	Poverty Relief Funds	37.0
(4)救灾款	Disaster Relief Funds	1.6
(5)抚恤金	Pension	16.9
(6)其他社会救济收入	Other Income from Social Welfare	18.8
3.政策性生活补贴(只含政策生活补贴)	Policy Living Allowance	27.5
4.家庭外出从业人员寄回带回收入	Sent Back by Family Outings Employees	1772.4
5.赡养收入	Alimony Income	380.6
6.其他经常转移收入	Other Regular Transfer Income	39.6
(1)失业保险金	Unemployment Insurance Benefits	0.2
(2)经常性捐赠收入	Regular Donation Income	1.0
(3)经常性赔偿收入	Regular Compensation Income	10.0
(4)其他转移性收入	Other Transfer Income	28.4
7.现金政策性惠农补贴	Policy Agricultural Subsidies in Cash	182.8
(二)现金转移性支出	Cash Transferred Expenditure	341.6
1.个人所得税	Personal Income Tax	4.0
2.个人缴纳的社会保障支出	Individual Social Security Expentiduture	287.2
(1)个人缴纳的养老保险	Individual Endowment Insurance	129.4
(2)个人缴纳的医疗保险	Individual Medical Treatment Insurance	149.1
(3)个人缴纳的失业保险	Individual Unemployment Insurance	3.9

3-21 续表6 Continued 6

项 目	Item	2017
(4)其他社会保障支出	Other Social Security Expenditure	4.8
3.外来从业人员寄给家人的支出	Sent Home to Their Families by Migrant Workers	1.3
4.赡养支出	Alimony Expentiduture	23.1
5.其他转移性支出	Other Transferred Expenditure	26.1
(1)经常性捐赠支出	Regular Donation Expenditure	1.8
(2)经常性赔偿支出	Regular Compensation Expenditure	0.0
(3)其他经常转移支出	Other Regular Transfer Expenditure	24.3

3-22 农村居民家庭居住情况(2017)
Living Conditions of Rural Households(2017)

项　目	Item	2017
现住房建筑面积(平方米/人)	Total Floor Space for Current Housing(sq.m/person)	50.74
(一)本住户居住类型(%)	Type of Residence	
1.普通住宅	Ordinary House	99.9
2.集体宿舍和工棚	Dormitory and Work Shed	0.0
3.工作地住宿	Get Accommodation at Workplace	0.0
(二)本住户居住空间样式(%)	House Styles(%)	
1.单栋楼房	Single Building	60.7
2.单栋平房	Single Bungalow	31.2
3.四居室及以上单元房	Unit with Four Rooms and Over	0.7
4.三居室单元房	Unit with Three Rooms	1.9
5.二居室单元房	Unit with Two Rooms	0.6
6.一居室单元房	Unit with One Room	0.0
7.筒子楼或连片平房	Tube-shaped Apartments or Rows of Bungalow	2.0
8.其他	Others	2.9
(三)主要建筑材料(%)	Main Architecture Materials(%)	
1.钢筋混凝土	Reinforced Concrete	25.6
2.砖混材料	Brick-concrete-structured Materials	51.0
3.砖瓦砖木	Tile and Wood	23.0
4.竹草土坯	Bamboo,Grass and Adobe	0.0
5.其他	Others	0.3
(四)现住房房屋来源(%)	Source of Current Housing(%)	100.0
1.租赁公房	Rental Public Housing	0.0
2.租赁私房	Rental Privately Owned Housing	1.6
3.自建住房	Self Help Housing	95.0
4.购买商品房	Commidity House	1.5
5.购买房改住房	Privately Owned House after Housing Reform	0.3
6.购买保障性住房	Purchase of Social Housing	0.0
7.拆迁安置房	Resettlement Housing	1.3
8.继承或获赠住房	Inherited or Received Housing	0.2

3-22 续表 1 Continued 1

项 目	Item	2017
9.免费借用房	Free Borrowed Housing	0.1
10.雇主提供免费住房	Free Housing Provided by Employer	0.0
11.其他来源	Others	0.0
(五)现住房建筑面积	Floor Space of Current Housing	
1.10 平方米以内	Below 10 sq.m	0.0
2.10~20 平方米	10~20 sq.m	0.2
3.20~30 平方米	20~30 sq.m	0.6
4.30~60 平方米	30~60 sq.m	9.7
5.60~90 平方米	60~90 sq.m	16.8
6.90~120 平方米	90~120 sq.m	23.0
7.120~200 平方米	120~200 sq.m	28.7
8.200 平方米以上	Above 200 sq.m	20.9
(六)住宅外道路路面情况(%)	Pavement Conditions Out of the House(%)	
1.水泥或柏油路面	Cement or Asphalt Pavement	60.9
2.沙石或石板等硬质路面	Sand or Stone Pavement	30.0
3.其他	Others	9.1
(七)住宅有管道供水情况(%)	Conditions of Piped Water Supply(%)	
1.管道供水入户	Piped Water Supply into People's Homes	62.4
2.管道供水至公共取水点	Piped Water Supply to Watering Points	1.3
3.没有管道设施	No Pipeline Facilities	36.3
(八)住户主要饮用水来源情况(%)	Source of Drinking Water(%)	
1.经过净化处理的自来水	Purified Tap Water	56.1
2.受保护的井水和泉水	Protected Wells and Springs	26.1
3.不受保护的井水和泉水	Unprotected Wells and Springs	16.2
4.江河湖泊水	Rivers and Lakes	0.3
5.收集雨水	Collected Rainwater	0.0
6.桶装水	Barreled Water	0.4
7.其他水源	Others	0.8
(九)住户获取饮用水的主要困难(%)	Difficulties to Get Drinking Water(%)	
1.单次取水往返时间超过半小时	Taking More than a Half-hour to Get Water	0.1

3-22 续表 2 Continued 2

项 目	Item	2017
2.间断或定时供水	Intermittent or Timing Water Supply	2.8
3.当年连续缺水时间超过 16 天	Longer than 16 Days of Shortage of Water	0.9
4.无上述困难	No Such Difficulties	96.2
(十)住户饮用水使用前采取的主要处理措施(%)	Treatments Before Drinking Water(%)	
1.煮沸	Boiling	83.8
2.加漂白剂/氯等	Adding Bleach/chloride,etc.	1.2
3.使用水过滤器	Using Water Filter	1.7
4.其他处理措施	Other Treatments	1.3
5.没有任何水处理措施	No Treatments	12.0
(十一)住户厕所类型(%)	Type of Toilet(%)	
1.水冲式卫生厕所	Flush Sanitary Toilets	16.3
2.水冲式非卫生厕所	Flush Insanitary Toilets	3.1
3.卫生旱厕	Sanitary Dry Latrines	16.0
4.普通旱厕	Ordinary Dry Latrines	63.1
5.无厕所	No Toilet	1.5
(十二)住户厕所使用情况(%)	Use of Toilet(%)	
1.本住户独用	Private Toilet	95.5
2.几户合用	Toilet Shared by Several Households	3.2
3.公用厕所	Public Toilets	1.3
(十三)住户洗澡设施情况(%)	Facilities for Bathing(%)	
1.统一供热水	Unified Hot Water Supply	1.2
2.家庭自装热水器	Installation of Water Heater	70.6
3.其他	Others	6.1
4.无洗澡设施	No Facilities for Bathing	22.1
(十四)住户主要取暖设备状况(%)	Heating Equipment(%)	0.0
1.由市政或小区集中供暖	Municipal or District Central Heating	0.4
2.自行供暖	Self Heating	49.3
3.无取暖设备	No Heating Equipment	50.3
(十五)住户主要取暖用能源状况(%)	Heating Energy(%)	
1.柴草	Firewood	16.3

3-22 续表3 Continued 3

项 目	Item	2017
2.煤炭	Coal	0.8
3.罐装液化石油气	Canned Liquified Petroleum Gas	3.5
4.管道液化石油气	Pipeline Liquified Petroleum Gas	0.1
5.管道煤气	Pipeline Gas	0.0
6.管道天然气	Pipeline Natural Gas	0.1
7.电	Electricity	45.2
8.燃料用油	Fuel Oil	0.0
9.沼气	Methane	0.0
10.其他	Others	2.2
11.无取暖行为	No Heating Behavior	31.9
(十六)主要炊用能源状况(%)	Cooking Energy(%)	
1.柴草	Firewood	51.5
2.煤炭	Coal	0.7
3.罐装液化石油气	Canned Liquified Petroleum Gas	32.9
4.管道液化石油气	Pipeline Liquified Petroleum Gas	0.1
5.管道煤气	Pipeline Gas	0.1
6.管道天然气	Pipeline Natural Gas	0.9
7.电	Electricity	13.0
8.燃料用油	Fuel Oil	0.1
9.沼气	Methane	0.2
10.其他	Others	0.4
11.无炊用行为	No Cooking Behavior	0.2

3-23 农村常住居民家庭人均支出情况(2017)
Annual Expenditure per Capita of of Rural Households(2017)

项　　目	Item	2017
总支出	**Total Expenditure**	**18137.2**
其中:消费支出	Consumption Expenditure	11106.1
(一)食品烟酒	Food,Tobacco and Liquor	3726.0
1.食品	Food	2640.5
(1)谷物	Cereals	485.6
(2)薯类	Tubers	45.9
(3)豆类	Beans	57.4
(4)食用油	Edible Oil	127.3
(5)蔬菜和食用菌	Vegetables and Edible Fungus	307.4
(6)肉类	Meat	589.5
(7)禽类	Poultry	168.2
(8)水产品	Aquatic Products	128.4
(9)蛋类	Eggs	97.2
(10)奶类	Milk	233.6
(11)干鲜瓜果类	Fresh,Dried Melons and Fruits	201.7
(12)糖果糕点类	Candies,Cake and Cookie	87.4
(13)其他食品	Other Foods	110.9
2.烟酒	Tobacco and Liquor	688.2
(1)烟草	Tobacco	370.9
(2)酒类	Liquor	317.4
3.饮料	Drinks	119.7
4.饮食服务	Diet Service	277.6
(1)食堂用餐	Cafeteria Food	33.6
(2)其他在外饮食	Dining Out	234.9
(3)食品加工服务费	Food Processing and Service Fee	9.1
(二)衣着	Clothing	565.6
1.衣类	Clothing	414.0
2.鞋类	Footwear	151.6
(三)居住	Residence	2618.2

3-23 续表 1 Continued 1

项　　目	Item	2017
1.租赁房房租	Rent of Rentable Housing	63.0
2.住房维修及管理	Management and Maintenance of Housing	406.7
3.水电燃料及其他	Water, Electricity, Fuels and Others	568.3
4.自有住房折算租金	Converted Rent for Private Housing	1580.2
(四)生活用品及服务	Household Facilities, Articles and Service	589.0
1.家具及室内装饰品	Furniture and Interior Decorations	66.7
2.家用器具	Household Facilities	180.2
3.家用纺织品	Home Textiles	36.2
4.家庭日用杂品	Daily-Use Household Articles	204.8
5.个人用品	Personal Products	86.9
6.家庭服务	Household Service	14.2
(五)交通通信	Traffic and Communications	1346.0
1.交通	Transportation	834.2
(1)交通工具	Transportation Facility	465.5
(2)交通费	Traffic Fare	92.9
(3)交通工具用燃料	Fuels	149.4
(4)交通工具使用及维修	Fees for Vehicles Use and Amintenance	126.4
其中:车辆保险支出	Of Which: Vehicle Insurance Expenditure	32.7
2.通信	Communications	511.8
(1)通信工具	Communication Facility	157.6
(2)通信服务	Communication Services	354.2
(六)教育文化娱乐	Education, Cultural and Recreation Service	1075.0
1.教育	Education	846.2
(1)学前教育	Preschool Education	78.3
(2)小学教育	Primary Education	112.7
(3)初中教育	Secondary Education	179.5
(4)高中教育	High School Education	170.5

3-23 续表 2 Continued 2

项　目	Item	2017
(5)中专职高教育	Vocational Senior and Specialized Secondary Education	30.1
(6)大专及以上教育	College Education or Above	215.7
(7)成人教育	Adult Education	59.4
2.文化娱乐	Cultural and Recreation	228.8
(1)文娱耐用消费品	Cultural and Recreational Durable Consumer Goods	53.4
(2)其他文娱用品	Other Cultural Articles	117.2
(3)文化娱乐服务	Cultural and Recreation Service	58.1
(七)医疗保健	Medicine and Medical Service	1006.8
1.医疗器具及药品	Medical Instrument and Articles	246.5
2.医疗服务	Medical Service	760.3
(1)门诊总费用	Outpatient Costs	228.8
(2)住院总费用	Hospitalization Expenses	531.4
(八)其他用品和服务	Miscellaneous Commodities and Services	179.5
1.其他用品	Miscellaneous Commodities	111.6
2.其他服务	Miscellaneous Services	67.9
附记指标:通过互联网购买的商品或服务	Postscript Index:Goods and Services Bought Online	55.5

3-24 农村居民家庭人均现金支出(2017)
Per Capita Cash Expenditure and Composition of Rural Households(2017)

单位:元、% (yuan、%)

项　目	Item	2017
期内现金支出合计(元)	**Cash Expenditure(yuan)**	**15907.01**
生活消费支出	Consumption Expenditure	8936.32
家庭经营费用支出	Expenditure for Household Business	3410.93
第一产业生产费用支出	Primary Industry	2588.42
农业	Farming	1603.75
林业	Forestry	25.48
牧业	Animal Husbandry	692.89
渔业	Fishery	266.29
第二产业生产费用支出	Secondary Industry	246.87
采矿业	Mining	3.12
制造业	Manufacturing	175.66
电力热力燃气及水生产和供应业	Production and Supply of Electricity, Gas and Water	0.15
建筑业	Construction	67.95
第三产业生产费用支出	Tertiary Industry	575.64
批发和零售业	Wholesale and Retail Trades	233.85
交通运输仓储和邮政业	Transport, Storage and Post	188.05
住宿和餐饮业	Hotels and Catering Services	69.79
房地产业	Real Estate	0.01
租赁和商务服务业	Leasing and Business Services	3.09
居民服务修理和其他服务业	Serices to Households and Other Services	33.19
其他	Others	5.16
农林牧渔服务业	Agricultural Service	42.49
现金财产性支出	Cash Property Expenditure	33.83
现金转移性支出	Cash Transferred Expenditure	341.60
部分商业保险支出	Some Commercial Insurance Expenditure	35.58
购置资产及非经常性转移支出	Acquisition of Assets and Non-recurring Transfer Expenditure	2838.16
借贷性支出	Lending and Loaning Expenditures	310.59

3-25 农村居民家庭每百户耐用消费品拥有量及信息化情况(2017) Ownership of Major Durable Consumer Goods and Informatization per 100 Rural Households(2017)

项　目	Item	2017
一、主要消费品拥有量	Ownership of Major Durable Consumer Goods	
1.家用汽车	Household Automobile	14.62
2.摩托车	Motorcycle	40.00
3.助力车	Man-drawn Vehicle	97.21
4.洗衣机	Washing Machine	83.50
5.电冰箱(柜)	Refrigerator	97.86
6.微波炉	Microwave Oven	22.99
7.彩色电视机	Color TV	127.41
9.空调	Air Conditioner	79.84
10.热水器	Water Heater	78.95
11.其中:太阳能热水器	Of Which:Solar Heater	72.29
12.消毒碗柜	Disinfectant Machine	—
13.洗碗机	Dishwasher	0.65
14.排油烟机	Kitchen Ventilator	18.03
15.固定电话	Telephone	30.21
16.移动电话	Mobile Telephone	230.10
18.计算机	Computer	22.32
20.摄像机	Video Camera	—
21.照相机	Camera	3.86
22.中高档乐器	Medium Upscale Musical Instrument	0.94
23.健身器材	Healthy Equipment	0.95
24.组合音响	Hi-Fi Stereo Component System	—
二、信息化调查情况	Informatization	
接入有线电视网络的电视机(台)	TV Set for Acessing Cable Television Network(set)	51.72
接入互联网的移动电话(部)	Network-connected Hand Telephone(unit)	106.03
接入互联网的计算机(台)	Network-connected Computers(set)	14.96

3-26 按收入等级分的农村居民家庭人均收入情况(2017)

单元:元、%

项　目	Item	总平均 Total
一、家庭总收入	Total Income(yuan)	16983
二、可支配收入	Disposable Income(yuan)	12758
(一)工资性收入	Income from Wages and Salaries	4624
(二)家庭经营可支配收入	Income from Household Operations	5026
1.第一产业可支配收入	Income of Primary Industry	3402
2.第二产业可支配收入	Income of Secondary Industry	330
3.第三产业可支配收入	Income of Tertiary Industry	1294
(三)财产净可支配收入	Income from Properties	219
(四)转移净可支配收入	Income from Transfers	2889
三、总支出	Total Expenditure	18137
生活消费支出	Consumption Expenditure	11106
食品	Food	3726
衣着	Clothing	566
居住	Residence	2618
家庭设备用品及服务	Household Facilities, Articles and Service	589
交通通讯	Traffic and Communications	1346
文教娱乐用品及服务	Education, Cultural & Recreation Service	1075
医疗保健	Medicine and Medical Service	1007
其他商品和服务	Miscellaneous Commodities and Services	180
财产性支出	Expenditure for Property	34
转移性支出	Transferred Expenditure	342

Per Capita Income of Rural Households by Five Equal Parts of Income(2017)

(yuan、%)

低收入户 Low Income Households	中低收入户 Lower Middle Income Households	中等收入户 Middle Income Households	中高收入户 Upper Middle Income Households	高收入户 High Income Households
7607	9866	13637	18683	38665
1177	7804	11380	15816	31127
1310	3037	4423	6101	8790
-1476	2523	4182	5689	16660
-94	1991	3048	3675	9880
-519	91	155	261	1882
-863	441	980	1753	4898
87	117	141	274	502
1255	2126	2633	3752	5175
18206	13472	13988	17477	28724
9933	9762	9927	11351	15330
3233	3170	3513	3955	5019
475	473	495	587	831
2612	2189	2228	2721	3573
506	474	501	624	927
1151	1222	1117	1056	2280
1056	1153	1026	1118	1035
740	942	900	1083	1363
160	140	147	206	303
71	21	8	16	40
352	269	290	320	455

3-27 农村居民家庭户均生产性固定资产原值(2017)
Initial Value of Productive Fixed Assets in Rural Households(2017)

单位:元 (yuan)

项　　目	Item	2017
生产性固定资产原值(元/户)	Initial Value of Productive Fixed Assets(yuan/household)	
1.农业	Farming	2046.97
2.林业	Forestry	12.61
3.牧业	Animal Husbandry	256.72
4.渔业	Fishery	41.01
5.采矿业	Mining	149.53
6.制造业	Manufacturing	468.62
7.电力煤气与水的生产及供应	Production and Supply of Electricity,Gas and Water	0.00
8.建筑业	Construction	102.17
9.交通运输业、仓储和邮政业	Transportation,Storage and Postal Services	982.04
10.批发和零售贸易业	Wholesale & Retail Trade	812.18
11.住宿和餐饮业	Hotels and Catering Services	178.62
12.房地产业	Real Estate	75.07
13.租赁和商务服务业	Leasing and Business Services	10.96
14.居民服务修理和其他服务业	Serices to Households and Other Services	255.50
15.其他行业	Others	210.41
16.农林牧渔服务业固定资产原价	Agricultural Service	141.39

3-28 农村居民家庭人均主要食品消费量(2017)
Per Capita Main Food Consumption of Rural Households(2017)

单位:千克 kg

项 目	Item	2017
一、粮食消费量	Grain	165.51
(一)谷物消费量	Cereals	154.06
1.小麦	Wheat	58.83
2.稻谷	Barley	89.53
3.玉米	Corn	2.95
4.其他谷物	Other Cereals	2.76
(二)薯类消费量	Tubers	2.30
1.红薯	Sweet Potato	1.23
2.马铃薯	Potato	0.66
3.其他薯类	Other Tubers	0.40
(三)豆类消费量	Beans	9.16
1.大豆	Soybean	0.88
2.其他豆类	Other Beans	8.28
二、油脂类消费量	Oil and Fats	10.24
(一)植物油	Edible Vegetable Oil	9.41
(二)动物油	Edible Animal Oil	0.83
三、蔬菜及菜制品消费量	Vegetables and Processed Products	96.34
(一)鲜菜	Fresh Vegetables	94.41
(二)干菜及菜制品	Dried Vegetables and Processed Products	0.79
(三)鲜菌	Fresh Edible Fungus	0.97
(四)干菌及菌制品	Dried Edible Fungus and Processed Products	0.17
四、肉类	Meat and Processed Products	21.25
(一)猪肉	Pork	17.17
(二)牛肉	Beef	1.23
(三)羊肉	Mutton	0.69
(四)其他肉类及制品	Others	2.16
五、禽类	Poultry and Processed Products	10.07
(一)鸡	Chicken	6.88
(二)鸭	Duck	1.42

3-28 续表1 Continued 1

项 目	Item	2017
(三)鹅	Goose	0.28
(四)其他禽类及制品	Others	1.49
六、水产品	Aquatic Products	9.29
(一)鱼类	Fish	8.27
(二)虾、贝、蟹类	Shrimps, Shells and Crabs	0.46
(三)藻类	Algae	0.34
(四)其他	Others	0.22
七、蛋类及蛋制品	Eggs and Processed Products	11.24
(一)鲜蛋	Fresh Eggs	10.80
(二)蛋制品	Egg Products	0.45
八、奶和奶制品	Milk and Dariy Products	8.08
(一)鲜奶	Fresh Milk	2.42
(二)酸奶	Yogurt	3.27
(三)奶粉	Milk Powder	0.72
(四)其他奶制品	Others	1.68
九、干鲜瓜果类	Dried and Fresh Melons and Fruits	43.34
(一)鲜瓜果	Fresh Melons and Fruits	40.04
(二)瓜果制品	Melon and Fruit Products	0.71
(三)坚果类	Nuts and Grain Products	2.59
十、糖果糕点类	Confectioneries	5.37
(一)食糖	Sugar	1.16
(二)糖果	Candy	0.50
(三)糕点	Pastry	3.17
(四)其他糖果糕点	Other Confectioneries	0.55
十一、饮料	Beverage	0.21
茶叶	Tea	0.21
十二、烟叶消费量	Tobacco	35.03
十三、酒	Liquor and Drinks	13.70
(一)白酒	Wine Spirit	4.01
(二)啤酒	Beer	9.64
(三)果酒	Fruit Wine	0.04

3-29 农村居民家庭年人均出售主要农副产品情况(2017) Annual Selling of Farm and Sideline Products of Rural Households per Capita(2017)

单位:千克 kg

项　目	Item	2017
粮食	Grain	2086.64
谷物	Cereals	1411.33
#小麦	#Wheat	478.48
稻谷	Paddy	650.93
薯类	Tubers	4.03
豆类	Beans	20.34
棉花	Cotton	1.81
油料	Oil Producer	14.69
糖料	Sugar	0.07
烟草	Tobacco	0.00
蔬菜及食用菌	Vegetables and Edible Fungus	68.41
水果	Fruits	4.98
果用瓜	Melon	61.67
茶叶	Tea	3.90
猪肉	Pork	0.28
家禽	Poultry	9.44
蛋类	Eggs	12.48
渔业产品(养殖和捕捞产品)	Aquatic Products	11.39

3-30 农村居民家庭主要生活用品购买量(2017)
Annual Purchases of Articles for Daily Use of Rural Households per Capita(2017)

项　目	Item	单位	Unit	2017
粮食	Grain	千克	(kg/person)	367.58
植物油	Edible Vegetable Oil	千克	(kg/person)	7.72
动物油	Edible Animal Oil	千克	(kg/person)	0.83
蔬菜和食用菌	Vegetables and Edible Fungus	千克	(kg/person)	50.44
猪肉	Pork	千克	(kg/person)	16.08
牛肉	Beef	千克	(kg/person)	1.21
羊肉	Mutton	千克	(kg/person)	0.66
禽类	Poultry	千克	(kg/person)	8.15
#鸡	#Chicken	千克	(kg/person)	5.16
水产品	Aquatic Products	千克	(kg/person)	8.89
鱼类	Fish	千克	(kg/person)	7.87
鲜蛋	Fresh Eggs	千克	(kg/person)	7.63
奶类	Dariy Products	千克	(kg/person)	8.07
鲜瓜果	Fresh Melons and Fruits	千克	(kg/person)	39.92
卷烟	Tobacco	盒	(unit/person)	34.97
酒类	Liquor and Drinks	千克	(kg/person)	317.35
服装	Garments	元	(yuan/person)	391.97
鞋类	Shoes	双	(pairs/person)	3.03
生活用煤炭	Coal for Life	千克	(kg/person)	9.49
洗衣机	Washing Machine	台/百户	(set/100 households)	1.57
电冰箱(柜)	Refrigerator	台/百户	(set/100 households)	1.51
空调器	Air Conditioner	台/百户	(set/100 households)	1.97
非太阳能热水器	Non-Solar Water Heater	台/百户	(set/100 households)	0.36
太阳能热水器	Solar Heater	台/百户	(set/100 households)	0.46
汽车	Household Automobile	辆/百户	(unit/100 households)	0.35
摩托车	Motorcycle	辆/百户	(unit/100 households)	0.31
自行车	Bike	辆/百户	(unit/100 households)	0.78
电动自行车	Electric Bike	辆/百户	(unit/100 households)	3.22
移动电话机	Mobile Telephone	部/百户	(set/100 households)	14.70
电视机(彩色)	Color TV	台/百户	(set/100 households)	1.35

3-31 农村居民家庭固定资产投资情况(2017)
Fixed Assets Investment of Rural Households(2017)

单位:万元 (10000 yuan)

项 目	Item	2017
新增固定资产原值	New Original Value of Fixed Assets	4504220
固定资产投资完成额	Finished Value of Investment of the Fixed Assets	4586879
按投资来源分	Investment by Source	
国内贷款	Domestic Loans	4298
自筹资金	Self-raising Funds	4319610
其他资金	Others	262971
按投资构成分	According to Constitute Sub-investment	
建筑工程	Construction	3568708
安装工程	Installation	0
设备工、器具购置	For Equipment, the Purchase of Equipment	960208
其他	Others	57963
按投资方向分	According to the Investment Direction	
农业	Agriculture	1191258
采矿业	Mining	0
制造业	Manufacturing	10602
电力、燃气及水的生产和供应业	Production and Supply of Electricity, Gas and Water	9424
建筑业	Construction	197773
交通运输、仓储和邮政业	Transport, Storage and Post	31549
信息传输、计算机服务和软件业	Information Transmission, Computer Services and Software	0
批发和零售业	Wholesale and Retail Trades	27370
住宿和餐饮业	Hotels and Catering Services	0
房地产业	Real Estate	3113268
居民服务和其他服务业	Serices to Households and Other Services	5635
文化、体育和娱乐业	Culture, Sports and Enterainment	0
按具体投资项目分	Based on Specific Investment Projects	
房屋	Housing	3405708
道路	Road	0
设备	Equipment	959316
水利	Water	16564
其他	Others	205290
施工房屋面积(万平方米)	Floor Space of Buildings(10 000 sq.m)	4947
其中:住宅	Of Which: Residential Buildings	4571
竣工房屋面积(万平方米)	Floor Space of Buildings Completed(10 000 sq.m)	3868
其中:住宅	Of Which: Residential Buildings	3714
竣工房屋投资完成额	Completion Amount of Investment of Buildings Completed	3323050
其中:住宅	Of Which: Residential Buildings	2673392

3-32 各市农村常住居民人均可支配收入(2017)
Per Capita Disposable Income and Consumption Expenditures of Rural Residents by City(2017)

单位:元 (yuan)

地 区	Region	可支配收入 Disposable Income
全 省	Total	12758
合肥市	Hefei	18594
芜湖市	Wuhu	18830
蚌埠市	Bengbu	13769
淮南市	Huainan	11841
马鞍山市	Maanshan	19358
淮北市	Huaibei	11611
铜陵市	Tongling	13145
安庆市	Anqing	11814
黄山市	Huangshan	14034
滁州市	Chuzhou	11947
阜阳市	Fuyang	10748
宿州市	Suzhou	10859
六安市	Lu'an	10857
亳州市	Bozhou	11591
池州市	Chizhou	13476
宣城市	Xuancheng	14590

3-33 各县农村常住居民人均可支配收入(2017)
Per Capita Disposable Income of Rural Residents by County(2017)

单位:元 (yuan)

地　　区	Region	2017
安徽省	**Total**	**12758**
合肥市	**Hefei**	**18594**
瑶海区	Yaohai District	
庐阳区	Luyang District	25182
蜀山区	Shushan District	24675
包河区	Baohe District	25595
长丰县	Changfeng	17596
肥东县	Feidong	19410
肥西县	Feixi	19769
庐江县	Lujiang	17204
巢湖市	Chaohu	18162
合肥新站区	Hefei New Station District	18302
合肥经开区	Hefei Economic-technology Development Zone	
合肥高新区	Hefei New and High-tech Zone	18306
芜湖市	**Wuhu**	**18830**
镜湖区	Jinghu District	23192
弋江区	Yijiang District	19137
鸠江区	Jiujiang District	20240
三山区	Sanshang District	20367
芜湖县	Wuhu	20586
繁昌县	Fanchang	20432
南陵县	Nanling	20411
无为县	Wuwei	16708
蚌埠市	**Bengbu**	**13769**
龙子湖区	Longzihu District	13244

3-33 续表1 Continued 1

地　　区	Region	2017
蚌山区	Bengshang District	13525
禹会区	Yuhui District	12858
淮上区	Huaishang District	12876
怀远县	Huaiyuan	13949
五河县	Wuhe	13845
固镇县	Guzhen	13959
蚌埠经开区	Bengbu Economic-technology Development Zone	13195
淮南市	**Huainan**	**11841**
大通区	Datong District	13754
田家庵区	Tianjaan District	14458
谢家集区	Xiejiaji District	13652
八公山区	Bagongshan District	13841
潘集区	Panji District	13070
凤台县	Fengtai	13313
寿　县	Shouxian	10062
毛集实验区	Maoji Experimental District	12797
马鞍山	**Maanshan**	**19358**
花山区	Huashan District	26286
雨山区	Yushan District	26478
博望区	Bowang District	21914
当涂县	Dangtu	21873
含山县	Henshan	17035
和　县	Hexian	17140
淮北市	**Huaibei**	**11611**
杜集区	Duji District	12264
相山区	Xiangshan District	11729
烈山区	Lieshan District	11519

3-33 续表2 Continued 2

地　区	Region	2017
濉溪县	Suixi	11570
铜陵市	**Tongling**	**13145**
铜官区	Tongguan District	25099
义安区	Yian District	20841
郊区	Suburban District	23903
枞阳县	Zongyang	11114
安庆市	**Anqing**	**11814**
迎江区	Yingjiang District	14800
大观区	Daguan District	14466
宜秀区	Yixiu District	14936
怀宁县	Huaining	13456
潜山县	Qianshan	10812
太湖县	Taihu	10412
宿松县	Susong	10490
望江县	Wangjiang	10604
岳西县	Yuexi	10553
桐城市	Tongcheng	13918
安庆开发区	Anqing Development Zone	
黄山市	**Huangshan**	**14034**
屯溪区	Tunxi District	14908
黄山区	Huangshan District	14449
徽州区	Huizhou District	14569
歙　县	Shexian	13935
休宁县	Xiuning	13855
黟　县	Yixian	14082
祁门县	Qimen	13856
滁州市	**Chuzhou**	**11947**

3-33 续表 3 Continued 3

地　区	Region	2017
琅琊区	Langya District	12793
南谯区	Nanqiao District	12392
来安县	Laian	11804
全椒县	Quanjiao	12199
定远县	Dingyuan	11149
凤阳县	Fengyang	10491
天长市	Tianchang	16668
明光市	Mingguang	11068
阜阳市	**Fuyang**	**10748**
颍州区	Yingzhou District	12503
颍东区	Yingdong District	10115
颍泉区	Yingquan District	10895
临泉县	Linquan	10292
太和县	Taihe	11006
阜南县	Funan	10256
颍上县	Yingshang	10824
界首市	Jieshou	11726
宿州市	**Suzhou**	**10859**
埇桥区	Yongqiao District	11079
砀山县	Dangshan	11096
萧　县	Xiaoxian	10789
灵璧县	Lingbi	10910
泗　县	Sixian	10399
六安市	**Luan**	**10857**
金安区	Jinan District	11680
裕安区	Yuan District	11675
霍邱县	Huoqiu	10162

3-33 续表4 Continued 4

地 区	Region	2017
舒城县	Shucheng	10916
金寨县	Jinzhai	10098
霍山县	Huoshan	12164
叶集区	Yeji Experimental District	10657
亳州市	**Bozhou**	**11591**
谯城区	Qiaocheng District	12873
涡阳县	Guoyang	10850
蒙城县	Mengcheng	11901
利辛县	Lixin	10740
池州市	**Chizhou**	**13476**
贵池区	Guichi District	14002
东至县	Dongzhi	13483
石台县	Shitai	9543
青阳县	Qingyang	14185
池州开发区	Chizhou Development Zone	14268
九华山风景区	Jiuhuashan Mountain Scenic Area	14224
宣城市	**Xuancheng**	**14590**
宣州区	Xuanzhou District	14724
郎溪县	Langxi	14181
广德县	Guangde	16509
泾 县	Jingxian	13056
绩溪县	Jixi	12013
旌德县	Jingde	11711
宁国市	Ningguo	16402

3-34 全国及分省(区、市)城镇居民人均可支配收入(2017)
Per Capita Disposable Income of Urban Residents by Provinces and Regions(2017)

单位:元 (yuan)

地　区	Region	2017
全国	**National**	**36396**
北京	Beijing	62406
天津	Tianjin	40278
河北	Hebei	30548
山西	Shanxi	29132
内蒙古	Inner Mongolia	35670
辽宁	Liaoning	34993
吉林	Jilin	28319
黑龙江	Heilongjiang	27446
上海	Shanghai	62596
江苏	Jiangsu	43622
浙江	Zhejiang	51261
安徽	**Anhui**	**31640**
福建	Fujian	39001
江西	Jiangxi	31198
山东	Shandong	36789
河南	Henan	29558
湖北	Hubei	31889
湖南	Hunan	33948
广东	Guangdong	40975
广西	Guangxi	30502
海南	Hainan	30817
重庆	Chongqing	32193
四川	Sichuan	30727
贵州	Guizhou	29080
云南	Yunnan	30996
西藏	Tibet	30671
陕西	Shaanxi	30810
甘肃	Gansu	27763
青海	Qinghai	29169
宁夏	Ningxia	29472
新疆	Xinjiang	30775

3-35 全国及分省(区、市)农村居民人均可支配收入(2017)
Per Capita Annual Disposible Income of Rural Residents by Provinces and Regions(2017)

单位:元 (yuan)

地 区	Region	2017
全国	**National**	**13432**
北京	Beijing	24240
天津	Tianjin	21754
河北	Hebei	12881
山西	Shanxi	10788
内蒙古	Inner Mongolia	12584
辽宁	Liaoning	13747
吉林	Jilin	12950
黑龙江	Heilongjiang	12665
上海	Shanghai	27825
江苏	Jiangsu	19158
浙江	Zhejiang	24956
安徽	**Anhui**	**12758**
福建	Fujian	16335
江西	Jiangxi	13242
山东	Shandong	15118
河南	Henan	12719
湖北	Hubei	13812
湖南	Hunan	12936
广东	Guangdong	15780
广西	Guangxi	11325
海南	Hainan	12902
重庆	Chongqing	12638
四川	Sichuan	12227
贵州	Guizhou	8869
云南	Yunnan	9862
西藏	Tibet	10330
陕西	Shaanxi	10265
甘肃	Gansu	8076
青海	Qinghai	9462
宁夏	Ningxia	10738
新疆	Xinjiang	11045

主要统计指标解读

Explanatory Notes on Main Statistical Indicators

一、收入

可支配收入　指调查户在调查期内获得的、可用于最终消费支出和储蓄的总和，即调查户可以用来自由支配的收入。可支配收入既包括现金，也包括实物收入。按照收入的来源，可支配收入包含四项，分别为：工资性收入、经营净收入、财产净收入和转移净收入。按居民类型划分，有居民可支配收入、城镇常住居民可支配收入、农村常住居民可支配收入，计算公式为：

可支配收入＝工资性收入+经营净收入+财产净收入+转移净收入

其中：经营净收入＝经营收入－经营费用－生产性固定资产折旧－生产税

财产净收入＝财产性收入－财产性支出

转移净收入＝转移性收入－转移性支出

工资性收入　指就业人员通过各种途径得到的全部劳动报酬和各种福利，包括受雇于单位或个人、从事各种自由职业、兼职和零星劳动得到的全部劳动报酬和福利。

经营净收入　指住户或住户成员从事生产经营活动所获得的净收入，是全部经营收入中扣除经营费用、生产性固定资产折旧和生产税之后得到的净收入。

财产净收入　指住户或住户成员将其所拥有的金融资产、住房等非金融资产和自然资源交由其他机构单位、住户或个人支配而获得的回报并扣除相关的费用之后得到的净收入。财产净收入包括利息净收入、红利收入、储蓄性保险净收益和转让承包土地经营权租金净收入、出租房屋净收入、出租其他资产净收入和自有住房折算净租金等。

转移性收入 指国家、单位、社会团体对住户的各种经常性转移支付和住户之间的经常性收入转移。包括养老金或退休金、社会救济和补助、政策性生活补贴、救灾款、经常性捐赠和赔偿以及报销医疗费等；住户之间的赡养收入、经常性捐赠和赔偿以及农村地区（村委会）在外（含国外）工作的本住户非常住成员寄回带回的收入等。

二、消费

消费支出　指住户用于满足家庭日常生活消费需要的全部支出，包括用于消费品的支出和用于服务性消费的支出。根据用途不同，消费支出可划分为食品烟酒、衣着、居住、生活用品及服务、交通通信、教育文化娱乐、医疗保健、其他用品及服务八大类。根据来源不同，消费支出可划分为现金消费支出、实物消费支出（含自产自用、来自单位、来自政府和其他社会组织）。

PRICE SURVEY

价格调查

简要说明

一、本篇资料内容主要反映生产、流通、消费与投资等环节的价格变动趋势和变动幅度。内容主要包括各种价格总指数、居民消费价格指数、商品零售价格指数、农业生产资料价格指数、工业生产者出厂价格指数、工业生产者购进价格指数、固定资产投资价格指数及房地产价格指数等。

二、价格统计调查根据国家统计局《价格统计报表制度》,由安徽调查总队组织实施。

三、消费、零售价格指数采用分层抽样调查方法编制,以样本推断总体,调查实行月报,被抽选的调查市县 19 个。

四、农产品生产者价格调查采用抽样调查和重点调查相结合的方法,调查采用月报和季报相结合的方式,目前抽选的调查县(区)为 31 个。

五、工业生产者出厂价格及工业生产者购进价格指数采用重点调查和典型调查相结合的方法,调查实行月报,调查对象包括全省 16 个市的 3100 余家工业企业。

六、固定资产投资价格调查采用重点调查与典型调查相结合的方法,调查实行季报,调查对象为全省重点建筑施工企业和建设单位。

七、房地产价格调查为非全面调查,采用重点调查与典型调查相结合的方法,调查实行月报,调查城市为 3 个。

本版责任编辑:邓　泓　陈肖玲　周玉华　高亚奇 刘玉如

4-1 各种价格总指数
Price Indices

上年=100 (preceding year=100)

年 份 Year	居民消费价格指数 Consumer Price Index	城市居民消费价格指数 Urban Household	农村居民消费价格指数 Rural Household	商品零售价格指数 Retail Price Index	工业生产者出厂价格指数 Producer Price Index for Industrial Products	工业生产者购进价格指数 Purchasing Price Index for Industrial Producers	农业生产资料价格指数 Price Index of Agricultural Means of Production	固定资产投资价格指数 Price Index for Investment in Fixed Assets
1978				100.0			100.1	
1979		102.6		102.1			102.4	
1980		104.1		103.4			102.1	
1981		103.2		101.7			101.7	
1982		100.1		101.0			101.3	
1983		102.2		101.1			102.8	
1984	102.1	102.1	102.0	102.0			107.0	
1985	107.1	107.8	106.4	106.4			101.7	
1986	106.2	105.8	106.5	105.2			102.1	
1987	109.1	109.9	108.3	109.7			112.8	
1988	120.9	121.4	119.1	121.8			118.6	
1989	117.2	115.7	118.8	117.1			121.7	
1990	102.7	102.6	102.8	101.9			103.9	
1991	106.1	107.4	104.1	105.7			102.3	114.8
1992	108.2	108.8	108.0	106.6			102.5	119.8
1993	114.7	114.4	115.4	112.9	125.3	128.7	112.9	123.0
1994	126.9	127.4	126.3	123.2	120.9	122.3	122.8	120.1
1995	114.8	115.9	113.7	112.7	117.2	117.9	128.0	106.5
1996	109.9	110.1	109.7	107.1	101.5	110.0	107.2	103.4
1997	101.3	101.9	100.7	99.4	99.3	101.7	98.9	101.3
1998	100.0	100.3	99.9	98.1	96.4	96.0	94.8	100.0
1999	97.8	97.6	98.0	96.6	95.9	94.5	95.3	99.3
2000	100.7	100.9	100.5	98.0	98.9	102.6	98.2	101.6
2001	100.5	100.0	101.3	99.6	98.6	100.2	97.9	99.5
2002	99.0	99.1	98.7	99.2	99.8	98.2	99.9	101.1
2003	101.7	101.8	101.7	101.3	103.5	106.7	100.2	103.5
2004	104.5	104.3	104.8	102.7	108.2	115.0	112.0	106.1
2005	101.4	101.0	101.9	100.6	103.3	107.2	108.3	101.0
2006	101.2	101.4	100.9	100.8	103.1	103.9	100.0	101.9
2007	105.3	105.3	105.2	104.5	103.6	105.1	106.8	105.4
2008	106.2	106.0	106.4	106.3	108.4	112.4	123.9	109.4
2009	99.1	98.9	99.4	99.0	92.8	95.3	95.8	96.0
2010	103.1	103.0	103.4	103.2	109.0	111.8	102.0	105.4
2011	105.6	105.4	105.9	105.3	108.3	110.8	114.3	108.1
2012	102.3	102.2	102.4	102.1	98.3	98.2	105.3	101.0
2013	102.4	102.4	102.5	101.2	98.2	96.9	100.9	100.2
2014	101.6	101.7	101.5	100.4	97.4	97.2	99.6	100.3
2015	101.3	101.3	101.3	99.7	93.9	93.5	101.6	96.9
2016	101.8	101.8	101.6	100.8	98.5	98.4	99.4	99.2
2017	101.2	101.3	101.1	101.7	108.0	109.2	101.3	107.4

4-2 居民消费价格分类指数(2017)
Consumer Price Indices by Category (2017)

(上年=100) (preceding year=100)

指 标	Item	全省 Provincial Indices	城市 Urban Indices	农村 Rural Indices
居民消费价格总指数	**Consumer Price Index**	**101.2**	**101.3**	**101.1**
非食品烟酒价格指数	Non-food Price Index	102.3	102.3	102.3
服务价格指数	Items of Service Price Index	102.4	102.4	102.4
工业品价格指数	Insdustrial Products Price Index	102.2	102.2	102.2
消费品价格指数	Consumable Price Index	100.6	100.7	100.4
扣除食品和能源价格指数	Deduction Food and Energy Price Index	102.1	102.2	102.0
扣除鲜菜鲜果价格指数	Deduction Fresh Vegetables and Fruits Price Index	101.6	101.7	101.4
一、食品烟酒	Food,Tobacco and Liquor	98.9	99.0	98.6
1.食品	Food	97.4	97.3	97.5
(1)粮食	Grain	101.2	101.4	101.0
大米	Rice	101.2	101.4	100.8
面粉	Flour	100.6	100.7	100.5
(2)薯类	Tubers	95.1	95.3	94.9
(3)豆类	Beans	100.2	99.6	101.1
(4)食用油	Edible Oil	98.3	99.7	96.4
(5)菜	Vegetables	89.9	89.3	91.0
鲜菜	Fresh Vegetables	89.0	88.4	90.2
(6)畜肉类	Edible Livestock Meat	92.2	92.4	91.9
猪肉	Pork	88.6	88.4	88.9
牛肉	Beef	99.3	99.3	99.4
羊肉	Mutton	104.0	103.7	105.0
(7)禽肉类	Poultry	99.8	100.1	99.4
(8)水产品	Aquatic Products	105.1	104.4	106.2
(9)蛋类	Eggs	92.8	92.9	92.8
(10)奶类	Diary Products	100.5	101.0	99.5
(11)干鲜瓜果类	Dried and Fresh Melons and Fruits	101.6	101.7	101.3
鲜瓜果	Fresh Melons and Fruits	102.3	102.6	101.6
(12)糖果糕点类	Confectionery	102.4	102.5	102.0
(13)调味品	Flavoring	104.1	104.5	103.7
(14)其他食品类	Other Foods	100.9	101.3	100.3

4-2 续表 1 Continued 1

指 标	Item	全省 Provincial Indices	城市 Urban Indices	农村 Rural Indices
2.茶及饮料	Tea and Beverages	104.2	104.0	104.4
3.烟酒	Tobacco and Liquor	101.1	101.5	100.5
(1)烟草	Tobacco	100.1	100.0	100.2
(2)酒类	Liquor	102.7	104.0	100.9
4.在外餐饮	Dinning Out	102.4	102.6	101.7
二、衣着	Clothing	101.8	101.8	101.7
1.服装	Garments	101.9	101.8	102.2
(1)男式服装	Men's Clothing	101.9	101.9	101.8
(2)女式服装	Women's Clothing	102.0	101.8	102.4
(3)儿童服装	Children's Clothing	101.9	101.8	102.3
2.服装材料	Clothing Material	101.5	101.2	102.1
3.其他衣着及配件	Other Clothing and Accessories	101.3	101.3	101.2
4.衣着加工服务费	Clothing Processing	104.4	104.8	103.3
5.鞋类	Footwear	101.0	101.4	100.3
(1)鞋	Shoes	101.0	101.4	100.3
(2)鞋类加工服务	Shoes Processing	101.4	100.5	102.4
三、居住	Residence	102.7	102.9	102.3
1.租赁房房租	Tenancy	102.4	102.3	103.2
2.住房保养维修及管理	Housing Maintenance	103.9	104.3	103.4
(1)住房装潢材料	Housing Decoration Materials	104.1	104.6	103.3
(2)物业管理费	Property Management Fee	100.9	100.9	100.6
(3)住房装潢维修	Housing Decoration Maintenance	104.4	105.3	103.6
3.水电燃料	Water, Electricity and Fuels	102.8	102.8	102.9
(1)水	Water	110.2	111.7	106.5
(2)电	Electricity	100.0	100.0	100.0
(3)燃气	Gas	105.0	103.8	107.4
(4)取暖费	Heating Fee	100.0	100.0	100.0
(5)其他燃料	Other Fuels	107.6	107.7	107.5
4.自有住房	Housing	102.2	102.7	101.3
四、生活用品及服务	Daily Necessities and Services	101.4	101.7	100.9
1.家具及室内装饰品	Furniture and Interior Decorations	101.3	101.8	100.5
(1)家具	Furniture	101.4	102.0	100.5

4-2 续表 2 Continued 2

指 标	Item	全省 Provincial Indices	城市 Urban Indices	农村 Rural Indices
(2)室内装饰品	Interior Decorations	100.7	100.9	100.0
2.家用器具	Household Appliances	101.5	101.4	101.6
(1)大型家用器具	Large Household Appliances	101.7	101.7	101.7
(2)小家电	Small Home Appliances	100.5	100.2	101.1
3.家用纺织品	Household Textiles	100.1	100.3	99.7
(1)床上用品	Bed Articles	99.7	100.0	99.3
(2)窗帘门帘	Curtain	102.1	102.5	101.6
(3)其他家用纺织品	Other Household Textiles	100.8	100.4	101.8
4.家庭日用杂品	Daily-Use Household Articles	100.8	101.0	100.4
(1)洗涤卫生用品	Sanitary Articles	100.7	101.4	99.7
(2)厨具餐具茶具	Kitchenware, Tableware, Tea set	100.7	100.6	101.0
(3)家用手工工具	Household Hand Tools	101.7	100.8	103.1
(4)其他家庭日用杂品	Other Daily-Use Household Articles	100.7	100.5	101.1
5.个人护理用品	Personal Care Products	101.9	102.2	100.6
(1)化妆品	Cosmetics	102.3	102.7	100.5
(2)其他护理用品类	Other Care Products	101.3	101.5	100.6
6.家庭服务	Household Service	104.9	104.8	104.9
五、交通和通信	Transportation and Communication	100.4	100.2	101.0
1.交通	Transportation	101.4	101.0	102.4
(1)交通工具	Transportation Facility	96.5	95.8	98.1
(2)交通工具用燃料	Fuels	109.3	109.2	109.5
(3)交通工具使用和维修	Fees for Vehicles Use and Amintenance	106.1	104.7	108.6
(4)交通费	Incity Traffice Fare	101.4	101.4	101.2
2.通信	Communication	98.8	98.8	98.9
(1)通信工具	Communication Facility	95.6	95.6	95.6
(2)通信服务	Communication Services	99.5	99.5	99.6
(3)邮递服务	Postal Service	103.2	103.6	102.0
六、教育文化和娱乐	Education, Culture and Recreation	103.3	103.0	104.1
1.教育	Education	104.0	103.3	104.9
(1)教育用品	Teaching Materials and Reference Books	104.8	104.5	105.3
(2)教育服务	Education Services	103.9	103.3	104.9
2.文化娱乐	Cultural and Recreational Articles	102.3	102.5	101.5

4-2 续表 3 Continued 3

指 标	Item	全省 Provincial Indices	城市 Urban Indices	农村 Rural Indices
(1)文娱耐用消费品	Cultural Articles	101.9	102.1	101.5
(2)其他文娱用品	Expenditure on Culture and Recreation	101.4	101.5	101.1
(3)文化娱乐服务	Culture and Recreation Services	100.3	100.2	100.3
(4)旅游	Tourism	103.8	103.9	102.9
七、医疗保健	Medic-care and Health	103.9	104.2	103.3
1.药品及医疗器具	Medical Instrument and Articles	107.7	107.8	107.4
(1)中药	Traditional Chinese Medicine	107.5	108.0	106.5
(2)西药	Western Medicine	109.4	110.1	108.3
(3)滋补保健品	Nourishing Health Products	106.7	106.0	109.2
(4)医疗卫生器具	Medical Appliance	101.1	101.3	100.4
(5)保健器具	Health Care Appliance	99.2	99.1	99.8
2.医疗服务	Health Care Services	102.1	102.3	101.8
(1)综合医疗类	General Medical	103.5	103.2	103.9
(2)诊断类	Diagnosis	102.8	103.1	102.3
(3)治疗类	Treatment	101.0	101.2	100.8
(4)康复类	Rehabilitation	101.1	101.7	100.0
(5)中医医疗服务类	Traditional Chinese Medical Services	101.5	102.2	100.3
(6)其他医疗服务	Other Medical Services	99.1	100.1	97.4
八、其他用品和服务	Other Articles and Services	101.5	101.7	101.0
1.其他用品类	Other Articles	101.2	101.4	100.7
(1)首饰手表	Jewelry and Watches	101.9	101.9	101.8
(2)其他杂项用品	Other Sundry Articles	100.3	100.7	99.7
2.其他服务类	Other Services	101.7	101.9	101.2
(1)旅馆住宿	Hotel Accommodation	99.8	99.7	100.6
(2)美容美发洗浴	Hairdressing Bath	103.6	104.6	101.5
(3)养老服务	Aged Services	103.4	102.9	104.6
(4)金融保险	Financial and Insurance	100.0	100.0	100.0
(5)其他服务类	Other Services	102.3	102.5	101.9

4-3 分月居民消费价格指数(2017)

上年同月=100

指 标	Item	1月 January	2月 February	3月 March
居民消费价格总指数	**Consumer Price Index**	**102.4**	**100.3**	**100.7**
非食品烟酒价格指数	Non-food Price Index	102.7	102.3	102.6
服务价格指数	Items of Service Price Index	103.2	102.1	102.5
工业品价格指数	Insdustrial Products Price Index	102.3	102.4	102.6
消费品价格指数	Consumable Price Index	102.0	99.3	99.6
扣除食品和能源价格指数	Deduction Food and Energy Price Index	102.4	101.9	102.2
扣除鲜菜鲜果价格指数	Deduction Fresh Vegetables and Fruits Price Index	102.6	101.7	102.0
一、食品烟酒	Food,Tobacco and Liquor	101.7	96.2	96.6
1.食品	Food	101.8	93.7	94.1
(1)粮食	Grain	101.0	101.1	100.9
大米	Rice	101.2	101.1	101.1
面粉	Flour	100.3	100.6	100.5
(2)薯类	Tubers	105.5	92.9	91.4
(3)豆类	Beans	100.6	97.9	99.9
(4)食用油	Edible Oil	101.2	100.6	100.0
(5)菜	Vegetables	102.9	72.5	69.9
鲜菜	Fresh Vegetables	103.0	71.0	68.2
(6)畜肉类	Edible Livestock Meat	105.2	97.5	96.4
猪肉	Pork	106.5	96.4	94.0
牛肉	Beef	99.1	96.4	98.4
羊肉	Mutton	101.2	97.5	97.8
(7)禽肉类	Poultry	100.2	96.9	97.1
(8)水产品	Aquatic Products	109.4	107.4	110.9
(9)蛋类	Eggs	88.6	80.9	82.6
(10)奶类	Diary Products	99.2	99.7	99.7
(11)干鲜瓜果类	Dried and Fresh Melons and Fruits	94.4	93.9	100.9
鲜瓜果	Fresh Melons and Fruits	92.5	91.7	101.2
(12)糖果糕点类	Confectionery	100.1	101.2	100.3
(13)调味品	Flavoring	102.9	102.9	103.1
(14)其他食品类	Other Foods	99.5	100.9	99.8

Consumer Price Indices by Month(2017)

(the same moth last year=100)

4月 April	5月 May	6月 June	7月 July	8月 August	9月 September	10月 October	11月 November	12月 December
101.4	**101.5**	**101.1**	**100.8**	**101.4**	**101.2**	**101.6**	**101.0**	**101.4**
102.6	102.4	102.2	102.1	102.3	102.1	102.2	102.0	102.0
102.5	102.5	102.6	102.8	102.7	101.9	102.1	101.9	101.8
102.7	102.2	101.7	101.3	101.9	102.2	102.3	102.1	102.2
100.7	100.9	100.3	99.6	100.7	100.7	101.3	100.5	101.2
102.4	102.3	102.3	102.2	102.2	102.0	102.0	101.8	101.8
101.8	101.3	100.9	101.0	101.4	101.3	101.7	101.6	101.7
98.6	99.6	98.8	97.8	99.3	99.2	100.3	98.8	100.1
96.9	98.2	97.0	95.8	98.0	97.8	99.5	97.1	99.0
101.2	101.4	101.5	101.3	101.3	101.6	101.4	101.2	100.7
101.4	101.4	101.5	101.3	101.1	101.6	101.3	100.9	100.1
100.8	100.9	101.1	100.4	100.4	100.4	100.4	100.8	100.6
85.7	83.6	86.8	88.8	99.4	106.8	109.6	103.1	100.2
100.2	100.6	100.5	100.4	100.5	100.5	100.6	100.7	100.6
98.4	96.9	96.3	97.0	97.0	97.6	97.7	98.4	98.2
81.0	94.3	103.9	97.7	105.3	99.7	101.9	83.8	86.8
79.6	93.6	104.1	97.4	105.6	99.5	101.9	82.5	85.7
92.3	88.2	84.7	86.1	88.1	89.6	92.4	92.9	94.3
88.6	82.9	78.6	80.5	83.6	85.3	88.6	89.0	90.8
98.8	99.3	99.4	99.5	99.4	99.8	100.4	100.5	100.7
99.2	100.4	100.6	101.2	102.0	105.4	112.6	114.6	117.1
97.3	97.4	96.2	97.1	101.6	102.6	103.2	103.7	104.4
110.4	108.1	102.2	101.8	101.5	100.6	102.9	102.6	104.4
84.7	81.4	88.2	93.4	102.5	100.5	101.4	102.9	108.9
100.3	100.4	100.4	100.5	100.1	101.0	101.4	101.4	102.2
114.3	115.9	106.9	95.1	94.9	95.1	98.1	101.7	108.9
120.0	121.3	109.7	93.8	93.4	93.7	97.7	102.5	112.7
101.4	101.2	101.8	102.4	103.4	104.2	104.5	103.9	103.8
104.1	104.5	104.8	104.1	104.1	104.6	104.5	104.6	104.8
100.1	99.4	100.4	101.0	101.2	101.7	102.5	101.7	102.3

4-3 续表 1

指　　标	Item	1月 January	2月 February	3月 March
2.茶及饮料	Tea and Beverages	99.9	99.8	100.2
3.烟酒	Tobacco and Liquor	100.2	100.7	100.9
(1)烟草	Tobacco	100.0	100.0	100.1
(2)酒类	Liquor	100.6	101.7	102.1
4.在外餐饮	Dinning Out	102.7	102.5	102.9
二、衣着	Clothing	101.3	101.4	101.9
1.服装	Garments	101.6	101.9	102.0
(1)男式服装	Men's Clothing	101.6	101.6	102.3
(2)女式服装	Women's Clothing	101.6	102.1	102.2
(3)儿童服装	Children's Clothing	101.7	101.7	101.0
2.服装材料	Clothing Material	100.6	100.3	100.6
3.其他衣着及配件	Other Clothing and Accessories	100.6	100.8	100.7
4.衣着加工服务费	Clothing Processing	104.6	103.9	103.3
5.鞋类	Footwear	99.8	99.8	101.4
(1)鞋	Shoes	99.8	99.8	101.4
(2)鞋类加工服务	Shoes Processing	102.6	101.5	101.2
三、居住	Residence	102.8	102.9	102.9
1.租赁房房租	Tenancy	102.4	102.6	102.8
2.住房保养维修及管理	Housing Maintenance	102.6	102.9	103.2
(1)住房装潢材料	Housing Decoration Materials	101.7	102.1	103.0
(2)物业管理费	Property Management Fee	100.3	101.1	101.1
(3)住房装潢维修	Housing Decoration Maintenance	104.5	104.5	104.1
3.水电燃料	Water,Electricity and Fuels	102.4	102.7	102.9
(1)水	Water	111.0	111.5	112.4
(2)电	Electricity	100.0	100.0	100.0
(3)燃气	Gas	102.6	103.7	104.0
(4)取暖费	Heating Fee	100.0	100.0	100.0
(5)其他燃料	Other Fuels	109.5	109.7	109.6
4.自有住房	Housing	103.1	103.1	102.8
四、生活用品及服务	Daily Necessities and Services	100.6	100.5	100.9
1.家具及室内装饰品	Furniture and Interior Decorations	100.8	101.2	101.6

Continued 1

4月 April	5月 May	6月 June	7月 July	8月 August	9月 September	10月 October	11月 November	12月 December
103.2	105.6	105.8	105.8	105.6	105.6	106.0	106.0	106.4
100.9	101.0	101.2	101.3	101.5	101.3	101.1	101.3	101.4
100.2	100.2	100.2	100.3	100.2	100.1	100.0	99.9	99.9
102.2	102.2	102.8	102.9	103.6	103.4	103.0	103.6	103.9
102.8	102.7	102.3	101.8	101.8	102.0	102.1	102.2	102.4
102.0	101.9	102.2	101.9	102.1	102.3	101.7	101.2	101.5
102.3	102.1	102.2	101.8	102.2	102.7	101.7	101.3	101.6
102.8	102.0	102.2	101.9	102.2	103.2	101.5	100.7	100.6
102.1	102.3	102.4	102.1	102.5	102.5	101.4	101.2	101.8
101.4	102.0	101.6	100.8	101.2	102.4	102.7	103.3	103.3
101.3	101.4	101.4	101.4	101.5	101.8	102.5	102.6	102.8
101.1	100.8	102.0	101.8	102.0	101.9	101.6	101.2	101.0
103.4	104.1	104.5	104.9	104.8	105.0	104.9	104.5	104.5
101.2	101.0	102.0	102.1	101.8	100.6	101.6	100.4	100.6
101.2	101.0	102.1	102.1	101.8	100.6	101.6	100.4	100.6
101.2	101.2	101.2	101.2	101.2	101.2	101.2	101.5	101.7
102.8	102.7	102.6	102.7	102.8	102.4	102.4	102.6	102.7
102.8	103.1	103.2	102.8	102.9	101.8	101.7	101.7	101.4
103.6	103.9	103.9	103.6	103.8	104.4	104.3	104.7	105.8
103.6	104.2	104.4	104.3	104.4	104.5	104.7	105.2	107.0
101.1	101.0	101.0	101.0	100.9	100.9	100.9	100.9	100.9
104.3	104.3	103.9	103.5	103.8	105.2	104.6	105.0	105.5
102.7	102.4	102.1	102.4	102.7	103.0	103.4	103.6	103.8
112.2	110.8	109.0	109.0	108.9	108.9	108.9	110.2	110.2
100.0	100.0	100.0	100.0	100.0	100.0	100.0	100.0	100.0
103.2	102.7	102.5	103.7	104.8	106.1	108.6	108.9	109.4
100.0	100.0	100.0	100.0	100.0	100.0	100.0	100.0	100.0
109.7	109.6	108.5	108.9	109.2	109.3	102.6	102.3	103.1
102.6	102.5	102.4	102.6	102.5	101.5	101.4	101.4	101.2
101.4	101.6	101.6	101.7	101.8	101.7	101.7	101.7	101.8
101.4	101.7	101.7	101.6	101.3	101.3	101.1	101.2	101.2

4-3 续表2

指　　标	Item	1月 January	2月 February	3月 March
(1)家具	Furniture	100.9	101.4	101.8
(2)室内装饰品	Interior Decorations	99.9	99.9	100.3
2.家用器具	Household Appliances	99.5	100.0	100.6
(1)大型家用器具	Large Household Appliances	99.5	100.0	100.7
(2)小家电	Small Home Appliances	99.6	99.6	99.7
3.家用纺织品	Household Textiles	98.9	98.4	99.6
(1)床上用品	Bed Articles	98.4	97.8	99.1
(2)窗帘门帘	Curtain	101.4	101.9	102.3
(3)其他家用纺织品	Other Household Textiles	100.4	100.4	101.4
4.家庭日用杂品	Daily-Use Household Articles	100.1	100.1	100.2
(1)洗涤卫生用品	Sanitary Articles	99.7	99.5	99.8
(2)厨具餐具茶具	Kitchenware, Tableware, Tea set	99.8	99.9	100.1
(3)家用手工工具	Household Hand Tools	100.9	101.2	101.7
(4)其他家庭日用杂品	Other Daily-Use Household Articles	101.1	101.0	100.7
5.个人护理用品	Personal Care Products	101.5	101.4	101.7
(1)化妆品	Cosmetics	102.2	102.0	102.4
(2)其他护理用品类	Other Care Products	100.7	100.5	100.9
6.家庭服务	Household Service	107.3	103.6	104.2
五、交通和通信	Transportation and Communication	102.1	101.1	101.6
1.交通	Transportation	104.7	103.0	103.4
(1)交通工具	Transportation Facility	98.2	97.7	97.7
(2)交通工具用燃料	Fuels	116.1	117.0	116.3
(3)交通工具使用和维修	Fees for Vehicles Use and Amintenance	110.5	102.6	106.7
(4)交通费	Incity Traffice Fare	104.4	100.3	100.9
2.通信	Communication	98.0	98.1	98.6
(1)通信工具	Communication Facility	95.6	95.5	96.0
(2)通信服务	Communication Services	98.6	98.7	99.2
(3)邮递服务	Postal Service	100.0	100.0	100.0
六、教育文化和娱乐	Education, Culture and Recreation	104.5	102.8	103.5
1.教育	Education	103.9	104.2	104.2
(1)教育用品	Teaching Materials and Reference Books	104.4	101.3	101.3

Continued 2

4月 April	5月 May	6月 June	7月 July	8月 August	9月 September	10月 October	11月 November	12月 December
101.5	101.9	101.8	101.7	101.4	101.4	101.1	101.1	101.1
100.6	100.4	100.6	100.8	100.7	100.9	101.2	101.4	101.7
101.1	101.7	102.2	102.3	102.3	102.2	101.8	102.0	102.2
101.3	102.0	102.5	102.7	102.5	102.4	101.9	102.1	102.3
99.6	100.0	100.6	100.7	101.1	101.0	101.1	101.5	101.6
100.0	100.2	100.0	100.2	100.8	101.2	100.9	99.8	100.6
99.5	99.9	99.8	100.0	100.7	101.2	100.7	99.3	100.3
102.2	101.6	101.4	101.2	101.4	102.0	103.3	103.3	103.7
102.0	102.0	101.0	100.6	101.3	100.8	99.9	99.9	99.8
101.2	100.9	100.4	100.8	100.9	100.8	101.1	101.4	101.4
101.1	100.7	100.3	100.8	101.2	100.9	101.2	101.6	101.7
101.1	100.9	100.5	100.8	100.6	100.6	101.0	101.7	101.7
101.8	101.8	101.5	101.8	101.6	101.7	101.9	102.4	102.2
101.5	101.0	100.5	100.6	100.2	100.5	100.7	100.6	100.5
102.0	102.1	101.9	101.6	102.3	102.2	101.8	101.9	102.0
102.6	103.0	102.8	102.0	102.3	102.5	102.1	102.2	102.1
101.4	101.0	100.8	101.2	102.2	101.8	101.5	101.5	101.9
104.5	104.6	105.4	105.1	104.2	104.2	105.3	105.0	104.8
101.5	100.4	99.3	98.5	99.6	99.9	100.4	100.7	100.1
103.1	101.1	99.0	98.5	99.8	100.1	101.3	102.1	101.0
97.9	96.0	94.5	94.5	94.5	96.2	97.2	97.3	96.6
114.3	109.5	103.2	100.6	106.4	104.4	107.0	109.8	108.6
106.3	105.9	106.2	105.7	106.3	106.7	106.9	106.1	103.2
101.2	100.9	101.2	101.6	101.4	100.7	101.2	102.0	100.7
99.0	99.2	99.6	98.6	99.3	99.4	99.0	98.5	98.7
98.2	98.1	97.9	93.0	96.6	96.8	94.8	92.1	93.0
99.2	99.2	99.9	99.9	99.9	99.9	99.9	99.9	100.0
100.0	104.1	104.1	104.1	104.1	104.4	104.7	106.5	106.5
103.4	103.5	103.5	104.0	104.0	102.9	103.5	102.4	102.2
104.2	104.2	104.1	104.3	104.4	103.4	103.5	103.5	103.6
101.2	101.2	101.1	101.0	101.1	111.2	111.1	111.1	111.2

4-3 续表3

指　　标	Item	1月 January	2月 February	3月 March
(2)教育服务	Education Services	103.9	104.3	104.3
2.文化娱乐	Cultural and Recreational Articles	105.5	100.5	102.2
(1)文娱耐用消费品	Cultural Articles	100.4	100.5	101.1
(2)其他文娱用品	Expenditure on Culture and Recreation	102.0	101.7	101.7
(3)文化娱乐服务	Culture and Recreation Services	101.2	101.0	100.4
(4)旅游	Tourism	112.0	99.8	104.0
七、医疗保健	Medic-care and Health	103.8	103.9	104.0
1.药品及医疗器具	Medical Instrument and Articles	108.5	108.7	108.6
(1)中药	Traditional Chinese Medicine	107.3	107.8	107.7
(2)西药	Western Medicine	110.3	110.2	109.7
(3)滋补保健品	Nourishing Health Products	108.2	109.6	110.7
(4)医疗卫生器具	Medical Appliance	102.6	101.7	101.7
(5)保健器具	Health Care Appliance	99.7	99.5	98.9
2.医疗服务	Health Care Services	101.8	101.8	102.0
(1)综合医疗类	General Medical	104.6	104.6	105.0
(2)诊断类	Diagnosis	102.1	102.1	102.1
(3)治疗类	Treatment	100.0	100.0	100.3
(4)康复类	Rehabilitation	100.2	100.2	100.2
(5)中医医疗服务类	Traditional Chinese Medical Services	102.0	102.0	102.2
(6)其他医疗服务	Other Medical Services	101.1	101.1	101.0
八、其他用品和服务	Other Articles and Services	103.6	101.5	102.0
1.其他用品类	Other Articles	103.9	102.9	102.1
(1)首饰手表	Jewelry and Watches	107.3	105.1	103.6
(2)其他杂项用品	Other Sundry Articles	99.4	99.8	100.1
2.其他服务类	Other Survices	103.3	100.3	101.9
(1)旅馆住宿	Hotel Accommodation	101.0	99.2	100.0
(2)美容美发洗浴	Hairdressing Bath	107.4	99.5	103.8
(3)养老服务	Aged Services	105.0	103.4	104.1
(4)金融保险	Financial and Insurance	100.1	100.1	100.1
(5)其他服务类	Other Survices	102.9	103.0	102.9

Continued 3

4月 April	5月 May	6月 June	7月 July	8月 August	9月 September	10月 October	11月 November	12月 December
104.3	104.3	104.2	104.4	104.5	103.1	103.2	103.3	103.3
102.1	102.1	102.4	103.6	103.4	102.0	103.4	100.4	99.9
101.0	101.9	102.2	103.0	103.8	104.3	103.7	100.7	100.1
101.7	101.1	101.0	101.3	101.4	101.3	101.0	100.9	101.0
100.7	100.6	100.2	100.2	100.3	98.3	99.8	100.1	100.3
103.6	103.3	104.0	106.3	105.3	102.5	105.7	100.1	99.1
103.9	103.9	104.3	104.2	104.1	103.7	103.6	103.4	103.4
108.6	108.1	107.9	107.7	107.9	107.1	106.9	106.2	106.1
107.3	107.9	108.1	108.0	108.4	107.4	107.2	106.4	106.4
109.9	109.4	109.6	109.6	109.9	109.3	109.1	108.4	108.1
110.0	108.9	107.1	106.2	106.0	104.7	104.1	103.1	103.2
102.1	101.2	101.0	100.9	100.4	100.6	100.2	100.3	100.3
99.2	98.8	98.7	98.6	99.1	99.7	99.6	99.4	99.8
101.7	102.0	102.6	102.6	102.3	102.2	102.1	102.1	102.1
104.2	104.0	104.1	103.7	102.5	102.0	102.0	102.2	103.2
102.1	102.7	103.2	103.5	103.5	103.3	103.1	103.1	102.7
100.2	100.6	101.8	101.7	101.6	101.6	101.6	101.5	101.5
99.6	99.4	101.3	101.8	101.9	102.3	102.3	102.3	102.3
102.1	102.3	100.8	101.1	101.1	101.1	101.1	101.1	101.1
100.5	99.1	98.5	98.6	98.0	97.8	97.8	97.8	97.8
102.4	102.4	101.9	100.6	100.6	100.6	100.7	100.6	100.9
103.2	103.2	101.9	99.2	99.3	99.5	100.0	99.6	100.3
105.4	105.1	103.4	98.6	98.5	98.4	99.2	99.0	100.0
100.2	100.4	100.0	100.1	100.6	101.0	101.1	100.4	100.7
101.7	101.6	101.8	102.0	101.8	101.7	101.4	101.5	101.5
100.2	99.2	99.6	99.9	99.6	99.7	100.2	99.5	99.8
103.8	104.0	104.2	104.4	103.8	103.6	102.8	103.1	103.3
102.2	102.5	102.7	103.6	103.8	103.8	103.4	103.4	102.7
100.1	100.0	100.0	100.0	100.0	100.0	100.0	100.0	100.0
102.3	102.3	102.3	102.5	102.5	101.8	102.0	102.0	101.8

4-4 各调查市县居民消费价格总指数(1984—2017)

上年=100

年 份 Year	合肥市 Hefei	庐江县 Lujiang	芜湖市 Wuhu	蚌埠市 Bengbu	淮南市 Huainan	马鞍山市 Maanshan	淮北市 Huaibei	铜陵市 Tongling	安庆市 Anqing	桐城市 Tongcheng
1984	102.0		101.7	100.5	101.3		101.0		101.5	98.5
1985	111.0		108.6	108.9	114.2		107.8		109.1	106.1
1986	107.4		106.5	106.8	106.4		104.9		107.1	104.4
1987	110.8		109.0	111.5	108.4		109.7		109.1	110.5
1988	120.5		120.1	119.4	120.9		124.1		117.6	117.9
1989	115.2		117.1	114.6	115.0	115.1	117.5		117.4	115.0
1990	103.6		105.5	101.9	102.5	102.6	103.5		105.2	98.1
1991	109.3		107.8	107.8	109.1	109.0	107.1	108.5	107.6	106.6
1992	109.7		110.1	106.8	109.1	110.6	108.5	108.5	111.0	111.3
1993	116.5		120.5	114.7	111.0	121.3	112.7	115.6	117.7	112.1
1994	127.6		131.4	124.8	126.8	125.7	124.1	132.3	129.9	123.9
1995	117.1		112.7	117.7	115.1	116.8	113.5	116.2	115.3	114.5
1996	111.5		109.6	109.1	108.7	111.0	109.2	108.5	109.9	111.1
1997	102.6		101.0	102.0	103.0	101.2	100.3	103.7	101.1	99.9
1998	99.1		101.5	101.2	101.7	100.3	99.4	99.4	100.1	99.0
1999	97.7		97.8	97.8	97.2	98.0	97.1	99.1	97.3	98.2
2000	101.3		100.8	102.0	101.6	102.5	99.6	99.8	101.1	99.3
2001	99.4		99.6	100.6	99.9	99.5	99.8	103.7	100.0	102.9
2002	99.1		99.9	98.1	99.5	100.2	98.8	99.9	99.3	99.9
2003	101.2		101.2	101.5	103.1	101.3	103.1	100.4	101.4	101.1
2004	102.2		104.5	105.2	105.1	103.8	104.5	105.1	103.6	104.9
2005	100.9		100.4	100.4	100.9	100.6	100.9	101.2	101.6	102.9
2006	100.9		101.2	102.3	100.1	102.7	101.3	100.9	102.0	101.5
2007	105.6		105.3	105.2	105.2	105.2	105.2	104.6	105.8	105.6
2008	106.4		106.6	106.6	105.0	105.2	106.2	106.1	107.2	106.4
2009	99.1		99.2	99.5	98.3	98.3	98.2	98.9	98.6	99.0
2010	102.7		103.8	103.0	102.3	103.0	102.9	103.0	103.6	103.4
2011	105.7		105.7	105.4	105.2	104.8	105.4	105.3	105.5	106.1
2012	102.2		102.4	102.2	102.2	102.0	102.2	102.5	102.1	102.8
2013	102.7		102.5	102.2	102.6	101.8	102.1	101.9	102.6	102.4
2014	102.0		101.9	102.2	101.4	101.6	101.3	101.1	101.3	101.3
2015	101.6		101.1	101.4	100.9	101.0	100.8	101.2	101.5	101.0
2016	102.6	101.5	102.0	101.6	101.2	101.9	101.3	101.1	101.8	101.3
2017	101.4	101.2	101.3	101.0	101.0	101.2	101.0	100.9	101.8	101.0

Consumer Price Indices in Major Cities(1984—2017)

(preceding year=100)

黄山市 Huangshan	歙县 Shexian	滁州市 Chuzhou	阜阳市 Fuyang	阜南县 Funan	宿州市 Suzhou	六安市 Lu'an	金寨县 Jinzhai	亳州市 Bozhou	宣城市 Xuancheng
	100.8	101.2	102.8		105.4	102.7		99.5	101.2
	107.9	103.7	104.9		104.8	110.7		107.2	106.8
	107.2	107.2	104.5		108.8	107.7		108.1	106.6
	112.4	109.8	110.2		107.3	110.2		111.0	111.8
	121.3	116.4	123.8		119.8	123.0		122.1	122.7
	114.5	119.3	116.7		119.3	116.5		116.5	117.2
	102.8	102.8	103.1		104.4	104.0		98.6	102.6
	101.5	106.5	107.6		105.5	104.6		109.5	102.2
	109.6	110.5	110.0		108.7	109.3		110.2	107.8
	124.4	118.5	111.9		113.1	114.1		113.8	114.8
	125.2	125.4	121.3		124.2	133.5		125.8	126.1
	112.7	116.9	112.4		112.1	112.9		111.8	116.8
108.6	108.3	110.3	110.3		110.7	109.4		107.8	110.4
101.2	99.9	99.8	100.7		99.3	100.9		102.0	102.7
100.8	99.5	99.8	98.9		99.8	99.4		100.3	100.2
99.1	98.0	97.3	95.8		96.6	99.2		96.8	99.4
102.4	100.8	100.9	100.8		104.8			97.6	100.2
99.1	100.9	100.0	100.7					99.8	100.8
97.4	98.6	99.7	100.7		100.9			99.6	99.4
101.6	101.3	101.1	101.3		102.4			103.2	103.1
104.3	105.9	103.3	104.2		104.3			103.4	105.0
101.5	101.8	102.0	102.0		100.6			100.9	102.3
101.2	101.0	101.9	101.6		101.1			102.0	100.2
104.8	104.9	105.3	104.8		105.2			105.6	105.1
105.9	107.2	105.4	106.0		105.7			105.0	105.7
98.4	99.4	100.1	98.8		99.1			98.3	99.7
104.0	104.2	103.3	103.3		102.8			103.0	102.9
105.3	106.5	105.2	105.6		105.4	105.2		104.9	105.4
102.4	102.8	102.1	102.5		102.0	101.5		102.2	102.0
103.0	103.0	102.3	102.2		102.3	102.0		102.6	102.3
102.1	102.3	101.4	101.8		101.4	101.7		101.4	101.3
100.7	101.4	100.8	101.8		100.5	101.1		101.6	101.6
102.0	102.0	101.7	101.5	101.8	101.4	102.1	101.7	101.6	101.5
101.4	101.1	101.2	101.4	101.0	101.3	101.5	101.2	101.5	101.1

4-5 各市居民消费价格分类指数(2017)

上年=100

指标 Item	合肥市 Hefei	庐江县 Lujiang	芜湖市 Wuhu	蚌埠市 Bengbu	淮南市 Huainan	马鞍山市 Maanshan	淮北市 Huaibei
居民消费价格总指数 Consumer Price Index	101.4	101.2	101.3	101.0	101.0	101.2	101.0
非食品烟酒价格指数 Non-food Price Index	102.5	102.4	102.6	101.8	101.8	102.1	102.1
服务价格指数 Items of Service Price Index	102.8	103.1	103.7	101.6	101.6	102.2	102.4
工业品价格指数 Insdustrial Products Price Index	102.1	101.7	101.4	102.1	102.1	102.0	101.7
消费品价格指数 Consumable Price Index	100.6	100.1	99.8	100.6	100.7	100.6	100.2
扣除食品和能源价格指数 Deduction Food and Energy Price Index	102.3	102.1	102.6	101.8	101.9	102.1	102.1
扣除鲜菜鲜果价格指数 Deduction Fresh Vegetables and Fruits Price Index	101.8	101.3	101.8	101.3	101.4	101.6	101.3
一、食品烟酒 Food, Tobacco and Liquor	99.0	98.5	98.1	99.1	99.2	98.9	98.7
1.食品 Food	97.4	97.4	96.1	97.4	97.3	97.1	96.8
(1)粮食 Grain	102.1	100.1	104.5	100.8	101.4	100.5	100.7
大米 Rice	102.3	99.7	106.2	100.5	100.8	100.1	99.3
面粉 Flour	100.2	94.4	91.9	101.6	103.1	113.0	103.9
(2)薯类 Tubers	96.2	98.0	90.7	99.0	90.5	98.6	98.7
(3)豆类 Beans	99.2	99.4	99.3	100.3	100.3	99.8	100.3
(4)食用油 Edible Oil	100.7	95.5	101.8	95.9	99.2	101.2	99.4
(5)菜 Vegetables	88.8	93.0	86.8	89.3	89.7	86.2	90.6
鲜菜 Fresh Vegetables	87.7	92.5	86.1	88.2	89.1	85.4	90.0
(6)畜肉类 Edible Livestock Meat	91.6	92.4	91.1	95.9	92.2	89.8	90.2
猪肉 Pork	88.5	89.0	87.0	91.6	88.8	85.4	84.5
牛肉 Beef	99.1	98.7	101.7	99.8	99.4	99.6	99.9

Consumer Price Indices by Category in Major Cities (2017)

(preceding year = 100)

铜陵市 Tongling	安庆市 Anqing	桐城市 Tongcheng	黄山市 Huangshan	歙 县 Shexian	滁州市 Chuzhou	阜阳市 Fuyang	阜南县 Funan	宿州市 Suzhou	六安市 Lu'an	金寨县 Jinzhai	亳州市 Bozhou	宣城市 Xuancheng
100.9	101.8	101.0	101.4	101.1	101.2	101.4	101.0	101.3	101.5	101.2	101.5	101.1
102.2	102.8	102.4	102.1	102.5	101.7	102.1	102.0	102.4	102.8	102.0	102.1	102.3
102.4	101.3	101.3	102.7	104.1	102.0	102.6	101.3	101.8	102.7	101.8	102.0	102.9
101.9	104.4	103.5	101.5	100.8	101.5	101.6	102.7	103.0	103.0	102.2	102.3	101.8
100.1	102.1	100.8	100.6	99.6	100.8	100.8	100.9	101.0	100.9	100.9	101.2	100.1
102.2	102.0	101.7	102.2	102.8	101.6	102.0	101.4	102.3	102.9	102.0	102.1	102.1
101.4	102.0	101.4	101.6	101.6	101.3	101.7	101.2	101.6	102.0	101.5	101.7	101.6
98.1	99.6	98.1	99.6	98.2	100.0	99.9	99.0	99.0	98.7	99.5	100.0	98.2
95.8	97.8	96.7	98.7	96.7	99.0	98.6	98.4	97.3	96.4	98.0	98.5	96.6
100.8	102.0	101.9	102.9	101.4	99.8	100.4	101.0	100.6	100.5	100.9	101.5	101.6
101.4	101.4	102.4	99.2	101.0	99.6	100.6	100.5	100.6	98.4	100.4	104.0	100.8
101.8	104.9	105.0	104.9	100.9	101.6	99.4	100.8	100.1	102.7	102.0	99.2	100.5
85.7	94.3	96.1	98.0	95.5	76.8	107.8	91.6	86.1	89.8	94.0	97.5	97.5
96.3	99.4	105.6	96.2	102.3	99.0	99.1	100.4	100.5	98.8	99.0	99.6	101.0
93.3	97.7	92.1	98.1	97.8	99.5	97.1	100.2	98.0	104.8	98.1	100.1	97.0
87.8	93.9	86.8	92.9	90.3	94.6	91.3	95.2	91.5	88.5	88.4	90.4	87.7
86.6	93.2	85.5	92.5	89.8	93.8	90.6	94.5	90.6	87.2	87.3	89.8	86.8
93.4	92.7	91.1	93.5	91.7	93.8	95.4	91.5	93.1	90.3	92.6	94.9	90.9
89.6	90.4	88.0	90.6	88.8	89.9	89.9	88.1	88.6	86.3	90.5	91.6	87.3
96.8	99.3	99.4	110.7	98.2	99.8	101.7	100.4	99.9	94.2	100.5	97.3	98.8

4-5 续表 1

指标 Item	合肥市 Hefei	庐江县 Lujiang	芜湖市 Wuhu	蚌埠市 Bengbu	淮南市 Huainan	马鞍山市 Maanshan	淮北市 Huaibei
羊肉 Mutton	110.6	118.6	103.8	111.1	98.1	103.3	101.9
(7)禽肉类 Poultry	102.4	99.9	99.5	97.9	96.8	99.6	98.3
(8)水产品 Aquatic Products	105.9	101.6	102.1	102.5	104.4	107.5	101.2
(9)蛋类 Eggs	93.4	92.0	93.9	90.2	89.3	95.2	96.1
(10)奶类 Diary Products	101.2	99.8	100.5	98.7	100.8	102.0	102.4
(11)干鲜瓜果类 Dried and Fresh Melons and Fruits	103.4	103.9	99.4	102.6	99.9	102.3	102.6
鲜瓜果 Fresh Melons and Fruits	105.3	106.4	99.1	103.6	99.9	104.1	104.1
(12)糖果糕点类 Confectionery	100.4	101.2	99.3	101.4	105.4	105.9	101.3
(13)调味品 Flavoring	105.1	105.6	105.2	102.1	104.4	108.8	102.2
(14)其他食品类 Other Foods	101.4	98.9	100.4	100.2	101.7	103.4	100.1
2.茶及饮料 Tea and Beverages	102.3	105.4	102.6	102.9	106.0	109.3	104.5
3.烟酒 Tobacco and Liquor	102.3	100.4	99.6	101.7	102.1	100.9	101.7
(1)烟草 Tobacco	99.9	101.6	98.8	100.0	101.0	100.0	99.7
(2)酒类 Liquor	105.9	97.9	101.1	104.3	103.6	102.7	104.7
4.在外餐饮 Dinning Out	101.5	100.1	102.5	102.8	103.1	102.3	102.7
二、衣着 Clothing	102.8	101.0	102.0	101.3	101.9	101.1	101.7
1.服装 Garments	103.0	101.6	101.5	103.1	101.6	101.1	101.9
(1)男式服装 Men's Clothing	103.1	99.6	101.9	101.6	102.9	100.7	100.9
(2)女式服装 Women's Clothing	103.0	102.9	100.9	103.1	100.9	101.9	102.5
(3)儿童服装 Children's Clothing	102.6	101.9	102.7	106.7	100.9	99.5	102.1
2.服装材料 Clothing Material	101.6	100.6	100.0	100.0	98.3	99.8	105.3

Continued 1

铜陵市 Tongling	安庆市 Anqing	桐城市 Tongcheng	黄山市 Huangshan	歙　县 Shexian	滁州市 Chuzhou	阜阳市 Fuyang	阜南市 Funan	宿州市 Suzhou	六安市 Lu'an	金寨县 Jinzhai	亳州市 Bozhou	宣城市 Xuancheng
126.9	100.3	97.2	99.6	104.6	111.4	105.6	104.6	104.0	89.7	104.3	104.3	113.4
101.0	101.1	99.6	101.4	96.2	102.3	101.8	97.5	100.3	100.6	102.4	96.0	102.5
97.5	102.7	108.7	106.3	106.2	104.8	108.4	113.1	104.0	101.9	102.9	107.1	105.6
92.9	88.9	88.8	96.6	96.8	99.0	96.1	90.3	87.6	89.3	97.6	94.7	94.4
103.4	97.3	101.4	100.1	98.0	99.0	98.9	99.2	102.2	103.6	98.6	100.3	103.0
99.4	103.5	103.5	106.5	92.3	107.3	100.2	100.1	100.6	98.4	104.8	106.1	98.4
100.2	106.0	104.7	109.3	88.7	109.8	100.3	99.6	101.2	97.6	105.1	107.6	99.0
101.8	103.1	101.3	102.8	104.3	103.0	104.8	100.7	102.3	101.5	103.2	102.7	103.6
105.1	105.0	99.0	105.3	100.8	104.3	102.6	101.3	105.3	106.4	110.7	103.9	100.2
97.9	100.6	100.0	100.9	97.7	101.4	102.7	103.5	100.1	103.3	100.8	99.9	101.5
104.4	106.6	103.2	105.2	103.8	101.6	101.6	102.5	103.8	103.8	107.4	105.4	107.7
99.0	101.6	101.3	100.8	101.0	100.3	102.1	99.8	100.6	103.4	100.0	100.6	101.1
98.6	100.0	100.0	100.0	99.1	101.1	100.0	99.7	100.0	100.0	100.0	100.0	100.0
99.8	104.5	104.0	102.1	104.6	99.1	105.1	100.0	101.6	108.3	100.0	101.4	103.0
104.2	103.4	101.1	101.3	102.5	102.8	102.8	101.1	102.8	103.5	106.1	103.7	101.0
100.8	102.0	103.1	101.9	100.3	100.3	101.1	103.7	102.1	101.6	100.7	101.5	101.4
100.4	101.9	103.6	102.6	100.4	99.9	100.7	103.9	102.7	101.0	101.3	101.9	101.8
100.1	102.0	104.0	101.0	100.3	102.3	100.7	106.3	102.1	101.9	100.2	100.9	101.9
101.4	101.9	103.6	103.1	100.2	98.7	100.8	103.1	101.9	101.1	101.4	102.5	102.5
97.6	101.2	103.0	104.9	101.4	98.2	100.2	101.7	106.8	93.9	103.8	102.0	99.7
100.6	100.2	98.9	103.4	105.3	100.9	96.1	105.6	106.7	101.8	100.0	106.0	100.0

4-5 续表 2

指 标 Item	合肥市 Hefei	庐江县 Lujiang	芜湖市 Wuhu	蚌埠市 Bengbu	淮南市 Huainan	马鞍山市 Maanshan	淮北市 Huaibei
3.其他衣着及配件 Other Clothing and Accessories	100.4	101.7	99.9	100.8	98.6	98.5	101.8
4.衣着加工服务费 Clothing Processing	107.0	103.3	100.8	100.8	110.3	116.3	102.3
5.鞋类 Footwear	102.0	98.9	104.1	95.0	102.7	99.7	100.9
(1)鞋 Shoes	102.1	98.7	104.1	94.9	102.8	99.6	100.9
(2)鞋类加工服务 Shoes Processing	100.2	112.1	100.0	100.0	100.0	105.8	101.0
三、居住 Residence	102.9	102.3	102.5	102.5	102.4	103.2	102.3
1.租赁房房租 Tenancy	103.5	103.0	103.3	100.0	101.0	100.8	103.7
2.住房保养维修及管理 Housing Maintenance	105.7	102.1	105.1	101.6	103.0	102.9	102.0
(1)住房装潢材料 Housing Decoration Materials	107.3	103.0	104.8	103.1	104.3	102.8	102.5
(2)物业管理费 Property Management Fee	103.3	100.0	100.0	100.0	100.0	100.0	100.0
(3)住房装潢维修 Housing Decoration Maintenance	104.6	101.4	109.2	100.0	102.3	104.8	102.2
3.水电燃料 Water,Electricity and Fuels	101.8	102.1	100.6	103.6	102.8	103.1	101.2
(1)水 Water	106.8	109.3	114.8	121.9	114.5	120.0	112.0
(2)电 Electricity	100.0	100.0	100.0	100.0	100.0	100.0	100.0
(3)燃气 Gas	102.1	104.1	94.2	101.3	104.1	100.8	98.4
(4)取暖费 Heating Fee	100.0	100.0	100.0	100.0	100.0	100.0	100.0
(5)其他燃料 Other Fuels	103.2	100.8	103.7	117.6	111.7	102.4	115.1
4.自有住房 Housing	102.7	102.5	102.6	102.4	102.3	103.8	102.8
四、生活用品及服务 Daily Necessities and Services	101.4	101.6	102.2	101.0	102.1	101.3	102.3
1.家具及室内装饰品 Furniture and Interior Decorations	100.4	101.9	105.0	102.0	101.3	100.8	103.2
(1)家具 Furniture	100.3	102.2	105.6	102.3	101.9	101.1	103.8

Continued 2

铜陵市 Tongling	安庆市 Anqing	桐城市 Tongcheng	黄山市 Huangshan	歙县 Shexian	滁州市 Chuzhou	阜阳市 Fuyang	阜南县 Funan	宿州市 Suzhou	六安市 Lu'an	金寨县 Jinzhai	亳州市 Bozhou	宣城市 Xuancheng
103.0	100.3	99.5	98.4	101.9	100.0	101.4	101.7	103.8	106.6	99.9	101.7	102.9
100.4	101.3	103.0	101.1	106.6	106.0	105.7	100.0	100.0	100.6	103.9	105.2	100.4
102.1	102.9	101.9	99.8	98.8	101.0	102.4	103.5	99.4	102.9	98.6	99.4	99.9
102.2	103.0	102.0	99.8	98.8	101.0	102.4	103.6	99.4	102.9	98.6	99.4	99.9
99.0	100.7	100.0	100.0	100.8	100.0	100.0	100.0	101.9	100.0	100.0	100.0	100.0
102.2	105.4	102.5	102.4	101.1	101.1	103.6	102.6	102.0	104.0	102.5	102.4	104.1
101.3	101.2	98.9	101.0	102.8	99.7	101.8	113.3	100.9	103.9	100.9	101.5	102.8
103.1	105.8	103.1	103.6	106.7	100.9	107.3	100.4	102.8	108.0	106.6	101.3	102.9
104.3	101.5	102.6	100.7	104.6	101.7	104.8	102.3	105.3	107.8	104.6	101.9	103.1
100.0	100.0	105.1	116.7	100.0	100.0	100.0	100.0	101.7	100.0	100.0	101.6	100.0
103.0	112.6	103.5	102.3	109.0	100.0	113.3	98.3	100.0	111.5	108.9	100.5	103.4
101.2	113.3	105.9	98.2	97.9	103.6	103.5	105.5	102.2	102.4	102.8	104.1	103.0
106.3	114.7	100.0	107.1	112.9	114.9	110.3	106.2	106.5	111.4	102.5	115.1	113.0
100.0	100.0	100.0	100.0	100.0	100.0	100.0	100.0	100.0	100.0	100.0	100.0	100.0
100.1	138.6	125.6	89.6	83.8	106.4	106.0	114.3	104.2	103.3	110.8	109.9	104.6
100.0	100.0	100.0	100.0	100.0	100.0	100.0	100.0	100.0	100.0	100.0	100.0	100.0
109.6	108.1	102.7	100.0	101.6	100.0	115.9	121.2	108.0	101.8	106.8	106.7	101.8
102.8	101.2	100.6	104.2	100.8	100.0	102.6	100.8	101.9	103.8	100.9	101.9	105.3
101.0	101.4	101.2	100.7	100.1	101.4	101.4	100.4	100.4	103.6	101.2	101.6	102.0
100.3	100.8	100.6	100.7	98.4	100.2	101.7	100.1	101.9	103.1	101.2	104.8	100.2
100.1	100.9	100.7	100.3	98.2	100.4	101.6	100.0	102.0	103.5	101.4	105.2	99.6

4-5 续表 3

指标 Item	合肥市 Hefei	庐江县 Lujiang	芜湖市 Wuhu	蚌埠市 Bengbu	淮南市 Huainan	马鞍山市 Maanshan	淮北市 Huaibei
(2)室内装饰品 Interior Decorations	100.9	99.5	101.5	100.5	98.4	99.6	98.9
2.家用器具 Household Appliances	100.8	101.4	101.9	102.3	103.6	100.0	103.0
(1)大型家用器具 Large Household Appliances	101.1	101.4	102.7	102.3	103.8	100.6	103.2
(2)小家电 Small Home Appliances	99.2	101.2	97.7	102.2	102.7	96.4	101.4
3.家用纺织品 Household Textiles	97.7	97.9	100.2	101.7	101.4	100.5	103.4
(1)床上用品 Bed Articles	96.6	96.9	100.2	101.7	101.2	100.2	103.4
(2)窗帘门帘 Curtain	102.7	104.5	100.4	102.0	106.5	100.9	106.9
(3)其他家用纺织品 Other Household Textiles	100.7	101.1	100.2	100.4	98.0	102.0	97.7
4.家庭日用杂品 Daily-Use Household Articles	100.5	101.5	100.9	98.1	101.4	103.7	101.2
(1)洗涤卫生用品 Sanitary Articles	99.7	100.9	103.8	96.4	103.6	104.3	101.7
(2)厨具餐具茶具 Kitchenware, Tableware, Tea set	100.7	99.9	97.2	100.0	98.7	108.5	101.6
(3)家用手工工具 Household Hand Tools	100.0	104.9	99.3	100.0	100.6	98.2	97.2
(4)其他家庭日用杂品 Other Daily-Use Household Articles	101.9	103.0	96.8	100.7	99.1	100.9	100.3
5.个人护理用品 Personal Care Products	101.7	100.9	101.8	101.1	102.6	98.3	101.0
(1)化妆品 Cosmetics	102.9	100.2	102.6	101.4	102.0	97.3	100.6
(2)其他护理用品类 Other Care Products	100.0	101.5	100.7	100.7	103.4	99.5	101.4
6.家庭服务 Household Service	108.7	107.0	104.4	104.6	100.6	103.7	103.2
五、交通和通信 Transportation and Communication	100.6	101.1	100.1	99.9	99.7	100.4	99.9
1.交通 Transportation	101.4	102.3	100.7	100.5	100.5	100.9	100.8
(1)交通工具 Transportation Facility	95.1	98.6	96.0	95.9	95.5	96.4	96.6
(2)交通工具用燃料 Fuels	109.2	109.5	109.2	109.2	109.2	109.2	109.3

Continued 3

铜陵市 Tongling	安庆市 Anqing	桐城市 Tongcheng	黄山市 Huangshan	歙　县 Shexian	滁州市 Chuzhou	阜阳市 Fuyang	阜南县 Funan	宿州市 Suzhou	六安市 Lu'an	金寨县 Jinzhai	亳州市 Bozhou	宣城市 Xuancheng
101.7	99.7	99.7	102.5	100.6	99.5	102.1	101.0	101.3	100.9	100.2	102.5	103.6
100.3	100.1	102.3	104.2	100.3	101.1	99.7	100.8	99.9	104.5	103.5	100.3	102.4
100.7	99.4	102.1	105.4	100.4	101.5	99.6	100.7	100.2	104.9	104.2	100.4	102.6
98.6	104.1	103.9	98.6	99.3	98.6	100.1	100.9	99.0	102.9	100.4	99.6	101.4
98.2	100.2	100.8	97.3	101.3	98.7	100.7	100.4	100.5	102.1	98.7	99.6	99.7
97.0	99.9	100.6	96.9	100.8	98.4	101.3	100.2	100.1	102.0	98.5	99.3	99.3
107.3	101.5	101.6	103.8	104.7	100.1	93.1	100.6	104.6	103.7	99.1	100.9	103.5
100.9	101.6	102.4	93.3	102.7	99.3	101.5	102.4	100.3	102.2	100.6	100.9	98.6
100.9	101.6	100.1	97.3	99.5	102.5	100.6	100.3	100.1	102.6	99.8	100.4	101.5
102.3	102.4	100.2	94.4	98.2	103.8	100.5	99.7	101.2	102.6	98.9	99.8	101.7
98.6	100.4	99.9	99.7	101.4	97.7	99.6	103.5	100.7	101.2	99.9	101.0	101.9
99.3	104.2	104.4	99.7	104.2	99.5	105.3	99.7	104.3	98.6	100.6	102.8	101.7
99.7	100.6	99.7	101.9	100.3	102.3	100.7	99.8	97.1	104.0	101.9	101.3	100.8
103.3	102.3	99.7	99.8	101.0	102.1	104.4	100.0	99.6	106.0	101.7	102.4	104.5
106.0	102.6	99.4	101.1	99.8	102.4	106.2	102.1	98.9	107.0	101.5	103.6	102.7
99.4	101.9	99.9	98.1	102.0	101.7	102.0	98.3	100.5	104.5	101.8	100.7	107.0
102.6	104.5	106.6	107.0	107.5	103.0	106.8	100.3	102.2	101.8	100.1	104.1	103.2
100.0	100.0	102.0	100.2	100.4	99.8	99.7	99.9	100.4	100.2	101.6	100.2	99.8
100.7	101.0	103.8	100.7	101.9	100.6	100.4	100.4	101.3	101.3	103.4	101.0	101.0
95.8	95.8	99.9	96.1	97.8	96.0	95.9	95.5	97.5	95.7	97.7	96.1	95.9
109.2	109.3	109.5	109.2	109.5	109.3	109.2	109.3	109.3	109.3	109.5	109.3	109.2

4-5 续表 4

指标 Item	合肥市 Hefei	庐江县 Lujiang	芜湖市 Wuhu	蚌埠市 Bengbu	淮南市 Huainan	马鞍山市 Maanshan	淮北市 Huaibei
(3)交通工具使用和维修 Fees for Vehicles Use and Amintenance	112.0	105.7	101.8	100.9	101.9	102.6	103.7
(4)交通费 Incity Traffice Fare	101.3	101.0	101.3	101.0	101.5	101.9	99.9
2.通信 Communication	98.9	99.0	98.8	99.1	98.8	99.2	98.7
(1)通信工具 Communication Facility	95.5	95.8	95.2	95.7	95.6	96.0	95.6
(2)通信服务 Communication Services	99.4	99.8	99.6	99.5	99.7	100.0	99.2
(3)邮递服务 Postal Service	105.3	102.2	103.5	106.9	100.0	105.0	104.6
六、教育文化和娱乐 Education, Culture and Recreation	104.0	105.8	103.4	102.0	102.0	101.7	103.2
1.教育 Education	104.6	107.4	102.2	103.7	101.6	101.7	104.3
(1)教育用品 Teaching Materials and Reference Books	104.1	104.3	102.5	102.1	105.4	103.7	103.6
(2)教育服务 Education Services	104.6	107.5	102.2	103.8	101.5	101.6	104.4
2.文化娱乐 Cultural and Recreational Articles	103.4	100.5	104.6	99.6	102.6	101.7	101.5
(1)文娱耐用消费品 Cultural Articles	103.2	99.3	101.0	101.0	101.4	102.3	101.4
(2)其他文娱用品 Expenditure on Culture and Recreation	100.5	100.2	103.3	99.5	105.6	101.2	100.0
(3)文化娱乐服务 Culture and Recreation Services	99.8	101.4	103.8	101.2	97.7	100.6	98.8
(4)旅游 Tourism	105.6	101.8	106.7	98.2	104.1	102.1	103.0
七、医疗保健 Medic-care and Health	102.4	102.5	107.2	104.6	103.4	105.0	103.4
1.药品及医疗器具 Medical Instrument and Articles	104.5	105.0	102.9	109.7	106.2	111.2	105.3
(1)中药 Traditional Chinese Medicine	103.2	108.1	105.7	115.6	109.1	100.2	105.0
(2)西药 Western Medicine	106.3	104.9	102.8	106.3	104.9	119.5	106.8
(3)滋补保健品 Nourishing Health Products	102.9	104.6	105.0	113.4	110.9	105.3	104.6
(4)医疗卫生器具 Medical Appliance	101.3	100.0	100.0	115.4	100.0	100.7	100.1

Continued 4

铜陵市 Tongling	安庆市 Anqing	桐城市 Tongcheng	黄山市 Huangshan	歙　县 Shexian	滁州市 Chuzhou	阜阳市 Fuyang	阜南县 Funan	宿州市 Suzhou	六安市 Lu'an	金寨县 Jinzhai	亳州市 Bozhou	宣城市 Xuancheng
103.2	101.6	112.6	101.6	108.1	104.0	99.4	100.6	100.2	100.7	118.3	104.9	103.4
101.4	103.3	101.7	101.5	101.5	100.4	100.9	101.5	101.1	104.0	100.5	100.6	101.3
98.6	98.6	98.9	99.2	97.9	98.4	98.7	99.2	99.2	98.3	99.2	99.2	98.0
95.8	95.3	95.4	95.8	95.4	95.8	95.9	95.8	95.0	95.8	95.6	95.9	95.5
99.2	99.2	99.7	100.0	98.5	99.1	99.4	99.9	100.0	99.1	100.0	99.9	98.4
103.5	104.6	103.6	104.8	102.6	103.5	102.4	100.0	103.5	102.5	100.0	103.4	106.4
102.5	100.7	102.7	101.4	107.9	104.3	103.2	102.0	103.0	102.2	101.3	103.5	103.5
102.1	101.5	103.0	101.4	110.1	107.3	103.8	101.8	102.5	102.9	101.4	104.2	103.9
104.6	105.6	104.2	107.1	106.5	102.3	108.0	108.4	100.9	106.1	104.8	106.5	103.6
102.0	101.3	102.9	101.2	110.2	107.5	103.6	101.6	102.6	102.8	101.2	104.1	103.9
103.0	99.0	101.9	101.4	101.3	99.6	102.3	102.9	103.7	101.0	101.3	102.4	102.9
102.4	102.3	103.1	104.9	101.9	100.8	101.4	102.0	101.9	103.6	102.3	101.3	102.1
101.5	100.1	102.6	101.9	100.2	101.1	98.8	100.2	103.4	103.9	102.3	100.9	100.3
100.8	99.8	99.7	100.6	101.1	99.6	98.8	99.5	99.7	101.3	99.1	99.7	100.4
104.5	96.8	101.3	100.2	101.3	98.5	105.0	111.8	106.4	93.9	99.4	104.5	105.1
107.6	106.2	102.1	107.6	105.5	103.9	102.2	103.3	106.4	104.9	103.5	103.9	102.0
115.0	113.8	109.3	112.3	108.8	106.7	104.4	106.4	115.6	111.5	109.4	108.9	103.8
107.7	107.6	108.2	108.9	108.6	105.8	106.7	104.0	119.5	119.7	103.2	105.0	104.4
126.9	116.9	107.7	123.7	112.6	108.3	107.2	107.7	119.8	113.4	110.5	113.6	108.3
103.3	116.2	118.7	93.9	104.7	105.6	99.9	106.1	109.6	109.8	116.2	104.5	97.0
99.5	108.4	107.1	97.6	92.6	103.4	98.7	100.0	98.8	99.0	103.4	99.2	100.0

4-5 续表 5

指标 Item	合肥市 Hefei	庐江县 Lujiang	芜湖市 Wuhu	蚌埠市 Bengbu	淮南市 Huainan	马鞍山市 Maanshan	淮北市 Huaibei
(5)保健器具 Health Care Appliance	99.8	100.0	83.4	99.0	102.0	101.2	100.3
2.医疗服务 Health Care Services	101.2	101.6	109.2	101.6	101.7	101.6	102.4
(1)综合医疗类 General Medical	100.0	103.4	111.5	100.0	102.0	100.0	100.4
(2)诊断类 Diagnosis	103.6	102.5	104.0	104.6	103.3	104.8	103.3
(3)治疗类 Treatment	100.0	100.0	113.0	100.0	100.0	100.0	100.0
(4)康复类 Rehabilitation	100.0	100.0	118.3	100.0	102.1	100.0	97.5
(5)中医医疗服务类 Traditional Chinese Medical Services	100.0	100.0	108.5	100.0	100.0	100.0	119.3
(6)其他医疗服务 Other Medical Services	100.0	100.0	100.0	100.0	102.1	100.0	108.7
八、其他用品和服务 Other Articles and Services	102.0	99.2	102.3	99.8	101.9	100.6	101.2
1.其他用品类 Other Articles	102.4	98.2	100.7	100.2	103.2	100.0	101.1
(1)首饰手表 Jewelry and Watches	103.6	100.9	100.4	100.2	104.1	98.4	101.6
(2)其他杂项用品 Other Sundry Articles	100.1	95.1	101.3	100.1	102.0	105.7	100.3
2.其他服务类 Other Survices	101.7	100.2	103.5	99.4	100.7	101.0	101.2
(1)旅馆住宿 Hotel Accommodation	100.7	101.1	99.6	94.8	97.5	99.4	99.2
(2)美容美发洗浴 Hairdressing Bath	103.8	98.6	105.3	100.2	100.9	103.8	102.1
(3)养老服务 Aged Services	98.2	108.6	120.1	100.0	105.6	100.0	104.0
(4)金融保险 Financial and Insurance	100.0	100.0	100.0	100.0	100.0	100.0	100.0
(5)其他服务类 Other Survices	110.3	100.0	100.4	100.0	103.0	100.0	103.0

Continued 5

铜陵市 Tongling	安庆市 Anqing	桐城市 Tongcheng	黄山市 Huangshan	歙县 Shexian	滁州市 Chuzhou	阜阳市 Fuyang	阜南县 Funan	宿州市 Suzhou	六安市 Lu'an	金寨县 Jinzhai	亳州市 Bozhou	宣城市 Xuancheng
99.8	101.7	99.8	100.6	98.3	98.6	99.7	100.1	102.0	99.4	100.7	99.8	99.4
103.9	101.5	99.8	104.9	104.2	102.5	101.1	102.2	101.3	101.4	101.6	101.5	101.2
115.6	102.6	99.9	116.3	113.3	100.6	107.2	99.0	101.3	101.9	104.6	106.3	100.0
102.9	102.9	99.0	103.3	103.8	101.2	101.7	104.1	102.7	102.5	101.9	101.4	103.5
100.0	100.0	100.7	101.9	100.0	102.6	97.7	103.5	100.2	100.6	99.7	101.2	100.0
100.0	100.0	100.0	100.0	100.0	121.5	100.0	100.0	101.7	100.0	100.0	89.8	100.0
100.0	100.0	100.0	100.0	100.0	101.4	100.0	101.3	100.0	100.0	100.0	100.4	100.0
100.0	100.0	99.3	100.0	100.0	103.1	100.0	88.0	100.0	100.0	100.0	90.3	100.0
101.7	101.5	102.6	101.4	100.2	102.7	101.3	100.6	102.2	103.8	102.7	100.7	100.5
100.8	101.8	102.8	101.9	100.2	100.9	100.8	101.5	102.1	101.9	101.5	100.1	100.6
101.0	102.8	101.7	102.6	101.4	103.6	102.0	102.3	102.2	101.4	103.1	100.4	100.1
100.5	100.8	104.1	100.4	99.2	97.0	98.3	100.9	101.7	102.4	100.1	99.9	101.1
102.5	101.1	102.3	101.1	100.1	104.2	101.7	99.7	102.3	105.5	103.9	101.2	100.3
99.1	98.4	96.2	100.6	100.5	98.8	100.7	96.0	100.2	103.9	108.9	99.8	96.2
107.9	99.9	104.4	103.1	100.2	110.4	103.9	99.8	105.9	114.7	105.3	104.1	101.7
101.4	105.3	103.8	100.0	100.0	100.0	104.5	100.0	102.5	10[illegible].7	110.3	100.0	102.6
100.0	101.6	100.0	100.0	100.0	100.0	100.0	100.0	100.0	100.0	100.0	100.0	100.0
100.0	101.7	113.4	100.0	100.0	100.0	100.0	100.0	100.0	101.6	101.2	100.0	100.5

4-6 各种价格定基指数
Fixed-base Price Indices

年 份 Year	居民消费价格指数 Consumer Price Index (1983=100)	城市居民消费价格指数 Urban Household (1983=100)	农村居民消费价格指数 Rural Household (1983=100)	商品零售价格指数 Retail Price Index (1978=100)	工业生产者出厂价格指数 Producer Price Index for Industrial Products (1992=100)	工业生产者购进价格指数 Purchasing Price Index for Industrial Producers (1992=100)	农业生产资料价格指数 Price Index of Agricultural Means of Production (1978=100)	固定资产投资价格指数 Price Index for Investment in Fixed Assets (1990=100)
1979		102.6		102.1			102.4	
1980		106.8		105.6			104.6	
1981		110.2		107.4			106.3	
1982		110.3		108.4			107.7	
1983		112.8		109.6			110.7	
1984	102.1	115.1	102.0	111.8			118.5	
1985	109.3	124.1	108.5	119.0			120.5	
1986	116.1	131.3	115.6	125.2			123.0	
1987	126.7	144.3	125.2	137.3			138.8	
1988	153.2	175.2	149.1	167.2			164.6	
1989	179.5	202.7	177.1	195.8			200.3	
1990	184.4	208.0	182.1	199.6			208.1	
1991	195.6	223.4	189.5	210.9			212.9	114.8
1992	211.7	243.0	204.7	224.9			218.2	137.5
1993	242.8	278.0	236.2	253.9	125.3	128.7	246.4	169.2
1994	308.1	354.2	298.3	312.8	151.5	157.4	302.5	203.2
1995	353.7	410.5	339.2	352.5	177.5	185.6	387.2	216.4
1996	388.7	451.9	372.1	377.5	180.3	204.2	415.1	223.7
1997	393.7	460.5	374.7	375.2	179.0	207.6	410.6	226.6
1998	393.7	461.9	374.4	368.1	172.5	199.2	389.2	226.6
1999	385.1	450.8	366.9	355.6	165.4	188.2	370.9	225.0
2000	387.8	454.9	368.7	348.5	163.5	193.1	364.2	228.6
2001	389.7	454.9	373.5	347.1	161.3	193.4	356.6	227.5
2002	385.8	450.8	368.6	344.3	161.0	190.0	356.2	230.0
2003	392.4	458.9	374.9	348.8	166.6	202.8	356.9	238.1
2004	410.0	478.6	392.9	358.2	180.2	233.2	399.8	252.5
2005	415.8	483.4	400.4	360.4	186.2	250.0	433.0	255.1
2006	420.8	490.2	404.0	363.2	192.0	259.7	433.0	259.8
2007	443.1	516.2	425.0	379.6	199.0	273.0	462.4	273.8
2008	470.5	547.1	452.2	403.5	215.7	306.8	572.9	299.7
2009	466.3	541.1	449.5	399.5	200.2	292.3	548.9	287.6
2010	480.7	557.4	464.7	412.3	218.2	326.6	559.8	303.0
2011	507.7	587.5	492.2	434.1	236.3	361.9	639.9	327.6
2012	519.3	600.4	504.0	443.2	232.3	355.4	673.8	330.8
2013	531.8	614.8	516.6	448.5	228.1	344.4	679.9	331.4
2014	540.3	625.3	524.3	450.3	222.2	334.8	677.2	332.4
2015	547.3	633.4	531.1	448.9	208.6	313.0	688.0	322.2
2016	557.2	644.8	539.6	452.5	205.5	308.0	683.9	319.7
2017	563.9	653.2	545.5	460.2	221.9	336.3	692.8	343.0

4-7 商品零售价格分类指数(2017)
Retail Price Indices by Category (2017)

上年=100 (preceding year=100)

指 标	Item	全省	城市	农村
商品零售价格总指数	**Retail General Price Index**	**101.7**	**101.7**	**101.3**
一、食品	Food	98.5	98.6	98.1
1.粮食	Grain	101.4	101.6	100.9
2.薯类	Tubers	95.2	95.2	95.4
3.豆类	Beans	100.0	99.6	101.1
4.食用油	Edible Oil	98.6	99.6	96.1
5.菜	Vegetables	89.5	89.3	90.7
6.畜肉类	Edible Livestock Meat	92.2	92.3	92.0
7.禽肉类	Poultry	100.1	100.4	99.2
8.水产品	Aquatic Products	104.7	104.3	106.0
9.蛋类	Eggs	93.0	92.8	93.6
10.奶类	Diary Products	100.6	100.9	99.5
11.干鲜瓜果类	Dried and Fresh Melons and Fruits	101.8	102.0	101.3
12.糖果糕点类	Confectionery	102.1	102.1	102.3
13.调味品	Flavoring	104.3	104.5	103.9
14.其他食品类	Other Food	100.9	101.2	99.9
15.在外餐饮	Picnic Food	102.3	102.4	101.9
二、饮料、烟酒	Tobacco, Liquor and Articles	101.9	102.1	101.1
1.茶及饮料	Tea and Drinks	103.9	103.8	104.2
2.烟草	Tobacco	100.0	99.9	100.2
3.酒类	Liquor	103.6	104.3	101.0
三、服装、鞋帽	Garments, Shoes and Hats	101.9	102.0	101.8
1.服装	Garments	102.1	102.1	102.2
(1)男士服装	Men's Clothing	102.1	102.2	102.0
(2)女士服装	Women's Clothing	102.2	102.1	102.3
(3)儿童服装	Children's Clothing	102.1	102.1	102.3
2.鞋帽袜	Footwear, Socks and Hats	101.3	101.5	100.4
(1)鞋	Shoes	101.2	101.5	100.3
(2)袜子	Socks	101.3	101.3	101.3
(3)帽子	Hats	102.7	102.7	102.8
3.其他衣着配件	Others	98.8	98.8	99.1
四、纺织品	Textiles	99.7	99.6	99.7
1.服装材料	Clothing Material	101.2	101.0	102.1

4-7 续表 Continued

指 标	Item	全省	城市	农村
2.床上用品	Bed Articles	99.3	99.3	99.2
五、家用电器及音像器材	Electric Household Appliance and Sound Apparatus	101.1	101.1	101.1
1.家庭设备	Household Facilities	101.4	101.3	101.7
2.文娱用耐用消费品	Durable Consuming Goods for Entertainment	100.9	101.0	100.4
3.专业音像器材	Sound Apparatus	98.0	98.0	98.1
六、文化办公用品	Cultural and Office Goods	102.3	102.3	102.5
七、日用品	Articles for Daily Use	101.1	101.1	101.2
1.日用百货	Merchandiles for Daily Use	102.0	101.8	102.9
2.厨具餐具茶具	Kitchenware, Tableware, Tea set	100.5	100.5	100.8
3.清洗用品	Washing and Cleaning Goods	101.0	101.3	99.5
4.其他日用品	Other Daily-use Goods	100.4	100.5	99.9
八、体育娱乐用品	Sports and Entertainment Goods	100.2	100.2	100.1
1.体育户外用品	Sports Goods	99.8	99.8	100.0
2.娱乐用品	Recreational Goods	100.2	100.3	100.1
九、交通、通信用品	Traffic and Telecommunication Goods	99.6	99.9	98.2
1.交通运输机械	Traffic and Transport Machinery	100.6	101.0	99.0
2.通信器材	Telecommunication Apparatus	95.7	95.7	95.6
十、家具	Furniture	101.4	101.6	100.5
十一、化妆品	Cosmetics	102.0	102.2	100.7
十二、金银饰品	Gold and Silver Jewls	102.4	102.4	102.2
十三、中西药品及医疗保健用品	Chinese and Western Medicines and Health Supplies	107.1	107.1	107.5
1.医疗卫生器具	Medical-care Apparatus and Goods	101.8	102.0	100.6
2.中药	Chinese Herbs and Patent Medicine	106.5	106.5	106.7
3.西药	Western Medicine	109.0	109.2	108.2
4.保健器具及用品	Healthy Devices and Goods	105.3	104.7	108.9
十四、书报杂志及电子出版物	Books, Magazines and Electronic Publications	104.5	104.4	104.6
1.教材及参考书	Texts and Reference Books	104.5	104.3	105.6
2.书报杂志	Newspapers and Magazines	106.3	106.5	105.0
3.计算机办公软件	Office Softwares	98.2	98.5	96.1
十五、燃料	Fuels	107.7	107.1	110.1
1.煤炭及制品	Coal and Its Products	110.7	111.4	108.9
2.石油及制品	Oil and Its Products	107.0	106.3	110.5
十六、建筑材料及五金电料	Building Apparatus and Hardwares	104.7	105.1	103.0
1.建筑装潢材料	Building Decoration Materials	104.9	105.3	103.4
2.五金水暖	Hardware Plumbing	103.8	104.2	101.7

4-8 农业生产资料价格分类指数
Price Indices by Category of Agricultural Means of Production

上年＝100　　　　(preceding year＝100)

指　　标	Item	2013	2014	2015	2016	2017
农业生产资料价格指数	**Price Index of Agricultural Means of Production**	**100.9**	**99.6**	**101.6**	**99.4**	**101.3**
一、农用手工工具	Agricultural Craft Tool	102.5	104.9	102.3	103.7	103.1
二、饲料	Forage	105.1	102.4	97.4	94.5	102.4
三、仔畜幼禽及产品畜	Young Animal, Poult and Animal Products	102.7	101.7	117.2	132.3	81.3
四、半机械化农具	Semi-mechanized Farm Tools	100.0	100.3	99.2	99.7	101.2
五、机械化农具	Mechanized Farm Machinery	100.5	102.5	99.9	101.9	101.4
六、化学肥料	Chemical Fertilizer	95.7	92.2	100.6	94.8	105.5
氮肥	Nitrogenous Fertilizer	93.8	89.6	103.0	89.6	115.5
磷肥	Phosphatic Fertilizer	103.6	98.5	99.6	96.5	99.8
钾肥	Potassic fertilizer	96.2	97.0	97.5	94.4	99.7
复合肥料	Complex Fertilizer	95.1	91.9	99.2	97.3	102.5
七、农药及农药器械	Pesticide & Its Appliances	101.4	102.5	100.5	98.9	100.3
1.化学农药	Chemical Pesticide	101.4	102.6	100.6	99.0	100.4
2.农药器械	Pesticide Appliances	102.1	102.0	100.0	98.7	98.7
八、农机用油	Oil for Farm Machinery	99.5	98.9	91.0	95.3	110.9
九、其他农业生产资料	Other Agricultural Productions	102.5	102.7	101.1	100.1	102.5
1.农用种子	Agricultural Seeds	103.7	103.2	102.2	101.1	102.9
2.其他	Others	100.3	101.9	98.9		
十、农业生产服务	Agricultural Production Service	104.4	104.7	104.5	102.4	100.7

注：1.“仔畜幼禽及产品畜”2016年以前为“产品畜”。
2.“农机用油”2016年以前为“农用机油”。

4-9 各市商品零售价格总指数(1984—2017)

上年=100

年份 Year	合肥市 Hefei	庐江县 Lujiang	芜湖市 Wuhu	蚌埠市 Bengbu	淮南市 Huainan	马鞍山市 Maanshan	淮北市 Huaibei	铜陵市 Tongling	安庆市 Anqing
1984	100.6		101.4	100.3	101.3		101.1		101.3
1985	111.4		108.4	108.8	112.5		108.1		109.5
1986	105.9		106.5	106.2	106.4		105.0		107.2
1987	110.3		108.9	111.0	108.1		109.2		109.2
1988	122.1		121.2	120.7	121.9		125.5		118.9
1989	115.0		115.9	114.8	114.6	115.3	116.2		116.6
1990	101.7		103.6	100.6	102.0	100.6	101.2		102.6
1991	109.5		107.7	108.1	108.8	108.6	107.3	108.1	107.1
1992	108.8		108.5	106.2	108.1	108.6	107.2	106.6	108.7
1993	115.0		118.9	112.3	107.4	118.3	109.5	124.0	114.3
1994	120.5		126.0	119.9	121.3	123.9	117.8	124.0	127.9
1995	113.8		115.5	111.7	112.0	111.4	112.8	112.7	113.7
1996	107.1		106.9	106.7	107.0	106.6	106.5	106.7	107.0
1997	100.9		100.0	100.1	101.1	100.7	99.2	101.0	98.8
1998	98.2		98.9	99.1	97.8	98.3	98.6	98.1	98.3
1999	96.5		96.2	95.8	97.0	97.6	96.8	97.2	96.6
2000	97.2		98.1	98.7	98.3	99.0	98.8	97.9	98.3
2001	97.7		98.9	98.5	99.3	99.9	99.3	98.7	98.3
2002	99.3		98.9	98.8	99.2	100.3	99.6	99.9	99.5
2003	101.4		100.3	100.9	101.1	101.7	103.1	99.4	99.4
2004	100.8		102.3	103.4	102.3	103.0	102.6	102.9	102.5
2005	99.7		99.2	99.8	99.8	100.2	101.4	99.9	100.7
2006	100.6		100.6	101.9	99.8	101.8	101.1	100.2	101.4
2007	104.6		104.1	104.6	104.9	104.9	104.4	103.3	104.2
2008	106.3		106.2	106.4	105.6	106.6	106.3	105.6	106.8
2009	99.8		98.1	98.7	98.1	98.7	99.0	98.5	98.8
2010	102.1		102.7	102.7	101.8	103.1	103.4	102.4	103.2
2011	105.1		105.0	105.4	104.9	103.9	104.9	105.5	105.1
2012	101.9		102.2	102.1	102.2	101.9	102.0	102.2	101.8
2013	101.2		101.3	101.5	101.4	101.2	101.1	101.1	101.5
2014	100.3		100.6	100.9	100.0	100.4	99.9	99.9	100.4
2015	99.5		100.1	99.4	99.5	99.7	99.3	99.9	99.9
2016	100.8	100.6	100.9	101.0	100.8	100.7	100.5	100.9	101.2
2017	102.3	100.8	100.7	101.1	101.8	101.4	101.1	101.2	102.6

Overall Retail Price Index in Major Cities (1984—2017)

(preceding year = 100)

桐城市 Tongcheng	黄山市 Huangshan	歙县 Shexian	滁州市 Chuzhou	阜阳市 Fuyang	阜南县 Funan	宿州市 Suzhou	六安市 Lu'an	金寨县 Jinzhai	亳州市 Bozhou	宣城市 Xuancheng
98.3		100.5	101.3	102.3		104.8	102.5		98.7	100.5
106.2		108.3	103.2	105.2		103.4	109.2		105.0	106.6
104.1		107.4	104.7	104.0		107.6	105.1		108.2	105.7
111.0		113.2	109.4	110.1		111.5	110.7		111.2	112.2
118.1		122.5	117.5	123.8		116.7	123.1		123.3	123.7
115.9		114.7	118.5	115.5		116.8	116.9		115.7	115.6
98.2		101.4	100.5	102.2		103.7	103.0		97.8	102.1
106.6		101.5	106.8	107.5		104.4	104.1		109.9	102.6
109.8		107.3	107.2	110.0		106.1	107.4		109.6	104.4
109.5		115.6	118.8	109.6		112.1	112.2		110.4	115.7
116.4		122.9	122.2	117.9		122.5	127.8		125.3	124.3
113.2		111.4	114.5	111.0		112.6	112.6		108.1	112.1
107.4	106.8	107.8	107.3	107.7		107.7	107.1		106.7	106.9
98.8	98.1	98.4	99.4	99.2		98.5	98.9		97.9	99.8
97.9	99.9	98.2	98.7	97.7		96.8	98.3		99.4	98.7
96.2	96.8	96.1	96.8	95.5		95.1	96.6		97.3	98.4
98.6	99.7	97.0	97.3	97.7		96.5			96.3	98.5
99.6	99.4	98.9	99.1	98.0					100.1	101.9
98.9	98.4	98.3	99.0	98.3					98.3	102.0
101.4	102.5	100.6	100.6	100.2		102.0			103.1	102.2
104.2	103.8	104.6	101.4	102.4		102.4			101.8	103.5
102.3	99.9	101.3	100.7	100.6		99.9			99.4	101.8
101.4	100.4	100.7	101.0	101.3		101.0			101.3	100.7
105.2	103.9	104.7	104.2	103.9		104.9			105.5	104.2
106.3	105.6	106.3	105.2	105.5		106.1			105.0	106.3
97.8	98.9	98.9	99.6	97.9		99.0			98.4	100.0
103.9	104.2	104.5	102.7	103.1		102.6			103.9	103.9
106.4	105.4	107.0	104.6	105.4		105.1	104.8		104.4	105.6
102.5	101.8	102.8	101.9	102.5		101.6	101.0		102.1	101.9
101.4	101.8	101.7	101.3	101.0		101.3	101.1		101.1	101.3
100.5	100.9	101.1	100.4	100.7		100.3	100.8		99.8	100.2
99.4	99.3	100.3	98.9	99.6		99.2	99.4		100.0	100.0
100.7	100.5	101.0	101.0	100.6	100.9	100.5	101.5	100.9	101.2	100.8
102.1	101.4	100.9	100.7	101.3	101.3	101.9	102.1	101.6	102.0	101.1

4-10 各市商品零售价格分类指数(2017)

上年=100

指标 Item	合肥市 Hefei	庐江县 Lujiang	芜湖市 Wuhu	蚌埠市 Bengbu	淮南市 Huainan	马鞍山市 Maanshan	淮北市 Huaibei	铜陵市 Tongling	安庆市 Anqing
商品零售价格总指数 Retail General Price Index	**102.3**	**100.8**	**100.7**	**101.1**	**101.8**	**101.4**	**101.1**	**101.2**	**102.6**
一、食品 Food	98.5	98.0	97.8	98.7	98.7	98.4	98.1	97.8	99.1
1.粮食 Grain	102.1	99.3	104.5	100.8	101.4	100.5	100.7	100.8	102.0
2.薯类 Tubers	96.2	98.0	90.7	99.0	90.5	98.6	98.7	85.7	94.3
3.豆类 Beans	99.2	99.4	99.3	100.3	100.3	99.8	100.3	96.3	99.4
4.食用油 Edible Oil	100.7	95.1	101.8	95.9	99.2	101.2	99.4	93.3	97.7
5.菜 Vegetables	88.8	93.3	86.8	89.3	89.7	86.2	90.6	87.8	93.9
6.畜肉类 Edible Livestock Meat	91.6	93.1	91.1	95.9	92.2	89.8	90.2	93.4	92.7
7.禽肉类 Poultry	102.4	99.7	99.5	97.9	96.8	99.6	98.3	101.0	101.1
8.水产品 Aquatic Products	105.9	101.5	102.1	102.5	104.4	107.5	101.2	97.5	102.7
9.蛋类 Eggs	93.4	92.2	93.9	90.2	89.3	95.2	96.1	92.9	88.9
10.奶类 Diary Products	101.2	99.9	100.5	98.7	100.8	102.0	102.4	103.4	97.3
11.干鲜瓜果类 Dried and Fresh Melons and Fruits	103.4	104.2	99.4	102.6	99.9	102.3	102.6	99.4	103.5
12.糖果糕点类 Confectionery	100.4	101.2	99.3	101.4	105.4	105.9	101.3	101.8	103.1
13.调味品 Flavoring	105.1	105.6	105.2	102.1	104.4	108.8	102.2	105.1	105.0
14.其他食品类 Other Food	101.4	98.7	100.4	100.2	101.7	103.4	100.1	97.9	100.6
15.在外餐饮 Picnic Food	101.5	100.1	102.5	102.8	103.1	102.3	102.7	104.2	103.4

Retail Price Indices by Category in Major Cities(2017)

(preceding year = 100)

桐城 Tongcheng	黄山市 Huangshan	歙县 Shexian	滁州市 Chuzhou	阜阳市 Fuyang	阜南县 Funan	宿州市 Suzhou	六安市 Lu'an	金寨县 Jinzhai	亳州市 Bozhou	宣城市 Xuancheng
102.1	101.4	100.9	100.7	101.3	101.3	101.9	102.1	101.6	102.0	101.1
97.4	99.4	97.5	99.9	99.5	98.5	98.6	98.0	99.2	99.7	97.6
101.9	102.9	101.4	99.8	100.4	100.9	100.6	100.5	101.4	101.5	101.6
96.1	98.0	95.5	76.8	107.8	91.6	86.1	89.8	94.0	97.5	97.5
105.6	96.2	102.3	99.0	99.1	100.4	100.5	98.8	99.2	99.6	101.0
92.1	98.1	97.8	99.5	97.1	99.8	98.0	104.8	99.2	100.1	97.0
86.8	92.9	90.3	94.6	91.3	95.1	91.5	88.5	88.1	90.4	87.7
91.1	93.5	91.7	93.8	95.4	90.8	93.1	90.3	93.0	94.9	90.9
99.6	101.4	96.2	102.3	101.8	97.7	100.3	100.6	102.4	96.0	102.5
108.7	106.3	106.2	104.8	108.4	112.2	104.0	101.9	102.6	107.1	105.6
88.8	96.6	96.8	99.0	96.1	90.3	87.6	89.3	97.5	94.7	94.4
101.4	100.1	98.0	99.0	98.9	99.2	102.2	103.6	98.7	100.3	103.0
103.5	106.5	92.3	107.3	100.2	100.2	100.6	98.4	104.9	106.1	98.4
101.3	102.8	104.3	103.0	104.8	100.6	102.3	101.5	103.3	102.7	103.6
99.0	105.3	100.8	104.3	102.6	101.3	105.3	106.4	110.7	103.9	100.2
100.0	100.9	97.7	101.4	102.7	103.4	100.1	103.3	100.7	99.9	101.5
101.1	101.3	102.5	102.8	102.8	101.1	102.8	103.5	106.1	103.7	101.0

4-10 续表1

指标 Item	合肥市 Hefei	庐江县 Lujiang	芜湖市 Wuhu	蚌埠市 Bengbu	淮南市 Huainan	马鞍山市 Maanshan	淮北市 Huaibei	铜陵市 Tongling	安庆市 Anqing
二、饮料、烟酒 Tobacco, Liquor and Articles	102.3	101.0	100.3	102.0	102.9	102.6	102.2	100.0	102.8
1.茶及饮料 Tea and Drinks	102.3	105.4	102.6	102.9	106.0	109.3	104.5	104.4	106.6
2.烟草 Tobacco	99.9	101.6	98.8	100.0	101.0	100.0	99.7	98.6	100.0
3.酒类 Liquor	105.9	98.0	101.1	104.3	103.6	102.7	104.7	99.8	104.5
三、服装、鞋帽 Garments, Shoes and Hats	102.7	100.9	102.0	101.4	101.8	100.8	101.7	100.8	102.1
1.服装 Garments	103.0	101.6	101.5	103.1	101.6	101.1	101.9	100.4	101.9
(1)男士服装 Men's Clothing	103.1	99.6	101.9	101.6	102.9	100.7	100.9	100.1	102.0
(2)女士服装 Women's Clothing	103.0	102.9	100.9	103.1	100.9	101.9	102.5	101.4	101.9
(3)儿童服装 Children's Clothing	102.6	101.9	102.7	106.7	100.9	99.5	102.1	97.6	101.2
2.鞋帽袜 Footwear, Socks and Hats	102.0	98.9	103.8	95.4	102.5	99.5	101.1	102.4	102.8
(1)鞋 Shoes	102.1	98.7	104.1	94.9	102.8	99.6	100.9	102.2	103.0
(2)袜子 Socks	101.0	103.2	100.0	99.6	97.0	97.1	103.4	104.9	99.6
(3)帽子 Hats	103.0	99.4	100.2	106.1	106.8	100.4	99.6	101.3	102.7
3.其他衣着配件 Others	97.1	100.1	99.6	99.9	96.5	100.3	99.5	100.1	100.3
四、纺织品 Textiles	97.7	97.6	100.2	101.4	100.7	100.1	103.7	97.6	99.9
1.服装材料 Clothing Material	101.6	100.6	100.0	100.0	98.3	99.8	105.3	100.6	100.2
2.床上用品 Bed Articles	96.6	96.9	100.2	101.7	101.2	100.2	103.4	97.0	99.9

Continued 1

桐城 Tongcheng	黄山市 Huangshan	歙县 Shexian	滁州市 Chuzhou	阜阳市 Fuyang	阜南县 Funan	宿州市 Suzhou	六安市 Lu' an	金寨县 Jinzhai	亳州市 Bozhou	宣城市 Xuancheng
101.6	101.8	101.5	100.6	102.0	100.3	101.2	103.5	100.8	101.6	102.7
103.2	105.2	103.8	101.6	101.6	103.2	103.8	103.8	106.1	105.4	107.7
100.0	100.0	99.1	101.1	100.0	99.7	100.0	100.0	100.0	100.0	100.0
104.0	102.1	104.6	99.1	105.1	100.0	101.6	108.3	100.0	101.4	103.0
103.2	101.9	100.1	100.1	101.0	103.8	102.1	101.6	100.6	101.4	101.4
103.6	102.6	100.4	99.9	100.7	103.9	102.7	101.0	101.3	101.9	101.8
104.0	101.0	100.3	102.3	100.7	106.3	102.1	101.9	100.2	100.9	101.9
103.6	103.1	100.2	98.7	100.8	103.1	101.9	101.1	101.4	102.5	102.5
103.0	104.9	101.4	98.2	100.2	101.7	106.8	98.9	103.8	102.0	99.7
101.9	99.6	99.1	101.0	102.4	103.4	99.9	103.5	98.7	99.5	100.2
102.0	99.8	98.8	101.0	102.4	103.6	99.4	102.9	98.6	99.4	99.9
100.0	96.9	103.0	102.0	101.4	99.9	105.2	111.1	100.2	100.4	104.3
104.3	99.2	101.0	96.8	103.1	108.6	104.6	103.7	99.6	103.3	100.9
95.3	101.1	100.0	97.6	100.2	100.8	100.1	99.5	99.5	103.6	101.1
100.3	98.5	101.8	98.7	100.4	101.4	101.4	101.9	98.8	100.4	99.4
98.9	103.4	105.3	100.9	96.1	105.6	106.7	101.8	100.0	106.0	100.0
100.6	96.9	100.8	98.4	101.3	100.2	100.1	102.0	98.5	99.3	99.3

4-10 续表 2

指标 Item	合肥市 Hefei	庐江县 Lujiang	芜湖市 Wuhu	蚌埠市 Bengbu	淮南市 Huainan	马鞍山市 Maanshan	淮北市 Huaibei	铜陵市 Tongling	安庆市 Anqing
五、家用电器及音像器材 Electric Household Appliance and Sound Apparatus	101.7	99.5	99.9	100.4	101.8	100.5	101.5	100.8	100.3
1.家庭设备 Household Facilities	100.8	101.2	101.9	102.3	103.6	100.0	103.0	100.3	100.1
2.文娱用耐用消费品 Durable Consuming Goods for Entertainment	103.0	96.4	97.3	97.8	99.8	101.1	99.6	101.5	101.0
3.专业音像器材 Sound Apparatus	98.1	98.2	98.4	97.7	97.5	100.9	96.9	97.6	97.8
六、文化办公用品 Cultural and Office Goods	103.2	103.1	100.7	101.9	101.5	103.4	101.8	102.2	101.1
七、日用品 Articles for Daily Use	100.0	101.3	102.4	99.6	101.5	106.8	101.5	101.7	101.4
1.日用百货 Merchandiles for Daily Use	99.6	105.9	104.6	103.0	102.5	105.3	102.5	104.4	102.7
2.厨具餐具茶具 Kitchenware, Tableware, Tea set	100.7	99.9	97.2	100.0	98.7	108.5	101.6	98.6	100.4
3.清洗用品 Washing and Cleaning Goods	100.5	99.1	104.9	93.3	99.1	111.9	101.1	100.9	100.6
4.其他日用品 Other Daily-use Goods	100.0	97.3	99.2	100.4	102.5	103.6	100.3	100.2	100.6
八、体育娱乐用品 Sports and Entertainment Goods	99.1	99.4	102.7	97.6	104.1	99.9	99.8	101.7	99.0
1.体育户外用品 Sports Goods	100.6	100.8	98.0	97.4	102.2	100.5	98.2	98.3	94.8
2.娱乐用品 Recreational Goods	98.9	99.3	103.5	97.6	104.5	99.7	100.3	102.3	99.7
九、交通、通信用品 Traffic and Telecommunication Goods	103.8	99.2	97.3	97.1	97.2	98.3	97.9	97.3	97.5
1.交通运输机械 Traffic and Transport Machinery	105.2	100.4	97.7	97.5	97.9	98.9	98.7	97.6	98.0
2.通信器材 Telecommunication Apparatus	95.7	95.6	95.8	95.7	95.6	96.0	95.8	95.8	95.7
十、家具 Furniture	100.3	102.2	105.6	102.3	101.9	101.1	103.8	100.1	100.9

Continued 2

桐城 Tongcheng	黄山市 Huangshan	歙县 Shexian	滁州市 Chuzhou	阜阳市 Fuyang	阜南县 Funan	宿州市 Suzhou	六安市 Lu' an	金寨县 Jinzhai	亳州市 Bozhou	宣城市 Xuancheng
102.4	104.5	100.4	100.1	99.7	100.8	100.0	104.0	102.7	99.8	101.7
102.3	104.2	100.3	101.1	99.7	100.9	99.9	104.5	103.6	100.3	102.4
102.9	105.8	100.9	99.1	99.8	101.1	100.6	103.5	101.7	98.9	100.6
99.4	99.0	98.0	96.5	98.9	96.2	95.2	98.5	98.6	96.7	99.3
102.4	101.4	103.2	100.4	102.3	102.1	102.1	104.2	101.4	103.0	102.6
103.4	99.0	100.6	101.0	100.2	99.5	102.6	102.0	100.5	100.6	101.5
105.7	100.8	102.3	103.0	100.4	97.8	104.3	100.9	101.3	100.8	101.3
99.9	99.7	101.4	97.7	99.6	103.5	100.7	101.2	99.9	101.0	101.9
101.8	93.6	97.3	102.9	102.0	100.2	103.0	104.0	99.3	99.4	101.0
102.1	99.1	99.9	98.2	99.3	100.3	100.3	102.3	100.3	101.0	102.0
100.7	102.2	99.0	100.3	99.0	100.1	100.9	10[illegible].7	101.1	100.9	100.7
101.2	102.4	98.9	99.6	99.4	98.7	103.2	101.3	100.8	99.8	99.5
100.6	102.1	99.0	100.4	99.0	100.3	100.5	101.7	101.2	101.1	100.8
98.7	97.3	98.8	96.0	96.7	96.7	96.1	95.7	97.4	99.0	99.3
99.7	97.6	99.7	96.2	97.0	97.1	96.3	97.0	97.9	100.0	100.5
95.5	95.9	95.4	95.3	95.9	95.5	95.4	95.8	96.0	96.0	95.7
100.7	100.3	98.2	100.4	101.6	100.0	102.0	103.5	101.4	105.2	99.6

4-10 续表 3

指标 Item	合肥市 Hefei	庐江县 Lujiang	芜湖市 Wuhu	蚌埠市 Bengbu	淮南市 Huainan	马鞍山市 Maanshan	淮北市 Huaibei	铜陵市 Tongling	安庆市 Anqing
十一、化妆品 Cosmetics	101.8	100.7	102.0	100.7	101.7	96.9	100.8	103.8	102.6
十二、金银饰品 Gold and Silver Jewls	103.6	101.2	100.5	101.6	104.3	98.1	101.5	101.2	103.3
十三、中西药品及医疗保健用品 Chinese and Western Medicines and Health Supplies	104.5	105.0	102.9	109.7	106.2	111.2	105.3	115.0	113.8
1.医疗卫生器具 Medical-care Apparatus and Goods	101.3	100.0	100.0	115.4	100.0	100.7	100.1	99.5	108.4
2.中药 Chinese Herbs and Patent Medicine	103.2	108.1	105.7	115.6	109.1	100.2	105.0	107.7	107.6
3.西药 Western Medicine	106.3	104.9	102.8	106.3	104.9	119.5	106.8	126.9	116.9
4.保健器具及用品 Healthy Devices and Goods	102.6	104.2	102.9	112.1	109.4	104.9	104.2	102.7	114.9
十四、书报杂志及电子出版物 Books, Magazines and Electronic Publications	104.0	102.6	108.7	104.3	106.1	101.4	101.4	102.7	103.6
1.教材及参考书 Texts and Reference Books	104.1	104.3	102.5	102.1	105.4	103.7	103.6	104.6	105.6
2.书报杂志 Newspapers and Magazines	104.7	102.2	118.6	110.5	111.7	100.0	100.0	100.0	101.1
3.计算机办公软件 Office Softwares	101.6	89.8	97.1	96.9	90.4	96.9	95.3	98.2	97.3
十五、燃料 Fuels	104.9	106.7	104.2	108.5	112.4	105.0	108.2	105.5	120.2
1.煤炭及制品 Coal and Its Products	103.2	103.4	114.6	118.4	125.1	102.4	122.0	109.7	112.1
2.石油及制品 Oil and Its Products	105.2	107.8	103.0	106.6	107.4	105.5	104.2	104.2	121.8
十六、建筑材料及五金电料 Building Apparatus and Hardwares	107.3	103.0	105.6	102.4	103.9	102.5	102.1	103.8	102.3
1.建筑装璜材料 Building Decoration Materials	107.3	103.0	104.8	103.1	104.3	102.8	102.5	104.3	101.5
2.五金水暖 Hardware Plumbing	107.0	103.0	107.8	100.5	103.2	101.7	101.2	102.4	104.4

Continued 3

桐城 Tongcheng	黄山市 Huangshan	歙县 Shexian	滁州市 Chuzhou	阜阳市 Fuyang	阜南县 Funan	宿州市 Suzhou	六安市 Lu'an	金寨县 Jinzhai	亳州市 Bozhou	宣城市 Xuancheng
100.2	100.1	101.0	102.4	105.4	100.1	99.2	107.0	102.0	102.1	104.9
101.8	103.4	101.6	104.5	101.9	102.7	102.6	102.1	103.7	101.4	99.7
109.3	112.3	108.8	106.7	104.4	106.1	115.6	111.5	109.4	108.9	103.8
107.1	97.6	92.6	103.4	98.7	100.0	98.8	99.0	103.4	99.2	100.0
108.2	108.9	108.6	105.8	106.7	104.0	119.5	119.7	103.2	105.0	104.4
107.7	123.7	112.6	108.3	107.2	107.7	119.8	113.4	110.5	113.6	108.3
117.2	95.2	104.1	104.7	99.8	105.5	108.7	108.0	115.1	104.0	97.4
106.2	105.3	103.6	102.5	104.7	104.9	104.2	108.0	106.2	103.6	102.2
104.2	107.1	106.5	102.3	108.0	108.4	100.9	106.1	104.8	106.5	103.6
111.9	104.1	100.6	104.6	99.4	100.0	111.5	115.3	110.1	101.7	99.9
96.9	98.8	101.8	96.9	101.0	94.0	96.9	97.8	100.0	93.2	99.6
114.0	101.9	106.3	106.7	110.5	113.5	108.4	106.1	109.2	112.0	107.3
109.0	100.0	106.9	100.0	126.1	119.3	111.2	101.8	106.8	116.4	105.9
116.3	102.3	106.0	108.1	107.5	111.3	107.3	107.5	110.1	109.3	107.6
102.2	105.1	103.8	100.8	104.3	102.0	104.3	106.7	104.3	101.8	103.7
102.6	100.7	104.6	101.7	104.8	102.3	105.3	107.8	104.6	101.9	103.1
101.0	118.1	101.0	99.1	102.4	100.4	100.7	101.7	102.9	101.7	108.0

4-11 分月农业生产资料价格指数（2017）

上年同月=100

指　标	Item	1月 January	2月 February
农业生产资料价格指数	**Price Index of Agricultural Means of Production**	**102.8**	**103.6**
一、农用手工工具	Agricultural Craft Tool	103.4	104.4
二、饲料	Forage	102.4	104.1
三、仔畜幼禽及产品畜	Young Animal, Poult and Animal Products	110.9	109.5
四、半机械化农具	Semi-mechanized Farm Tools	100.1	100.1
五、机械化农具	Mechanized Farm Machinery	102.5	102.6
六、化学肥料	Chemical Fertilizer	102.5	103.8
氮肥	Nitrogenous Fertilizer	112.5	115.6
磷肥	Phosphatic Fertilizer	96.2	96.2
钾肥	Potassic fertilizer	94.3	95.7
复合肥料	Complex Fertilizer	100.0	100.7
七、农药及农药器械	Pesticide & Its Appliances	99.1	99.3
1.化学农药	Chemical Pesticide	99.1	99.2
2.农药器械	Pesticide Appliances	99.8	99.8
八、农机用油	Oil for Farm Machinery	117.8	118.8
九、其他农业生产资料	Other Agricultural Productions	100.5	101.1
1.农用种子	Agricultural Seeds	101.2	101.9
2.其他	Others		
十、农业生产服务	Agricultural Production Service	100.4	100.4

注：1.“仔畜幼禽及产品畜”2016年以前为“产品畜”。
2.“农机用油”2016年以前为“农用机油”。

Price Indices of Agricultural Means of Production by Month (2017)

(the same month last year = 100)

3月 March	4月 April	5月 May	6月 June	7月 July	8月 August	9月 September	10月 October	11月 November	12月 December
102.3	101.3	99.9	99.1	99.5	100.4	100.7	102.1	102.3	102.2
104.4	102.5	101.9	102.3	102.2	102.3	103.4	103.9	103.7	103.4
104.1	104.9	104.0	101.9	100.5	100.9	101.2	102.2	101.6	101.0
88.9	81.1	71.0	66.6	70.1	72.8	75.0	79.2	82.8	85.0
100.7	101.9	101.9	101.4	101.1	101.1	101.2	101.5	101.6	101.7
102.3	101.2	100.5	100.6	100.6	100.7	101.1	101.5	101.8	101.8
104.8	103.3	102.4	103.2	105.1	106.2	107.4	110.1	109.3	108.8
114.6	110.3	107.5	111.5	115.5	117.1	119.5	126.3	119.4	117.9
96.1	96.5	98.3	98.7	99.8	101.8	103.8	103.4	103.0	104.1
96.6	96.6	97.1	98.6	100.4	102.5	104.1	104.1	104.2	103.7
102.6	102.0	101.3	100.6	101.7	102.4	102.9	104.8	106.0	105.7
99.7	100.3	100.7	100.9	100.5	100.5	100.4	100.5	100.8	101.0
99.7	100.4	100.9	101.0	100.7	100.7	100.7	100.7	101.0	101.2
99.8	99.1	98.4	98.6	98.1	98.1	97.7	97.9	98.1	98.8
118.2	116.0	111.3	104.6	101.8	108.0	105.9	108.5	111.3	110.1
102.6	103.3	103.3	103.8	103.8	103.5	102.1	101.8	101.9	101.9
103.0	103.7	103.7	104.3	104.3	104.0	102.2	102.0	102.2	102.2
100.4	100.4	100.7	101.2	101.2	100.9	100.6	100.6	100.6	100.6

4-12 各调查市县农业生产资料分类指数(2017)
Price Indices by Category of Agricultural Means of Production by Cities Surveyed(2017)

上年=100 (preceding year=100)

指标	Item	庐江县 Lujiang	桐城市 Tongcheng	歙县 Shexian	阜南县 Funan	金寨县 Jinzhai
农业生产资料价格指数	**Price Index of Agricultural Means of Production**	**100.1**	**100.8**	**100.1**	**102.6**	**103.7**
一、农用手工工具	Agricultural Craft Tool	102.3	100.3	107.3	110.6	99.9
二、饲料	Forage	100.4	102.6	102.4	105.0	103.4
三、仔畜幼禽及产品畜	Young Animal, Poult and Animal Products	82.5	75.5	76.0	87.1	87.1
四、半机械化农具	Semi-mechanized Farm Tools	100.0	100.7	100.3	103.4	101.2
五、机械化农具	Mechanized Farm Machinery	101.7	102.1	97.2	102.9	101.2
六、化学肥料	Chemical Fertilizer	106.6	103.9	105.1	104.9	108.0
氮肥	Nitrogenous Fertilizer	120.4	111.7	120.0	113.1	115.2
磷肥	Phosphatic Fertilizer	100.2	98.4	99.4	100.7	100.0
钾肥	Potassic fertilizer	96.7	100.0	96.9	95.1	112.9
复合肥料	Complex Fertilizer	102.8	101.5	100.2	102.8	105.1
七、农药及农药器械	Pesticide & Its Appliances	99.8	100.6	99.7	101.3	100.0
1.化学农药	Chemical Pesticide	100.0	100.6	99.7	101.9	99.9
2.农药器械	Pesticide Appliances	97.4	101.4	100.0	93.8	100.5
八、农机用油	Oil for Farm Machinery	110.0	115.3	109.5	109.8	110.2
九、其他农业生产资料	Other Agricultural Productions	100.0	104.9	101.6	101.9	104.7
1.农用种子	Agricultural Seeds	100.0	106.5	102.5	102.0	105.0
2.其他	Others					
十、农业生产服务	Agricultural Production Service	100.0	102.0	98.4	100.0	104.2

注:1."仔畜幼禽及产品畜"2016年以前为"产品畜"。
2."农机用油"2016年以前为"农用机油"。

4-13 工业生产者出厂价格分类指数(1993—2017)

Producer Price Indices for Industrial Products by Category(1993—2017)

上年=100 (preceding year=100)

年 份 Year	工业生产者出厂价格指数 Producer Price Indices for Industrial Products	轻工业 Light Industry			重工业 Heavy Industry				生产资料 Means of Production	生活资料 Consumer Goods
			以农产品为原料 Agricultural Products as Raw Materials	以非农产品为原料 Non-agricultural Products as Raw Materials		采掘 Mining & Quarrying Industry	原料 Raw Materials Industry	加工 Processing Industry		
1993	125.3	109.1	109.3	108.3	143.6	135.1	161.7	121.5	140.0	109.0
1994	120.9	125.3	129.0	113.2	116.3	117.3	112.6	120.1	116.9	125.7
1995	117.2	124.0	126.4	115.7	110.1	116.0	104.4	115.0	113.2	121.9
1996	101.5	99.9	100.3	99.0	103.5	113.8	103.1	101.9	102.7	100.5
1997	99.3	99.1	99.4	98.7	99.4	99.3	100.2	98.5	98.9	100.1
1998	96.4	96.4	96.7	96.1	96.1	92.1	96.0	97.0	95.7	97.1
1999	95.9	94.4	94.1	96.4	97.3	94.2	97.9	97.2	96.9	94.5
2000	98.9	95.7	95.4	97.6	102.1	101.0	106.1	97.7	102.1	93.7
2001	98.6	96.9	96.9	97.1	100.2	105.2	99.0	100.2	99.8	96.3
2002	99.8	97.5	97.1	98.7	101.6	115.4	99.2	100.0	100.1	99.3
2003	103.5	101.7	102.7	100.7	104.9	102.4	107.2	103.8	105.3	98.9
2004	108.2	104.6	106.5	102.7	110.9	116.7	115.6	106.5	110.9	101.4
2005	103.3	99.0	99.6	98.5	106.3	112.2	111.3	101.3	105.0	98.7
2006	103.1	99.8	99.7	99.8	105.1	98.0	115.2	99.9	104.6	98.4
2007	103.6	103.4	103.8	103.0	103.8	104.2	102.9	104.3	103.7	103.3
2008	108.4	105.4	107.1	103.8	110.1	119.0	104.9	111.7	109.3	105.4
2009	92.8	97.0	97.9	96.2	90.5	95.4	90.3	89.5	91.4	97.8
2010	109.0	104.8	106.4	103.2	111.4	111.0	116.6	108.1	110.9	103.0
2011	108.3	107.7	109.9	103.6	108.5	104.8	110.9	107.7	109.2	105.6
2012	98.3	101.4	101.3	101.5	97.1	96.9	99.3	96.1	97.0	101.7
2013	98.2	101.5	102.2	100.1	96.9	92.9	96.9	97.4	96.9	101.5
2014	97.4	100.4	100.8	99.8	96.3	90.1	95.9	97.2	96.2	100.7
2015	93.9	99.6	99.5	100.0	91.8	81.1	91.2	93.3	91.7	100.2
2016	98.5	99.1	99.4	98.6	98.2	98.8	96.3	98.8	98.1	99.4
2017	108.0	101.8	102.2	101.3	110.7	126.4	114.4	108.0	110.8	101.1

4-14 分行业工业生产者出厂价格指数(2017)

上年同月=100

类　　别	Item	全　年 Total	1月 January
总指数	**General Index**	**108.0**	**109.1**
煤炭开采和洗选业	Coal Mining and Selecting Industry	136.2	174.0
烟煤和无烟煤开采洗选	The Bituminous Coal and Anthracite Coals Mining and Dressing	136.2	174.0
黑色金属矿采选业	Black Metal Mineral Mining and Selecting Industry	126.7	150.0
铁矿采选	The Iron Mineral Mining and Selecting	126.7	150.0
有色金属矿采选业	Colored Metal Mineral Mining and Selecting Industry	110.3	106.8
常用有色金属矿采选	The Regular Colored Metal Mineral Mining and Selecting	111.5	107.2
贵金属矿采选	The Precious Metal Mineral Mining and Selecting	100.4	103.4
非金属矿采选业	Non-Metal Mineral Mining and Selecting Industry	106.1	102.8
土砂石开采	Gravel Mining and Selecting	106.6	103.8
化学矿开采	Chemical Mineral Mining and Selecting	98.2	88.0
采盐	Salt Mining	112.1	98.3
石棉及其他非金属矿采选	Asbestos and Other Non-Metal Mineral Mining and Selecting	99.9	98.6
农副食品加工业	Farm and Side-Line Food Processed Industry	101.3	102.6
谷物磨制	Corn Whetted	102.4	103.2
饲料加工	Forage Processed	103.1	104.8
植物油加工	Planting-Oil Processed	99.6	101.4
屠宰及肉类加工	Slaughtered Meta and Meat Processes	98.8	100.8
水产品加工	Fishery Product Processed	104.8	101.0
蔬菜、水果和坚果加工	Vegetable, Fruit and Nut Processed	100.3	103.1
其他农副食品加工	Other Farm and Side-line Food Processed	99.4	99.6
食品制造业	Food Manufacture Industry	102.3	101.9
焙烤食品制造	Baked Food Manufacturing	101.8	101.6
糖果、巧克力及蜜饯制造	Candy, Chocolate and Preserves Manufacturing	101.4	104.1
方便食品制造	Convenient Food Manufacturing	101.7	99.2
乳制品制造	Dairy Products Manufacturing	100.9	100.9
罐头食品制造	Canning	100.6	101.1
调味品、发酵制品制造	Condiment, Ferment Product Manufacturing	106.6	107.4
其他食品制造	Other Food Manufacturing	104.5	104.7
酒、饮料和精制茶制造业	Beverage Manufacture Industry	100.9	100.4
酒的制造	Wine Manufacturing	100.9	100.0
饮料制造	Beverage Manufacturing	100.7	100.0
精制茶加工	Refined-tea Process	101.4	103.0

Producer Price Indices for Industrial Products by Industry (2017)

(the same month last year = 100)

2月 February	3月 March	4月 April	5月 May	6月 June	7月 July	8月 August	9月 September	10月 October	11月 November	12月 December
109.5	**108.1**	**107.6**	**107.7**	**107.9**	**108.4**	**108.6**	**107.8**	**106.3**	**105.1**	
164.5	162.6	153.3	143.1	142.0	139.7	131.4	114.3	102.2	95.1	
164.5	162.6	153.3	143.1	142.0	139.7	131.4	114.3	102.2	95.1	
159.6	142.5	127.3	119.3	117.6	120.5	118.0	115.1	109.3	100.7	
159.6	142.5	127.3	119.3	117.6	120.5	118.0	115.1	109.3	100.7	
109.0	109.5	109.2	109.5	111.5	112.4	112.7	113.1	111.5	110.9	
109.9	110.5	110.3	110.6	113.1	114.0	114.3	114.7	112.9	112.1	
100.8	101.3	99.8	99.8	98.3	99.4	99.9	99.8	99.6	100.1	
104.3	104.8	104.9	106.3	106.4	106.3	106.2	107.3	109.2	110.9	
104.8	105.4	105.7	107.1	107.0	106.7	106.4	107.5	109.3	110.8	
90.9	91.3	85.6	90.0	93.5	98.7	104.7	108.8	116.5	130.5	
113.2	113.0	113.9	113.9	113.2	114.2	113.7	114.1	115.9	116.5	
98.9	98.5	98.6	99.7	100.2	99.8	100.8	101.3	101.6	101.2	
102.2	102.1	101.8	101.5	101.3	100.9	100.6	100.4	100.3	99.8	
103.3	103.0	103.1	103.1	103.0	102.0	101.6	101.4	101.2	100.4	
104.8	107.3	105.0	103.3	102.1	101.9	101.0	101.1	101.3	100.6	
101.4	99.8	99.1	99.5	99.3	99.6	99.7	98.7	97.9	96.8	
98.5	98.0	98.0	97.3	97.7	98.2	98.6	99.2	99.3	99.7	
101.4	102.4	102.4	103.4	105.3	106.6	107.6	108.9	108.5	108.5	
103.0	103.1	102.7	101.9	99.7	99.5	99.1	96.6	96.6	96.4	
99.6	99.5	99.5	99.8	99.3	99.4	99.2	99.3	99.3	99.1	
102.3	102.4	102.2	102.3	101.9	102.3	102.4	102.5	102.6	102.3	
101.8	101.8	101.9	101.8	102.1	102.1	102.1	101.7	101.5	101.4	
103.8	102.9	103.4	102.0	99.7	99.2	99.7	99.8	100.0	99.7	
100.4	100.6	99.9	100.3	101.0	102.0	103.3	103.6	104.6	105.1	
101.0	100.9	100.7	100.6	100.4	101.0	100.9	101.0	101.2	101.4	
100.7	101.1	100.9	100.3	100.1	99.9	100.0	100.5	100.7	100.7	
108.4	109.7	109.5	110.7	106.8	106.7	105.7	105.1	102.9	99.5	
104.7	104.9	104.8	105.4	104.5	105.1	104.3	104.3	104.2	103.6	
101.2	101.3	101.3	101.9	101.5	100.8	100.6	100.5	100.5	100.8	
100.6	101.1	101.3	102.0	102.0	100.9	100.7	100.7	100.7	101.2	
100.5	100.5	100.7	100.5	100.8	100.7	101.0	101.0	101.1	101.8	
104.7	103.4	102.5	103.6	100.6	100.7	99.5	98.8	98.7	97.5	

4-14 续表 1

类别	Item	全年 Total	1月 January
烟草制品业	Tobacco Product Industry	100.0	100.0
烟叶复烤	Tobacco Leaves Retroacting	100.0	100.0
卷烟制造	Cigarette Manufacturing	100.0	100.0
其他烟草制品制造	Other Tobacco Products Manufacturing	100.0	100.0
纺织业	Textile Industry	102.7	102.4
棉纺织及印染精加工	Cotton Textile and Printing and Dyeing Refined Processing	102.9	102.4
毛纺织及染整精加工	Wool Textile and Printing and Dyeing Refined Processing	104.4	99.6
麻纺织及染整精加工	Hemp Textile and Printing and Dyeing Refined Processing	100.2	99.0
丝绢纺织及印染精加工	Silk-textile and Refined Process	108.7	105.5
化纤织造及印染精加工	Chemical Fiber Wearing and Dyeing Refined Processing	105.1	104.0
针织或钩针编织物及其制品制造	Knitted Fabric and Its Products Manufacturing	104.6	104.7
家用纺织制成品制造	Textile Products Manufacturing	102.3	102.0
非家用纺织制成品制造	Knitwear, Knitted Products	98.0	100.6
纺织服装、服饰业	Textile Clothing Industry	100.8	100.7
机织服装制造	Woven Clothing Manufacturing	100.7	100.6
针织或钩针编织服装制造	Knitted or Crocheted Clothing Manufacturing	101.9	102.6
服饰制造	Textile Clothing Manufacturing	100.3	99.6
皮革、毛皮、羽毛及其制品和制鞋业	Leather, Furriery, Feather and It Products Industry	106.5	102.3
皮革鞣制加工	Leather Processing	104.9	101.4
皮革制品制造	Leather Product Processing	102.2	100.5
羽毛(绒)加工及制品制造	Feather Processing and Its Products Manufacturing	109.7	102.5
制鞋业	Shoe Industry	103.4	103.3
木材加工和木、竹、藤、棕、草制品业	Bamboo, Ratten, Palm and Grass Product Industry	100.7	100.7
木材加工	Wood-Material Processing	99.7	100.2
人造板制造	Artificial Plank Manufacturing	101.1	101.1
木制品制造	Timber Product Manufacturing	99.5	99.2
竹、藤、棕、草等制品制造	Bamboo, Ratten, Palm and Grass Product Manufacturing	102.5	102.7
家具制造业	Furniture Manufacture Industry	101.8	102.2
木质家具制造	Timber Furniture Manufacture	101.1	101.0
竹、藤家具制造	Bamboo Furniture Manufacture	106.4	111.8
金属家具制造	Metal Furniture Manufacturing	99.7	99.8
其他家具制造	Other Furniture Manufacturing	104.4	103.7
造纸和纸制品业	Paper Making and Paper Products Industry	109.5	107.0
造纸	Paper Making	112.5	109.5

Continued 1

2 月 February	3 月 March	4 月 April	5 月 May	6 月 June	7 月 July	8 月 August	9 月 September	10 月 October	11 月 November	12 月 December
100.0	100.0	100.0	100.0	100.0	100.0	100.0	100.0	100.0	100.0	100.0
100.0	100.0	100.0	100.0	100.0	100.0	100.0	100.0	100.0	100.0	100.0
100.0	100.0	100.0	100.0	100.0	100.0	100.0	100.0	100.0	100.0	100.0
100.0	100.0	100.0	100.0	100.0	100.0	100.0	100.0	100.0	100.2	100.2
102.5	103.1	103.6	103.9	103.8	102.9	102.4	102.1	101.9	102.0	101.6
102.7	104.2	104.7	104.9	104.6	103.0	102.0	101.5	101.8	101.8	101.1
99.8	101.3	104.7	104.7	105.1	104.8	105.7	106.5	106.0	106.4	108.0
98.5	98.9	100.7	101.2	100.0	100.7	101.9	101.5	100.1	99.6	100.5
107.0	108.4	109.2	109.4	108.7	109.0	109.2	109.7	108.7	109.6	110.2
104.6	104.7	104.4	105.8	106.4	105.8	106.5	105.3	105.3	105.2	103.4
104.7	104.2	105.6	104.4	104.9	104.0	106.1	105.1	105.0	103.7	103.4
102.5	102.6	102.7	103.0	102.9	102.7	102.2	102.1	101.8	101.5	101.1
99.0	97.3	97.5	98.5	99.0	98.3	97.5	97.4	96.4	97.7	97.2
100.7	100.5	100.6	100.3	100.6	100.8	101.2	101.2	101.0	101.1	101.0
100.6	100.4	100.5	100.1	100.5	100.7	101.1	101.2	101.0	101.1	101.1
102.4	102.5	101.8	102.6	102.1	102.5	102.3	101.4	101.0	100.9	100.6
99.5	99.0	99.6	100.4	100.5	100.0	100.7	101.3	101.1	100.8	101.0
103.5	104.0	104.8	105.5	106.2	107.5	108.6	110.2	110.0	108.6	106.8
102.5	102.8	103.1	105.4	105.2	106.0	106.3	107.0	106.6	106.1	106.5
100.4	100.2	101.3	101.8	102.6	102.9	103.5	103.8	103.5	103.2	103.1
104.5	105.6	106.9	108.1	108.9	111.2	112.9	116.2	116.0	113.5	110.4
103.6	103.5	103.3	103.0	103.4	103.8	104.3	103.5	103.5	103.0	102.1
100.7	100.6	100.6	100.6	100.6	100.6	100.8	100.8	100.9	101.0	100.9
99.7	99.7	99.8	99.7	99.6	99.7	99.6	99.5	99.6	99.8	99.4
101.3	101.1	101.1	101.0	101.0	101.0	101.1	101.1	101.1	101.1	101.1
98.9	98.9	99.2	99.3	99.2	99.2	99.7	99.7	100.2	100.3	100.6
102.5	102.1	101.9	102.1	102.6	102.8	102.8	102.7	102.6	102.8	102.4
102.1	102.0	101.9	102.0	102.3	101.5	101.5	101.8	101.5	101.6	101.4
101.2	101.3	101.1	101.3	101.7	100.7	100.6	100.9	101.1	101.2	100.5
110.4	110.5	108.2	107.1	106.9	106.8	106.6	106.0	101.5	101.0	101.6
99.3	99.2	99.2	99.8	100.4	99.6	99.4	99.8	99.9	99.8	100.1
103.8	103.1	104.0	103.8	103.8	103.8	104.4	105.2	104.9	105.5	106.5
108.6	109.2	108.8	107.2	108.4	108.3	109.0	111.0	112.6	113.6	109.7
112.1	112.6	112.5	109.5	111.1	110.8	111.2	113.5	115.7	118.0	112.8

4-14 续表 2

类 别	Item	全 年 Total	1月 January
纸制品制造	Paper Products Manufacturing	104.8	103.2
印刷和记录媒介复制业	Painting Industry and Duplication of Medium Recoder Industry	102.4	101.4
印刷	Painting	102.5	101.5
装订及印刷相关服务	Binding and Other Painting Service Activity	97.4	94.4
文教、工美、体育和娱乐用品制造业	Culture, Education and Athletics Manufacture Industry	101.0	102.9
文教办公用品制造	Culture Articles Manufacturing	101.8	100.7
工艺美术品制造	Arts and Crafts Manufacturing	99.7	102.9
体育用品制造	Arthelitic Articles Manufacturing	105.1	107.9
玩具制造	Toy Manufacturing	101.4	101.5
游艺器材及娱乐用品制造	Athletics Manufacture Industry	100.4	100.0
石油加工、炼焦和核燃料加工业	Petroleum Process, Coking and Nuclear Fuel Processing Industry	118.8	124.7
精炼石油产品制造	Refineed Coking Petroleum Manufacturing	114.0	117.8
炼焦	Coking	184.6	248.7
化学原料和化学制品制造业	Chemical Material and Chemical Product Manufacturing	106.5	104.2
基础化学原料制造	Basic Chemical Material Manufacturing	114.1	115.6
肥料制造	Fertilizer Manufacture	102.4	97.7
农药制造	Insectcide Manufacture	109.6	98.9
涂料、油墨、颜料及类似产品制造	Coating, Printing Ink, Pigment and the Similar Products Manufacture	105.8	106.4
合成材料制造	Compounded Material Manufacture	111.2	106.6
专用化学产品制造	Specialized Chemical Product Manufacture	101.6	98.7
炸药、火工及焰火产品制造	Explosive and Fireworks Product Manufacture	98.8	99.7
日用化学产品制造	Daily Chemical Product Manufacture	100.6	101.1
医药制造业	Medical Manufacture Industry	101.8	101.1
化学药品原料药制造	Original Medicine of Chemical Medicine Manufacture	99.5	97.1
化学药品制剂制造	Chemical Medicine Agent Manufacture	98.6	96.6
中药饮片加工	TCM Decoction Pieces Processing	106.9	105.4
中成药生产	Medium Paternt Manufacture	101.9	102.0
兽用药品制造	Medicine in Herbs Manufacture	100.1	100.0
生物药品制造	Biology, Bio-chemical Product Manufacture	101.3	103.9
卫生材料及医药用品制造	Medical Products Manufacture	104.3	103.5
化学纤维制造业	Chemaical Fiber Manufacture Industry	100.0	103.2
纤维素纤维原料及纤维制造	Cellulose Fiber Material and Fiber Manufacture	99.8	99.8
合成纤维制造	Synthetic Fibre Manufacture	100.0	104.9
橡胶和塑料制品业	Rubber and Plastic Products Industry	101.9	101.3

Continued 2

2月 February	3月 March	4月 April	5月 May	6月 June	7月 July	8月 August	9月 September	10月 October	11月 November	12月 December
103.3	103.9	103.2	103.8	104.2	104.6	105.7	107.0	107.7	106.7	104.8
101.6	101.9	101.4	102.0	102.1	102.3	102.3	103.2	103.6	103.7	103.5
101.7	102.0	101.5	102.1	102.2	102.4	102.3	103.2	103.6	103.7	103.5
94.4	94.4	94.4	94.4	94.4	94.4	101.7	101.7	101.7	102.2	103.1
102.0	101.1	100.9	100.9	100.5	100.2	100.3	100.3	100.9	100.8	100.7
101.2	100.9	103.4	102.9	103.3	102.0	102.7	102.5	101.8	100.6	100.1
101.9	100.3	99.1	99.3	98.9	98.2	98.1	98.4	99.6	99.7	100.1
106.2	105.7	106.2	105.6	104.7	104.6	104.6	104.0	103.8	104.1	103.5
100.2	100.5	101.1	101.1	100.8	101.9	102.0	101.3	102.4	102.2	101.2
100.0	101.4	101.4	101.4	100.0	100.0	100.0	100.0	100.0	100.0	100.0
127.0	127.2	124.7	117.9	114.9	111.1	116.4	114.5	113.9	116.6	118.7
119.3	119.5	117.2	112.6	109.5	105.9	112.5	110.1	110.2	114.8	119.1
277.1	272.9	264.6	198.7	200.3	191.1	164.5	173.5	157.3	134.2	115.1
105.5	106.0	105.6	104.9	105.5	105.6	106.7	107.9	109.0	109.0	108.6
117.6	115.9	113.9	111.7	111.8	111.4	113.5	115.5	115.3	114.9	111.8
99.1	100.3	98.2	97.1	99.4	101.0	103.3	104.7	108.8	109.8	111.5
101.6	104.6	108.2	109.3	109.4	111.8	112.6	114.2	115.3	116.7	113.4
106.3	106.1	106.9	106.8	106.9	105.6	105.9	105.9	105.4	105.2	102.7
109.4	111.0	112.9	111.8	111.9	112.0	111.8	113.9	112.1	109.8	110.8
98.5	98.8	99.6	101.2	100.7	100.6	101.9	103.4	104.5	105.0	106.5
99.6	100.2	99.1	99.1	99.0	97.8	98.1	98.3	98.3	98.3	98.1
100.9	102.2	102.5	102.0	101.8	100.6	99.6	98.3	99.7	99.3	99.4
101.4	102.0	102.0	102.5	102.2	102.1	102.3	102.2	101.4	101.6	101.5
99.0	99.6	99.7	100.0	99.7	98.4	100.8	101.3	99.9	99.4	99.4
95.5	97.6	97.2	98.4	98.7	99.4	99.8	99.9	99.8	100.1	100.6
106.8	107.4	107.8	109.3	108.9	109.6	108.8	105.5	104.9	104.8	104.0
101.8	102.0	102.4	102.7	102.0	101.5	101.7	102.1	101.1	101.9	101.8
100.2	100.0	100.0	100.0	100.3	100.0	100.1	100.0	100.3	100.0	100.0
103.9	102.8	101.9	100.5	100.6	100.2	99.1	101.4	100.0	100.5	100.9
103.2	102.9	103.3	104.3	104.5	104.7	105.4	105.6	105.7	104.6	103.9
103.3	101.4	99.5	98.7	99.6	98.7	100.1	100.4	99.4	98.4	97.1
100.1	100.0	100.0	100.0	100.3	99.8	99.7	99.8	99.8	99.0	99.2
104.9	102.1	99.3	98.1	99.2	98.2	100.2	100.7	99.2	98.0	96.0
101.5	101.9	102.1	101.7	101.6	101.3	102.2	102.6	102.5	102.2	101.6

4-14 续表 3

类 别	Item	全 年 Total	1月 January
橡胶制品业	Rubber Product Industry	101.9	101.6
塑料制品业	Plastic Product Industry	101.9	101.1
非金属矿物制品业	Non-metal Mineral Product Industry	113.1	109.3
水泥、石灰和石膏制造	Cement, Lime and Gypsum Manufacture	131.3	130.6
石膏、水泥制品及类似制品制造	Cement and Gypsum Product Manufacture	111.9	103.9
砖瓦、石材等建筑材料制造	Brick, Stone Material and Other Buildings	100.8	99.9
玻璃制造	Glass Manufacture	105.1	106.5
玻璃制品制造	Glass Product Manufacture	99.4	98.4
玻璃纤维和玻璃纤维增强塑料制品制造	Fiberglass and Reinforced Plastic Products Manufacture	137.6	128.4
陶瓷制品制造	Ceramics Product Manufacture	100.1	100.7
耐火材料制品制造	Fefractor Product Manufacture	99.8	95.8
石墨及其他非金属矿物制品制造	Graphite and Other Non-metal Mineralses Product Manufacture	104.3	100.9
黑色金属冶炼和压延加工业	Black Metal Coking and Pressint Process Industry	124.5	135.2
炼铁	Iron Making	109.0	108.9
炼钢	Steel Making	154.2	176.1
黑色金属铸造	Black Metal	103.4	102.1
钢压延加工	Pressed Steel Processing	127.2	140.5
铁合金冶炼	Iron-alloy Smeltering	101.7	101.1
有色金属冶炼和压延加工业	Coloured Metal Coking and Pressint Process Industry	125.1	123.1
常用有色金属冶炼	General Non-ferrous Metal Coking	133.2	125.2
贵金属冶炼	Precious Metal Smeltering	102.6	114.4
有色金属合金制造	Non-ferrous Metal Alloy Manufacture	116.0	118.1
有色金属压延加工	Coloured Metal Pressint Process Industry	119.2	121.9
金属制品业	Metal Product Industry	106.0	102.7
结构性金属制品制造	Structural Metal Product	106.3	101.7
金属工具制造	Metal Tools Manufacture	101.8	100.9
集装箱及金属包装容器制造	Container and Metal Packing Container Manufacture	101.0	98.7
金属丝绳及其制品制造	Metal Silk Rope and Its Product Manufacture	111.3	103.5
建筑、安全用金属制品制造	Building, Metal Productin Safety Producing Manufacture	107.4	103.8
金属表面处理及热处理加工	Metal Finishing and Heat Treatment	109.3	107.4
金属制日用品制造	Stainless Steel and Similar Daily Metal Product Manufacture	105.1	100.7
其他金属制品制造	Other Metal Product Manufacture	104.1	106.2
通用设备制造业	General Equipment Manufacture Industry	101.0	100.7
锅炉及原动设备制造	Boiler and Original Motor	100.2	101.0

Continued 3

2月 February	3月 March	4月 April	5月 May	6月 June	7月 July	8月 August	9月 September	10月 October	11月 November	12月 December
101.9	102.6	102.8	101.9	101.8	101.5	102.1	102.0	102.1	102.1	100.3
101.3	101.7	101.9	101.6	101.6	101.2	102.3	102.8	102.7	102.2	102.0
109.5	110.6	110.2	111.5	114.2	114.9	113.6	113.6	113.3	114.5	121.3
130.7	134.0	128.9	130.6	132.7	136.2	130.3	126.9	124.6	126.3	143.4
104.4	104.7	105.5	107.4	114.7	115.0	115.1	115.9	115.9	116.8	122.4
99.9	100.0	100.6	100.8	100.7	100.9	100.4	100.5	100.6	102.8	102.7
106.0	106.3	105.7	104.2	102.7	103.5	103.7	105.6	106.3	106.1	104.5
99.0	98.7	98.9	98.8	98.9	99.0	99.3	99.6	100.1	100.4	101.2
134.2	140.9	140.0	142.0	140.7	138.8	142.1	141.8	140.0	137.0	127.3
101.3	101.4	100.7	101.7	100.9	100.2	100.1	99.7	99.4	98.6	97.0
95.9	96.3	96.4	97.5	99.0	101.3	101.3	101.9	103.6	104.3	105.1
101.0	102.1	102.1	102.7	102.9	102.7	103.4	108.7	109.3	107.5	108.7
139.5	132.3	117.4	120.0	123.3	124.6	125.0	125.3	123.1	119.2	114.9
108.8	110.9	108.4	108.9	108.6	109.6	109.8	109.8	109.0	108.6	106.8
183.3	171.0	134.7	148.3	153.3	152.2	159.8	165.0	166.1	142.7	123.6
102.3	102.8	103.3	103.8	103.6	104.0	103.6	103.7	104.1	103.7	103.9
145.6	136.6	119.2	121.9	125.8	127.2	127.5	127.7	125.0	121.0	116.3
102.3	102.3	103.0	101.7	101.1	101.3	100.9	101.6	102.1	101.2	101.9
127.1	126.6	123.6	120.6	123.3	122.7	128.8	131.4	132.5	124.8	117.4
131.1	135.0	131.2	126.3	132.1	132.3	139.2	141.7	142.0	134.8	127.4
107.8	104.4	107.7	103.7	104.4	94.9	96.4	98.7	99.6	100.2	102.9
120.8	117.1	112.8	112.8	113.4	113.1	117.7	121.4	120.6	115.6	109.1
124.2	120.6	118.4	116.6	116.9	115.7	121.4	124.0	125.7	117.4	109.8
104.0	104.8	104.7	104.5	105.2	106.2	106.4	107.5	108.5	108.6	108.8
103.5	103.9	103.8	103.8	105.1	107.1	107.5	108.6	109.8	109.9	110.3
101.4	101.5	102.9	102.0	101.8	102.2	101.4	101.5	101.6	102.1	102.6
98.5	100.0	99.5	100.3	101.7	102.8	100.8	101.4	103.1	102.1	103.0
105.3	108.9	108.1	108.3	110.4	110.5	112.9	115.1	117.8	117.2	117.4
105.8	106.8	106.4	105.3	106.2	106.8	109.0	110.0	109.5	109.5	109.6
109.6	112.1	114.2	111.9	109.6	108.8	106.5	107.6	107.2	108.6	108.0
100.2	100.1	100.2	102.7	105.3	107.2	107.8	109.7	110.4	107.7	108.8
105.5	105.5	104.6	104.4	102.9	102.4	102.4	103.7	103.9	104.2	103.8
101.0	100.8	100.8	100.6	101.1	101.2	101.1	101.2	101.4	100.6	101.4
100.8	100.2	99.7	99.7	100.1	100.1	99.8	100.1	100.1	100.1	100.3

4-14 续表 4

类 别	Item	全 年 Total	1月 January
金属加工机械制造	Metal Process and Machinery Manufacture	101.5	101.4
物料搬运设备制造	Hoisting Transportation Equipment Manufacture	101.4	100.7
泵、阀门、压缩机及类似机械制造	Pump, Valve, Compressor and Its Similar Mechanical Manufacture	100.6	101.7
轴承、齿轮和传动部件制造	Bearing, Gear Wheel and Drive Parts Manufacture	99.8	98.2
烘炉、风机、衡器、包装等设备制造	Wind-fanning Machine, Scaling and Packing Equipment	100.9	98.7
通用零部件制造	Office Equipments Manufacture	102.4	100.9
其他通用设备制造业	General Machine Components Manufacture	99.3	103.1
专用设备制造业	Special Equipment Manufacture Industry	100.9	100.2
采矿、冶金、建筑专用设备制造	Ore Mountain, Metallurgy, Building Special Equipment Manufacture	101.7	101.0
化工、木材、非金属加工专用设备制造	Chemical Engineering, Timber, Non-Metal Processed Special Equipments Manufacture	100.2	99.5
食品、饮料、烟草及饲料生产专用设备制造	The Food, Beverage, Tobacco and Foddar Production Special Equipments Manufacture	100.2	100.4
印刷、制药、日化及日用品生产专用设备制造	Printing, Pharmacy, and Commoditys Manufacture	100.9	100.5
纺织、服装和皮革加工专用设备制造	Textile, Clothing and Leather Processing Equipments Manufacture	100.0	100.0
电子和电工机械专用设备制造	Electronics and Electrical Machinery Manufacture	101.1	99.2
农、林、牧、渔专用机械制造	Agriculture, Forestry Animal Husbandry and Fishery Specific Machinery Manufacture	101.0	96.3
医疗仪器设备及器械制造	Medical Instruments Manufacture	100.2	100.6
环保、社会公共服务及其他专用设备制造	Environment Protection, Public Social Secure and Other Specific Equipment Manufacture	98.5	99.1
汽车制造业	Vehicle Manufacture Industry	100.3	100.1
汽车整车制造	Completely Builded Vehicle Manufacture	99.8	99.8
改装汽车制造	Refit Vehicle Manufacture	101.2	101.3
电车制造	Tramcar Manufacture	101.4	101.4
汽车车身、挂车制造	Vehicle Body and Trailer Manufacture	102.2	101.5
汽车零部件及配件制造	Auto Parts Manufacture	100.4	100.2
铁路、船舶、航空航天和其他运输设备制造业	Rail, Ships, Aeronautical and Other Transportation Equipments Manufacture Industry	102.1	103.7
铁路运输设备制造	Rail Transportation Equipment Manufacture	99.4	95.6
船舶及相关装置制造	Ships and Related Equipment Manufacture	102.3	105.0
摩托车制造	Motorcycle Manufacture	101.0	101.2
自行车制造	Bicycle Manufacture	104.0	101.5
电气机械和器材制造业	Electricity Machine and Its Equipment Manufacture Industry	103.7	102.4
电机制造	Electric Engineering Manufacture	103.5	104.1

Continued 4

2月 February	3月 March	4月 April	5月 May	6月 June	7月 July	8月 August	9月 September	10月 October	11月 November	12月 December
102.2	102.1	102.3	100.6	100.5	100.2	100.5	102.5	101.3	101.3	103.6
101.2	101.0	101.2	101.4	101.3	101.3	101.5	101.8	101.7	101.8	101.6
101.5	101.3	101.4	101.3	101.1	100.2	100.0	100.0	99.7	99.6	99.4
99.0	99.3	99.0	99.7	99.8	99.6	100.2	99.9	101.1	100.4	101.2
98.7	99.1	98.7	99.2	102.2	104.5	103.4	101.7	104.4	98.0	102.0
101.4	101.4	101.4	101.6	102.6	103.0	103.0	103.1	103.5	103.4	103.5
103.0	100.8	100.8	97.8	98.3	98.1	98.2	97.8	97.8	97.7	97.8
100.2	100.4	100.4	100.6	101.0	100.7	101.2	101.6	101.4	101.3	101.2
101.2	101.4	101.5	102.1	102.5	101.9	102.5	102.2	101.6	101.3	101.7
100.4	99.7	98.8	99.6	102.2	99.1	100.2	101.1	100.7	100.8	100.4
100.6	101.2	101.7	101.9	100.1	100.5	98.5	99.3	98.2	99.3	100.2
100.5	100.5	100.5	100.6	100.8	100.6	101.1	101.3	101.4	101.4	101.4
100.0	100.0	100.0	100.0	100.0	100.0	100.0	100.0	100.0	100.0	100.0
99.8	101.6	102.1	101.9	101.3	101.5	101.5	101.3	100.5	101.0	100.8
93.8	96.5	96.0	95.8	100.8	102.7	104.6	110.4	107.7	107.1	103.1
100.2	99.2	99.5	99.8	100.9	98.0	98.4	103.1	101.5	100.4	100.7
98.4	98.7	98.4	98.3	98.2	98.0	98.1	98.5	98.7	98.8	98.8
100.4	100.4	100.2	100.0	100.3	100.5	100.6	100.4	100.3	100.0	100.2
100.1	100.3	100.0	100.0	100.0	99.8	99.8	99.8	99.7	99.4	99.4
102.2	101.4	101.2	100.9	100.8	101.2	101.3	101.1	101.4	100.6	100.5
101.4	101.4	101.4	101.4	101.4	101.4	101.4	101.4	101.4	101.4	101.4
101.3	102.3	103.1	103.3	102.1	102.1	102.4	102.4	101.9	102.3	101.4
100.3	100.3	100.1	99.8	100.4	100.8	101.0	100.8	100.6	100.2	100.7
103.9	104.7	103.4	102.4	101.6	100.7	101.0	100.7	101.3	101.4	101.3
96.8	99.1	98.6	98.9	100.4	100.1	99.7	99.5	99.8	101.2	103.6
104.8	105.5	103.9	102.5	101.4	100.3	100.9	100.6	101.3	101.2	100.8
100.7	100.9	101.0	101.0	101.3	101.2	101.0	101.0	101.1	100.9	100.9
105.2	105.2	105.3	105.9	104.8	104.4	102.7	102.7	103.3	103.5	103.6
103.1	103.0	103.0	103.1	103.2	103.7	104.5	105.4	105.6	104.5	103.0
104.2	104.8	104.7	104.6	104.6	104.3	103.7	102.8	103.0	101.4	100.0

4-14 续表 5

类　别	Item	全　年 Total	1月 January
输配电及控制设备制造	Electricity Mixed and Control Equipments Manufacture	98.3	98.2
电线、电缆、光缆及电工器材制造	Wire, Cable, Fiber Optic Cable and the Electric Device Manufacture	111.1	109.8
电池制造	Battery Manufacture	108.1	110.8
家用电力器具制造	Electrical Appliance Manufacture	101.2	98.9
非电力家用器具制造	Household Appliance Manufacture	100.3	100.5
照明器具制造	Luminaires Manufacture	99.4	99.5
其他电气机械及器材制造	Other Electric Machines and Device Manufacture	106.1	107.1
计算机、通信和其他电子设备制造业	Tele-communication Equipment, Computer and Other Electron Equipment Manufacture Industry	103.5	104.3
计算机制造	Computer Manufacture	105.4	105.0
通信设备制造	Tele-communication Equipment Manufacture	100.9	102.0
雷达及配套设备制造	Radar and Its Equipment Manufacture	100.0	100.0
视听设备制造	Audio-visual Equipment Manufacture	100.1	97.3
电子器件制造	Electronic Appliances	104.6	108.9
电子元件制造	Electronic Components	101.5	101.4
其他电子设备制造	Other Electronic Equipment	102.8	103.6
仪器仪表制造业	Instruments and Apparatuses Manufacture Industry	100.6	99.7
通用仪器仪表制造	General Instruments Manufacture	102.5	102.0
专用仪器仪表制造	Special Instruments Manufacture	99.0	97.5
其他仪器仪表制造业	Optical Instrument and Glasses	97.6	97.8
其他制造业	Other Manufacture Industry	103.4	102.8
日用杂品制造	Daily Groceries Manufacture	104.3	104.4
其他未列明制造业	Other Unspecified Manufacture Industry	102.3	101.1
废弃资源综合利用业	Waste Resource Comprehensive Utilization Industry	116.6	129.9
金属废料和碎屑加工处理	Metal Scrap Processing	121.5	143.1
非金属废料和碎屑加工处理	Non-metal Scrap Processing	104.7	103.4
电力、热力生产和供应业	Electronic, Thermodynamic Product and Supply Industry	98.9	96.2
电力生产	Electric Power Production	100.5	98.1
电力供应	Electric Power Supply	97.8	94.9
热力生产和供应	Fuel Production and Supply	102.9	99.5
燃气生产和供应业	Fuel Production and Supply Industry	99.1	98.2
水的生产和供应业	Water Production and Supply Industry	100.5	101.0
自来水生产和供应	Tapping-water Production and Supply	102.2	103.2
污水处理及其再生利用	Sewage Treatment and Recycled Use	96.7	95.9

Continued 5

2月 February	3月 March	4月 April	5月 May	6月 June	7月 July	8月 August	9月 September	10月 October	11月 November	12月 December
97.6	97.0	97.5	97.6	98.0	98.6	98.9	99.7	99.7	98.8	98.3
110.5	109.5	108.6	108.9	109.6	110.1	113.3	116.0	116.2	112.4	108.5
111.6	110.7	110.5	108.3	108.6	108.2	106.5	107.8	107.8	107.1	100.4
100.3	100.7	101.0	101.3	101.0	101.5	101.6	101.9	102.0	102.1	101.9
101.0	101.2	101.3	99.9	99.9	100.2	100.0	100.0	99.7	100.0	100.0
99.5	98.7	99.2	98.7	99.1	99.0	99.6	99.7	100.2	99.8	99.7
105.2	106.4	106.6	106.8	107.1	104.6	104.5	105.5	106.2	106.8	106.6
104.2	104.1	104.2	104.4	104.1	104.3	103.0	103.5	103.3	101.9	100.6
104.4	104.6	104.8	105.1	106.3	105.7	103.8	108.1	107.9	105.1	103.9
102.1	102.4	102.5	101.7	102.3	101.6	100.8	100.3	98.9	98.6	97.8
100.0	100.0	100.0	100.0	100.0	100.0	100.0	100.0	100.0	100.0	100.0
99.4	100.5	100.6	100.3	101.4	101.7	101.6	100.8	99.8	99.1	98.4
108.0	106.7	107.1	107.1	105.2	106.4	104.0	101.4	101.5	100.9	98.8
102.3	102.2	101.8	102.2	101.4	101.7	101.8	102.0	101.8	100.6	99.3
103.8	103.7	104.6	104.4	103.2	102.1	101.9	101.5	101.6	101.6	101.3
99.4	100.0	100.2	100.0	101.1	101.2	101.3	101.6	101.5	101.2	100.4
101.5	102.6	103.3	102.7	102.6	102.8	102.9	103.4	103.0	102.5	100.9
97.5	97.5	97.5	97.5	100.0	100.0	100.0	100.0	100.0	100.0	100.0
95.9	97.9	95.9	96.5	96.1	97.2	97.6	97.6	102.0	98.6	99.0
103.0	103.2	102.7	103.2	102.9	102.5	103.4	104.0	104.1	104.1	104.3
104.6	104.9	104.1	104.9	104.1	103.9	104.2	104.5	104.1	104.0	104.0
101.4	101.4	101.3	101.5	101.6	101.0	102.5	103.4	104.1	104.2	104.6
131.2	126.9	119.3	109.7	109.9	113.8	113.5	114.9	113.6	109.9	112.1
144.2	136.9	125.4	111.8	112.2	117.2	116.8	118.9	117.0	112.2	115.2
104.7	105.6	105.2	104.4	104.5	105.7	105.2	104.9	104.9	103.9	103.6
96.5	96.4	99.3	99.0	99.8	100.0	99.7	100.0	99.7	100.3	100.2
99.3	99.4	99.5	99.4	100.0	100.6	101.3	101.9	102.9	102.1	101.7
94.6	94.4	99.1	98.8	99.5	99.6	98.5	98.7	97.5	99.0	99.1
100.6	101.7	101.1	103.0	103.4	103.5	103.5	103.8	104.7	105.0	104.8
98.0	97.8	98.3	98.1	98.5	98.6	99.1	100.9	100.8	99.8	100.8
100.8	100.6	100.7	100.1	100.1	100.3	100.6	100.9	101.3	99.9	100.1
103.1	103.1	103.2	101.9	101.8	102.5	102.2	102.2	102.3	100.3	100.3
95.5	95.0	95.1	96.0	96.1	95.4	96.6	97.8	99.0	98.9	99.7

4-15 工业生产者购进价格指数

上年=100

年 份 Year	总指数 General Index	燃料、动力类 Fuel and Power	黑色金属材料类 Ferrous Metals	钢材 Rolle Steel	有色金属材料和电线类 Nonferrous Metals and Wires
1993	128.7	129.6	169.4	167.3	127.3
1994	122.3	119.9	101.9	99.6	109.6
1995	117.9	107.4	94.4	94.1	129.3
1996	110.0	114.2	99.7	100.3	93.8
1997	101.7	106.5	95.4	94.6	100.7
1998	96.0	100.5	95.4	94.4	86.0
1999	94.5	96.9	94.8	94.5	89.0
2000	102.6	103.2	102.9	102.3	110.5
2001	100.2	101.6	98.7	97.3	95.8
2002	98.2	101.7	99.1	98.8	96.3
2003	106.7	105.9	108.9	111.7	104.8
2004	115.0	113.9	122.2	118.7	128.4
2005	107.2	115.0	108.4	106.7	116.4
2006	103.9	105.7	99.2	99.5	135.1
2007	105.1	102.4	105.8	105.7	106.2
2008	112.4	116.7	119.4	118.8	97.5
2009	95.3	98.5	86.9	88.2	84.3
2010	111.8	110.9	113.5	105.3	124.9
2011	103.4	108.0	102.0	103.0	101.4
2012	98.2	100.1	94.0	94.7	95.4
2013	96.9	91.6	96.9	95.4	93.8
2014	97.2	93.3	95.9	96.1	95.6
2015	93.5	89.4	88.2	90.3	90.6
2016	98.4	95.7	97.1	97.4	101.6
2017	109.2	114.5	114.1	114.1	122.2

Purchasing Price Indices for Industrial Producers

(preceding year = 100)

化工原料类 Raw Chemical Materials	木材及纸浆类 Timber and Paper Pulp	建筑材料及非金属矿类 Building Material and Non-metal Ore	其他工业原材料及半成品类 Other Materials and Semi-finished Category	农副产品类 Agricultural Products	纺织原料类 Textile Materials
120.3	122.2	145.6	112.7	103.1	112.5
121.1	132.4	106.3	113.5	139.5	150.1
127.7	121.1	115.2	107.1	146.0	117.5
95.6	107.0	99.9	104.3	128.1	93.4
97.7	104.9	99.7	95.3	100.7	96.1
91.3	95.3	99.9	88.8	92.9	93.7
94.8	93.4	98.7	92.5	91.9	93.8
109.0	100.2	95.2	100.8	94.3	104.0
98.5	99.1	95.8	99.5	100.1	100.3
97.1	97.8	99.5	97.5	94.2	95.8
105.2	100.5	100.6	103.3	111.0	110.7
112.7	103.9	107.1	112.6	116.5	107.5
107.2	103.2	106.2	104.5	98.1	95.4
102.1	102.1	100.7	102.6	102.8	102.6
104.4	104.3	103.3	106.4	110.6	100.1
107.8	110.5	110.3	110.7	114.9	102.2
90.5	99.3	100.2	94.2	96.1	97.0
111.3	103.9	106.9	105.9	110.1	108.5
100.8	112.2	98.5	100.5	108.0	99.5
97.1	104.4	98.3	98.1	103.1	96.2
97.9	99.6	95.7	98.7	103.4	100.3
98.3	100.4	99.8	98.4	100.8	99.1
94.0	99.7	98.7	97.4	96.7	96.9
96.8	99.5	96.1	99.7	98.5	100.8
109.1	104.8	105.6	104.5	101.4	104.6

4-16 分月工业生产者购进价格指数(2017)

上年同月=100

类别	Item	累计 Total	1月 January	2月 February
总指数	**General Index**	**109.2**	**109.4**	**110.1**
燃料、动力类	Fules and Power	114.5	117.7	117.1
黑色金属材料类	Material of Black Metal	114.1	116.1	118.7
#钢材	#Rolled Steel	114.1	113.4	115.3
其他	Others	114.1	122.6	126.7
有色金属材料及电线类	Material of Non-ferrous Metal Material and ElectricWire	122.2	126.6	128.4
化工原料类	Chemical Material	109.1	106.9	109.6
木材及纸浆类	Wood and Paper Pulp	104.8	103.0	103.1
建筑材料及非金属类	Building Material and Non-metal Ore	105.6	102.0	101.9
其他工业原材料及半成品类	Other Industrial Raw Material and Semi-finished Category	104.5	102.8	103.3
农副产品类	Agricultural and Side-line Produces	101.4	102.3	101.5
纺织原料类	Raw Textile Material	104.6	105.7	105.7

4-17 分月工业生产者购进价格环比指数(2017)

上月=100

类别	Item	1月 January	2月 February
总指数	**General Index**	**100.4**	**100.5**
燃料、动力类	Fules and Power	100.1	98.7
黑色金属材料类	Material of Black Metal	101.3	101.9
#钢材	#Rolled Steel	101.5	101.4
其他	Other	101.0	103.0
有色金属材料及电线类	Material of Non-ferrous Metal Material and Electric Wire	98.8	102.4
化工原料类	Chemical Material	101.5	102.0
木材及纸浆类	Wood and Paper Pulp	100.8	100.0
建筑材料及非金属类	Building Material and Non-metal Ore	100.1	100.2
其他工业原材料及半成品类	Other Industrial Raw Material and Semi-finished Category	100.5	100.4
农副产品类	Agricultural and Side-line Produces	100.0	99.5
纺织原料类	Raw Textile Material	100.5	100.1

Purchasing Price Indices for Industrial Producer by Month (2017)

(the same month last year = 100)

3月 March	4月 April	5月 May	6月 June	7月 July	8月 August	9月 September	10月 October	11月 November	12月 December
110.2	**109.8**	**108.8**	**108.5**	**108.5**	**109.5**	**110.2**	**110.6**	**108.2**	**106.7**
118.4	119.1	115.9	113.2	113.6	115.6	114.7	114.6	109.9	106.7
119.3	116.4	113.5	110.8	110.7	113.4	115.3	114.1	111.9	109.9
115.6	113.7	112.1	111.9	112.1	114.7	116.3	115.9	115.0	113.0
128.2	122.7	116.9	108.4	107.6	110.3	113.0	110.0	104.8	103.1
126.0	123.0	122.4	123.0	122.0	124.3	125.9	126.6	114.5	107.8
109.7	108.6	107.5	107.5	107.7	108.6	110.4	111.2	111.2	110.5
103.1	103.9	104.0	103.7	104.1	105.1	106.5	108.3	107.5	105.7
102.6	103.6	104.8	105.5	106.0	105.8	106.7	108.2	108.7	111.5
103.3	103.7	103.8	104.8	104.9	105.2	105.6	106.0	105.5	105.5
101.5	101.3	101.3	101.8	101.5	100.4	100.8	101.5	101.2	101.2
106.5	106.7	106.0	105.4	104.5	104.5	103.4	102.7	102.5	102.5

Purchasing Price Indices for Industrial Producers Comparing with Last Month (2017)

(last month = 100)

3月 March	4月 April	5月 May	6月 June	7月 July	8月 August	9月 September	10月 October	11月 November	12月 December
100.5	**100.1**	**99.6**	**99.8**	**100.5**	**101.4**	**101.3**	**101.2**	**100.3**	**100.9**
100.3	100.6	99.4	98.4	100.7	102.5	101.4	102.7	100.9	100.8
101.6	100.1	98.8	97.9	100.3	102.7	102.2	100.2	100.9	101.6
101.4	100.3	99.6	99.8	100.7	102.5	101.8	100.7	101.1	101.4
102.2	99.6	97.0	93.5	99.2	103.2	103.2	99.0	100.3	102.2
100.2	98.0	98.8	101.0	101.6	103.6	102.9	102.2	98.0	100.2
100.5	99.5	99.2	99.7	99.9	101.0	102.1	101.8	101.6	101.4
100.0	100.1	100.1	99.9	100.5	101.1	101.2	101.8	100.4	99.8
100.4	101.1	101.1	100.3	100.3	99.3	101.2	101.6	101.6	103.8
100.4	100.5	100.1	100.9	100.2	100.7	100.5	100.4	100.0	100.7
99.9	100.2	100.3	100.3	100.6	99.7	100.3	100.1	100.1	100.4
100.5	100.3	99.5	99.8	100.3	100.1	99.7	100.4	100.6	100.7

4-18 合肥市住宅销售价格指数(2017)

指　标	Item		1月 January
定基价格指数 the Year 2010=100	新建住宅价格指数	Price Indices of New Houses	148.5
	新建商品住宅	Commercialized Buildings	148.7
	一、90m^2 及以下	90m^2 and Below	148.7
	二、90~144m^2	90~144m^2	148.9
	三、144m^2 以上	above 144m^2	148.2
	二手住宅价格指数	Second-hand Housing	152.4
	一、90m^2 及以下	90m^2 and Below	153.7
	二、90~144m^2	90~144m^2	151.0
	三、144m^2 以上	above 144m^2	153.8
同比价格指数 the same month last year=100	新建住宅价格指数	Price Indices of New Houses	144.0
	新建商品住宅	Commercialized Buildings	144.2
	一、90m^2 及以下	90m^2 and Below	144.3
	二、90~144m^2	90~144m^2	144.6
	三、144m^2 以上	above 144m^2	142.6
	二手住宅价格指数	Second-hand Housing	146.8
	一、90m^2 及以下	90m^2 and Below	148.4
	二、90~144m^2	90~144m^2	145.2
	三、144m^2 以上	above 144m^2	147.7
环比价格指数 last month=100	新建住宅价格指数	Price Indices of New Houses	99.9
	新建商品住宅	Commercialized Buildings	99.9
	一、90m^2 及以下	90m^2 and Below	100.0
	二、90~144m^2	90~144m^2	100.1
	三、144m^2 以上	above 144m^2	99.2
	二手住宅价格指数	Second-hand Housing	99.9
	一、90m^2 及以下	90m^2 and Below	99.8
	二、90~144m^2	90~144m^2	99.9
	三、144m^2 以上	above 144m^2	99.8

Price Indices for Real Estate of Hefei（2017）

2月 February	3月 March	4月 April	5月 May	6月 June	7月 July	8月 August	9月 September	10月 October	11月 November	12月 December
148.2	148.8	148.8	148.1	148.2	148.6	148.4	148.2	148.2	148.4	148.4
148.5	148.7	148.6	148.3	148.2	148.8	148.6	148.4	148.4	148.6	148.6
148.4	148.5	147.8	147.2	147.3	147.4	147.4	147.1	147.5	147.0	147.0
148.9	148.9	149.3	149.0	149.0	149.5	149.2	149.1	148.8	149.4	149.2
146.7	147.9	147.1	147.6	147.8	148.4	148.1	147.7	148.1	147.7	148.7
151.2	151.2	151.0	150.8	150.2	150.9	151.5	151.5	151.1	151.0	151.4
152.5	152.4	152.0	152.0	151.5	152.3	153.0	153.0	152.6	152.7	152.9
149.9	150.1	149.7	149.3	148.8	149.3	149.9	149.8	149.4	149.2	149.7
152.6	152.4	152.4	152.5	151.7	152.8	153.3	153.3	152.9	152.9	153.2
140.5	134.5	127.4	120.9	115.4	111.0	105.8	101.0	99.4	99.7	99.8
140.7	134.7	127.3	120.9	115.4	111.0	105.8	101.0	99.4	99.7	99.8
141.5	135.7	128.5	122.0	116.0	111.5	106.6	101.1	99.0	98.9	98.9
141.5	135.0	127.6	121.3	115.7	111.5	106.1	101.5	99.9	100.2	100.3
136.2	131.8	123.9	117.7	113.3	108.4	103.0	98.7	98.1	98.5	99.5
136.5	124.9	116.7	111.7	107.6	104.7	102.8	99.9	98.0	98.6	99.2
138.5	126.1	117.4	112.2	107.9	105.0	103.0	100.0	98.1	98.7	99.3
135.0	124.0	116.4	111.5	107.4	104.5	102.5	99.7	97.9	98.5	99.1
136.1	124.6	115.6	110.8	107.5	104.9	102.8	100.0	98.1	98.8	99.4
99.8	100.1	100.0	99.8	100.1	100.3	99.9	99.9	100.0	100.1	100.0
99.8	100.1	99.9	99.8	100.1	100.3	99.9	99.9	100.0	100.1	100.0
99.8	100.1	99.5	99.6	100.1	100.1	100.0	99.8	100.2	99.7	100.0
100.0	100.0	100.3	99.8	100.0	100.3	99.8	99.9	99.8	100.4	99.8
99.0	100.8	99.5	100.3	100.2	100.4	99.8	99.8	100.3	99.7	100.7
99.2	100.0	99.8	99.9	99.6	100.5	100.4	100.0	99.8	100.0	100.2
99.2	99.9	99.8	99.9	99.7	100.5	100.4	100.0	99.8	100.1	100.1
99.3	100.1	99.8	99.7	99.6	100.4	100.4	99.9	99.7	99.9	100.3
99.2	99.9	100.0	100.1	99.4	100.8	100.3	100.0	99.8	100.0	100.2

4-19 蚌埠市住宅销售价格指数(2017)

指标	Item		1月 January
定基价格指数 the Year 2010=100	新建住宅价格指数	Price Indices of New Houses	108.0
	新建商品住宅	Commercialized Buildings	108.0
	一、90m^2 及以下	90m^2 and Below	108.1
	二、90~144m^2	90~144m^2	108.1
	三、144m^2 以上	above 144m^2	107.3
	二手住宅价格指数	Second-hand Housing	104.9
	一、90m^2 及以下	90m^2 and Below	105.1
	二、90~144m^2	90~144m^2	104.8
	三、144m^2 以上	above 144m^2	104.0
同比价格指数 the same month last year=100	新建住宅价格指数	Price Indices of New Houses	109.8
	新建商品住宅	Commercialized Buildings	109.8
	一、90m^2 及以下	90m^2 and Below	110.2
	二、90~144m^2	90~144m^2	109.7
	三、144m^2 以上	above 144m^2	110.1
	二手住宅价格指数	Second-hand Housing	106.1
	一、90m^2 及以下	90m^2 and Below	106.3
	二、90~144m^2	90~144m^2	105.8
	三、144m^2 以上	above 144m^2	105.0
环比价格指数 last month=100	新建住宅价格指数	Price Indices of New Houses	100.3
	新建商品住宅	Commercialized Buildings	100.3
	一、90m^2 及以下	90m^2 and Below	101.0
	二、90~144m^2	90~144m^2	100.0
	三、144m^2 以上	above 144m^2	99.9
	二手住宅价格指数	Second-hand Housing	100.6
	一、90m^2 及以下	90m^2 and Below	100.8
	二、90~144m^2	90~144m^2	100.5
	三、144m^2 以上	above 144m^2	100.2

Price Indices for Real Estate of Bengbu (2017)

2月 February	3月 March	4月 April	5月 May	6月 June	7月 July	8月 August	9月 September	10月 October	11月 November	12月 December
108.8	109.1	111.4	115.2	117.6	119.0	118.4	118.2	117.5	117.5	117.2
108.8	109.1	111.5	115.2	117.6	119.0	118.4	118.3	117.6	117.6	117.3
108.9	108.6	110.8	113.9	115.8	117.1	116.9	117.0	116.9	116.8	115.4
108.9	109.5	112.1	116.1	118.8	120.2	119.5	119.2	118.2	118.3	118.4
107.2	106.2	107.4	110.5	111.6	113.7	113.2	113.2	112.6	112.5	111.9
105.5	106.1	107.3	109.2	111.3	112.0	112.2	112.4	112.4	112.4	112.2
105.7	106.3	107.9	109.8	111.8	112.5	112.6	112.7	112.8	112.7	112.6
105.3	105.8	106.6	108.7	111.0	111.5	111.9	112.0	112.0	112.1	111.7
104.2	105.0	106.4	107.8	109.6	110.4	110.9	111.5	111.7	111.7	111.6
110.8	110.2	111.7	114.7	116.7	117.0	115.2	113.2	111.1	109.7	108.8
110.9	110.2	111.7	114.7	116.7	117.0	115.2	113.2	111.1	109.8	108.8
111.0	109.6	110.9	113.7	115.5	115.6	113.9	112.5	111.3	110.1	107.9
110.9	110.6	112.3	115.4	117.6	117.9	116.0	113.9	111.3	109.9	109.5
109.8	107.6	108.7	111.5	112.4	113.2	110.9	108.2	106.6	105.9	104.2
106.4	106.9	107.7	109.3	111.2	111.2	110.7	109.7	109.4	108.6	107.6
106.7	107.2	108.4	110.1	112.0	112.0	111.4	110.3	109.9	109.0	108.0
105.8	106.6	106.9	108.6	110.6	110.4	110.1	109.3	109.0	108.4	107.1
104.8	105.4	106.2	107.2	108.6	108.8	108.3	108.1	108.1	107.8	107.5
100.7	100.3	102.2	103.4	102.0	101.2	99.5	99.9	99.4	100.0	99.7
100.7	100.3	102.2	103.4	102.1	101.2	99.5	99.9	99.4	100.0	99.7
100.8	99.8	102.0	102.9	101.6	101.1	99.8	100.1	100.0	99.9	98.8
100.7	100.5	102.3	103.6	102.3	101.1	99.4	99.7	99.2	100.0	100.1
100.0	99.0	101.1	103.0	101.0	101.9	99.6	99.9	99.5	99.9	99.5
100.5	100.6	101.2	101.8	101.9	100.6	100.2	100.1	100.1	100.0	99.8
100.6	100.6	101.4	101.8	101.8	100.7	100.1	100.1	100.1	99.9	99.9
100.5	100.5	100.8	101.9	102.1	100.5	100.4	100.1	100.0	100.1	99.6
100.2	100.8	101.3	101.3	101.7	100.7	100.4	100.6	100.2	100.0	99.9

4-20 安庆市住宅销售价格指数(2017)

指　标		Item	1月 January
定基价格指数 the Year 2010=100	新建住宅价格指数	Price Indices of New Houses	107.4
	新建商品住宅	Commercialized Buildings	108.0
	一、90m² 及以下	90m² and Below	108.2
	二、90~144m²	90~144m²	107.3
	三、144m² 以上	above 144m²	106.7
	二手住宅价格指数	Second-hand Housing	106.9
	一、90m² 及以下	90m² and Below	107.0
	二、90~144m²	90~144m²	107.0
	三、144m² 以上	above 144m²	106.2
同比价格指数 the same month last year=100	新建住宅价格指数	Price Indices of New Houses	107.7
	新建商品住宅	Commercialized Buildings	107.7
	一、90m² 及以下	90m² and Below	108.2
	二、90~144m²	90~144m²	107.9
	三、144m² 以上	above 144m²	105.9
	二手住宅价格指数	Second-hand Housing	107.4
	一、90m² 及以下	90m² and Below	107.7
	二、90~144m²	90~144m²	107.1
	三、144m² 以上	above 144m²	106.3
环比价格指数 last month=100	新建住宅价格指数	Price Indices of New Houses	100.2
	新建商品住宅	Commercialized Buildings	100.2
	一、90m² 及以下	90m² and Below	99.9
	二、90~144m²	90~144m²	100.5
	三、144m² 以上	above 144m²	99.5
	二手住宅价格指数	Second-hand Housing	100.7
	一、90m² 及以下	90m² and Below	100.6
	二、90~144m²	90~144m²	100.8
	三、144m² 以上	above 144m²	100.8

Price Indices for Real Estate of Anqing (2017)

2月 February	3月 March	4月 April	5月 May	6月 June	7月 July	8月 August	9月 September	10月 October	11月 November	12月 December
107.8	109.3	110.5	110.7	111.0	110.7	110.8	111.8	112.1	112.1	112.7
107.9	109.4	110.6	110.8	111.1	110.7	110.9	111.8	112.1	112.1	112.7
108.9	110.4	111.4	112.0	112.3	112.3	113.0	113.3	114.1	113.7	114.3
107.7	109.2	110.6	110.5	110.9	110.3	110.3	111.5	111.8	112.0	112.5
107.0	108.7	109.4	110.2	110.2	110.4	110.3	111.1	110.9	110.6	111.4
107.6	108.5	110.1	111.1	111.6	112.6	113.1	113.4	113.3	113.1	113.4
107.4	108.4	109.8	110.9	111.4	112.4	112.8	113.2	113.1	112.9	113.3
107.9	108.7	110.6	111.5	112.0	113.1	113.7	114.0	113.8	113.7	113.9
106.9	107.8	109.3	110.2	110.6	111.5	111.9	112.1	111.9	111.6	111.8
108.9	109.2	109.8	109.6	109.4	108.1	107.0	107.1	106.8	105.4	105.2
108.7	109.2	109.9	109.7	109.4	108.1	107.1	107.1	106.8	105.4	105.2
109.2	109.5	109.5	109.8	109.7	108.4	108.3	108.0	108.7	106.0	105.5
108.9	109.4	110.2	109.7	109.4	108.0	106.6	106.9	106.6	105.6	105.3
106.6	107.9	108.5	109.2	109.1	108.4	107.4	106.7	105.1	103.4	103.9
107.8	108.8	110.1	110.9	111.2	111.4	111.2	110.0	109.3	107.9	106.8
107.9	109.0	109.9	110.7	111.1	111.4	110.8	109.7	109.0	107.6	106.5
107.9	108.8	110.5	111.4	111.6	111.7	111.9	110.5	109.9	108.4	107.3
106.8	108.2	109.4	110.1	110.5	110.3	110.1	109.2	108.6	107.0	106.0
100.4	101.4	101.1	100.2	100.3	99.7	100.1	100.9	100.3	100.0	100.5
100.4	101.4	101.1	100.2	100.3	99.7	100.1	100.9	100.3	100.0	100.5
100.7	101.4	100.9	100.6	100.3	100.0	100.7	100.3	100.7	99.7	100.5
100.4	101.4	101.3	99.9	100.4	99.5	100.0	101.1	100.2	100.2	100.5
100.3	101.6	100.6	100.8	99.9	100.2	99.9	100.8	99.8	99.7	100.7
100.6	100.8	101.5	100.9	100.4	100.9	100.4	100.3	99.9	99.9	100.3
100.3	100.9	101.3	101.0	100.5	100.8	100.4	100.3	99.9	99.9	100.3
100.8	100.8	101.7	100.9	100.4	101.0	100.5	100.3	99.9	99.9	100.2
100.6	100.9	101.4	100.8	100.4	100.8	100.3	100.2	99.8	99.8	100.1

4-21 分月工业生产者出厂价格指数(2017)
Producer Price Indices for Industrial Products by Month(2017)

上年同月=100 (the same month last year=100)

类别	Item	全年 Total	1月 January	2月 February	3月 March	4月 April	5月 May	6月 June
工业生产者出厂价格指数	**Producer Price Indices for Industrial Products**	**108.0**	**109.1**	**110.1**	**109.5**	**108.1**	**107.6**	**107.7**
轻工业	Light Industry	101.8	101.5	101.8	101.9	102.0	101.9	101.9
以农产品为原料	Using Farm Produces as Raw Materials	102.2	102.2	102.4	102.4	102.5	102.3	102.4
以非农产品为原料	Using Non-farm Produces as Raw Materials	101.3	100.5	101.0	101.2	101.3	101.3	101.3
重工业	Heavy Industry	110.7	112.7	113.9	113.0	110.9	110.1	110.4
采掘	Mining and Quarrying	126.4	151.4	152.3	146.4	143.2	136.1	129.1
原料	Raw Material	114.4	115.6	117.6	117.6	116.5	113.7	113.7
加工	Processing	108.0	108.4	109.3	108.6	106.3	106.6	107.6
生产资料	Means of Production	110.8	112.7	113.9	113.0	111.0	110.2	110.5
采掘	Mining and Quarrying	126.4	151.4	152.3	146.4	143.2	136.1	129.1
原料	Raw Material	114.7	116.2	118.2	118.1	116.9	114.0	114.0
加工	Processing	108.2	108.4	109.4	108.7	106.6	106.9	107.8
生活资料	Life Material	101.1	100.8	101.1	101.1	101.1	101.2	101.1
食品	Food	101.4	101.9	102.1	101.9	101.7	101.7	101.6
衣着	Clothing	101.4	101.2	101.3	101.1	101.3	101.0	101.3
一般日用品	Articles for Daily Use	100.5	100.5	100.3	100.4	100.4	100.4	100.3
耐用消费品	Durable Consumers' Goods	100.9	99.4	100.4	100.7	100.9	101.1	100.9

4-21 续表 Continued

类别	Item	7月 July	8月 August	9月 September	10月 October	11月 November	12月 December
工业生产者出厂价格指数	**Producer Price Indices for Industrial Products**	**107.9**	**108.4**	**108.6**	**107.8**	**106.3**	**105.1**
轻工业	Light Industry	101.9	101.8	102.0	102.0	101.9	101.3
以农产品为原料	Using Farm Produces as Raw Materials	102.2	102.1	102.2	102.1	102.0	101.5
以非农产品为原料	Using Non-farm Produces as Raw Materials	101.4	101.4	101.7	101.9	101.6	101.0
重工业	Heavy Industry	110.6	111.3	111.5	110.3	108.2	106.7
采掘	Mining and Quarrying	130.0	126.8	120.2	109.8	103.2	96.0
原料	Raw Material	113.1	115.4	116.1	114.1	110.9	109.2
加工	Processing	108.0	108.5	109.1	109.0	107.8	107.2
生产资料	Means of Production	110.6	111.3	111.6	110.4	108.3	106.7
采掘	Mining and Quarrying	130.0	126.8	120.2	109.8	103.2	96.0
原料	Raw Material	113.4	115.8	116.5	114.3	111.0	109.3
加工	Processing	108.1	108.6	109.3	109.2	108.0	107.2
生活资料	Life Material	101.1	101.1	101.1	101.1	101.0	100.9
食品	Food	101.5	101.2	101.0	100.8	100.7	100.4
衣着	Clothing	101.5	102.0	101.9	101.7	101.6	101.5
一般日用品	Articles for Daily Use	100.0	100.5	100.6	101.0	100.9	100.9
耐用消费品	Durable Consumers' Goods	101.2	101.2	101.4	101.4	101.5	101.2

4-22 固定资产投资价格指数(2017年)
Price Indices of Investment in Fixed Assets (2017)

上年同期=100 (same period of preceding year=100)

项目名称	Item	一季度指数 First Quarter	二季度指数 Second Quarter	三季度指数 Third Quarter	四季度指数 Fourth Quarter	全年指数 Annual Year
固定资产投资	**General Index**	**105.9**	**105.8**	**108.3**	**109.6**	**107.4**
建筑安装、装饰工程	Construction and Installation	108.0	107.7	111.1	112.7	109.9
设备、工器具购置	Purchase of Equipment, Tools & Instruments	100.0	100.3	100.7	101.4	100.6
其他费用	Others	100.8	101.1	100.5	100.8	100.8

4-23 历年固定资产投资价格指数
Price Indices of Investment in Fixed Assets in Main Year

上年=100 (preceding year=100)

年份 Year	固定资产投资 Investment in Fixed Assets	建筑安装工程 Construction and Installation	设备工器具购置 Purchase of Equipment, Tools and Instruments	其他费用 Others
1991	114.8	114.7	114.4	117.4
1992	119.8	118.9	113.0	153.2
1993	123.0	124.4	119.6	122.2
1994	120.1	119.2	120.7	124.3
1995	106.5	102.4	107.7	131.1
1996	103.4	104.3	101.8	102.1
1997	101.3	101.1	101.6	101.4
1998	100.0	100.3	99.3	99.7
1999	99.3	100.8	96.1	100.1
2000	101.6	102.8	100.1	98.2
2001	99.5	99.6	98.8	100.5
2002	101.1	102.1	98.7	100.4
2003	103.5	105.8	98.3	101.1
2004	106.1	108.1	100.1	105.6
2005	101.0	101.0	100.3	102.3
2006	101.9	100.9	101.3	105.9
2007	105.4	107.4	100.4	103.7
2008	109.4	113.7	101.2	103.8
2009	96.0	94.4	97.1	101.1
2010	105.4	107.5	101.2	101.5
2011	108.1	111.0	101.9	104.0
2012	101.0	101.3	99.2	102.3
2013	100.2	100.3	99.0	101.2
2014	100.3	100.4	99.6	101.0
2015	96.9	95.5	99.3	100.8
2016	99.2	99.3	98.5	100.2
2017	107.4	109.9	100.6	100.8

4-24 分月农村集贸市场农副产品价格(2017)

单位:元/公斤

指　　标	Item	省平均价 Average Price	1月 January	2月 February
一、粮食	Grain			
籼稻	Nonglutinous Rice	2.63	2.65	2.66
粳稻	Round-grained Rice	2.79	2.80	2.81
小麦	Wheat	2.24	2.15	2.16
玉米	Corn	1.96	1.99	1.95
大豆	Soybean	5.12	5.18	5.20
籼米	Long-grained Nonglutinous Rice	4.51	4.52	4.52
粳米	Polished Round-grained Rice	5.02	5.04	5.04
二、经济作物类	Economic Crops			
棉花(籽棉)	Cotton	7.43	7.68	7.50
花生仁	Peanut	11.86	12.40	12.30
油菜籽	Rapeseed	5.27	5.30	5.30
三、畜产品	Livestock Products			
活猪	Live Hogs	15.18	18.27	17.57
仔猪	Piglet	37.86	40.80	42.70
猪肉	Pork	25.01	28.50	27.60
活牛	Live Cattle	26.27	26.60	26.20
牛肉	Beef	59.70	60.25	59.50
活羊	Live Sheep	25.18	26.17	25.50
羊肉	Mutton	53.65	54.88	53.75
活鸡	Live Chicken	13.74	13.52	13.90
鸡蛋	Eggs	8.35	8.55	7.39
四、水产品	Aquatic Products			
草鱼	Grass Carp	14.72	14.60	14.33
鲤鱼	Carp	10.55	10.80	10.38
鲢鱼	Silver Carp	8.52	8.36	8.28
带鱼	Hairtail	22.32	22.00	22.00
五、蔬菜	Vegetables			
大白菜	Chinses Cabbage	2.54	2.57	2.28
黄瓜	Cucumber	5.13	8.50	6.66
西红柿	Tomato	5.64	8.35	7.18
菜椒	Sweet Pepper	5.00	7.45	6.40
四季豆	Kidney Bean	8.50	9.92	9.36
六、水果	Fruits			
红富士苹果	Redfuji Apple	8.00	8.08	8.10
香蕉	Banana	5.27	5.08	4.98
橙子	Orange	8.64	8.20	9.00

Monthly Prices of Agricultural Products of Rural Market Fairs (2017)

(yuan/kg)

3月 March	4月 April	5月 May	6月 June	7月 July	8月 August	9月 September	10月 October	11月 November	12月 December
2.67	2.66	2.63	2.65	2.62	2.62	2.60	2.60	2.61	2.62
2.79	2.79	2.81	2.81	2.78	2.78	2.77	2.77	2.79	2.79
2.19	2.20	2.22	2.24	2.25	2.27	2.29	2.31	2.32	2.32
1.92	1.95	1.94	1.94	1.97	1.97	1.98	1.96	1.95	1.94
5.22	5.22	5.17	5.18	5.11	5.07	5.08	5.01	4.98	5.02
4.53	4.51	4.51	4.51	4.51	4.51	4.50	4.49	4.48	4.48
5.01	5.03	5.03	5.03	5.03	5.00	5.00	4.99	5.00	4.99
7.50	7.50	7.70	7.70	7.00	7.00	7.66	7.28	7.13	7.56
12.40	12.15	12.00	11.95	11.60	11.83	11.46	11.37	11.42	11.42
5.30	5.30	5.30	5.12	5.11	5.19	5.19	5.35	5.35	5.40
16.85	15.58	13.99	13.35	13.68	14.39	14.53	14.36	14.52	15.11
43.30	41.20	38.00	37.40	37.20	36.94	35.72	34.30	33.45	33.35
27.04	25.10	24.10	23.70	23.70	24.25	23.95	24.00	23.95	24.20
26.20	25.60	25.80	25.76	26.00	26.00	26.48	26.60	26.80	27.20
59.25	59.00	58.86	58.57	58.86	58.86	59.57	61.25	61.25	51.13
25.33	24.60	24.60	24.60	24.40	24.40	24.40	24.80	26.00	27.33
52.67	50.80	53.50	53.00	52.50	53.00	52.50	53.14	55.29	58.75
12.00	13.11	11.70	12.50	13.70	14.60	15.00	14.90	14.90	15.00
7.26	7.05	5.92	7.86	7.53	9.68	9.74	9.46	9.64	10.07
14.93	14.56	14.67	14.78	14.78	14.89	15.02	14.60	14.70	14.80
10.34	10.40	10.40	10.63	10.59	10.39	10.61	10.90	10.73	10.48
8.58	8.36	8.68	8.86	8.82	8.60	8.54	8.50	8.29	8.33
22.00	22.00	21.83	22.17	22.33	22.20	22.67	22.67	22.83	23.17
2.06	2.08	2.18	2.61	2.94	3.54	3.08	2.88	2.40	1.83
5.50	4.68	3.68	3.09	4.08	4.37	4.44	5.75	5.39	5.46
6.60	5.92	4.49	4.20	4.40	5.05	5.42	5.75	5.22	5.06
6.38	5.64	3.56	2.91	3.28	4.60	5.04	5.01	4.71	5.05
9.97	9.38	6.43	6.25	7.37	8.33	8.23	8.64	8.84	9.28
8.12	8.14	8.18	8.00	7.93	7.92	7.99	7.91	7.76	7.90
5.32	5.69	5.92	5.41	5.24	5.12	5.09	4.84	5.16	5.41
9.00	9.30	9.20	8.45	7.60	7.67	7.67	9.20	9.40	9.00

4-25 农产品生产者价格指数
Producers' Price Indices for Farm Products

上年=100 (preceding year=100)

指　标	Item	2013	2014	2015	2016	2017
总指数	**General Index**	**103.7**	**100.2**	**99.8**	**101.0**	**98.4**
农业产品	**Crop Products**	**103.8**	**100.7**	**97.8**	**97.6**	**102.5**
谷物	Cereals	103.4	103.3	98.3	95.1	104
稻谷	Rice	100.3	104.7	99.3	99.3	101.1
小麦	Wheat	109.2	104.1	97.9	91.4	108.5
玉米	Corn	100.5	100.9	92.5	85.7	96.7
薯类	Tubers	100.8	101.1	101.2	106.3	92.9
油料	Oil-bearing Crops	101.3	99.9	96.5	98.4	112.7
豆类	Beans	105.0	101.4	95.6	95.4	99.9
棉花(籽棉)	Cotton	103.7	95.5	87.1	104.9	102.4
蔬菜	Vegetables	105.4	95.6	100.0	106.2	92.9
茶叶	Tea	100.3	99.7	96.0	96.7	103
绿茶	Green Tea	100.6	99.6	95.8	96.8	103.1
林业产品	**Forestry Products**	**104.0**	**102.3**	**95.3**	**94.9**	**96.6**
苗木类	Seedlings	108.4	103.2	92.4	95.2	98.5
木材采伐产品	Felling and Transport of Wood	102.8	102.6	97.4	94.2	95.1
原木	Log	103.1	102.6	97.4	94.2	95.1
竹材采伐产品	Felling and Transport of Bamboo	99.4	100.3	93.0	90.1	97.6
饲养动物及其产品	**Animal Husbandry Products**	**102.1**	**97.9**	**105.1**	**109.4**	**88.7**
活牲畜	Live Domestic Animals	102.2	92.6	108.5	115.9	86.1
猪	Hogs	99.7	91.0	112.4	120.7	82.5
活牛	Cattle and Buffaloes	122.2	103.2	98.3	95.2	101.6
活羊	Sheep and Goats	109.8	101.4	80.9	92.7	104.3
活家禽	Live Poultry	101.2	106.3	101.4	97.6	95
活鸡	Chicken	101.2	106.4	101.6	97.2	94.3
活鸭	Duck	99.9	106.5	100.0	100.9	103
畜禽产品	Livestock and Poultry Products	103.1	111.3	94.2	94.7	92.6
禽蛋	Poultry Eggs	102.3	113.4	94.2	93.9	90
渔业产品	**Fishery Products**	**107.6**	**102.9**	**99.6**	**101.3**	**101.2**
淡水养殖产品	Freshwater Aquatic Products	107.6	102.9	99.6	101.3	101.2
养殖淡水鱼	Freshwater Fish	108.0	103.9	100.5	99.8	103.6
淡水养殖虾	Freshwater Shrimps	106.7	111.8	103.5	101.5	100.6
淡水养殖蟹	Freshwater Crab	107.7	85.5	90.2	114.9	83.2
其他淡水养殖产品	Other Freshwater Aquatic Products	101.4	102.0	94.8	99.8	95

4-26 分季农产品生产者价格指数(2017)
Quarterly Producers' Price Indices for Farm Products (2017)

上年=100 (preceding year=100)

指标	Item	全年 Annual Year	1季度 1st Quarter	2季度 2nd Quarter	3季度 3rd Quarter	4季度 4th Quarter
总指数	**General Index**	**98.4**	**95.9**	**97.5**	**100.8**	**98.7**
农业产品	**Crop products**	**102.5**	**101.0**	**104.7**	**104.8**	**98.1**
谷物	Cereals	104.0	102.6	108.0	105.8	100.3
稻谷	Rice	101.1	103.6	101.1	101.3	99.3
小麦	Wheat	108.5	106.9	111.5	110.2	105.7
玉米	Corn	96.7	90.5	97.4	100.6	98.1
大麦	Barley					
薯类	Tubers	92.9	100.8	90.2		83.7
油料	Oil-bearing Crops	112.7	104.1	113.7	116.0	95.5
花生	Peanuts	96.4	105.1	95.7	89.8	94.3
油菜籽	Rapeseeds	117.0		114.7	119.4	
芝麻	Sesames	98.8	100.0	96.6		100.1
油茶籽	Camellia Seeds	105.8				105.8
豆类	Beans	99.9	102.7	98.9	106.0	92.2
大豆	Soybean	99.9	102.7	98.9	106.0	92.2
黄大豆	Soybean	99.9	102.7	98.9	106.0	92.2
棉花	Cotton	102.4	112.5	97.6	102.7	97.4
籽棉	Un-ginned Cotton	102.4	112.5	97.6	102.7	97.4
未加工烟草	Unmanufactured Tobacco	108.1			119.3	99.5
蔬菜及食用菌	Vegetables and Edible Fungus	93.2	95.2	85.5	97.6	92.6
蔬菜	Vegetables	92.9	95.3	84.9	97.6	92.3
食用菌	Edible Fungus	104.2	93.9	105.2		108.2
水果及坚果	Fruits and Nuts	100.2	90.3	111.7	90.0	97.7
水果(园林水果)	Fruits	102.1		111.7	94.8	99.4
食用坚果	Edible Nuts	90.0	90.3		76.0	91.4
茶及饮料原料	Tea and Beverage Materials	103.0	108.0	106.1	100.1	96.8
茶叶	Tea	103.0	108.0	106.1	100.1	96.8

4-26 续表 Continued

指标	Item	全年 Annual Year	1季度 1st Quarter	2季度 2nd Quarter	3季度 3rd Quarter	4季度 4th Quarter
红茶	Black Tea	102.1	98.1	102.4	103.9	103.6
绿茶	Green Tea	103.1	108.5	106.3	99.9	96.3
中草药材	Chinese Herbal Medicinal Materials	96.8	112.7	86.8	93.1	95.0
林业产品	**Forestry Products**	**96.6**	**98.1**	**97.3**	**94.2**	**98.9**
育种及苗木	Seedlings	98.5	102.4	98.8	97.7	94.6
木材采伐产品	Felling and Transport of Wood	95.1	93.3	95.0	93.8	98.1
原木	Log	95.1	93.3	95.0	93.8	98.1
竹材采伐产品	Felling and Transport of Bamboo	97.6	98.8	97.7	94.8	99.2
饲养动物及其产品	**Animal Husbandry Products**	**88.7**	**90.5**	**76.6**	**89.0**	**99.1**
活牲畜	Live Domestic Animals	86.1	95.8	76.4	80.9	90.1
猪	Hogs	82.5	95.1	71.4	78.4	86.4
其他活猪	Other Live Pigs	82.5	95.1	71.4	78.4	86.4
牛	Cattle	101.6	97.5	103.0	101.4	104.3
黄牛	Cattle and Buffaloes	101.6	97.5	103.0	101.4	104.3
羊	Sheep and Goats	104.3	102.5	103.8	102.0	108.9
山羊	Goats	104.3	102.5	103.8	102.0	108.9
活家禽	Live Poultry	95.0	80.7	72.3	108.4	112.7
活鸡	Chicken	94.3	80.0	72.2	108.4	112.9
活鸭	Duck	103.0	89.5	105.3	108.7	111.1
畜禽产品	Livestock and Poultry Products	92.6	73.3	81.6	101.5	109.6
禽蛋	Poultry Eggs	90.0	73.3	71.7	100.2	109.3
鸡蛋	Hen Eggs	89.5	72.2	70.2	103.0	109.9
鸭蛋	Duck Eggs	94.1	95.1	83.7	93.7	103.2
渔业产品	**Fishery Products**	**101.2**	**101.0**	**101.7**	**100.8**	**100.7**
淡水养殖产品	Freshwater Aquatic Products	101.2	101.0	101.7	100.8	100.7
养殖淡水鱼	Freshwater Fish	103.6	100.9	104.3	104.0	102.1
淡水养殖虾	Freshwater Shrimps	100.6	103.6	97.6	97.7	102.3
淡水养殖蟹	Freshwater Crab	83.2			75.8	91.5
其他淡水养殖产品	Other Freshwater Aquatic Products	95.0	97.9	91.8	89.8	103.9

4-27 全国及分省(区、市)居民消费价格指数
Consumer Price Indices by Provinces and Regions

上年=100 (preceding year=100)

地 区	Region	2013	2014	2015	2016	2017
全国平均	**National Average**	**102.6**	**102.0**	**101.4**	**102.0**	**101.6**
北 京	Beijing	103.3	101.6	101.3	101.4	101.9
天 津	Tianjin	103.1	101.9	101.7	102.1	102.1
河 北	Hebei	103.0	101.7	100.9	101.5	101.7
山 西	Shanxi	103.1	101.7	100.5	101.1	101.1
内蒙古	Inner Mongolia	103.2	101.6	101.1	101.2	101.7
				0.0		
辽 宁	Liaoning	102.4	101.7	101.4	101.6	101.4
吉 林	Jilin	102.9	102.0	101.7	101.6	101.6
黑龙江	Heilongjiang	102.2	101.5	101.1	101.5	101.3
				0.0		
上 海	Shanghai	102.3	102.7	102.4	103.2	101.7
江 苏	Jiangsu	102.3	102.2	101.7	102.3	101.7
浙 江	Zhejiang	102.3	102.1	101.4	101.9	102.1
安 徽	**Anhui**	**102.4**	**101.6**	**101.3**	**101.8**	**101.2**
福 建	Fujian	102.5	102.0	101.7	101.7	101.2
江 西	Jiangxi	102.5	102.3	101.5	102.0	102.0
山 东	Shandong	102.2	101.9	101.2	102.1	101.5
河 南	Henan	102.9	101.9	101.3	101.9	101.4
湖 北	Hubei	102.8	102.0	101.5	102.2	101.5
湖 南	Hunan	102.5	101.9	101.4	101.9	101.4
广 东	Guangdong	102.5	102.3	101.5	102.3	101.5
广 西	Guangxi	102.2	102.1	101.5	101.6	101.6
海 南	Hainan	102.8	102.4	101.0	102.8	102.8
重 庆	Chongqing	102.7	101.8	101.3	101.8	101.0
四 川	Sichuan	102.8	101.6	101.5	101.9	101.4
贵 州	Guizhou	102.5	102.4	101.8	101.4	100.9
云 南	Yunnan	103.1	102.4	101.9	101.5	100.9
西 藏	Tibet	103.6	102.9	102.0	102.5	101.6
				0.0		
陕 西	Shaanxi	103.0	101.6	101.0	101.3	101.6
甘 肃	Gansu	103.2	102.1	101.6	101.3	101.4
青 海	Qinghai	103.9	102.8	102.6	101.8	101.5
宁 夏	Ningxia	103.4	101.9	101.1	101.5	101.6
新 疆	Xinjiang	103.9	102.1	100.6	101.4	102.2

4-28 全国及分省(区、市)商品零售价格指数
Retail Price Indices by Provinces and Regions

上年=100　　　　(preceding year=100)

地　区	Region	2013	2014	2015	2016	2017
全国平均	**National Average**	**101.4**	**101.0**	**100.1**	**100.7**	**101.1**
北　京	Beijing	99.8	99.1	98.5	98.1	99.2
天　津	Tianjin	101.7	100.9	100.3	100.5	100.8
河　北	Hebei	102.2	101.0	100.2	101.2	101.4
山　西	Shanxi	101.8	100.6	99.3	100.5	101.3
内蒙古	Inner Mongolia	102.6	100.7	100.5	100.6	101.2
				0.0		
辽　宁	Liaoning	101.6	101.0	100.5	101.0	100.7
吉　林	Jilin	101.6	101.2	99.8	101.3	101.4
黑龙江	Heilongjiang	101.1	100.8	100.1	101.1	99.9
				0.0		
上　海	Shanghai	100.2	100.9	101.1	100.8	100.9
江　苏	Jiangsu	101.4	101.6	100.6	100.8	101.9
浙　江	Zhejiang	101.0	100.9	99.9	101.0	101.4
安　徽	**Anhui**	**101.3**	**100.4**	**99.7**	**100.8**	**101.7**
福　建	Fujian	101.1	101.1	99.9	100.7	100.6
江　西	Jiangxi	101.5	101.2	100.5	100.6	101.0
山　东	Shandong	101.4	101.0	100.2	101.3	100.8
				0.0		
河　南	Henan	101.9	101.0	99.8	100.3	101.3
湖　北	Hubei	101.8	100.9	100.5	100.8	100.3
湖　南	Hunan	101.7	101.2	99.9	101.0	101.3
广　东	Guangdong	101.0	101.4	99.6	100.8	101.6
广　西	Guangxi	101.2	101.4	100.1	100.4	101.2
海　南	Hainan	101.5	101.2	99.8	101.0	102.0
				0.0		
重　庆	Chongqing	101.8	100.9	100.2	101.3	100.8
四　川	Sichuan	101.7	100.6	100.2	100.8	100.5
贵　州	Guizhou	101.5	101.2	100.1	100.2	100.9
云　南	Yunnan	102.6	101.6	100.8	100.7	101.3
西　藏	Tibet	103.0	102.2	101.4	102.1	101.4
				0.0		
陕　西	Shaanxi	101.8	100.7	99.8	100.3	101.3
甘　肃	Gansu	102.6	101.7	101.0	100.9	101.4
青　海	Qinghai	102.7	101.5	101.0	100.4	101.2
宁　夏	Ningxia	102.4	100.9	100.1	100.7	101.8
新　疆	Xinjiang	103.3	101.7	99.6	100.5	100.9

4-29 36个大中城市居民消费价格指数
Consumer Price Indices of 36 Large-and-medium Size Cities

上年=100 (preceding year=100)

地 区	Region	2013	2014	2015	2016	2017
全国平均	**National Average**	**102.7**	**102.1**	**101.7**	**102.2**	**101.8**
北 京	Beijing	103.3	101.6	101.8	101.4	101.9
天 津	Tianjin	103.1	101.9	101.7	102.1	102.1
石家庄	Shijiazhuang	102.9	102.0	101.0	101.6	101.4
太 原	Taiyuan	103.1	102.2	100.4	101.2	101.8
呼和浩特	Hohhot	103.8	101.2	101.8	101.4	101.4
沈 阳	Shenyang	102.5	102.2	101.2	101.7	101.4
大 连	Dalian	102.5	102.0	101.6	101.9	102.1
长 春	Changchun	103.0	102.2	101.3	101.4	101.3
哈尔滨	Harbin	102.1	102.0	101.4	101.8	101.6
上 海	Shanghai	102.3	102.7	102.4	103.2	101.7
南 京	Nanjing	102.7	102.6	102.0	102.7	101.9
杭 州	Hangzhou	102.5	102.0	101.8	102.6	102.5
宁 波	Ningbo	102.2	101.9	101.8	102.1	101.8
合 肥	**Hefei**	**102.7**	**102.0**	**101.6**	**102.6**	**101.4**
福 州	Fuzhou	102.6	101.7	101.4	102.5	101.4
厦 门	Xiamen	102.3	102.2	101.7	101.7	102.0
南 昌	Nanchang	102.3	102.5	101.6	102.1	102.1
济 南	Jinan	102.8	102.2	101.9	102.7	102.0
青 岛	Qingdao	102.5	102.6	101.2	102.5	102.0
郑 州	Zhengzhou	102.8	102.0	101.1	102.3	101.8
武 汉	Wuhan	102.4	101.9	101.4	102.4	101.9
长 沙	Changsha	102.8	102.7	101.1	101.9	101.3
广 州	Guangzhou	102.6	102.3	101.7	102.7	102.3
深 圳	Shenzhen	102.7	102.0	102.2	102.4	101.4
南 宁	Nanning	102.1	101.6	101.9	101.4	102.3
海 口	Haikou	102.9	102.2	101.2	103.0	103.3
重 庆	Chongqing	102.7	101.8	101.3	101.8	101.0
成 都	Chengdu	103.1	101.3	101.1	102.2	102.0
贵 阳	Guiyang	103.2	102.7	102.3	101.1	101.0
昆 明	Kunming	103.9	103.1	102.4	101.7	100.5
拉 萨	Lasa	103.4	103.0	102.2	102.6	101.4
西 安	Xi'an	102.7	101.4	100.7	100.9	102.0
兰 州	Lanzhou	103.5	102.2	101.3	100.8	101.5
西 宁	Xining	103.8	102.8	102.5	102.1	101.8
银 川	Yinchuan	103.5	102.1	101.6	101.7	101.7
乌鲁木齐	Urumqi	103.5	102.8	100.7	101.5	102.8

4-30 36个大中城市商品零售价格指数
Retail Price Indices of 36 Large-and-medium Size Cities

上年=100 (preceding year=100)

地 区	Region	2013	2014	2015	2016	2017
全国平均	**National Average**	**101.0**	**100.8**	**99.8**	**100.7**	**100.9**
北 京	Beijing	99.8	99.1	98.5	98.1	99.2
天 津	Tianjin	101.7	100.9	100.3	100.5	100.8
石家庄	Shijiazhuang	102.1	101.2	100.2	101.7	100.9
太 原	Taiyuan	101.3	100.7	98.6	100.8	101.7
呼和浩特	Hohhot	101.9	98.6	99.5	101.1	101.2
沈 阳	Shenyang	101.6	101.3	100.0	100.6	101.0
大 连	Dalian	101.0	101.0	99.5	102.0	101.5
长 春	Changchun	101.3	101.2	99.1	101.2	101.2
哈尔滨	Harbin	101.2	101.5	100.2	101.6	99.7
上 海	Shanghai	100.2	100.9	101.1	100.8	100.9
南 京	Nanjing	101.2	102.0	100.6	100.5	101.6
杭 州	Hangzhou	101.5	100.8	100.2	101.5	101.0
宁 波	Ningbo	101.0	100.3	100.4	101.8	101.1
合 肥	**Hefei**	**101.2**	**100.3**	**99.5**	**100.8**	**102.3**
福 州	Fuzhou	101.0	100.6	99.4	100.7	100.3
厦 门	Xiamen	100.4	100.7	100.0	100.0	100.8
南 昌	Nanchang	101.3	101.1	100.5	100.4	101.0
济 南	Jinan	101.3	101.2	100.3	100.8	101.0
青 岛	Qingdao	101.4	102.3	100.0	102.0	100.8
郑 州	Zhengzhou	101.4	101.1	99.0	100.2	101.7
武 汉	Wuhan	100.9	100.5	100.0	101.3	100.1
长 沙	Changsha	101.2	101.7	99.6	100.9	101.4
广 州	Guangzhou	100.5	101.5	99.1	101.2	102.0
深 圳	Shenzhen	100.7	101.0	99.7	100.3	101.5
南 宁	Nanning	100.8	100.7	100.4	99.8	100.9
海 口	Haikou	101.6	101.2	100.2	100.9	101.7
重 庆	Chongqing	101.8	100.9	100.2	101.3	100.8
成 都	Chengdu	101.7	100.4	99.5	100.8	99.4
贵 阳	Guiyang	101.9	101.2	99.7	99.5	101.4
昆 明	Kunming	102.5	101.8	100.7	100.8	101.3
拉 萨	Lasa	103.5	102.3	101.5	102.4	101.2
西 安	Xi' an	101.7	100.7	99.7	100.1	101.7
兰 州	Lanzhou	102.7	101.8	100.6	100.7	101.8
西 宁	Xining	102.5	101.2	100.2	100.6	101.4
银 川	Yinchuan	102.3	100.8	100.2	100.8	101.5
乌鲁木齐	Urumqi	103.5	102.4	99.4	100.6	100.7

4-31 全国及分省(区、市)工业生产者出厂价格指数
Producer Price Indices for Industrial Products by Provinces and Regions

上年同月=100 (the same month last year=100)

地区	Region	2013	2014	2015	2016	2017
全国	**National**	**98.1**	**98.1**	**94.3**	**98.6**	**106.3**
北京	Beijing	97.4	99.1	96.9	98.1	100.7
天津	Tianjin	97.0	96.3	90.3	97.9	108.4
河北	Hebei	96.6	95.2	89.1	99.9	115.0
山西	Shanxi	90.7	91.4	87.7	96.8	119.4
内蒙古	Inner Mongolia	97.0	97.3	94.0	98.9	110.6
辽宁	Liaoning	99.0	98.2	93.9	98.8	108.1
吉林	Jilin	98.7	99.1	95.3	98.4	103.1
黑龙江	Heilongjiang	98.0	97.1	86.0	95.1	109.3
上海	Shanghai	98.2	98.9	96.1	98.8	103.5
江苏	Jiangsu	98.0	98.3	95.3	98.1	104.8
浙江	Zhejiang	98.2	98.8	96.4	98.3	104.8
安徽	**Anhui**	**98.2**	**97.4**	**93.9**	**98.5**	**108.0**
福建	Fujian	98.4	98.6	97.0	99.1	104.1
江西	Jiangxi	98.5	97.8	93.7	98.6	107.9
山东	Shandong	98.4	98.4	95.2	98.5	105.5
河南	Henan	98.5	98.1	95.4	99.0	106.8
湖北	Hubei	99.2	98.4	96.7	99.0	105.6
湖南	Hunan	98.5	98.4	96.3	98.9	105.8
广东	Guangdong	98.8	98.9	96.8	99.4	103.3
广西	Guangxi	98.2	98.4	97.0	99.1	107.6
海南	Hainan	99.5	97.6	89.8	96.0	108.8
重庆	Chongqing	98.0	98.3	97.2	98.6	104.1
四川	Sichuan	98.7	98.7	96.4	98.9	106.5
贵州	Guizhou	97.4	98.3	96.1	97.9	107.2
云南	Yunnan	97.5	97.8	94.9	97.6	105.2
西藏	Tibet	99.8	99.0	93.2	102.9	110.0
陕西	Shaanxi	97.3	97.1	90.8	97.6	110.8
甘肃	Gansu	96.9	96.7	87.0	94.9	114.5
青海	Qinghai	97.0	96.1	93.1	98.5	116.7
宁夏	Ningxia	96.0	96.3	93.7	99.1	112.1
新疆	Xinjiang	96.5	96.2	82.4	94.5	113.7

4-32 全国及分省(区、市)工业生产者购进价格指数
Indices of Purchasing Prices by Provinces and Regions

上年同月=100 (the same month last year=100)

地 区	Region	2013	2014	2015	2016	2017
全 国	**National**	**98.0**	**97.8**	**93.9**	**98.0**	**108.1**
北 京	Beijing	97.8	98.8	93.7	98.5	104.4
天 津	Tianjin	97.4	97.1	92.4	98.3	111.1
河 北	Hebei	97.6	95.6	90.3	98.3	114.5
山 西	Shanxi	95.5	96.2	93.1	98.1	115.2
内蒙古	Inner Mongolia	99.3	98.4	95.9	97.4	106.3
辽 宁	Liaoning	98.5	98.0	93.5	97.9	108.0
吉 林	Jilin	99.4	99.2	96.6	97.8	103.4
黑龙江	Heilongjiang	98.7	97.6	88.2	96.0	110.2
上 海	Shanghai	96.5	95.9	90.6	97.7	108.9
江 苏	Jiangsu	97.1	97.0	92.1	98.0	109.7
浙 江	Zhejiang	97.7	98.2	94.5	97.8	109.6
安 徽	**Anhui**	**96.9**	**97.2**	**93.5**	**98.4**	**109.2**
福 建	Fujian	98.4	98.3	96.1	98.0	105.3
江 西	Jiangxi	98.4	98.4	93.6	97.7	107.2
山 东	Shandong	98.4	98.2	95.0	98.0	107.3
河 南	Henan	99.3	98.4	95.4	99.2	107.3
湖 北	Hubei	98.2	97.8	92.8	98.3	108.3
湖 南	Hunan	98.4	97.9	94.5	98.0	107.2
广 东	Guangdong	98.2	98.8	95.3	98.0	105.3
广 西	Guangxi	98.9	98.2	95.7	98.3	106.5
海 南	Hainan	97.0	99.0	88.5	94.8	112.4
重 庆	Chongqing	97.6	98.1	97.1	98.4	104.4
四 川	Sichuan	99.2	98.7	96.7	98.8	108.3
贵 州	Guizhou	96.4	98.6	97.5	98.5	109.7
云 南	Yunnan	98.8	99.0	96.9	95.9	106.2
西 藏	Tibet					
陕 西	Shaanxi	99.3	98.5	95.2	95.9	106.4
甘 肃	Gansu	97.8	97.6	87.0	94.6	115.5
青 海	Qinghai	98.8	97.6	97.7	96.2	108.0
宁 夏	Ningxia	97.0	97.0	92.1	96.9	112.9
新 疆	Xinjiang	97.8	97.5	84.3	95.5	112.8

4-33 全国及分省(区、市)固定资产投资价格分类指数(2017)
Price Indices of Investment in Fixed Assets by Provinces and Regions (2017)

地 区	Region	固定资产投资 Investment in Fixed Assets	建筑工程 Construction and Installation	设备、工器具购置 Purchase of Equipment, Tools and Instruments	其他费用 Others
全 国	**National**	**105.8**	**108.0**	**100.6**	**101.0**
北 京	Beijing	104.7	110.5	100.1	100.0
天 津	Tianjin	104.3	106.6	100.5	100.7
河 北	Hebei	106.7	109.5	100.5	101.6
山 西	Shanxi	106.3	109.4	100.6	100.1
内 蒙	Inner Mongolia	103.4	104.5	100.6	101.4
辽 宁	Liaoning	104.0	105.3	100.3	101.1
吉 林	Jilin	104.7	107.4	100.6	100.5
黑龙江	Heilongjiang	103.4	104.5	100.4	101.2
上 海	Shanghai	106.7	110.9	100.2	100.9
江 苏	Jiangsu	107.6	112.9	100.6	102.1
浙 江	Zhejiang	105.8	109.3	100.7	101.2
安 徽	**Anhui**	**107.4**	**109.9**	**100.6**	**100.8**
福 建	Fujian	105.6	107.6	100.9	101.1
江 西	Jiangxi	106.1	108.6	100.8	100.7
山 东	Shandong	105.8	108.7	100.6	101.4
河 南	Henan	107.4	110.9	100.8	100.8
湖 北	Hubei	105.9	108.0	100.8	101.9
湖 南	Hunan	105.7	107.7	100.0	100.6
广 东	Guangdong	105.3	107.4	100.9	101.1
广 西	Guangxi	104.4	106.2	100.8	100.0
海 南	Hainan	104.1	105.2	100.6	101.8
四 川	Sichuan	107.7	112.3	101.3	100.3
贵 州	Guizhou	106.1	107.3	100.7	100.7
云 南	Yunnan	104.9	105.8	101.4	100.6
重 庆	Chongqing	105.3	106.9	100.6	100.4
陕 西	Shaanxi	105.3	107.4	100.0	102.2
甘 肃	Gansu	105.9	107.0	101.4	100.6
青 海	Qinghai	106.1	107.4	100.6	102.7
宁 夏	Ningxia	105.9	107.6	100.3	100.0
新 疆	Xinjiang	103.5	104.5	100.8	100.3

4-34 全国及分省(区、市)固定资产投资价格指数(2013—2017)
Price Indices of Investment in Fixed Assets by Provinces and Regions(2013—2017)

地区	Region	2013	2014	2015	2016	2017
全国	**National**	**100.3**	**100.5**	**98.2**	**99.4**	**105.8**
北京	Beijing	99.9	100.0	97.6	99.7	104.7
天津	Tianjin	99.5	100.5	99.9	99.4	104.3
河北	Hebei	99.9	100.2	98.0	99.4	106.7
山西	Shanxi	100.5	99.6	98.2	100.0	106.3
内蒙	Inner Mongolia	99.6	99.8	98.0	99.5	103.4
辽宁	Liaoning	100.0	99.7	97.9	99.2	104.0
吉林	Jilin	100.0	100.2	97.6	98.7	104.7
黑龙江	Heilongjiang	100.1	100.0	99.0	99.4	103.4
上海	Shanghai	100.2	100.5	97.0	99.6	106.7
江苏	Jiangsu	100.5	101.1	96.2	98.8	107.6
浙江	Zhejiang	100.0	100.6	97.4	99.5	105.8
安徽	**Anhui**	**100.2**	**100.3**	**96.9**	**99.2**	**107.4**
福建	Fujian	100.1	100.4	98.3	100.0	105.6
江西	Jiangxi	100.4	100.1	96.8	100.0	106.1
山东	Shandong	100.4	100.3	97.7	99.1	105.8
河南	Henan	99.9	100.0	97.6	99.2	107.4
湖北	Hubei	100.5	101.0	99.4	100.1	105.9
湖南	Hunan	101.3	101.5	100.4	100.4	105.7
广东	Guangdong	101.4	101.5	99.0	100.3	105.3
广西	Guangxi	100.1	101.6	98.8	99.5	104.4
海南	Hainan	99.3	100.6	99.4	100.1	104.1
四川	Sichuan	100.4	100.5	97.9	99.8	107.7
贵州	Guizhou	100.9	101.1	98.4	98.6	106.1
云南	Yunnan	101.1	101.0	99.1	100.1	104.9
重庆	Chongqing	100.5	100.3	98.2	98.9	105.3
陕西	Shaanxi	102.0	101.1	98.8	99.9	105.3
甘肃	Gansu	100.4	100.1	97.7	98.7	105.9
青海	Qinghai	101.5	100.9	98.2	99.6	106.1
宁夏	Ningxia	99.8	100.8	97.5	99.6	105.9
新疆	Xinjiang	100.5	100.3	98.3	99.9	103.5

主要统计指标解读

Explanatory Notes on Main Statistical Indicators

居民消费价格指数 反映一定时期内居民所消费商品及服务项目的价格水平变动趋势和变动程度。居民消费价格水平的变动率在一定程度上反映了通货膨胀(或紧缩)的程度。编制居民消费价格指数的目的,是了解全国各地价格变动的基本情况,分析研究价格变动对社会经济和居民生活的影响,满足各级政府制定政策和计划、进行宏观调控的需要,以及为国民经济核算提供参考依据。

城市居民消费价格指数 是反映一定时期内城市居民家庭所购买的生活消费品价格和服务项目价格变动趋势和程度的相对数。该指数可以观察和分析消费品的零售价格和服务项目价格变动对城镇职工货币工资的影响,作为研究职工生活和确定工资政策的依据。

农村居民消费价格指数 是反映一定时期内农村居民家庭所购买的生活消费品价格和服务项目价格变动趋势和程度的相对数。该指数可以观察农村消费品的零售价格和服务项目价格变动对农村居民生活消费支出的影响,直接反映农民生活水平的实际变化情况,为分析和研究农村居民生活问题提供依据。

商品零售价格指数 是反映一定时期内城乡商品零售价格变动趋势和程度的相对数。商品零售价格的变动直接影响到城乡居民的生活支出和国家的财政收入,影响居民购买力和市场供需的平衡,影响到消费与积累的比例关系。因此,该指数可以从一个侧面对上述经济活动进行观察和分析。

农业生产资料价格指数 是工业、商业及其他单位和个人向农民出售农业生产资料(包括主要生产性服务)的价格的变动趋势和变动程度。其目的在于掌握农业生产资料的平均价格水平,为国家制定经济政策提供依据;同时,为研究城乡市场流通状况和国民经济核算提供参考依据。

农产品生产者价格指数 是反映一定时期内,农产品生产者出售农产品价格水平变动趋势及幅度的相对数。该指数可以客观反映全国农产品生产者价格水平和结构变动情况,满足农业与国民经济核算需要。其中某代表品生产者价格指数是通过对全部有出售该产品行为的调查单位的个体指数进行几何平均求得的,类价格指数是通过对其所属的类(或代表品)的价格指数进行加权平均求得的。季度累计价格指数的计算方法与分季指数的计算方法相同。

工业生产者出厂价格指数(PPI) 是反映一定时期内全部工业产品出厂价格总水平的变动趋势和程度的相对数,包括工业企业售给本企业以外所有单位的各种产品和直接售给居民用于生活消费的产品。该指数可以观察出厂价格变动对工业总产值及增加值的影响。

工业生产者购进价格指数 是反映工业企业作为生产投入,而从物资交易市场和能源、原材料生产企业购买原材料、燃料和动力产品时，所支付的价格水平变动趋势和程度的统计指标，是扣除工业企业物质消耗成本中的价格变动影响的重要依据。

目前，我国编制的工业生产者购进价格指数所调查的产品包括燃料动力、黑色金属、有色金属、化工、建材等九大类的近6000种产品。

固定资产投资价格指数 是反映一定时期内固定资产投资品及项目的价格变动趋势和程度的相对数。固定资产投资额是由建筑安装工程投资完成额、设备工器具购置投资完成额和其他费用投资完成额三部分组成的。编制固定资产投资价格指数应首先分别编制上述三部分投资的价格指数，然后采用加权算术平均法求出固定资产投资价格总指数。

该指数可以准确地反映固定资产投资中涉及的各类投资品和取费项目价格变动趋势和变动幅度，消除按现价计算的固定资产投资指标中的价格变动因素，真实地反映固定资产投资的规模、速度、结构和效益，为国家科学地制定、检查固定资产投资计划并提高宏观调控水平，为完善国民经济核算体系提供科学的、可靠的依据。

房地产价格指数 是反映一定时期内房地产价格变动趋势和程度的相对数，包括房屋销售价格指数、房屋租赁价格指数、土地交易价格指数和物业管理价格指数。这四套指数的计算方法相似，均采用由下到上逐级汇总的方法。

SPECIAL SURVEY

专项调查

简 要 说 明

农民工调查简介:农民工是指户籍仍在农村,在本地从事非农产业或外出从业 6 个月及以上的农村劳动力,包括举家外出的农村劳动力。农民工监测调查是根据国家统计局《农民工监测调查方案》,由安徽调查总队组织实施。

本版责任编辑:王　方

5-1 农民工监测情况
Monitor Situation of Migrant Workers

（全省抽样调查数） （Sampling Survey Data of the Whole Province）

指标名称	Item	单位	Unit	2016	2017
住户成员基本情况	**Basic Conditions of Household Member**	—			
一、调查人口基本情况	Basic Conditions	—			
（一）期内住户成员数	Household Members During the Period	人	person	13333	13176
（二）期末住户成员数	Household Members End of the Period	人	person	13333	13176
（三）期内住户常住成员数	Permanent Household Members During the Period	人	person	11032	10881
（四）期内增加的住户成员数	Increased Household Members During the Period	人	person	74	28
（五）期内减少的住户成员数	Reduced Household Members During the Period	人	person	114	60
二、住户成员情况	Basic Conditions of Household Members	—			
（一）住户成员与户主关系	Relationship with the Householder				
1.户主	Householder	人	person	3593	3576
2.配偶	Spouse	人	person	3252	3219
3.子女	Children	人	person	3737	3619
4.父母	Parents	人	person	403	386
5.岳父母或公婆	Parents-in-law	人	person	15	12
6.祖父母	Grandparents	人	person	9	9
7.媳婿	Daughter-in-law or Son-in-law	人	person	849	862
8.孙子女	Grandchildren	人	person	1442	1455
9.兄弟姐妹	Sibling	人	person	18	17
10.其他	Others	人	person	15	21
（二）性别	Gender				
1.男性	Male	人	person	6956	6905
2.女性	Female	人	person	6377	6271
（三）年龄	Age				
1.5 岁及以下	Aged 5 and Below	人	person	860	735
2.6—15 岁	Aged 6—15	人	person	1599	1618
3.16—19 岁	Aged 16—19	人	person	531	536
4.20—24 岁	Aged 20—24	人	person	940	805
5.25—29 岁	Aged 25—29	人	person	1183	1164
6.30—34 岁	Aged 30—34	人	person	692	751
7.35—40 岁	Aged 35—40	人	person	992	934
8.41—50 岁	Aged 41—50	人	person	2463	2327
9.51—60 岁	Aged 51—60	人	person	1856	1986
10.61—65 岁	Aged 61—65	人	person	932	950
11.66 岁及以上	Aged 66 and Over	人	person	1285	1370
（四）民族	Nationality				
1.汉族	Han Nationality	人	person	13234	13078
2.壮族	Zhuang Nationality	人	person	5	5

5-1 续表1 Continued 1

指标名称	Item	单位	Unit	2016	2017
3.回族	Hui Nationality	人	person	77	78
4.苗族	Miao Nationality	人	person	6	5
5.维吾尔族	Uigur Nationality	人	person	1	1
6.蒙古族	Mongolian Nationality	人	person	0	0
7.藏族	Tibetan Nationality	人	person	0	0
8.其他民族	Other Nationality	人	person	9	8
(五)户口登记地	Registered Permanent Residence				
1.本村(居委会)	Village	人	person	12631	12496
2.村外乡(镇、街道)内	Other Village of This Town	人	person	377	351
3.乡外县(区)内	Other Town of This County	人	person	138	142
4.县外市内	Other County of This City	人	person	86	79
5.市外省内	Other City of This Province	人	person	56	59
6.省外	Other Provinces	人	person	43	42
7.其他(如户口待定)	Others	人	person	2	7
(六)户口性质	Household Registration				
1.农业	Rural	人	person	12586	12456
2.非农业	Non-rural	人	person	733	711
3.其他	Other	人	person	14	9
(七)健康状况	Health Condition				
1.健康	Healthy	人	person	12204	12032
2.基本健康	Basically Healthy	人	person	739	748
3.不健康,但生活能自理	Unhealthy but Could Look After Oneself	人	person	330	341
4.生活不能自理	Unable to Look After Oneself	人	person	60	55
(八)参加医疗保险情况	Conditions of Medical Insurance				
1.新型农村合作医疗	New Rural Cooperative Medical	人	person	12188	12026
2.城镇职工基本医疗保险	Basic Medical Insurance for Urban Employees	人	person	383	388
3.(城镇)居民基本医疗保险	Basic Medical Insurance for(Urban) Residents	人	person	670	670
4.公费医疗	Free Medical Care	人	person	20	22
5.商业医疗保险	Commercial Medical Insurance	人	person	25	23
6.其他医疗保险	Other Medical Insurance	人	person	34	29
7.没有参加任何医疗保险	Not Participating Medical Insurance	人	person	79	69
(九)是否在校学生(6周岁及以上填写)	School Student or Not(Aged 6 and Over)				
1.由本户供养的在校学生	Supported by This Household	人	person	2180	2240
2.不由本户供养的在校学生	Not Supported by This Household	人	person	12	19
3.非在校学生	Non School Student	人	person	10281	10180
(十)6周岁及以上住户成员受教育程度	Education of Household Members Aged 6 and Over				
1.未上过学	Without School	人	person	1135	1061

5-1 续表 2 Continued 2

指标名称	Item	单位	Unit	2016	2017
2.小学	Primary School	人	person	3784	3791
3.初中	Junior Secondary School	人	person	5612	5558
4.高中	Senior Secondary School	人	person	1127	1158
5.大学专科	Junior College	人	person	501	526
6.大学本科	Undergraduate	人	person	286	313
7.研究生	Postgraduate	人	person	28	32
(十一)15周岁及以上住户成员婚姻状况	Marital Condition of Household Members Aged 15 and Over				
1.未婚	Single	人	person	1794	1811
2.有配偶	Married	人	person	8656	8613
3.离婚	Divorced	人	person	126	123
4.丧偶	Widowed	人	person	433	423
5.其他	Others	人	person	0	0
(十二)过去三个月在本住宅居住的时间(月)	Time Living in This House in the Past 3 Months				
1.一个半月(<1.5)	One and a Half Months	人	person	1782	1788
2.一个半月及以上(≥1.5)	Longer than One and a Half Months	人	person	10176	10001
3.从未在本住宅居住(=0)	Never Living in This House	人	person	1375	1387
农村劳动力全年从业情况	**Employment**	—			
(一)本年度主要从业地区	Working Area	人	person		
1.乡内	Town	人	person	1928	5526
2.乡外县内	Other Town of This County	人	person	503	603
3.县外省内	Other County of This Province	人	person	501	552
4.省外国内	Other Provinces	人	person	1827	1911
5.国外及港澳台地区	Abroad, Hongkong, Macao or Taiwan	人	person	3	5
(二)本年度从事主要行业	Industries Engaged				
1.第一产业	Primary Industry	人	person	19	3182
(1)农、林、牧、渔业	Agriculture, Forestry, Animal Husbandry and Fishery	人	person	19	3182
2.第二产业	Secondary Industry	人	person	2516	2810
(2)采矿业	Mining	人	person	62	58
(3)制造业	Manufacturing	人	person	1285	1402
(4)电力、热力、燃气及水的生产和供应业	Production and Supply of Electricity, Gas and Water	人	person	61	73
(5)建筑业	Construction	人	person	1108	1277
3.第三产业	Tertiary Industry	人	person	2227	2609
(6)批发和零售业	Wholesale and Retail Trades	人	person	618	670
(7)交通运输、仓储和邮政业	Transport, Storage and Post	人	person	295	377
(8)住宿和餐饮业	Hotels and Catering Services	人	person	328	380

5-1 续表 3 Continued 3

指标名称	Item	单位	Unit	2016	2017
(9)信息传输、软件和信息技术服务业	Information Transmission, Computer Services and Software	人	person	66	80
(10)金融业	Financial Intermediation	人	person	18	20
(11)房地产业	Real Estate	人	person	18	17
(12)租赁和商务服务业	Leasing and Business Services	人	person	49	51
(13)科学研究和技术服务	Scientific Research, Technical Services, and Geological Prospecting	人	person	13	21
(14)水利、环境和公共设施管理业	Management of Water Conservancy, Environment and Public Facilities	人	person	27	28
(15)居民服务、修理和其他服务业	Services to Households and Other Services	人	person	531	580
(16)教育	Education	人	person	72	121
(17)卫生、社会工作	Health, Social Securities and Social Welfare	人	person	74	90
(18)文化、体育和娱乐业	Culture, Sports and Entertainment	人	person	38	54
(19)公共管理、社会保障和社会组织	Public Management, Social Insurance and Social Organizations	人	person	80	120
(20)国际组织	International Organizations	人	person	0	0
(三)本年度从事主要职业	Profession Engaged				
1.国家机关、党群组织、企业、事业单位负责人	Responsible Person of Government Organs, Public Organizations, Enterprises and Institutions	人	person	22	53
2.专业技术人员	Professional and Technical Personnel	人	person	741	866
3.办事人员和有关人员	Clerk and Related Workers	人	person	268	373
4.商业、服务业人员	Business, Service	人	person	1171	1290
5.农、林、牧、渔、水利业生产人员	Agriculture, Forestry, Animal Husbandry, Fishery and Water Conservancy	人	person	55	3164
6.生产、运输设备操作人员及有关人员	Operators of Production and Transport Equipment	人	person	1604	1787
7.军人	Solider	人	person	4	3
8.不便分类的其他从业人员	Others	人	person	897	1065
(四)本年度本地务农	Engaged in Agriculture at Home				
1.从事过本地务农的人数	Number of People Engaged in Agriculture Locally	人	person	986	4266
2.从事本地务农的时间(合计)	Total Time that Engaged in Agriculture Locally	月	month	1883.7	20292
(五)本年度本地非农自营	Nonfarm Self-employed Locally				
1.从事过本地非农自营的人数	Number of People Nonfarm Self-employed Locally	人	person	662	775
2.从事本地非农自营的时间(合计)	Total Time that Nonfarm Self-employed Locally	月	month	6363.2	6657
3.从事本地非农自营的收入(合计)	Total Income of Nonfarm Self-employed Locally	元	yuan	24044325	30273893
(六)本年度本地非农务工	Non-agricultural Working Locally				

5-1 续表4 Continued 4

指标名称	Item	单位	Unit	2016	2017
1.从事过本地非农务工的人数	Number of People Non-agricultural Working Locally	人	person	1357	1897
2.从事本地非农务工的时间(合计)	Total Time that Non-agricultural Working Locally	月	month	12644.3	15189
3.从事本地非农务工的收入(合计)	Total Income of Non-agricultural Working Locally	元	yuan	38267545	47516929
(七)本年度外出务工	Working Outside				
1.从事过外出务工的人数	Number of People Working Outside	人	person	2589	2894
2.外出务工的时间(合计)	Total Time that Working Outside	月	month	25437.7	27263
3.外出务工的收入(合计)	Total Income of Working Outside	元	yuan	95415774	112506494
4.寄带回金额(合计)	Total Amount Sent Back	元	yuan	47550922	58278425
5.生活消费总支出(合计)	Total Consumption Expenditure	元	yuan	26575192	29713126
#确定收入的人数	#Number of People Whose Income are Definitized	人	person	2589	2894
(八)本年度外出自营	Self-employed Outside				
1.从事过外出自营的人数	Number of People Self-employed Outside	人	person	279	304
2.外出自营的时间(合计)	Time Self-employed Outside	月	month	2740.6	2823
3.外出自营的收入(合计)	Income of Self-employed Outside	元	yuan	13559690	14463060
4.寄带回金额(合计)	Sent Back	元	yuan	6439720	7576950
5.生活消费总支出(合计)	Consumption Expenditure	元	yuan	3833050	3652560
#确定收入的人数	#Number of People Whose Income are Definitized	人	person		568
(九)外出从业情况	Working Outside				
1.上年外出人数	Number of People Working Outside Last Year	人	person	2635	2799
其中:本年未继续外出人数	Of Which:Not Working Outside This Year	人	person	24	123
2.本年新增外出人数	Initially Working Outside This Year	人	person	257	433
3.连续两年外出人数	Working Outside for Two Consecutive Years	人	person	2611	2765
4.外出时间不足1个月人数	Working Outside for Less than One Month	人	person	1898	5416
(十)上年外出而本年未继续外出的原因	Causes not Continuing Workinging Outside This Year				
1.找不到工作	Cannot Find a Job	人	person	2	4
2.在外生活条件差	Poor Living Condition Outside	人	person	3	8
3.收入没有在家稳定	Unstable Income	人	person	5	24
4.受歧视	Discrimination	人	person	0	0
5.疾病或伤残	Illness or Disability	人	person	1	7
6.家中农业生产缺乏劳动力	Short of Agricultural Labor Force at Home	人	person	6	39
7.回家结婚、生育	Going Home to Marry and Bear	人	person	0	5
8.其他原因	Others	人	person	7	36
(十一)曾经外出情况	Once Workinging Outside				
1.有外出从业经历的人数	Number of People Once Working Outside	人	person	3298	4323
2.距离初次外出时间(合计)	Time Since Initially Working Outside	月	month	35757224	104142202
(十二)当前就业状况	Employment				

5-1 续表5 Continued 5

指标名称	Item	单位	Unit	2016	2017
1.本地务农	Engaged in Agriculture Locally	人	person	99	2995
2.本地非农自营	Nonfarm Self-employed Locally	人	person	607	672
3.本地非农务工	Non-agricultural Working Locally	人	person	1213	1526
4.外出从业	Working Outside	人	person	2756	2921
5.其他从业	Other Employment	人	person	19	110
6.未从业	Non-employed	人	person	68	177
(十三)技能培训情况	Skills Training				
1.接受过农业技术培训人数	Number of People Got Agro-technical Trainings	人	person	409	919
2.接受过非农技术培训人数	Number of People Got Nonagro-technical Trainings	人	person	1448	1675
外出从业人员情况	**Conditions of Woking Outside**	—			
(一)外出地区	Working Area	人	person		
1.本省	In the Province	人	person	1002	1198
(1)乡外县内	Other Town of this County	人	person	501	617
(2)县外省内	Other County of this Province	人	person	501	581
2.省外	Outside the Province	人	person	1833	1921
(1)东部地区	The East Area	人	person	1704	1783
北京	Beijing	人	person	48	45
天津	Tianjin	人	person	27	33
河北	Hebei	人	person	5	9
辽宁	Liaoning	人	person	5	8
上海	Shanghai	人	person	328	352
江苏	Jiangsu	人	person	541	593
浙江	Zhejiang	人	person	626	627
福建	Fujian	人	person	21	15
山东	Shandong	人	person	26	29
广东	Guangdong	人	person	79	76
海南	Hainan	人	person	3	4
(2)中部地区	The Central Area	人	person	62	61
山西	Shanxi	人	person	2	4
吉林	Jilin	人	person	2	2
黑龙江	Heilongjiang	人	person	5	7
安徽	Anhui	人	person	1002	1199
江西	Jiangxi	人	person	6	11
河南	Henan	人	person	27	19
湖北	Hubei	人	person	18	15
湖南	Hunan	人	person	9	11
(3)西部地区	The Western Area	人	person	52	52
内蒙古	Inner Mongolia	人	person	6	7
广西	Guangxi	人	person	8	4

5-1 续表6 Continued 6

指标名称	Item	单位	Unit	2016	2017
重庆	Chongqing	人	person	3	1
四川	Sichuan	人	person	4	4
贵州	Guizhou	人	person	4	7
云南	Yunnan	人	person	3	3
西藏	Tibet	人	person	2	4
陕西	Shanxi	人	person	7	6
甘肃	Gansu	人	person	6	8
青海	Qinghai	人	person	1	0
宁夏	Ningxia	人	person	1	1
新疆	Xinjiang	人	person	7	7
(4)其他地区	Other Area	人	person	3	8
港澳台	Hongkong, Macao or Taiwan	人	person	0	0
国外	Abroad	人	person	3	8
(二)外出地区类型	Type of Migrant Areas				
1.直辖市	Municipality	人	person	359	425
2.省会城市	City of Provincial Capital	人	person	564	570
3.地级市	Prefectural-level City	人	person	1052	1165
4.县市城区	County-level City	人	person	611	763
5.建制镇	Designated Town	人	person	201	222
6.村委会	Village	人	person	20	35
7.其他地区	Other Area	人	person	28	4
(三)外出方式	The Way Woking Outside				
1.政府(单位)组织	Organized by Government or Unit	人	person	38	38
2.中介组织介绍	Introduced by Intermediary Organization	人	person	54	39
3.亲朋好友介绍	Introduced by Kith and Kin	人	person	1467	1658
4.自发	Spontaneously	人	person	1149	1314
5.其他	Others	人	person	127	135
(四)本年度从事主要行业	Industries Engaged				
1.第一产业	Primary Industry	人	person	19	49
(1)农、林、牧、渔业	Agriculture, Forestry, Animal Husbandry and Fishery	人	person	19	49
2.第二产业	Secondary Industry	人	person	1598	1762
(2)采矿业	Mining	人	person	29	23
(3)制造业	Manufacturing	人	person	856	907
(4)电力、热力、燃气及水的生产和供应业	Production and Supply of Electricity, Gas and Water	人	person	41	45
(5)建筑业	Construction	人	person	672	787
3.第三产业	Tertiary Industry	人	person	1218	1373
(6)批发和零售业	Wholesale and Retail Trades	人	person	286	302

5-1 续表7 Continued 7

指标名称	Item	单位	Unit	2016	2017
(7)交通运输、仓储和邮政业	Transport,Storage and Post	人	person	175	221
(8)住宿和餐饮业	Hotels and Catering Services	人	person	205	234
(9)信息传输、软件和信息技术服务业	Information Transmission, Computer Services and Software	人	person	63	72
(10)金融业	Financial Intermediation	人	person	12	14
(11)房地产业	Real Estate	人	person	16	14
(12)租赁和商务服务业	Leasing and Business Services	人	person	39	38
(13)科学研究和技术服务	Scientific Research,Technical Services,and Geological Prospecting	人	person	9	17
(14)水利、环境和公共设施管理业	Management of Water Conservancy,Environment and Public Facilities	人	person	10	5
(15)居民服务、修理和其他服务业	Services to Households and Other Services	人	person	303	339
(16)教育	Education	人	person	27	37
(17)卫生、社会工作	Health,Social Securities and Social Welfare	人	person	31	29
(18)文化、体育和娱乐业	Culture,Sports and Entertainment	人	person	23	28
(19)公共管理、社会保障和社会组织	Public Management, Social Insurance and Social Organizations	人	person	19	23
(20)国际组织	International Organizations	人	person	0	0
(五)本年度从事主要职业	Profession Engaged				
1.国家机关、党群组织、企业、事业单位负责人	Responsible Persons of Government Organs,Public Organizations,Enterprises and Institutions	人	person	5	11
2.专业技术人员	Professional and Technical Personnel	人	person	486	545
3.办事人员和有关人员	Clerk and Related Workers	人	person	151	187
4.商业、服务业人员	Business, Service	人	person	592	646
5.农、林、牧、渔、水利业生产人员	Agriculture, Forestry, Animal Husbandry, Fishery and Water Conservancy	人	person	30	49
6.生产、运输设备操作人员及有关人员	Operators of Production and Transport Equipment	人	person	1018	1097
7.军人	Solider	人	person	2	2
8.不便分类的其他从业人员	Others	人	person	551	647
(六)外出从业住所类型	Type of Accommodation				
1.单位宿舍	Dormitory of the Unit	人	person	646	676
2.工地工棚	Site Hut	人	person	263	289
3.生产经营场所	Production or Business Premises	人	person	114	115
4.与人合租住房	Flat-share Housing	人	person	387	505
5.独立租赁住房	Rental Housing Oneself	人	person	838	795
6.务工地自购房	Purchasing House in the Migrant Areas	人	person	48	48
7.乡外从业但回家居住(老家)	Living at Home While Woking Outside the Town	人	person	472	584

5-1 续表 8 Continued 8

指标名称	Item	单位	Unit	2016	2017
8.其他	Others	人	person	67	84
(七)外出从业时间	Working Time Outside				
1.从事当前工作的时间(合计)	Engaged in the Job	月	month	169883	2413115
其中:1 年以下	Of Which:Less than One Year	人	person	372	490
1—2 年	1—2 Years	人	person	458	488
2—5 年	2—5 Years	人	person	1057	985
5 年及以上	5 Years and Over	人	person	948	1226
2.每月平均工作的天数(合计)	Average Days in One Month	天	day	71852	73196
其中:15 天以下	Of Which:Less than 15 Days	人	person	29	147
15—22 天	15—22 Days	人	person	420	443
22—26 天	22—26 Days	人	person	1366	1495
26 天以上	More than 26 Days	人	person	1020	1104
3.每天平均工作的小时数(合计)	Average Hours in a Day	小时	hour	25188	27534
其中:6 小时以下	Of Which:Less than 6 Hours	人	person	8	11
6—8 小时	6—8 Hours	人	person	47	40
8—10 小时	8—10 Hours	人	person	1849	1956
其中:8 小时	Of Which:8 Hours	人	person	1445	1558
10—12 小时	10—12 Hours	人	person	809	986
12 小时及以上	More than 12 Hours	人	person	122	103
(八)外出月收支情况	Income and Expenditure				
1.每月平均收入(合计)	Monthly Income	元	yuan	10570919	12492341
其中:800 元以下	Of Which:Less Than 600 Yuan	人	person	3	4
800—1000 元	600—800 yuan	人	person	4	4
1000—1500 元	1000—1500 yuan	人	person	44	44
1500—2000 元	1500—2000 yuan	人	person	116	99
2000—3000 元	2000—3000 yuan	人	person	548	467
3000—5000 元	3000—5000 yuan	人	person	1607	1735
5000 元及以上	5000 yuan and Over	人	person	513	743
#明确收入水平的人数	#People that Knowing Their Income	人	person	2835	3096
#不清楚收入水平的人数	#People that not Knowing Their Income	人	person		
2.每月平均居住支出(合计)	Average Housing Expenditure per Month	元	yuan	1261367	1380363
其中:200 元以下	Of Which:Less Than 200 Yuan	人	person	700	519
200—500 元	200—500 yuan	人	person	447	447
500—1000 元	500—1000 yuan	人	person	502	543
1000 元及以上	1000 yuan and Over	人	person	523	592
#不清楚	#Unknown	人	person	0	0
(九)社会保障与福利情况	Welfare and Social Security				
1.外出从业的劳动关系	Employment Relations				
①无固定期限劳动合同工	Labor Contracts without a Fixed Period	人	person	307	365

5-1 续表 9 Continued 9

指标名称	Item	单位	Unit	2016	2017
②一年及以上劳动合同工	Labor Contracts of One-year and Over	人	person	434	451
③一年以下劳动合同工	Labor Contracts Less than One-year	人	person	43	38
④没有劳动合同	Without Labor Contracts	人	person	1701	1862
⑤自营	Self-employed	人	person	311	342
⑥其他	Others	人	person	39	38
2.单位或雇主提供伙食情况	Meals Supplied by Employer or Unit				
①每天提供三顿	Three Meals Everyday	人	person	392	394
②每天提供两顿	Two Meals Everyday	人	person	292	380
③每天提供一顿	One Meal Everyday	人	person	530	617
④不提供,但补贴部分伙食费	No Meal, but Having Food Allowance	人	person	117	136
⑤不提供,也没有补贴	Neither Meal nor Food Allowance	人	person	1154	1189
3.单位或雇主提供住宿情况	Accommodation Supplied by Employer or Unit				
①提供住宿	Accommodation Supplied	人	person	963	1001
②不提供住宿,但住房有补贴	No Accommodation, but Having Allowance	人	person	196	200
③不提供住宿,也没有住房补贴	Neither Accommodation nor Allowance	人	person	1326	1515
4.单位或雇主拖欠工资情况	Arrears of Wages				
①被拖欠工资人数	Number of Employees Unpaid	人	person	12	22
②被拖欠工资的金额(合计)	Amount of Wages Unpaid	元	yuan	131100	290500
5.五险一金缴纳情况	Effecting Insurance and Funds for Workers or Not				
①缴纳养老保险	Employer or Unit Effecting Endowment Insurance for Workers	人	person	346	366
②缴纳工伤保险	Employer or Unit Effecting Work-Related Injury Insurances for Workers	人	person	625	666
③缴纳医疗保险	Employer or Unit Effecting Medical Insurances for Workers	人	person	369	395
④缴纳失业保险	Employer or Unit Effecting Unemployment Insurances for Workers	人	person	233	243
⑤缴纳生育保险	Employer or Unit Effecting Maternity Insurances for Workers	人	person	180	208
⑥缴纳住房公积金	Employer or Unit Paying Housing Funds	人	person	167	159
(十)返乡情况	Returning Home				
1.返乡人数	Number of Migrant Workers Returning Home	人	person	134	239
其中:外出时间超过1个月的	Of Which: Working Outside for more than one Month	人	person	134	235
2.返乡原因	Reasons of Returning Home	人	person		
①回家过年	for the Spring Festival	人	person	2	6
②企业裁员	Enterprises Layoffs	人	person	0	4
③收入低	Low Income	人	person	2	8
④家庭原因	Family Reasons	人	person	26	39

5-1 续表 10 Continued 10

指标名称	Item	单位	Unit	2016	2017
⑤找不到工作	Unable to Find a Job	人	person	5	5
⑥家中农业生产缺乏劳动力	Short of Agricultural Labor Force at Home	人	person	12	25
⑦想回本地就业	Returning Home to Find a Job	人	person	11	45
⑧只是临时回家	Returning Home Temporarily	人	person	44	67
⑨其他原因	Other Reasons	人	person	32	40
(十一)今后的就业打算	Employment Plan				
1.本地务农	Engaged in Agriculture Locally	人	person	18	37
2.本地非农自营	Nonfarm Self-employed Locally	人	person	324	409
3.本地非农务工	Non-agricultural Working Locally	人	person	227	310
4.回返乡前务工地找工作	Apply for a Job Back to the Same Place before Returning Home	人	person	68	66
5.去另一个地方找工作	Apply for a Job Elsewhere	人	person	29	33
6.不确定	Uncertain	人	person	29	60
7.其他	Others	人	person	9	14
(十二)务工期间更换工作人数	People Changing Jobs				
1.更换工作的次数	Frequency of Changing Jobs	人	person	401	480
2.更换过工作的人数	Number of People Having Changed Jobs	人	person	0	0
其中:换过1次工作	Of Which:Once	人	person	0	0
换过2次工作	Twice	人	person	0	0
换过超3次以上工作	More than Three Times	人	person	0	0
本地非农务工人员情况	**Conditions of Non-agricultural Working Locally**	—			
(一)本年度非农务工主要行业	Industries Engaged				
1.第一产业	Primary Industry	人	person	0	0
(1)农、林、牧、渔业	Agriculture, Forestry, Animal Husbandry and Fishery	人	person	0	0
2.第二产业	Secondary Industry	人	person	812	813
(2)采矿业	Mining	人	person	31	28
(3)制造业	Manufacturing	人	person	372	383
(4)电力、热力、燃气及水的生产和供应业	Production and Supply of Electricity, Gas and Water	人	person	17	24
(5)建筑业	Construction	人	person	392	378
3.第三产业	Tertiary Industry	人	person	483	509
(6)批发和零售业	Wholesale and Retail Trades	人	person	42	45
(7)交通运输、仓储和邮政业	Transport, Storage and Post	人	person	54	54
(8)住宿和餐饮业	Hotels and Catering Services	人	person	56	66
(9)信息传输、软件和信息技术服务业	Information Transmission, Computer Services and Software	人	person	1	6
(10)金融业	Financial Intermediation	人	person	6	5
(11)房地产业	Real Estate	人	person	2	2
(12)租赁和商务服务业	Leasing and Business Services	人	person	9	8

5-1 续表 11 Continued 11

指标名称	Item	单位	Unit	2016	2017
(13)科学研究和技术服务	Scientific Research, Technical Services, and Geological Prospecting	人	person	4	4
(14)水利、环境和公共设施管理业	Management of Water Conservancy, Environment and Public Facilities	人	person	17	16
(15)居民服务、修理和其他服务业	Services to Households and Other Services	人	person	154	149
(16)教育	Education	人	person	44	48
(17)卫生、社会工作	Health, Social Securities and Social Welfare	人	person	30	36
(18)文化、体育和娱乐业	Culture, Sports and Entertainment	人	person	4	9
(19)公共管理、社会保障和社会组织	Public Management, Social Insurance and Social Organizations	人	person	60	61
(20)国际组织	International Organizations	人	person	0	0
(二)本年度从事主要职业	Profession Engaged				
1.国家机关、党群组织、企业、事业单位负责人	Responsible Persons of Government Organs, Public Organizations, Enterprises and Institutions	人	person	16	22
2.专业技术人员	Professional and Technical Personnel	人	person	206	195
3.办事人员和有关人员	Clerk and Related Workers	人	person	111	122
4.商业、服务业人员	Business, Service	人	person	202	214
5.农、林、牧、渔、水利业生产人员	Agriculture, Forestry, Animal Husbandry, Fishery and Water Conservancy	人	person	23	16
6.生产、运输设备操作人员及有关人员	Operators of Production and Transport Equipment	人	person	479	493
7.军人	Soliders	人	person	0	0
8.不便分类的其他从业人员	Others	人	person	258	260
(三)外出从业时间	Working Time Outside				
1.从事当前工作的时间	Engaged in the Job				
其中:1 年以下	Of Which: Less than One Year	人	person	100	87
1—2 年	1—2 Years	人	person	199	190
2—5 年	2—5 Years	人	person	407	404
5 年及以上	5 Years and Over	人	person	589	641
2.每月平均工作的天数	Average Days per Month				
其中:15 天以下	Of Which: Less than 15 Days	人	person	35	35
15—22 天	15—22 Days	人	person	330	320
22—26 天	22—26 Days	人	person	567	647
26 天以上	More than 26 Days	人	person	363	320
3.每天平均工作的小时数	Average Hours in a Day				
其中:6 小时以下	Of Which: Less than 6 Hours	人	person	22	23
6—8 小时	6—8 Hours	人	person	56	59
8—10 小时	8—10 Hours	人	person	826	867

5-1 续表 12 Continued 12

指标名称	Item	单位	Unit	2016	2017
其中:8 小时	Of Which:8 Hours	人	person	707	747
10—12 小时	10—12 Hours	人	person	350	339
12 小时及以上	More than 12 Hours	人	person	41	34
(四)外出月收支情况	Income and Expenditure				
1.每月平均收入	Monthly Income				
其中:500 元以下	Of Which:Less Than 500 Yuan	人	person	11	4
500—1000 元	500—1000 yuan	人	person	49	41
1000—1500 元	1000—1500 yuan	人	person	104	75
1500—2000 元	1500—2000 yuan	人	person	179	184
2000—3000 元	2000—3000 yuan	人	person	381	382
3000 元及以上	3000 yuan and Over	人	person	571	636
#明确收入水平的人数	#People that Knowing Their Income	人	person	1295	1322
#不清楚收入水平的人数	#People that not Knowing Their Income	人	person		
(五)社会保障与福利情况	Welfare and Social Security	人	person		
1.外出从业的劳动关系	Employment Relations				
①无固定期限劳动合同工	Labor Contracts Without a Fixed Period	人	person	181	213
②一年及以上劳动合同工	Labor Contracts of One-year and Over	人	person	170	162
③一年以下劳动合同工	Labor Contracts Less than One-year	人	person	13	16
④没有劳动合同	Without Labor Contracts	人	person	873	871
⑤其他	Others	人	person	58	60
2.单位或雇主提供伙食情况	Meals Supplied by Employer or Unit				
①每天提供三顿	Three Meals Everyday	人	person	42	43
②每天提供两顿	Two Meals Everyday	人	person	78	87
③每天提供一顿	One Meal Everyday	人	person	375	380
④不提供,但补贴部分伙食费	No Meal,but Having Food Allowance	人	person	43	54
⑤不提供,也没有补贴	Neither Meal nor Food Allowance	人	person	757	758
3.单位或雇主提供住宿情况	Accommodation Supplied by Employer or Unit				
①提供住宿	Accommodation Supplied	人	person	79	56
②不提供住宿,但住房有补贴	No Accommodation,but Having Allowance	人	person	43	43
③不提供住宿,也没有住房补贴	Neither Accommodation nor Allowance	人	person	1173	1222
4.单位或雇主拖欠工资情况	Arrears of Wages				
①被拖欠工资人数	Number of Employees Unpaid	人	person	15	15
②被拖欠工资的金额(合计)	Amount of Wages Unpaid	人	person	239000	190200
5.五险一金缴纳情况	Effecting Insurance and Funds for Workers or Not				
①缴纳养老保险	Employer or Unit Effecting Endowment Insurance for Workers	人	person	179	180
②缴纳工伤保险	Employer or Unit Effecting Work-Related Injury Insurances for Workers	人	person	219	206

5-1 续表 13 Continued 13

指标名称	Item	单位	Unit	2016	2017
③缴纳医疗保险	Employer or Unit Effecting Medical Insurances for Workers	人	person	168	175
④缴纳失业保险	Employer or Unit Effecting Unemployment Insurances for Workers	人	person	131	133
⑤缴纳生育保险	Employer or Unit Effecting Maternity Insurances for Workers	人	person	95	98
⑥缴纳住房公积金	Employer or Unit Paying Housing Funds	人	person	93	97
本地非农自营人员情况	**Conditions of Nonfarm Self-employed Locally**	—			
(一)本年度非农自营主要行业	Industries Engaged				
1.第一产业	Primary Industry	人	person	0	0
(1)农、林、牧、渔业	Agriculture,Forestry,Animal Husbandry and Fishery	人	person	0	0
2.第二产业	Secondary Industry	人	person	106	98
(2)采矿业	Mining	人	person	1	2
(3)制造业	Manufacturing	人	person	58	53
(4)电力、热力、燃气及水的生产和供应业	Production and Supply of Electricity,Gas and Water	人	person	3	1
(5)建筑业	Construction	人	person	44	42
3.第三产业	Tertiary Industry	人	person	525	494
(6)批发和零售业	Wholesale and Retail Trades	人	person	290	257
(7)交通运输、仓储和邮政业	Transport,Storage and Post	人	person	65	73
(8)住宿和餐饮业	Hotels and Catering Services	人	person	67	74
(9)信息传输、软件和信息技术服务业	Information Transmission, Computer Services and Software	人	person	2	1
(10)金融业	Financial Intermediation	人	person	0	0
(11)房地产业	Real Estate	人	person	0	0
(12)租赁和商务服务业	Leasing and Business Services	人	person	1	3
(13)科学研究和技术服务	Scientific Research, Technical Services, and Geological Prospecting	人	person	0	0
(14)水利、环境和公共设施管理业	Management of Water Conservancy, Environment and Public Facilities	人	person	0	0
(15)居民服务、修理和其他服务业	Serices to Households and Other Services	人	person	74	65
(16)教育	Education	人	person	1	0
(17)卫生、社会工作	Health,Social Securities and Social Welfare	人	person	13	8
(18)文化、体育和娱乐业	Culture,Sports and Entertainment	人	person	11	13
(19)公共管理、社会保障和社会组织	Public Management, Social Insurance and Social Organizations	人	person	1	0
(20)国际组织	International Organizations	人	person	0	0

5-1 续表 14 Continued 14

指标名称	Item	单位	Unit	2016	2017
(二)从事当前自营工作的时间(合计)	Total Time	月	month		
其中:1 年以下	Of Which:Less than One Year	人	person	24	25
1—2 年	1—2 Years	人	person	27	35
2—5 年	2—5 Years	人	person	172	130
5 年及以上	More than 5 Years	人	person	408	402
(三)非农自营活动性质	Nature of Nonfarm Self-employed Activity				
1.注册企业	Registered Enterprise	人	person	18	12
2.个体经营	Individual Operation	人	person	478	447
3.小摊小贩	Vendor	人	person	135	133
(四)雇工人数	Number of Employees				
1.没有雇工	None	人	person	431	373
2.3 人以下	Less than 3 Employees	人	person	45	64
3.4—9 人	4—9 Employees	人	person	8	13
4.10—19 人	10—19 Employees	人	person	6	6
5.20—49 人	20—49 Employees	人	person	6	3
6.50 人及以上	More than 50 Employees	人	person	0	0
(五)初始资金来源	Initial Source of Funds				
1.全部自筹	Self-raised	人	person	445	415
2.与其他人合伙	Forming a Partnership with Others	人	person	18	9
3.金融机构贷款	Loans by Financial Institutions	人	person	14	14
4.其他	Others	人	person	19	21
(六)初始投资是否得到政府支持	Whether Having the Support of Government				
1.是	Yes	人	person	13	23
2.否	No	人	person	483	436
(七)希望政府给予的支持	the Government's Support Wanted				
1.贷款	Loan	人	person	88	73
2.税收优惠	Tax Incentives	人	person	41	34
3.生产技术指导	Technical Direction	人	person	10	29
4.销售服务	Marketing Service	人	person	52	66
5.不需要	Unwanted	人	person	305	257
(八)是否曾经外出务工	Whether Having Worked Outside				
1.是	Yes	人	person	124	84
2.否	No	人	person	372	375
(九)原外出务工的主要行业	Industries Engaged While Working Outside				
1.第一产业	Primary Industry	人	person	2	1
(1)农、林、牧、渔业	Agriculture,Forestry,Animal Husbandry and Fishery	人	person	2	1
2.第二产业	Secondary Industry	人	person	74	47
(2)采矿业	Mining	人	person	2	0

5-1 续表 15 Continued 15

指标名称	Item	单位	Unit	2016	2017
(3)制造业	Manufacturing	人	person	40	22
(4)电力、热力、燃气及水的生产和供应业	Production and Supply of Electricity, Gas and Water	人	person	2	0
(5)建筑业	Construction	人	person	30	25
3.第三产业	Tertiary Industry	人	person	48	36
(6)批发和零售业	Wholesale and Retail Trades	人	person	11	14
(7)交通运输、仓储和邮政业	Transport,Storage and Post	人	person	11	7
(8)住宿和餐饮业	Hotels and Catering Services	人	person	11	5
(9)信息传输、软件和信息技术服务业	Information Transmission, Computer Services and Software	人	person	0	1
(10)金融业	Financial Intermediation	人	person	0	0
(11)房地产业	Real Estate	人	person	0	0
(12)租赁和商务服务业	Leasing and Business Services	人	person	1	1
(13)科学研究和技术服务	Scientific Research,Technical Services,and Geological Prospecting	人	person	0	0
(14)水利、环境和公共设施管理业	Management of Water Conservancy,Environment and Public Facilities	人	person	0	0
(15)居民服务、修理和其他服务业	Services to Households and Other Services	人	person	13	7
(16)教育	Education	人	person	0	0
(17)卫生、社会工作	Health,Social Securities and Social Welfare	人	person	1	1
(18)文化、体育和娱乐业	Culture,Sports and Entertainment	人	person	0	0
(19)公共管理、社会保障和社会组织	Public Management and Social Organizations	人	person	0	0
(20)国际组织	International Organizations	人	person	0	0
举家外出情况	**Conditions of Migrant Families**	—			
调查村数目	Number of Villages Surveyed	个	unit	377	377
(一)调查小区户籍住户、人口与劳动力情况	Household,Population and Labors in the Area Surveyed	—			
1.调查小区总户数	Number of Households	户	household	42918	41572
2.调查小区总人口	Number of Persons	人	person	161689	157523
3.调查小区总劳动力	Number of Labors	人	person	97359	95246
(二)调查小区举家在外情况	Migrant Families	—			
1.举家在外户数	Number of Migrant Families	户	household	6797	6621
2.举家在外人口	Number of Persons in Migrant Families	人	person	24820	24270

5-1 续表16 Continued 16

指标名称	Item	单位	Unit	2016	2017
其中:劳动力	Of Which: Labors	人	person	15835	15769
(三)调查小区新增举家外出情况	New Migrant Families	—			
1.举家外出户数	Number of Migrant Families	户	household	161	169
2.举家外出人口	Number of Persons in Migrant Families	人	person	512	566
其中:劳动力	Of Which: Labors	人	person	334	366
(四)调查小区住户举家返回情况	Returning Families	—			
1.举家返回户数	Number of Returning Families	人	person	109	88
2.举家返回人口	Number of Persons in Returning Families	人	person	405	297
其中:劳动力	Of Which: Labors	人	person	231	190

主要统计指标解读

Explanatory Notes on Main Statistical Indicators

农民工 是指户籍仍在农村,在本地从事非农产业或外出从业6个月及以上的农村劳动力;还包括举家外出的农村劳动力。

本地农民工 指在户籍所在乡镇地域以内从业的农民工。

外出农民工 指在户籍所在乡镇地域外从业的农民工。

举家外出 指农村劳动力及家人离开原居住地,到户籍所在乡镇以外的区域居住。